简帛有声

出土简帛的文献学研究

刘国忠 著

清华大学
出版社
北京

内 容 简 介

本书是作者多年从事出土简帛研究的学术论文选集，收入了 40 多篇学术论文，属于简帛学研究领域的前沿性成果。本书主要从文献学的角度对出土简帛进行了较为深入的讨论，对相关领域的科研工作有较好的推动作用。

本书的读者对象是文史爱好者和相关领域的专家学者。

图书在版编目（CIP）数据

简帛有声：出土简帛的文献学研究 / 刘国忠著 . — 北京：清华大学出版社，2024.5
ISBN 978-7-302-66156-6

Ⅰ . ①简… Ⅱ . ①刘… Ⅲ . ①简（考古）—研究—中国 ②帛书—研究—中国
Ⅳ . ①K877.5 ②K877.9

中国国家版本馆 CIP 数据核字（2024）第 086275 号

责任编辑：张维嘉
封面设计：潘　峰
责任校对：王淑云
责任印制：杨　艳

出版发行：清华大学出版社
　　　　网　　　址：https://www.tup.com.cn, https://www.wqxuetang.com
　　　　地　　　址：北京清华大学学研大厦A座　　　　邮　　编：100084
　　　　社　总　机：010-83470000　　　　　　　　　　邮　　购：010-62786544
　　　　投稿与读者服务：010-62776969, c-service@tup.tsinghua.edu.cn
　　　　质量反馈：010-62772015, zhiliang@tup.tsinghua.edu.cn
印　装　者：北京联兴盛业印刷股份有限公司
经　　销：全国新华书店
开　　本：165mm×235mm　　　印　　张：22　　　字　　数：302千字
版　　次：2024年5月第1版　　　　　　　　　　印　　次：2024年5月第1次印刷
定　　价：138.00元

产品编号：105968-01

本书是国家社科基金重大项目"清华简与儒家经典的形成发展研究"（项目号：16ZDA114）、"清华大学藏战国竹简的价值挖掘与传承传播研究"（项目号：20&ZD309）和北京市社会科学基金项目"清华简《逸周书》类文献研究"（项目号：15LSB006）的阶段性成果。

序

因清华简结识刘国忠。2008 年 7 月中旬，清华战国简入藏前夕，李学勤先生即向校方提议要为这批简的整理与研究组成一个整理与保护工作班子，此即现在清华大学出土文献研究与保护中心的前身。从工作的需要出发，我和赵桂芳有幸成为从校外聘来协助工作的第一批人员，而国忠则是从校内直接调入的第一人。所以从清华简入藏之时，我们便一起工作，见证了竹简入藏与清理的全过程。入藏后的前三天，经李学勤先生和谢维和副校长的指挥协调，在校图书馆和各院系的大力支持下，完成了竹简的交接与化学检测，此后便是较为漫长的清理过程。清理过程中，赵桂芳负责竹简的整体保护与处理，刘国忠和我主要负责竹简的清污。经过数千年的浸泡，竹简表面大多附着有机或无机污染物，许多字迹被掩盖，清除这些污染物是一个复杂的过程，况且还有许多竹简是粘连在一起的，要先做剥离，所以必须有极大的耐力与责任心，才能高质量完成。清污过程中，我和国忠经常交流经验，也向有关博物馆请教，以便获得最佳效果。清污工具主要用毛笔和眉笔（即化妆时用来画眉毛的笔），一般情形下用毛笔，估计有字迹的地方则用眉笔。关键是掌握手的力度，下手过度容易伤及墨迹，看国忠聚精会神清污的样子，知其在用心工作，仔细认真，力图保留每一笔、每一画。每清完一枚简，展露其中内容，大家都会喜形于色。有特别重要的内容，国忠都会及时向李先生汇报，先生也常常即刻来到现场考察，所以惊喜的事几乎天天都发生；当然我们也一直注意其中有没有掺假。那期间三个多月的日子，令人难忘。李先生为国忠《走近清华简》一书写《序》时评价说："这批简的整理工作是非常复杂困难的，其中种种艰辛，殊难为外人道。刘国忠博士投身于这项工作，所做的牺牲之大，是我们同人都深知和称赞的。"

此后国忠便不遗余力地从事清华简的整理与研究。2011 年出版了《走近清华简》一书，对当时而言，这是首部向社会系统介绍清华简现状及整理工作的专著，有助于更多的人了解清华简。2020 年出版的增补版又增加了他研究清华简的内容，多见于书中第十章以下诸篇。又，篇末所附《清华简所见论著目录》及《清华简保护、整理、研究工作大事记》收录归纳了 2019 年之前学术界所发表跟清华简相关的著作、论文及学术活动情况，有助于大家进一步深入了解清华简。

国忠的研究领域是比较宽泛的，早期他曾在文物出版社出版《古代帛书》一书，对出土帛书做了全面介绍。我们合作撰写的《当代中国简帛学研究》下编《帛书》也是他的成果，增加了许多前书没有的内容。本书《帛书〈式法〉"徙"篇试论》及《马王堆帛书〈刑德〉乙篇再探》也是研究帛书的。

今《出土简帛的文献学研究》一书是他近年来有关简帛研究的论文选集，有许多创见与新意。此书内容的大部分还是与清华简有关，全书收录40 余篇论文，其中 28 篇涉及清华简。关于清华简的讨论，既有不可多得的见闻录，如《清华简的保护、整理与研究》，展示他所见所闻的真实情况；还有聚焦李学勤先生对清华简所作贡献的《李学勤先生与清华简》。从宏观角度研究清华简的有《清华简的文献特色与墓主身份蠡测》，认为清华简数十篇文献的来源是多样的，既有楚国人撰写的书籍，也有来自其他诸侯国乃至周王室者，而且许多典籍是经过楚人加工或改写的，这些文献内容的最大特色是以治国理政为核心，所以墓主应是楚国贵族。《清华简与西周史研究》则全面阐述了清华简对研究西周史的重大意义："其中的诸多记载，不仅解决了西周史研究中许多争论已久的疑难问题，同时又为西周史研究的进一步发展提供了崭新的机遇。"

书中更多的是对清华简诸篇的微观考证：《清华简〈命训〉研究》一文，根据简文中大量运用顶针格的修辞手法，结合《左传》等先秦古籍所见，指出《命训》及其他过去以为写成较晚的《逸周书》篇章，至迟在春秋中期已经出现；又，认为《命训》中有关大命、小命的区别及其作用的论述，开启了后世关于"命"与"运"的相关理论。紧接着的《清华简〈命训〉与先秦两汉时期的三命之说》一文对"三命"含义及其与"大命""小命"的关系做了深入的分析，考证出三命说即源自《命训》的二命说。《据清华简释〈中庸〉"武王末受命"》针对学界争论颇多的《中庸》"武王末受命"句，结合清华简谈了自己的看法，认为此句意谓周武王最终接受了天命。此外，《从清华简〈金縢〉看传世本〈金縢〉的文本问题》进一步证实《今文尚书》所录《金縢》的真实性，厘清有关《金縢》的歧见，亦据清华简与之对比的异文指出传世本的不足。对清华简《治邦之道》的讨论涉及古文字"𧗲𣊠"，认为此即古文献所见"疏数"的意思。上述成果，有力地推动了清华简研究的深入。

国忠在秦汉简牍研究领域也多有建树，在参加长沙五一广场东汉简牍整理的过程中，撰写了《长沙东汉简所见王皮案件发微》《五一广场东汉简王皮运送军粮案续论》等多篇论文，对简牍所见内容做了深入的考证。

迄今，全国出土简牍总数已逾三十万，内容极为丰富，展现许多以往未见的特点；研究方法与角度也五花八门，冷门逐渐趋向暖热。在这一趋势下，如何建立标准、掌握尺度便提上议事日程。国忠《对于简帛学建设的几点思考》一文提出了自己的看法，认为"成熟的简帛研究理论可以使简帛研究工作如虎添翼"，在发掘、保护、整理等方面都提出规范化问题，其中关于"在尽量保留和体现各批简帛资料自身特色的前提下，编写出符合统一规范和标准要求的简帛整理报告"，具有现实意义。目前已有许多热心的学者提出类似的观点，召开过有关标准化的研讨会，讨论热烈，值得肯定。我们也很希望能通过广泛的交流，制定出可行性强的标准，此标准既能体现其普遍规律，也注意不同情形下的特殊性。例如西北出土的干简与东南出土的湿简清理保护方法不一样；墓葬里出土的典籍类简牍与遗址中出土的文书类简牍常呈现不同的特点：墓葬（在没有坍塌的情况下）出土的典籍类简牍大多比较完整，重复的内容比较少；而遗址出土的文书类简牍则重复的内容与常用语比较多，且多残断。前者显然可以用传统的给古书标点作注的方式整理，而对后者施用此方式，则会显得琐碎不齐，或不如在文后集中对有关概念进行考证而便于查阅。此类问题都需要集中大家的智慧，根据实际情况，在动态中不断解决。

李均明

2024 年元旦

目 录

简帛学：古代文史研究的新增长点 1

对于简帛学建设的几点思考 4

流散简帛资料的整理及其学术价值 9

清华简的保护、整理与研究 14

李学勤先生与清华简 41

清华简的文献特色与墓主身份蠡测 59

清华简《赤鹄之集汤之屋》与伊尹间夏 63

清华简《傅说之命》别解 71

《傅说之命》梦境试析 75

清华简《程寤》与"文王受命" 84

从清华简《程寤》看《大诰》篇的一处标点 88

清华简《命训》研究 93

清华简《命训》与先秦两汉时期的三命之说 106

《保训》与周文王称王 116

清华简《保训》与周文王事商 120

周文王称王史事辨 128

《尚书·酒诰》"惟天降命肇我民惟元祀"解 136

也谈清华简《厚父》的撰作时代和背景 143

据清华简释《中庸》"武王末受命" 151

试析清华简《金縢》篇名中的称谓问题 157

清华简《金縢》与周公居东 162

从清华简《金縢》看传世本《金縢》的文本问题 167

清华简《皇门》"虔事"解 177

清华简与西周史研究..183

从清华简《系年》看周平王东迁的相关史实..................198

《春秋》始于隐公新解——以清华简《系年》为切入点......206

清华简《管仲》初探..228

清华简《治邦之道》初探..234

从清华简《系年》看齐长城的修建....................................241

释罡巢——兼说甲骨文中的 、 246

清华简《天下之道》"湼"字新释......................................251

侯马盟书数术内容探论..255

《越绝书·记军气》篇试论..262

帛书《式法》"徙"篇试论..274

马王堆帛书《刑德》乙篇再探..280

读长沙五一广场所出东汉简札记（二则）..........................298

长沙东汉简所见王皮案件发微..302

五一广场东汉简王皮运送军粮案续论................................307

从长沙五一广场所出木牍看东汉的度田..............................312

五一广场东汉永初四年诏书简试论....................................321

评《简帛数术文献探论》..329

杜勇教授《清华简与古史探赜》读后..................................333

读《简帛学理论与实践》第 1 辑......................................335

后记..338

简帛学：古代文史研究的新增长点

　　简帛是简牍和帛书的合称，简与牍都是用竹或木制作而成，窄长的称为简，大块的称为牍，帛则是白色的丝织品。简帛是造纸术发明之前中国最主要的书写材料，战国时期的《墨子》一书中曾两次出现了"书于竹帛"一语，非常形象地说明了当时书写材料的特征。现在我们还知道，即便是到了东汉蔡伦改进造纸术之后，简帛也仍然与纸张并行使用了很长时间，一直到南北朝以后才逐渐退出了历史的舞台。

　　简帛类文献的发现，在古代就有不少记载，其中最为人们所艳称的，当属西汉景帝时在孔子故宅发现的孔壁中经，以及西晋时在河南汲县出土的汲冢竹书。孔壁所出，有《尚书》《论语》《礼记》《孝经》等文献；汲冢则发现了《纪年》《穆天子传》《易经》等典籍。它们在当时就引起了热烈的讨论，对于后来学术的发展更是产生了深远的影响，国学大师王国维先生对它们予以了高度评价，并进而提出了"古来新学问起，大都由于新发见（现）"的著名论断。

　　从 19 世纪末开始，西方探险家纷纷涌入中国，他们在中国西北的新疆、甘肃、内蒙古等地区大肆进行探险考察活动之时，发现了不少简帛实物，从而揭开了现代简帛资料发现的序幕；而 20 世纪三四十年代先后出土的居延汉简和长沙楚帛书，更是蜚声中外。新中国成立后，考古工作蓬勃开展，新发现的简帛资料更为丰富，特别是 20 世纪 70 年代以来，全国各地出土的简帛资料数量之多，地域之广，内容之丰富，已远非以前所能比拟。迄今中国所发现的简牍资料已有三十多万枚，帛书也有数十件之多，蔚为大观。一些学者甚至把当今称作简帛时代，也洵非过誉。

从时代上来说，目前已经出土的简帛资料已覆盖了从战国直至魏晋时期的各个历史阶段；就其性质来说，大致可以划分为简帛书籍和简帛文书两大类。西北烽燧屯戍遗址所出，主要为文书档案；内地出土的简帛中，里耶秦简、走马楼吴简、长沙五一广场东汉简、益阳简等也属于这一类；至于一些墓葬出土的简帛书籍，为墓主人生前所阅读的书籍实物，与墓主人的学识和生涯有关。例如银雀山汉简、马王堆帛书、定县简、郭店简、上博简、清华简、北大简、安大简等，多系珍贵典籍，可见墓主人在学术方面很有造诣，墓中所出土的简帛也反映了他们的学术倾向。睡虎地秦简、龙岗秦简、张家山汉简、岳麓简则以法律书籍为主，墓主人都曾任执法官吏，也体现出《挟书律》废除之前"以吏为师"的事实。

简帛资料的大量发现，已经深刻地影响了当今文史研究的面貌，简帛资料给我们提供了全新的材料和崭新的视角，来重新研究中国辉煌的古代文明。学者们不仅可以利用简帛资料证经补史，探研新领域，解决新问题，而且在研究方法上也有了很大的飞跃。近年来学者们纷纷提倡的重写学术史、文学史、思想史、科技史等主张，在很大程度上正是拜简帛资料大量发现之赐。需要说明的是，这么多丰富而且重要的简帛资料，其学术价值绝非我们这个时代所能充分认识，其中的许多深刻内涵，有待于我们的子孙后代进行长期的研究和揭示。

当前，简帛研究已成为古代文史研究的新增长点，成为当代的显学，日益受到人们的重视，但是许多工作尚待进一步深入。比如说，一些简帛材料已经出土了三四十年，但是迄今尚未能够得到有效的整理和出版。而且，随着时代的变迁、科技的进步和认识的深入，许多过去出版的简帛资料尚有重新整理的必要，例如，以往公布的简帛照片，囿于当时的设备和技术，往往不够理想，使得文字识别十分困难，现在的摄影设备和技术已经大为改观，完全可以获得更理想的图像资料；再比如说，以往的竹简拍摄只注意有字的一面，对于无字的背面则往往忽视，现在学者们都充分认识到，作为一种文物资料，竹简背面蕴藏着大量的珍贵信息，可以对竹简的编联、缀合发挥关键性的作用。另外，像简帛学的理论建设、简帛学与当代高科技成果的应用等方面都有大量的工作有待开展。

（本文系与李学勤先生合写，原载《光明日报》2016 年 6 月 29 日第 9 版）

对于简帛学建设的几点思考

最近 40 多年来，随着简帛资料的大量出土，简帛研究掀起了一次次的热潮，许多高校和科研院所纷纷成立了简帛学的研究机构，相关的刊物和网站犹如雨后春笋般地涌现，有关的学术会议也在国内外频繁举办，已取得的学术成果则令人目不暇接，特别是 2014 年以来，在"出土文献与中国古代文明研究协同创新中心"的推动下，简帛学的研究得到了前所未有的发展机遇。这些现象表明：简帛研究已经成为一门学科，成为古代文史研究的热点，成为当今国际性的显学，一个简帛研究的新时代已经到来。

当前，简帛研究虽然已成为"此时代学术之新潮流"，但是在具体的科研活动中，仍然存在不少薄弱环节，其中很重要的一点，是对于简帛研究的理论建设相对滞后。

大家知道，简帛研究更多地侧重于文字的识读、字义的训释、简序的编联、文献的对比、学术价值的辨析等诸多方面的内容，往往与具体的实证研究密切相关，并与制度史、社会史、学术思想史等研究有机结合，似乎不需要太多的理论建构。应该说，这种认识是不全面的。简帛的实证性研究并不意味着可以忽视理论建设，实际上，成熟的简帛研究理论可以使简帛研究工作如虎添翼。当前，加强对简帛研究的理论建设，已经是一项迫在眉睫的重要工作。

谈到简帛学的理论建设，必然会涉及简帛学的称谓问题。长期以来，"简帛学"和"简牍学"二词并用，二者意思大同小异，很多时候可以互换，也并没有在学术界引起太多的歧义。不过仔细思量起来，"简帛学"的说法应该比"简牍学"更为合理和全面。"简帛"分别指简牍和帛书,与当代的有关发现正好能够对应,而且这一表达方式也有历史的渊源,古代称之为"竹帛",正好也是兼顾了简牍和帛书二者,比如《墨子》的《兼爱下》和《天志中》二篇都提到了"书于竹帛";《汉书·艺文志》总结《诗经》之所以能够遭秦火而全部保存下来,是因为很多人能够背诵于心,"不独在竹帛故也";《史记·孝文本纪》载汉景帝之语,称要使祖宗之功德"著于竹帛,施于万世",都明确把竹简和帛书并列,二者均为当时最常用的书写材料。鉴于"简帛"一词与"竹帛"的对应关系,以及同时涵盖简牍和帛书二者的特点,如果需要进一步规范学科名称的话,用"简帛学"显然更为合适。考虑到日本、韩国及欧洲都曾有简牍的发现,为了更为规范和避免歧义,可以称"中国简帛学"。

简帛学的研究对象当然是简牍帛书,不过,在以往的研究过程中,学者们可能更多地偏重于对简帛内容的研究,这显然是不够全面的。简帛学的研究应当包括对简牍帛书的保护、整理与研究等各方面的课题,而不能仅仅局限于文字内容的考释和研究。简帛文字内容的研究成果丰硕,为进一步的深入研究提供了丰富的经验。不过,学术界能够有机会直接参加简帛的保护与整理工作的学者毕竟是少数,笔者因为遇到了特殊的机缘,从2008年起一直参与清华简的保护、整理和研究工作,不仅可以与清华简这批珍贵资料朝夕相处,而且也有机会与相关的专家一起共事多年,得以耳濡目染了一些相关领域的工作,因此在这里主要想就简帛保护与整理方面的理论与实践工作多说两句。

简帛的保护工作是文物保护专家们多年来精心从事的工作,并已取得了很大的进展。帛书的发现迄今为止主要是楚帛书和马王堆帛书两批,在西北地区还有零星的帛书发现,而数量最大的发现则是集中于简牍方面。由于不同地区的地下环境存在很大的差异,西北地区气候干旱少雨,许多简牍以干简的形式存在,保存会相对容易一些;但在南方地区,大量的简牍则是因为墓葬或遗址中充满了积水,简牍浸泡于水中才得以保存下来,形成所谓的饱水简牍(马王堆汉墓帛书在地下时也是浸泡于水中的)。在地下水、微生物、酸、碱等共同作用下，这些饱水简牍吸饱了水分，强度降低，竹材内的纤维素、半纤维素大部分降解，简牍朽软脆弱，由于水的存在，简牍虽然仍能保持完整的外形，但是轻轻一碰就有可能毁坏断裂。对这样娇嫩的文物加以保护，有许多世界性的难题，需要结合化学、物理学、微生物学、材料学等各学科的研究力量，进行多学科的交叉融合，共同攻关加以解决。因此，简帛学虽然是在研究遥远的过去，却能够而且必须与许多新兴的学科相结合，尤其是现代的高新科技成果，可以在简帛的保护工作中大显身手。

简帛的整理工作，也应在当代已有的条件下进行必要的改进。其中最为重要的一点，是要充分认识到简帛属于出土文物，因此必须按照考古学的有关标准和要求来加以整理。比如简帛的室内清理工作，就可以有一些新的思路。以往囿于拍照条件，对简帛进行拍照前，需要对粘附在简帛表面的污物进行清理，不过在这一清理过程中不可避免地会对简帛本身有一定的损伤，甚至会造成对简帛的二次破坏，使得简帛上的字迹及其他重要信息受到不利的影响。当前红外扫描仪等设施已经在简帛清理过程中得到普遍应用，是否可以尝试在对简帛清洗之前先进行红外扫描，并拍摄和录制简帛表面的原有状貌，以利于从整体上保存简帛上的各种重要信息？这些信息很可能将对以后的文字识别、编联缀合等工作提供重要的帮助。

简帛材料的信息采集，也是一项重要的工作。简帛的整理与研究主要是依靠影像资料进行，所以影像图片的清晰程度及保存状况直接影响到简牍潜在价值的发掘程度，这种信息采集与考古学、文物修复、摄影学等关系十分密切。近年来简帛材料的信息采集也有很大的发展，比如在简帛的信息采集过程中，已使用了高达8000万像素的相机系统，在对简牍现状的分析基础上，利用先进的"饱水拍摄法"等拍摄手段，获得了简牍的高清图像信息，其效果要远远超过以往拍摄的图片；再加上利用红外的照相或扫描方法，已经可以把很多过去无法用肉眼辨识的简帛文字识别出来，从而大大提高了简帛内容释读的可能性。简帛信息采集过程中的另外一大飞跃，是对简帛信息的采集工作更加全面。以往对简帛信息的采集，只重视简帛正面有字的部分，对于简帛背面无字的部分常常忽视，相关的整理报告也没有提供这方面的信息，使得科研人员只能依据简帛正面的文字内容进行编联和缀合，往往造成众多的争论。我们在对清华简进行拍摄的过程中，李学勤先生就反复强调，一定要重视简帛的考古学属性，要对清华简的所有简背都进行拍照，不管它们有字还是无字。当时清华大学出土文献研究与保护中心就是这么做的，也是这样公布清华简照片的。事实证明，这一做法十分正确，现在在看到了清华简、岳麓简、北大简等简帛材料的背面信息之后，学者们的认识发生了很大的改变，原来竹简背面的竹节位置、刻划痕迹、反印字迹，甚至粘附物的特征，都可以为竹简的整理和编联工作提供重要的帮助。因此近些年来，竹简的编联和缀合工作更加科学和有效。现在看来，用出土文物的标准对简帛进行整理和公布，确实是很有必要的。这也提醒我们，对于过去已经公布但没有竹简背面信息的相关材料，也需要利用现有的技术手段重新进行拍摄，特别是要留意和提供竹简的背面信息，这对于简帛资料整理工作的深入，实在是太重要了。我们也欣喜地看到，像银雀山汉简等重要资料，已经启动了重新整理的项目，今后这方面的工作还可以有更大的发展空间。

简帛的编联和缀合除了要按考古学的要求来进行之外，当前可能还存在需进一步改进的地方。我们知道，每一批简帛的整理工作，都会留下一些碎片无法拼接到简帛上，我们目前正在做的清华简整理工作也面临同样的问题。这些碎片因为内容不全，没有上下文可以衔接，其学术价值往往要大打折扣。笔者常常在想，有没有可能利用一些先进的科技手段对其归属做进一步的分析呢？拿清华简来说，是否可以利用竹简的纤维特点，对其残断的截面进行扫描，了解其纤维特征，再把它和其他字迹接近、内容相似的残简的残断截面进行对比分析？如果属于同一支简的话，其纤维特征应当基本一致，这会有助于我们对这些竹简的归属做出准确的判断。再比如，我们是否可以利用现有的基因技术，通过对现有简牍基因的提取、分析和比对，来了解它们是否属于同一根竹子？如果能够确定它们有着相同的基因，那么属于同一篇简牍文献的可能性就会大得多。

　　总之，笔者觉得应当充分重视简帛资料的物理属性，使其为简帛的整理和研究工作服务。而要做到这一点，势必要加强多学科的交叉合作以及当代的高科技成果在简帛整理过程中的运用。

　　简帛的整理及整理报告的标准化和规范化问题已经受到了许多学者的重视，当前的简帛整理报告总的来说还处于一种各自为政的状态，缺少一个比较规范的标准和要求，也存在整理水平参差不齐的现象。如何在尽量保留和体现各批简帛资料自身特色的前提下，编写出符合统一规范和标准要求的简帛整理报告，也是摆在学者们面前的一个重要话题，希望将来这一方面的工作能够得到更多的推动。

　　简帛的整理和研究工作还应当与国外的相关领域学者进行更多的合作和交流。当前，国际的中国简帛学研究者之间有着非常密切和频繁的合作与交流，但笔者觉得仅做到这一点还不够，中国的简帛学研究者还应当与其他领域的学者开展更多的合作和交流，特别是与日本的木简学、欧洲和西亚的铭刻学及古文书学等领域的学者有更多的沟通与互动。比如日本发现的木简，其数量已有 30 多万，木简学的研究在日本已经非常成熟；再比如 20 世纪四五十年代发现的死海文书，也已成为西方古文书研究的重要分支；这些领域的研究与中国的简帛学研究都有许多共通之处，如何在中国的简帛研究中借鉴和吸收国外学者的相关理论、方法，也是我们今后需要努力的一个方向。

　　（原载《中国史研究动态》2016 年第 2 期；人大复印报刊资料《历史学》转载）

流散简帛资料的整理及其学术价值

20 世纪以来，战国至魏晋时期的简牍帛书不断出土，为中国的历史研究增添了大量珍贵资料，并促使简帛研究成为一门当代显学。然而，由于盗墓活动的猖獗，许多重要的简帛资料，如楚帛书、上博简、岳麓简、清华简、北大简、安大简等，都并非通过正式的考古发掘而获得，而是出自盗墓贼之手，并经过古董商人的多次转手倒卖，辗转播迁，历经坎坷。这些简帛材料在流散过程中受到了很大的破坏，简帛上的许多珍贵信息也因此遗失，甚至连这些简帛的真伪也一度成为学术界讨论的重要话题。与此同时，一些不法之徒则利用学术界重视简帛资料学术价值之机，大肆仿制伪造简帛（主要以简牍为主，也包括一部分的帛书），四处兜售。一时之间，文物市场上假简充斥，不少学术机构和收藏家纷纷上当，这不仅使学术机构遭受了惨重的经济损失，而且其自身的学术声誉也深受影响。如何看待盗掘出土的简帛资料，怎样充分认识这些非发掘出土的简帛资料的学术价值？如何从事流散简帛资料的整理和研究？这些是摆在学者们面前的重要课题。对于这些问题，我想可以从以下几个方面来加以考虑：

第一，我们应该注意到，由于盗墓活动的盛行，属于中国古代的许多珍贵文物已经且正在流散到世界各地。特别是最近三十多年来，盗掘活动的猖獗和文物流失的严重程度让人瞠目结舌，比如盗墓者在 20 世纪 90 年代对甘肃礼县秦公大墓的洗劫、对山西曲沃晋侯墓地的盗掘，等等，造成了无法挽回的巨大损失，让学者们痛心疾首。近年来广受海内外关注的江西南昌海昏侯墓地，就曾在 2011 年春天遭到了盗掘，据说当时的盗洞已经深达 14.8 米。当地的一个电工上山检查线路时，正好发现了盗洞，村民随即向当地公安机关报案。由于发现及时，海昏侯墓地才得以幸免于难。据主持海昏侯墓地发掘工作的杨军先生说，当时如果再晚一天接到当地群众的报告，海昏侯墓很可能就要遭到盗墓贼的洗劫①，那样的话，该墓中的大批竹简和众多的精美文物又不知要流散到何方。这是一个比较幸运的例子。但是中国还有众多的墓葬和遗址，遭到了盗墓贼的频繁"光顾"和疯狂洗劫。实际上，如果我们回顾历史，包括商代的甲骨文、商周时期的众多青铜器，如后母戊鼎、𪉖其卣、毛公鼎、散氏盘等，无不是因为盗掘才重现人间。文物的盗掘和走私行为造成了巨大的破坏，是一种可耻的行径，理应受到学者们的谴责与唾弃；不过，对于因盗掘而流散出来的文物，我们则应该理性看待。如果我们因为它们不是考古发掘品而一味拒之门外，采取不闻不问的态度，或者轻率否认它们的真实性和学术价值，那显然也是不可取的，因为这会使许多珍贵的材料置身于我们的研究范围之外，学者们研究成果的科学性也势必会大受影响。20 世纪上半叶，章太炎等几位著名学者曾怀疑甲骨文的真实性，对甲骨文等资料摒弃不用，使得其研究受到了很大的局限，殊为可惜。当然，在利用这些流散文物之前，它们的真实性首先需要得到证实。因此，对于流散文物的鉴别工作一直是学术界一个沉重的话题。

　　第二，墓葬或遗址中有简帛材料的出现，本身的概率其实并不大，据湖南、湖北等地的考古工作者介绍，他们平均要挖一千座左右的战国至汉晋时期墓葬或遗址，才有可能发现一个含有简帛的墓葬或遗址。但是近年来随着中国的经济建设和土地开发工作的不断加大，简帛的出土频率也大大加快；而盗墓贼的疯狂盗掘，又使得简帛的流散越来越多；同时一些不法之徒制造和贩卖假简，又使流散简牍的真伪鉴别成为一件很重要的工作。以清华大学出土文献研究与保护中心为例，在清华简入藏之后，不少收藏

---

① 参见"搜狐网"的报道：《海昏侯墓考古领队杨军：再晚一天墓葬就被洗劫》(http://cul.sohu. com/20151217/n431658593.shtml)。

家或机构曾经与我们联系，希望把他们收藏的简牍转手给我们，这样的事情已经发生了数十次之多，然而经过仔细辨认，那些收藏家手中众多的"简牍"没有一批是真简，而是出自今人的伪造。即便是现在，如果有人有兴趣去北京的潘家园文物市场走走，那里兜售的"简牍"也非常之多，甚至到了要多少有多少的程度，足见这一领域真伪混杂的严重程度。由于简牍的造假行为泛滥成灾，对于简牍真伪的鉴别方法也亟待加以总结。在中国大陆，比较早就从事简牍帛书辨伪工作的学者，当属中国文化遗产研究院的胡平生先生，他在 1998 年曾在《中国文物报》发表论文，对于香港中文大学文物馆所藏王杖简的真伪进行了鉴别；后来在《收藏家》1999 年第 2 期上发表《古代简牍的作伪与识别》一文，归纳了辨别伪简的四原则，即"质材与形制；书法与书风；文字与文章；来路与出处"；他还就有关问题于 2008 年 10 月在美国芝加哥大学国际简牍论坛、2009 年 3 月在日本出土资料研究会山梨会议上做过专题讲演；后来他又写成专文《论简帛辨伪与流失简牍抢救》，发表于《出土文献研究》第 9 辑（中华书局 2010 年出版），对有关问题进行了进一步的总结和阐发。此后还有一些关于简牍真伪的讨论文章，不过其深入程度尚不及胡先生的有关论作。

第三，对于非发掘品的简帛资料，其辨伪工作应当严格遵循科学的理论和方法。比如对于简帛材料年代和材质的测定，对于简牍的契口、编绳痕迹等的观察，对于简帛上面所写墨迹的检测，对于简帛书写特点和字体特征的辨识，对于简帛正面和背面各种信息的分析，以及对于简帛内容的全面研读，等等，都是我们判别简帛真伪的重要依据。最重要的是，简帛材料是以文字内容为主的资料，造伪者想要以假乱真，编写出两千多年以前的文献或档案资料而不露出任何马脚，其实是根本不可能的。目前所见的伪简，其造伪方法不外是抄写古书、抄写已出土的各种文字材料，或者是对上述两者进行一些拙劣的改窜；而伪简所使用的简牍材料、笔墨以及书写文字的特征等，也处处都会露出破绽，根本无法与真简相提并论。因此，伪简和真正的古代简帛之间，其实是存在着天壤之别的，比较容易做出正确的判断。正如胡平生先生所指出的那样："从专业的眼光来审视，简牍的作伪一般并不很高明。"只要具备简帛学的相关素养并进行细致分析，假简还是能够得到辨识的。特别是到了今天，随着学者们认识水平的大幅提高和科技检测手段的不断深入，造假的简帛材料在相关领域的专家眼里，基本上是无所遁形的。

第四，作为非发掘品的简帛材料，一旦经过学者们的细致分析和认真甄别，确定是真实可靠的材料之后，它们就具有了与正式发掘的简帛材料一样的重要性，需要进行细致的整理与研究。近年来几批非发掘品的简帛资料，最后是由数家高校和博物馆入藏，特别是相关高校入藏简帛资料后，往往利用和发挥高校学科众多、相关人才集中的优势，在简帛资料的整理和研究方面开展了卓有成效的工作。

与传统的简帛整理工作相比，当前通过整理流散简帛资料而总结出来的简帛整理方法，比以往的简帛整理工作有了很大的提高，这一方面有赖于新的科技手段的运用，另一方面就是充分重视对简帛各种信息的综合利用。清华大学出土文献研究与保护中心主任李学勤教授一再强调，竹简既是古代的文字载体，同时也是考古学的遗物。竹简的整理编联应当借鉴考古学中对出土文物的修复方法，综合出土遗物中的各种信息加以进行。这些年在流散简帛材料整理研究的工作中，最为基本的一点，就是将简帛材料作为特殊的文物看待，将流散简帛材料的信息予以全面的提取和细致的分析。这种对简帛材料认识的进步，很好地推动了流散简帛整理工作的发展。北京大学胡东波等先生曾发表了《简牍发掘方法浅说——以北京大学藏秦简牍室内发掘为例》(《文物》2012 年第 6 期)，提出了对这些流散简帛资料进行"室内发掘整理"的概念，从中也可以看出考古学的方法和理论对于流散简帛整理工作的重要意义。

第五，目前，包括流散简帛材料在内的出土文献研究已经成为当今古代文史研究的显学，但是我们对于当前研究工作的水平还要有清醒的定位和估计。每一批的简帛材料都具有其独特的学术价值，而且由于简帛材料是以文字为主，更容易与传世古书相对照印证，对于历史学、古文字学、古文献学、学术史等学科的直接作用也会更加显著。但是我们目前对这些流散简帛材料的研究，还只是处在初级的阶段。已经公布的几批非发掘品简帛中，楚帛书虽然在 20 世纪 40 年代即已出土，但其研究工作远远没有结束，一直到今天，学者们还在不断推出新的研究成果，这篇帛书对于战国时代数术的研究发挥了重要的作用；上博简的儒家著作、岳麓简的法制史材料、清华简的经史类文献、北大简的《老子》等书都是近些年才陆续整理公布，研究工作才刚刚启动，更需要进行长期深入的研究，不能指望在短期内完成研究工作。

第六，近年来流散简帛材料的整理和研究工作有力推动了简帛学学科的深入发展。当前，中国大陆的清华大学、北京大学、湖南大学、安徽大学等高校都购买和收藏了竹简，这些珍贵的出土材料对于这些学校人文学科的发展起到了重要的推动作用；由于上述高校汇聚了各个学科的众多人才，在整理和研究这些非发掘品的简帛资料过程中，这些机构推陈出新，在简帛的整理与研究方面取得了许多突破，比如在竹简信息的提取方面，兼顾了竹简背面信息的提取，并注重将竹简背面信息的分析与竹简的整理、缀合和研究工作结合起来；在竹简的拍照、扫描和整理工作中逐步形成了一套行之有效的规范和方法；在人才培养方面开始形成了新的机制和培养模式；等等。更为重要的是，在推进非发掘品简帛资料的研究过程中，清华大学和北京大学、复旦大学、吉林大学、中国人民大学、中山大学、湖南大学、首都师范大学、安徽大学以及中国文化遗产研究院、中国社会科学院历史研究所等 11 家高校和科研机构，联合建立了"出土文献与中国古代文明研究协同创新中心"，开展了众多协同研究创新的工作，比如对马王堆帛书、银雀山汉简的重新整理，对长沙五一广场东汉简牍的合作整理研究，等等。这一协同创新中心的建立，极大地改变了中国简帛资料研究的面貌和格局，将对这一学科的建设和培养发挥重大的作用。

［原载《郑州大学学报》（哲学社会科学版）2017 年第 5 期，编入本书时有删节］

清华简的保护、整理与研究

1. 什么是清华简

所谓清华简，是指 2008 年 7 月 15 日清华大学入藏的一批战国竹简。这批竹简一开始系被盗掘，流散到了香港，清华大学历史系李学勤教授听说后，向校领导汇报，校领导非常重视，委托李先生进一步了解情况。后来经过香港张光裕教授的帮助，李先生看到了简的一些内容，他看后非常震惊，建议学校尽快决策购买。当时，学校又派李先生等人到香港去看竹简的实物，确定可靠后跟古董商进行协商。古董商承诺说，清华大学可以暂不付钱，先把简运走，一旦简是假的话，古董商无偿把简收回去，一分钱不要；但如果是真的话，就按照双方商定的价格把它买下来。后来科研人员在整理过程中发现，这些简全部都是真的，所以清华大学就请校友捐钱，按事先商量好的价格买下了这批竹简，并由校友无偿地把它们捐给了学校。

2. 书于竹帛

为什么会有简这一类的文物？这跟中国古代的书写习惯有关。在造纸术发明之前，我们的先人有"书于竹帛"的传统。人类进步一个很关键的节点就是发明了文字，文字是人类的伟大发明，不是世界上原本存在的。有了文字之后，人们之间的沟通交流就非常方便了，不仅如此，通过文字的记载，人类可以将文明一代一代传下去。所以有了文字，就为文明的继承与发展提供了无限的可能。因此，文字的发明可以说是一件划时代的大事。

但是，文字本身需要书写在一定的载体上。造纸术发明之后，在很长时间里，纸是人类最重要的一种书写载体。但在造纸术发明之前，人类用于记载文字的材料可以说是五花八门。比如，古代埃及有草纸，两河流域用泥板，而在中国则是书于竹帛。

竹子主要生长在中国的南方。在古代，像商、周时期，因为有时气候比较温暖湿润，所以在北方黄河流域也可能会有竹子。人们把竹子砍下来以后，锯成一个一个竹筒，拿刀劈开后再进行加工。竹子朝外的一面是青色的，称为竹青；朝里的一面是淡黄色的，称为竹黄。一般来说，竹简用来写字的是竹黄这个部分，因为竹青这一面外表有一层蜡质的东西，非常光滑。竹简上的文字，都是毛笔蘸着墨写上去的，但是在光滑的表面上，墨汁很不容易存留，不适宜用来书写。所以，竹黄那面是竹简的正面，竹青这面反而是竹简的背面。

竹简还要经过烘干或者晒干后才能用于书写。文天祥有一句非常有名的诗"留取丹心照汗青"，竹子一烤，会有液体渗出，就好像是在流汗，因此，"汗青"就成为竹简的代名词了。

除了竹子之外，使用得较多的书写材料是木头。因为很多地区没有竹子，所以木简的使用也非常普遍。大块的竹简或者木简称为牍。竹简、木简，竹牍、木牍，是中国古代很重要的书写材料。当然，中国先秦时期还有甲骨、青铜器等可以用于书写的材料，但那些材质的东西主要用于特定的场合，并不是古代真正意义上的书籍。

竹简本身的面积比较有限，所以一根简上能写的文字也比较有限。一般来说，一根 40 多厘米的简，只能写 30 ~ 40 个字。所以，如果是一篇比较长的文章，一支简是不够写的，必须用若干支简连续地写。这样由若干支简组成的文章，如果散着放，会很容易把次序搞乱，所以古人用绳子将其绑起来。绑在竹简上的绳子容易上下滑动，为了避免这种情况，古人就在竹简上绑绳子的地方刻一个缺口（称为"契口"或者"切口"）。所以一般的竹简上都会有契口，如果没有契口，就肯定是假的，这是最简单的分析。我们知道孔子晚年的时候非常喜欢《周易》，读书的时候"韦编三绝"。"韦"据说是牛皮绳。当然，我们在考古中还没有发现过用牛皮做绳子的例子，目前看到的先秦竹简，都是用丝线把竹简绑在一起的。

在古代，负责文字工作的人被称作"刀笔吏"，这是为什么呢？实际上刀和笔有不同的分工，刀实际上是起橡皮擦的作用。加工竹简的时候当然需要用刀，另外在书写的过程中，万一写错了，就拿刀把写错了的字刮掉，然后重新写。笔就是毛笔，毛笔是蘸着墨来写的。传说毛笔是秦代的将军蒙恬发明的，这种说法肯定不对。蒙恬可能对笔做过一些改造，但毛笔肯定此前早已存在，实际上我们在新石器时代的一些遗址里，就发现了用毛笔一类的东西在陶器上面写的字、符号或者画的画。

例如，在山西襄汾的陶寺遗址曾经出土过一个扁壶，这个扁壶很有意思，距今有四千多年了。扁壶上面有用红色的朱砂写的字，这个字跟后来甲骨文和金文中的"文"字写法非常像。扁壶另一边写的那个符号到底是不是字，学者们有不同的意见。有的学者认为是字，说就是尧舜的"尧"，但是这个说法没有得到公认。无论如何，这个扁壶上的文字和符号，是新石器时代已经有文字的一个重要证据。

刚才我们说了甲骨文和金文是先秦时期很重要的文字，甲骨和青铜器也是很重要的书写材料，但不是造纸术发明之前中国最主要的书写材料，最早、最主要的书写材料实际上是由竹子和木头加工而成的竹简或者木简。甲骨文和金文在商朝和西周时候都已经有了，而我们的竹简，现在发现最早的实物只能追溯到战国时代。在大家都很熟悉的曾侯乙墓就出土了随葬的竹简。这些竹简我们称为"遣册"，就是随葬品的清单。曾侯乙墓的年代非常明确，是在公元前433年，该墓所出土的"遣册"是目前发现的最早的竹简实物。

既然我们发现的竹简只能追溯到战国时代，而甲骨和青铜器上的文字要比竹简的文字早得多，那有什么证据说明在商朝和西周的时候，已经有竹简这样的书写材料存在呢？虽然目前没有发现商周时期的竹简实物，但可以从其他的种种证据来推测当时最主要的书写材料是竹、木简。

比如说我们看到 ⊞、⊞ 等字形，这是个"册"字。大家都知道，"册"字本身就是一根一根的简拿绳子捆起来的形象。再有就是传世的《尚书》里有一篇《多士》。《多士》是西周初年周公对殷遗民的训诫，其中提到"惟殷先民，有册有典"，说你们商朝的祖先也是"有册有典"的。"册"就是竹、木简，一根一根用绳子扎起来，是一个象形字。"典"是什么样呢？"典"实际上是把"册"放在一个书架上，或者放到一张桌子上的样子，这样就称为"典"，如 ⊞、⊞ 等写法。"册"是个象形字，而"典"是个会意字。周公说商朝的先民"有册有典"，证明商朝的时候已经使用简册这样的材料来书写。更有意思的是，商、西周时期的史官称为"作册"。这就告诉我们，当时的史官所用的书写材料就是用竹、木简做的"册"，所以他们被称为"作册"。这样我们就知道，像史官这样的一些文化人、知识分子，他们平时所使用的大量书写材料实际上是竹、木简。而像甲骨和青铜器，它们是在特殊的场合才被拿来作书写材料的。

另外，我们可以看到一个很有意思的现象。从甲骨文、金文开始，很多表示动物的汉字，如虎、象、马、狗，甚至鱼、猪（豕），都是竖立起来的形象。而这些动物本身是四肢着地，或者像鱼，是平着游的，都不是立着的。可是古人为什么把这些字写成这个样子呢？后来学者们反复琢磨就明白了，因为当时最主要的书写材料就是简，简是一根一根窄长条的竹片或木片，先秦时候的简，一般来说大概跟筷子差不多宽，再宽一点的跟我们的手指头差不多，总的来说都很窄。在这么窄的空间里，要把动物的形象横着写的话，就不容易写全。简是窄长条的，宽度受限，长度却比较充裕。于是，古人为了书写方便，就把这些"动物字"竖起来写了，可以说这是一种非常灵活的处理。而甲骨文和金文里这些字的处理方法，也是和简有关的。因为甲骨或者青铜器上不存在宽度不够的问题，但是当时甲骨文和金文的书写习惯还是会把这样的字竖立起来。这是由于长期在简上写字，形成了习惯，有些字就已经固定为竖立的样子。这也证明，当时最主要的书写材料就是由竹子或木头加工成的简。

第三个证据，我们看中国古书的特点是从上到下、从右到左这样的排列顺序。这种排列顺序跟世界上绝大部分文字的排列习惯很不一样。中国人的古书为什么要这么来写呢？仔细分析一下就可以明白了。当时主要的书写材料是简，简的特点是一根一根的，而中国人的书写习惯一般是右手拿笔。在用简书写的时候，一般是把简放在左手上，然后拿笔在上面写，写完以后就把这根简放在右边；左手从左边空白备用的简当中再拿一根，再接着写，写完以后又往右边一放。这样就自然而然形成了从上到下、从右到左这样的排列顺序。如果用甲骨或者青铜器，就不一定会出现这么一种书写顺序。可见，当时的这种书写习惯对人们的书写方式已经起到了潜移默化的影响。

根据这些情况，我们可以知道，最晚从商代开始，竹、木简已经成为我们先民最主要的书写材料。所以，它们是造纸术发明之前中国的先民最主要的文字载体。而甲骨和青铜器，是用于特定场合的书写材料。

由于长期使用竹简和木简，中国文化里相关遗留很多，都跟简的使用有关。比如说"牒"字，左边所从的"片"字是把木头劈开，"木"的一半就是"片"，"牒"就是竹简。另外，"札"字本来是指短小而轻薄的木简；"篇""册""卷"指连简成编，等等，这些都是和简的使用有关的。另外，古代一些很讲究的文人，会使用"八行书"的信纸，这种信纸本身也是模仿简牍的，可见简牍的使用在中国所产生的重大影响。春秋战国之际的墨子，在他的书里有两次提到"书于竹帛"。这些都说明竹简和帛书是当时主要的书写材料。

帛是丝织品，其使用比简要晚一点，具体晚到什么时候，现在我们还不知道，至少在春秋时期已经出现。帛的特点是比简更轻，而且可以很方便地舒卷；帛的另外一个特点是可以画图。用帛画图，要比简方便得多。但是它的缺点是比较贵，一般人用不起。

因为竹简和木简容易损毁，所以目前在考古中还没有发现商代竹、木简的实物。但是从前面所分析的情况来看，实际上简的使用在商代就已经出现。目前华北地区发现简的地方，最北是山西省的太原。那批简能够保存下来，实在是非常侥幸。因为简本身很容易朽烂，要保存下来，需要很独特的气候条件。

简单地说，简的保存需要有两种条件。一种是极度干燥。我国西北地区非常干燥炎热，很少下雨，在这种环境下，霉菌不容易滋生，简容易保存。比如新疆的胡杨树死后几千年都可以不朽烂。另一种就是极度潮湿。所谓极度潮湿，就是整个简都泡在水里，如果水能有效地使简跟外界隔绝，那么简也能保存下来。这种环境在中国最理想的地方是湖南、湖北这样的地区。因为湖南、湖北一带江河湖泊纵横交错，地下水位很高，水容易渗透到遗址或者墓葬里面。先民把墓葬埋了以后，会在上面覆盖上泥土，再用工具把土夯实，而当地泥土中有很多的青膏泥或白膏泥，这种土壤的特点是透气性特别差，这样空气就不容易进去。墓葬里的水中本来会有一些氧气，但这些氧气很快就被水里的微生物消耗掉了，新的空气进不去，水里的这些微生物没有办法生存，纷纷死亡，这样整个墓葬就处于一个没有氧气的真空状态，物品就容易保存。所以湖南、湖北地区出土了很多东西，比如古人的尸体、衣服、各种各样的漆器，等等。这跟湖南、湖北地区这种特殊的地理条件、气候条件是有关系的。竹、木简在中原地区，像河南、河北、山西就很难保存。山东只有个别地理条件好的地方，比如银雀山或者青岛能保存一些，一般是很难保存的。所以山西太原能够保存一些简，那是极其侥幸的。一般是没有办法保存的，即使能够保存下来，状态也特别差。山西出土的那些简，怎么取出来都是问题，因为实在已经朽烂得很厉害了。

简是造纸术发明之前最主要的书写材料，若从商代开始算，一直到公元后的魏晋南北朝时期，中国人还在使用简，所以用简的历史，差不多有两千多年。在简之后，我们开始使用纸。过去都说，东汉的蔡伦发明了造纸术，根据现在考古的发现，可以知道纸的出现时间要比东汉早，在秦朝已经出现纸的踪迹。不过那些纸都比较粗糙，使用也不普及，在蔡伦改进造纸术以后，纸作为书写材料才慢慢普及起来。但是在纸张发明以后的很长一段时间里，简和纸还在共同使用。就像我们现在有多媒体，但还是有很多人阅读纸质的书籍，二者并行。简要到南北朝以后才真正被纸所取代。

简是如何退出历史舞台的？唐代的时候有本书叫《初学记》，书中引用过一本名为《桓玄伪事》的书。桓玄是东晋时期一个很有名的政治家，他是桓温的儿子。桓玄当时想篡夺东晋的皇位，所以他一度将东晋的皇帝废除，自己当皇帝。桓玄在篡位的时候曾经下了一道诏书，诏书中说："古无纸，故用简，非主于敬也。今诸用简者，皆以黄纸代之。"他说在古代没有纸，所以才用简，但现在纸张已经很普及了，可以用纸来代替简。这是桓玄在东晋末年篡位时所下的诏书，不过，桓玄的篡位很快就失败了，后来被刘裕平定，他的这项措施当然也没有实施。但是这道诏书意味着当时人们已经意识到简没有纸用起来方便。它可以作为一个标志，证明当时社会有这样的呼声，想废除简。不过，即使以此为标志，简的使用也超过了两千年，比纸的使用时间要长。所以我们研究中国的历史，不能忽略这一段以"书于竹帛"为特征的历史。

3. 清华简的入藏与保护

清华简是清华大学从香港的文物市场抢救回来的。这批简最初送来的时候，装在一个一个的塑料筒里。简的出土地点虽然不清楚，但一定是出自湖南、湖北一带。由于在水里浸泡了两千多年，竹简本身已经发生了很大的变化，竹子的纤维素和半纤维素在长期的浸泡过程中都已经降解，所以竹简虽然还保存了原来的形态，但已经非常糟朽。如果用一个比较形象的比喻，有点像煮熟了的宽面条：在水里看，一根一根都很完整，但是它们特别软，用手一拿，整根简就弯曲了；要是再用力一点的话，它就断了。古董商当时拿保鲜膜把它们裹了起来，旁边又塞了很多棉絮、毛巾等柔软的东西，然后放在一个个类似于羽毛球筒的塑料筒里面保存，外面再用保鲜膜密封。

竹简到达清华大学时，已经出现菌害霉变的现象，处境十分危险。于是，清华的科研人员进行了紧急的抢救性保护工作，经过了近三个月的努力，终于使这批竹简转危为安。

2008 年 10 月 14 日，清华大学邀请北京大学、复旦大学等高校和文博单位历史学、考古学、古文字学等领域的 11 位权威专家，召开了"清华大学所藏竹简鉴定会"。这些专家对这批竹简进行了仔细辨别，展开了热烈的讨论，对这批简的学术价值予以了充分肯定，他们后来在鉴定意见上说：

> 这批竹简内涵丰富，初步观察以书籍为主，其中有对探索中国历史和传统文化极为重要的经、史类书，大多在已经发现的先秦竹简中是从未见过的，具有极高的学术价值；在简牍形制与古文字研究等方面也具有重要价值。从竹简形制和文字看，这批竹简应是楚地出土的战国时代简册，是十分珍贵的历史文物，涉及中国传统文化的核心内容，是一项罕见的重大发现，必将受到国内外学者重视，对历史学、考古学、古文字学、文献学等许多学科将会产生广泛深远的影响。

专家们的这些意见，后来全部得到了验证。目前，清华简已经成为海内外学者们的关注焦点，对许多学科产生了广泛深远的影响。

鉴定会结束后，科研人员开始对竹简进行拍照。当时科研人员是与清华大学美术学院合作，一起给清华简拍照。竹简在水里泡了两千多年以后，颜色也变了，呈现的是深咖啡色，上面的墨迹看起来就不那么明显。因此，拍照前需要对竹简进行脱色，即还原它们本来的颜色，还原以后就赶紧拿出来拍照。过去在拍照的时候都是要用吸水纸尽量把简上面的水吸干。但是竹子本身是纤维结构的，所以它的表面可能会有一些凹凸不平的地方，拍照的时候，有水的地方会形成光斑，很难看，拍出来的照片不够理想。后来李均明老师想了个主意，既然竹简表面的水没有办法完全吸干，不如反其道而行之，干脆给竹简表面喷上一层水，这样竹简表面就形成了一层水膜，结果拍出来一看，效果特别好。

竹简照片的光斑问题，长期以来一直困扰着相关的文物拍摄工作，经过科研人员的处理，现在这个问题不仅得以解决，而且在整个竹简拍摄工作中全面推广。这是清华简拍摄过程中的一个意外贡献。

4. 清华简的整理

竹简在地下时，由于水的浮力作用，早已经散乱。毫无次序的简，该怎样整理呢？下面介绍一下我们是怎么做清华简的整理工作的。

清华简的整理，有点像我们玩的拼图游戏。要把它们原来的次序、原来的位置找出来，一根一根地复原，需要充分利用竹简里各种各样的信息。在清华简的拍照过程中，还有一个很重要的创造。过去给竹简类文物拍照，主要是拍有文字的这一面，也就是竹黄这一面，而竹青的那一面（背面），过去是不拍的。但在清华简拍照的过程中，李学勤老师一再强调，竹简首先是一种文物，我们一定要把它当作文物来看待，所以我们不仅拍了竹简正面的照片，同时也拍了竹简背面的照片。我们把原大的竹简的正面和背面照片都打印出来，然后用透明胶粘起来，这样就用这个照片反复比对，进行竹简的编排整理。在这一过程中，需要充分利用竹简的原有信息，这些信息主要有：

（1）简的长短和宽窄分类

一般来说，同样长度的简，属于同一篇的可能性是很大的，而不同长度的简，一般来说不会属于同一篇。比如，一根 46 厘米长的简和一根 15 厘米长的简是没法绑在一起的——当然我们这里说的是原始长度，而不是残断的简。

首先，根据竹简的长度和宽窄就可以做大的归类。清华简中有 46 厘米长的，还有 38 厘米长的、28 厘米长的，甚至还有十几厘米长的。根据竹简原物的长度，就可以把它们归成好几类。

另外，简的宽窄不一样。有的简特别宽，特别宽的简大概有拇指那么宽；还有很细的，细的大概像小指这么宽。根据简的宽窄和长短情况，可以把它们分成好几大类。这是第一项工作。举个例子，《保训》简的长度是 28.5 厘米，而《金縢》的简则有 46 厘米长。通过比较就能够看出来，这两篇简一定不会是同一篇。所以根据简的长度，首先就可以做大概的归类。

（2）确定编绳的位置

整理工作第二步就是确定编绳的位置。一根简的字数很有限，一篇文章需要用若干支简绑起来，而要绑起来就一定要有一个切口。这样简上会留下切口的位置，而绳子在简上绑了两千多年以后，会在简上自然而然地形成一道编绳的痕迹。不同的简，编绳的位置不一样。有的简可能只用两道编绳固定，而有的简比较长，有三道编绳。将简先归类，再看编绳的位置，编绳和编痕的位置一找出来，就可以对很多简做进一步的划分。我们再举《保训》这个例子。

《保训》这一篇的编绳是两道。这两道编绳的痕迹比较明显，可以看出来，上面编绳的位置处于第六和第七个字之间；下面编绳的位置处于倒数第五和第六个字之间。我们再看《金縢》。《金縢》有三道编绳。用两道编绳的简和用三道编绳的简肯定不会属于同一本书，而且不同篇的编绳位置一般也是不相同的。这是对简进行整理还原的一个重要依据。

（3）"版式"

不同的人抄书，有不同的特征。比如说，有的人喜欢顶天立地地写，不留页眉和页脚，而有的人抄写就会留一些空白。我们可以根据不同的抄写特征（我们姑且称之为"版式"）来对简进行进一步区分。比如说《保训》这一篇，它的特点是顶着竹简的顶部写，上面不留空白。但是《金縢》这一篇上面就留了天头，这是很不一样的。根据这些特点，也可以知道这些简属于不同的篇。

（4）字体和字符间距

第四步工作是区别字体和字符间距。简的字体和字符的间距也不一样。根据我们的整理情况，清华简大概有 70 多篇。这 70 多篇类似于墓主人的藏书。书的来源不一样，书的抄写者也不一样，而不同的抄写者，字写得很不一样，写字的习惯也很不一样，有的人写得很潦草，有的人写得非常工整。一般而言，使用同一种字体的简属于同一篇的可能性比较大。根据字体的情况，也可以对简进行分析。

（5）内容

不同篇的竹简，它的内容肯定不一样。内容相关的，那一定属于同一篇。内容也是帮助我们判断竹简是否属于同一篇的一个手段。

（6）竹简的背面信息

我们在清华简的整理过程中，还用了一些其他的方法。这些方法可以说让大家大开眼界。我们拍了竹简背面的照片之后，所拥有的信息量增加了很多。首先，我们的一个很重要的发现是，有一部分竹简的背面写了编号。它自己就有编号，这一点过去从来没有人注意到，它为我们的整理工作提供了很多方便。比如说一二三四五，这是很常用的。当然，甲篇有一二三四五，乙篇也有一二三四五，甲乙篇还容易搞混，但结合内容以及其他的信息再进一步分析，那就很容易判断了。而且我们整理出有编号的简以后，别的学者不会有任何意见。当然，编号也不一定是完全正确的，比如有一篇《系年》简总共有 138 支，它的抄写者抄到 55 支简的时候，后面的编号本来应该是 56，可是他写成 57 了，漏了 56。抄写者后来发现了这个问题，那怎么办呢？我们可以看到，抄写者是抄到第 81 支简时才发现的，于是他就干脆再写了一个 81，等于有两支简的编号重复了。前面缺了一支，后面两支简却用同一个编号，最后的总数还是一样的。因为有抄错的情况，他在后面做了一些调整，但是这种情况毕竟是个别的现象，绝大部分简的编号还是比较科学合理的。这样编号就成了整理竹简次序很重要的一个依据。

还有就是有的简背面有划痕。加工者把要加工成竹简的竹筒拿来时，往往用刀在竹筒表面（竹青的部分，即竹简的背面）划一圈，然后再把竹筒劈下来，并加工成竹简。为什么要划一圈呢？这是在给竹简做上记号。就是因为竹简的抄写者也怕竹简的绳子断了，顺序会打乱，所以就刻意做了一些记号。

竹简的背面是竹青，这一面很光滑，不容易粘墨，但把皮刮掉以后就可以写字了。有的竹简背面还写了篇名，写的时候也是把原来的竹青刮掉了。竹节处也会加以刮削，编号往往就写在刮削过的竹节上。所以说古人是很聪明的。他们很多细节都能处理得很好。

看竹简背面还有一个好处。不同简的竹节也不一样，一般来说，同一篇简文用同一个竹简的可能性比较大。当然，有的文章比较长，一个竹简不够写，需要若干个竹简，但是不管怎么说，相同的竹简属于同一篇的可能性是很大的。不同的竹子，竹节的位置也是不一样的。竹节对我们判断它原来所在的位置特别有帮助。

竹简的背面有编号、竹节、划痕，还有一些其他的信息。虽然这些竹简散乱了，但是同一篇简还挨在一起的可能性比较大。这些简都在一起的时候，粘上的脏东西也是一样的，所以留下的痕迹也会接近，这也是很重要的一点。所以竹简背面附着的东西也可以帮助我们还原它们的顺序。

还有一个情况，竹简需要卷起来，卷起来以后，有些墨迹会反印在竹简的背面，出现字迹重合的情况。反印在背面的地方正好可以帮助我们判断它的位置。

总之，竹简上各种各样的信息都可以帮助我们还原竹简的原有次序。当我们用了这样一整套方法之后，竹简编排的科学性就大大增加了。过去很多学者没有注意到竹简的背面，这些方法就根本不能应用。而我们现在回过来再看过去发现的一些竹简，比如说郭店楚简或者银雀山汉简，结果发现这些简的背面也有划痕，也有编号，过去的学者没有注意到这些地方，而现在就可以利用这些材料，重新整理那些竹简了。

5. 清华简文字的释读

清华简是用楚文字书写，这些楚文字是怎么释读出来的呢？过去有一部很重要的字典，叫作《说文解字》，是东汉时候许慎所作。这部字典里收录了 9353 个汉字，字体都是小篆。在汉字的发展过程中，从小篆到隶书，正好是形体发生剧烈变化过程中最重要的一个阶段，而这 9000 多个字就把小篆的形体彻底解决了。所以我们以《说文》为线索，然后往回追溯，去解读甲骨文、金文，解读战国文字。但是在解读的过程中还是会有比较多的问题，特别像战国文字就比较难认。小篆是秦国到秦朝的文字，但是东方那些国家，像楚国，还有其他国家的文字，形体变化特别大。有时候根据《说文》根本猜不出来这个字是什么，而清华简的发现和研究工作，本身对于楚文字的研究就有特别重要的意义。

首先，清华简提供了过去从来没见过的楚文字的字形。清华简约有2500枚，70多篇文献，里面的很多字，在过去我们从来没见过。清华简的发现，对于我们重新认识楚文字，总结楚文字的规律，起了很重要的作用。

其次，清华简的特点是它的内容是一些古书。古书有些是有传世本的。有些文字看上去不认识，可是你和古书一对读，就把那些字对出来了。而把这些字对出来以后，过去甲骨文、金文里不认识的字，可能也就顺带给认出来了。楚文字的变化很大，但是它毕竟还是汉字系统里边的，所以你认出一个字以后，一连串的字也许都能解决。文字的解读是一门科学的学问。你只要把它认出来以后，换了任何地方都能认出它来。过去一些不认识的字或认错了的字，结合这样成篇的文字来读，一下子就能解读了。甲骨和战国其他的文字材料很零碎，但是有了成篇的古书，问题一下子就解决了。有些篇目虽然没有传世本，但是有一些文字，个别的语句是能够对应上的，那也是可以解读的。

再次，清华简的字形结构，也有助于分析一些已知古文字的字形结构。有些古文字我们过去认出来了，但对它的解释是不对的，根据清华简的字形，能明白它的构形和原理，发现我们过去可能分析错了，现在终于弄清楚了。

另外，古文字有很多通假字，而清华简的通假字也有助于分析古文字中的通假现象。

还有一个最关键的地方，就是清华简还有助于古文字研究的转型。因为我们过去对古文字的释读主要是依据许慎的《说文解字》，但《说文解字》

毕竟是东汉时候的东西。战国时期的文字过去存在很大的缺环。现在有了清华简等众多材料之后，就把这个缺环补上了。以楚简，尤其是清华简这样一些战国时代的文字往上追溯，再往下看它的延伸变化，可能把整个古文字学研究的模式都改变了。清华简文字的释读，有很多的学者都在做，它的释读对我们重新认识汉字的发展历史也有很重要的作用。

6. 清华简的特点及专题研究

接下来，结合清华简的保护整理工作，介绍一下我们在此基础上的一些研究工作。清华简的研究工作，对推动中国古代历史文化研究是非常重要的，现在只是做初步的讨论。

（1）清华简的特点

清华简的第一个特点是时代很早。我们一般把战国时期分为战国早期、中期和晚期。一般将公元前 475 年到公元前 400 年作为战国时代的早期；将公元前 399 年到公元前 300 年作为战国时代的中期；而晚期就是公元前 299 年到公元前 221 年；这是大概的区分。清华简的抄写时间，碳 14 的测定结果是公元前 305 年 ± 30 年。因为碳 14 的测定有一定的误差，误差在正负 30 年之内。也就是说，清华简的年代大概是战国中期的后半段。这个时间段有几个非常重要的人物：一个是孟子，他在这个时候已经步入晚年了；另外一个是庄子，庄子应该是在盛年的时候，也就是他的中年时期；还有一个是屈原，屈原当时应该比较年轻。也就是说，孟子、庄子、屈原是同时代的人，从目前掌握的材料来看，他们之间好像没有机会互相来往，但是他们都是那个时代成就显著的学者。我们这批简，很有可能是孟子、庄子和屈原这些学者生前用过或者读过的书。我们跨越了 2300 多年的时间，直接去接触战国中期那些先哲用过的书，应该说是非常幸运的。

我们知道，秦统一后，采取文化专制措施，采用暴力焚书的办法来控制人们的思想。焚书对于中国文化的破坏非常明显。当时秦是个大一统的国家，而且令行禁止，所以我们现在看秦代的墓葬所保留下来的书籍，基本上都是秦朝的法律规定允许使用的书。比如法律文书，或者算术书、算卦的书、日书等。这类书当时是不禁止的，可以流通，其他凡是有点思想性的书，全都被烧掉了。所以秦朝焚书使中国的文化遭遇了一次空前的浩劫。而清华简因为在公元前305年前后就埋到墓葬里去了，避免了后来焚书的厄运，最大限度地保存了先秦古籍的原貌。这是第一点。

第二点是数量众多。清华简经过统计，大概是2500枚。这2500枚简，有些残断了，如果把它们拼合起来，大约是1700～1800支。竹简的计量单位"枚"和"支"稍微有点区别，当我们说一支简的时候，指的是一支比较完整的简，而一枚简可能是完整的，也可能是碎的。这个数量，在我们目前所知道的战国竹简中是最多的。郭店简总共是800枚，对中国的思想史研究产生了巨大的推动作用。清华简是2500枚，数量比郭店简多。上博简是1600多枚，从总数上来说，都没有清华简多。这是第二点。

第三点是意义重大。清华简都是些古书。古书和文书是不一样的。文书是一些档案资料，而古书是当时流行的、通行的典籍。清华简的古书以儒家的经典和历史著作为主，内容极其重要。根据初步的编排，大概有70篇左右的典籍。其中能够跟传世的古书对上的，只有很少的几种，绝大部分都是已经佚失了的中国早期的重要著作。

2008年以来，国家启动了《国家珍贵古籍名录》的调查。由于清华简具有重大的学术价值，清华简已经整理出版的这些篇目，全部被收到《国家珍贵古籍名录》里去了。《国家珍贵古籍名录》里的每一部文献都有证书，这也就意味着清华简每一篇文献最后都会有一个"国家珍贵古籍"的证书。这70多篇珍贵古籍，将大大丰富我国的珍贵古籍资料。

（2）清华简的专题研究

我们现在对清华简的研究才刚刚起步，整理工作还没做完。2018年做了第八辑整理报告，2019年10月份左右会出版第九辑。我们估计全部整理完，会出版十五辑到十六辑，也就是说，目前刚刚整理出版了一半。所谓的整理出版只是公布资料，把清华简的材料公布给学术界，让学术界可以进一步开展研究。目前来说，整个学术界对清华简的研究才刚刚起步。

这种研究是一项长期的工作。因为清华简的特点就在于其经典性，这些经典类似传世的那些经典，比如《尚书》《诗经》《左传》《史记》等，是可以为我们的子孙后代长期研究和阅读的，所以清华简的各篇一公布，就被列为"国家珍贵古籍"。我们目前所做的工作，只是公布材料和做初步的整理；我们对它们的认识，应该说还很肤浅；我们目前对它们的研究，应该说还只是初步的。随着以后整理工作的不断展开和研究的不断深入，清华简的价值会不断地得到体现。不过，即使以我们目前所了解的情况来看，清华简对于学术研究的推动作用，可以说是非常显著的。我们以下分几个方面再来讨论一下。

首先，清华简重现了先秦时期《尚书》等经学文献和类似典籍。在清华简 70 多篇文献里，跟《尚书》有关的篇目有 20 多篇。我们说有关，不一定就是《尚书》里的东西。这个情况比较复杂，有些是在百篇《尚书》里有而且还流传下来的，比如《金縢》篇。有的是在百篇《尚书》里有但是已经失传的，可是后来在《伪古文尚书》里又存在的，比如《尹诰》，还有所谓的《傅说之命》。还有一些是百篇《尚书》里没有的，虽然没有，可是这些篇目本身是属于《尚书》一类的文献，非常重要。我们知道，孔子编《尚书》的时候，本身是有所选择、裁取的。他选了 100 篇，据说没被选入的一些相关文献，后来就被编成了《逸周书》。《逸周书》虽然没有被选入《尚书》，可是这些篇目本身同样有非常重要的价值。我们清华简里就发现了很多《逸周书》中的篇目。还有些在百篇《尚书》和《逸周书》里都没有，但也属于《尚书》一类的重要典籍。这 20 多篇《尚书》一类的文献，它们的价值可以说是空前的。

一个很重要的争论是关于伪《古文尚书》的真伪问题。我们现在所说的伪《古文尚书》是在东晋初年的时候，由一个叫梅赜的学者献给朝廷的，他献的这个《古文尚书》到底是真是假，争论了 1700 多年。我们正好发现了 2300 多年以前的《尚书》，而且正好有《古文尚书》的篇章，二者一对，就可以知道《古文尚书》是真是假，这样就可以有很好的判断。根据我们目前所看到的多篇属于《古文尚书》的篇目，只要是清华简记载的东西，都跟这个伪《古文尚书》不一样。伪《古文尚书》里能够跟清华简《古文尚书》对照上的，只有古籍里引用的一些零星文句，所以可以证明伪《古文尚书》确实是后人伪造的。

第二，清华简揭示了众多之前闻所未闻的历史真相。我们可以举个例子。

大家都知道"烽火戏诸侯"的故事。这个故事最早的记载见于《史记·周本纪》，《周本纪》是关于周朝历史最系统的记载，教科书都采用的是这段记载：

> 褒姒不好笑，幽王欲其笑万方，故不笑。幽王为烽燧大鼓，有寇至则举烽火。诸侯悉至，至而无寇，褒姒乃大笑。幽王说之，为数举烽火，其后不信，诸侯益亦不至。幽王以虢石父为卿，用事，国人皆怨。石父为人佞巧，善谀好利，王用之。又废申后，去太子也，申侯怒，与缯、西夷犬戎攻幽王，幽王举烽火征兵，兵莫至，遂杀幽王骊山下，虏褒姒，尽取周赂而去。于是诸侯乃即申侯，而共立故幽王太子宜臼，是为平王，以奉周祀。平王立，东迁于雒邑，辟戎寇。平王之时，周室衰微，诸侯强并弱，齐、楚、秦、晋始大。

这是《史记·周本纪》中非常经典的记载，但在《史记》的这个记载里面有很多的问题，最关键的是举烽火的这个制度。因为在西周的时候没有这个烽燧制度，所以那个时期怎么可能有"烽火戏诸侯"？这是很奇怪的。实际上这段记载本身，是司马迁根据一些古代的故事改写的，故事的来源是《吕氏春秋》。

《吕氏春秋》里有一篇《疑似》，是这么说的：

> 周宅酆镐，近戎人，与诸侯约，为高葆祷于王路，置鼓其上，远近相闻。即戎寇至，传鼓相告，诸侯之兵皆至救天子。戎寇尝至，幽王击鼓，诸侯之兵皆至，褒姒大说喜之。幽王欲褒姒之笑也，因数击鼓，诸侯之兵数至，而无寇至。于后戎寇真至，幽王击鼓，诸侯兵不至，幽王之身乃死于丽山之下，为天下笑。此夫以无寇失真寇者也。

周在酆镐这一带定都，离戎人很近，所以"与诸侯约，为高葆祷于王路"。"高葆祷"估计有点像当年日本修的炮楼，就是比较小、比较高的、比较坚固的小城。"于王路"，就是在大路上。在大路边上建了一些很坚固的小城。"置鼓其上，远近相闻"，在上面击鼓，远近相闻。"即戎寇至"，"即"就是万一。万一有戎寇来的话，传鼓相告，诸侯之兵就会来救天子。"戎寇尝至"，果然有一次戎寇来了，"幽王击鼓，诸侯之兵皆至，褒姒大说喜之。幽王欲褒姒之笑也，因数击鼓，诸侯之兵数至，而无寇至"，后来戎寇"真至"的时候，幽王击鼓，结果诸侯之兵就不来了，所以"幽王之身乃死于丽山之下，为天下笑"。假作真时真亦假，假的弄太多了以后，真有事情发生的时候，大家也以为是假的。"此夫以无寇失真寇者也。"

我们可以看得很清楚，司马迁把这个材料做了改写。但是《吕氏春秋》的这个材料，本身是那些游说之士对历史的戏说，实际上历史的原貌根本不是这么回事。所以这个敲鼓的事情也是不太靠谱的，而且这里头还有其他许多不可靠的地方。比如说清代学者崔述就曾经在《丰镐考信录》里提出质疑，他说：

> 申在周之东南千数百里，而戎在周西北，相距辽越，申侯何缘越周而附于戎？

中国封国是在周宣王的时候，分封的地点非常清楚，历代的记载都很详细，就在今天河南的南阳。南阳离丰镐（就是西安那一带）有一千多里地。戎人是在西北，应该在今天的陕北或者甘肃那一带。戎在周的西北，"相距辽越"，距离太遥远了，"申侯何缘越周而附于戎？"申侯怎么可能越过周王室，去依附于戎人呢？从南阳去甘肃，这太遥远了。古代没有我们今天这样的交通设施，也没有今天这样的通信条件，根本就没有办法联系，而且中间还隔着周王室。要越过周去跟戎人联合，这个实际上是很困难的，而且几乎是不可能的。

另外，秦襄公去救周也是很奇怪的，因为周幽王跟太子宜臼父子反目，他们之间本身是对立的。秦襄公去救周幽王，却变成护送周平王到东方去

了。钱穆先生在《西周戎祸考》中也说:

> 此段有不可解者,平王因申侯而立,幽王则为申侯所杀。既为秦襄公将兵救周有功,即不啻与申侯、平王为敌,如何又谓以兵送平王?戎人入周,申侯、平王召之,如何又曰戎无道,侵夺我岐丰之地?

秦襄公要去救周,应该是要跟申侯、周平王他们那些人打的,怎么又说用兵去送平王东迁?而且"戎人入周",是申侯和平王召来的,怎么又说"戎无道,侵夺我岐丰之地"?周平王由于"辟(避)戎寇",为了避开戎人而东迁,这是很奇怪的事。所以钱穆先生又说:

> 犬戎之于幽王固为寇,而于申侯、平王则非寇实友也。

"申侯、平王则非寇实友也",他们是这么一种关系,又怎么会避戎寇呢?这是不可理解的。钱先生得出的结论说:

> 然则平王东迁,特以丰、镐残破,近就申戎以自保,非避戎寇而远引也。

钱穆先生说,周平王之所以会东迁,是因为丰、镐这一带经过战乱以后,残破不堪,而且毕竟离申侯所在(南阳)太远了,南阳离镐京太远了,所以,周平王不怕辛苦,最后迁到洛阳。因为洛阳离南阳是比较近的,平王是为了靠近申侯,使自己获得保护,并不是为了避戎寇而东迁的。这是钱先生的结论。

要解决两周之际的这段历史,就必然会涉及古本《竹书纪年》一书。西晋的时候,在今天河南的汲县一带发现了战国时期魏国的一个墓葬。这座魏国墓葬里出土了一部编年体的史书,叫《竹书纪年》。这个书后来又失传了,但是在古书当中有些引用,里面有些材料正好跟西周灭亡有点关系,可以弥补司马迁记载的不足,或者提供完全不一样的说法。我们来看一下:

　　〔七年，〕幽王立褒姒之子伯服以为大子。(《太平御览》八十四。《太平御览》一百四十七引"幽王"下有"八年"二字。《左传》昭二十六年《疏》引"平王奔西申，而立伯盘以为太子")

　　〔九年，〕幽王十年九月，桃杏实。(《太平御览》九百六十八)

　　〔十年，〕(伯盘)与幽王俱死于戏。先是申侯、鲁侯及许文公立平王于申……幽王既死，而虢公翰又立王子余臣于携。周二王并立。(《左传》昭二十六年《疏》)

　　二十一年，携王为晋文公("晋文公"为"晋文侯"之误)所杀。(《左传》昭二十六年《疏》)

　　褒姒的儿子叫伯服，周幽王七年，伯服被立为太子。《左传·昭公二十六年》说："平王奔西申，而立伯盘以为太子。"这个"伯盘"应该就是"伯服"。"伯盘"和"伯服"为什么会弄错呢？道理很简单，因为"盘"字在古代本来就写成"般"。古文字里，"般"和"服"特别相像，很容易混。幽王十年的九月，桃杏才结果实，这很不正常。幽王十年时，伯服和幽王在"戏"这个地方死了。"先是"就是先此，在此之前，"申侯、鲁侯及许文公立平王于申"，在申这个地方，拥立周平王。"幽王既死，而虢公翰又立王子余臣于携"。周平王被拥立以后，这个虢公翰很可能就是虢石父，就是当时周幽王宠爱的那个佞臣。虢公翰跟周平王肯定是不共戴天的，所以他在携这个地方又立了王子余臣为国君。"周二王并立"，周朝同时立了两个王。后面说，"二十一年，携王为晋文公所杀"。这个晋文公的"公"字肯定错了，因为晋文公是春秋早期一个称霸的诸侯，实际上西周末年的是晋文侯。周携王被晋文侯给杀了，但是这个"二十一年"到底是携王二十一年呢，还是晋文侯的二十一年？晋文侯在周幽王的时候就在位了，而这个携王应该是在幽王死了以后才被立为王的。携王的二十一年和晋文侯的二十一年是不一样的时间，但是我们看不出来到底是哪一个。

　　《竹书纪年》补充了这么一些材料，但是这些材料跟《史记》的材料根本对应不上，这个很难搞清楚。那么西周到底是怎么灭亡的？正好清华简的《系年》把这个情况记载得非常详细、非常清楚。看了这个之后，我们就会对西周灭亡到东周初年的那段历史有完全不一样的认识。

> 周幽王娶妻于西申，生平王。王又娶褒人之女，是褒姒，生伯盘。褒姒嬖于王，王与伯盘逐平王，平王走西申。幽王起师，围平王于西申，申人弗畀，缯人乃降西戎，以攻幽王，幽王及伯盘乃灭，周乃亡。邦君诸正乃立幽王之弟余臣于虢，是携惠王。立廿又一年，晋文侯仇乃杀惠王于虢，周亡王九年，邦君诸侯焉始不朝于周，晋文侯乃逆平王于少鄂，立之于京师。三年，乃东徙，止于成周。

"周幽王娶妻于西申"，光看这句话，我们就恍然大悟了。过去大家都说周幽王的王后来自申国，但是从来没有记载说他的王后是娶自西申国。因为西申国和申国不是一个国家。申国是在今天河南的南阳，20 世纪 80 年代的时候南阳出土了一些申国的青铜器，而那些青铜器很明确地记载了这个申国叫南申。当时在周朝的时候，他们自称南申，也就是说在南申国之外，还有一个西申国。这个西申国在什么地方？我们不是很清楚。在周成王的时候，这个西申国曾经去进贡过，但其具体的位置不能确知，很可能是在今天的甘肃和陕北这一带。如果这个西申国在甘肃或者陕北这一带的话，那正好就跟犬戎在一起。所以，这两个国家之间后来能够联合起来与周为敌，可以说是很自然的事情。但是如果把这个申国理解成在南阳的那个南申的话，就没法解释了。所以光是这一句话，就把这个千古之谜给解开了，前面所说的钱穆先生还有崔述等的疑问也一下子就搞明白了。

我们继续看，来自于西申的这个王后生了宜臼即后来的周平王，不过当时他还是太子。后来周幽王"又娶褒人之女，是褒姒，生伯盘"。褒姒生的儿子就是伯盘。刚才我们说，有的书叫伯服，有的书叫伯盘，现在知道褒姒的儿子一定是叫伯盘，不是叫伯服。"褒姒嬖于王"，褒姒受到周幽王的宠爱。"王与伯盘逐平王"，周幽王把太子给废了，并和伯盘将废太子赶走。所以"平王走西申"，跑到西申他的舅舅家里去了。后面的事情我们根本不知道，"幽王起师，围平王于西申"，幽王担心自己死了以后伯盘的位置会不牢固。因为太子宜臼被赶跑了，但毕竟他年长，而且一定还有人支持他，幽王担心自己死了以后，两个兄弟之间万一出现矛盾怎么办，再打起来怎么办，所以围平王于西申，要西申交出被废的太子，结果"申人弗畀"，申人当然不会把他交出来，这是申侯的外甥，申侯怎么可能把自己的外甥给交出去，这样周幽王的军队就与西申的军队打起来了。西申肯定不是王师的对手，当时情况一定很危急。"缯人乃降西戎"，这个"缯"我们也不知道它在什么地方，但它和后来湖北随州发现的那个曾国不是一个国家，它是另外一个国家。从这段记载我们可以知道，它当时一定就在西申国的旁边，而且一定是一个和西申关系非常密切的国家。这时候缯国看到西申被周朝大军围攻，知道情况紧急，但它自己的实力又不够，最后就想了个办法，"乃降西戎"，它就投靠西戎了，它们两个和西戎联合，"以攻幽王，幽王及伯盘乃灭，周乃亡"，这就是西周灭亡的整个过程。在这个过程里，根本就没有"烽火戏诸侯"的故事，其实是兄弟反目，而周幽王为了支持小儿子，竟然带兵去和自己的大儿子（被废的太子）打。这个时候，偏偏缯国、西申国还有犬戎三股势力合起来，奋起抗击。这种情况完全出乎周幽王的意料，他猝不及防，反而被联军打败，他自己也死了，周就灭亡了。

周幽王死了以后，我们可以想象，国不可一日无君，这个时候的太子宜臼还不是国君，他相当于弑父了，朝廷里肯定是不会认可他的。所以"邦君诸正乃立幽王之弟余臣于虢，是携惠王"。刚才我们说过王子余臣，可是王子余臣是谁，是什么身份，《竹书纪年》里没有交代，而清华简说得很清楚。"邦君"就等于是周朝附近诸侯国的国君，"诸正"的"正"就是"长"的意思，就是朝廷各部门的负责人，他们一起拥立幽王的弟弟余臣即位。我们可以想象，当时周师被打败以后，西申、缯人还有犬戎就乘胜去攻打丰镐那一带，这时候朝廷里那些跟太子宜臼关系不好的大臣就仓促地逃跑，逃到了虢国，他们拥立王子余臣做国君，余臣被称为携惠王。"立廿又一年"，这个二十一年是携惠王的二十一年，不是晋侯的二十一年。"晋文侯仇乃杀惠王于虢"，晋文侯叫仇，携惠王被晋文侯给杀了。这个"周亡王九年"怎么理解,学者之间的争论非常热烈,这个问题我们现在没法解决,先不管它。如果光从字面上解释,可能是当时朝廷还是不认可周平王,所以有九年的时间没有王。携惠王被杀了以后,王朝里就没有国君了,九年的时间没有国君,所以"邦君诸侯焉始不朝于周",不去朝觐。这时"晋文侯乃逆平王于少鄂,立之于京师"。"逆"是迎接的意思,把他从少鄂迎接过来,在京师立为国君。"三年,乃东徙,止于成周",又过了三年,才东迁到了成周。

所以我们看整个西周灭亡到东周初年,历史错综复杂,根本不是我们过去所想象的样子。过去大家认为,公元前771年周幽王去世,周平王东迁就进入了东周。清华简所反映的整个历史进程,则先是父子反目,兄弟成仇,然后就打起来了;后来叔父和侄子之间又争权夺利,又打了二十几年;又过了好多年之后,周平王才真正获得了朝廷和诸侯们的承认,才真正成为天下共主。这也可以印证"烽火戏诸侯"确实是戏说,不是真实的历史。

第三,清华简中发现了前所未知的周代诗篇。其中比较重要的、已经公布了的有三篇。一篇是《耆夜》。《耆夜》记载了周武王八年去讨伐耆国后庆功的事。耆国在古籍当中也称为黎国,在今天山西黎城那一带。周武王把黎国消灭了以后,举行了"饮至"典礼。摆庆功宴的时候,大家饮酒赋诗。这些诗篇是前所未见的,而且它的发现还纠正了《尚书大传》《史记》等的一些说法。《尚书》里有一篇叫《西伯戡黎》,这里的"西伯",大家过去认为是周文王,所以大家认为是周文王去伐黎国。但是看过《耆夜》之后,我们就发现这个"西伯戡黎"的西伯实际上应该是周武王。因为周文王死了以后,他的儿子周武王身份还是西伯,过去一说西伯,大家就联想到周文王,实际上周武王也是西伯。

《耆夜》里面很多的诗歌很有意思。有一首饮酒歌,是当时周武王给周公和毕公劝酒的诗:

　　　乐乐旨酒,宴以二公,纴仁兄弟,庶民和同。方臧方武,穆穆克邦,嘉爵速饮,后爵乃从。

快乐地喝着美酒，用美酒来宴飨周公和毕公；我们兄弟很仁爱，而且庶民也很和睦。你们两个文武双全，是我们国家的栋梁；快把杯中的酒喝完，后面还有美酒等着你们。这是一首祝酒歌，歌词比较有意思。

另外两篇，一篇叫《周公之琴舞》，一篇叫《芮良夫毖》。《周公之琴舞》是讲周公和成王互相唱和的诗，总共有十首，类似于当时的大雅。其中只有一首见于《诗经》，其他的都不见于《诗经》，这是非常珍贵的。我建议大家可以看看这首诗，跟音乐史的关系特别密切。

第四，清华简还复原了楚国的历史及历史地理情况。这对楚国历史和历史地理的研究，具有特别重要的意义。竹简里有一篇叫《楚居》，记载了楚国起源的种种传说。里面记载了楚王世系，还记载了历代楚君定都的地点，很多知识都是我们前所未知的。举个最简单的例子，大家都知道楚国的都城叫郢。大家过去都以为郢都的位置在今天湖北的江陵一带，在江陵的纪南城。但是考古工作者在江陵那一带做了长期的考察，发现江陵那个地方主要的墓葬都是战国时期的，很少有更早的墓葬，楚国早期国君的大墓葬也一直没找到，很奇怪。我们看了《楚居》之后，就恍然大悟了。原来楚国是把都城称为"郢"，迁到什么地方就称其为什么郢，所以江陵的那个郢（纪南城），实际上只是楚国各个郢都中的一个。在此之前，各个郢都均不在江陵一带。这样就让我们跳出了过去的文献，过去大家都一直认为这个郢是江陵，所以讲历史很多的时候就讲不清楚，而且考古上也没有对应的发现。现在知道这个郢都本身就是在不断迁移的，这对我们认识历史有很大的改变。

第五，清华简对于解决悬而未决的《周易》问题也有很大的帮助。关于《周易》的内容清华简中有两篇，一篇叫《筮法》，另一篇叫《别卦》。《筮法》这篇非常漂亮，总共有63支简，上面画了个小人，人的周围画了八卦，这是我们目前所知最早的卦图。《筮法》里面涉及了数字卦，上面写了好多数字。我们知道卦本来是由阴爻和阳爻来表示的，但《筮法》有所谓的数字卦，这个数字卦对于研究卦的起源和对卦的分析，有特别重要的意义。

第六，给大家介绍一下《算表》，它是最早的十进制计算器。

《算表》由 21 支简组成，其中有一支简上有一团一团的黑点，这些黑点本身是个洞，洞里原来有丝带，丝带通过洞往外穿出来系结。从朽烂在简后面的丝带可以看到它是连续的，丝带糟朽了以后，把洞给塞住了，时间长了以后变成了黑点。每一支简的上方也有一个洞，洞里也有丝带。这 21 支简的上面用刀划了一道道的横线，然后用朱砂涂在上面。有三道是没有朱砂的（从上往下数第二道、第十一道和倒数第二道没有朱砂），大家想想是什么原因呢？是丝线。大家可以想象，那个丝线一定也是红色的，用横向的红丝线代替了划痕，同时红丝线又具有自己的作用。现在在安大简中也发现有红色的丝线，非常漂亮。

科研人员经过研究发现，这个表格是一个非常好用的计算器。

比如算 81×72，就在横的数字上找到 80，找到 1，在纵的数字上找到 70，找到 2。因为 81 可以分解为 80+1，72 可以分解为 70+2。然后把上面的丝带往下拉，右边的丝带往左拉，这样就形成四个交叉点，四个交叉点上的数字加起来就是它的乘积，非常神奇。

《算表》不仅可以做整数的计算，还可以做分数的计算。比如：$71\frac{1}{2} \times 92\frac{1}{2}$，也是先在横的数字上找到 70，1，$\frac{1}{2}$，再在纵的数字上找到 90，2，$\frac{1}{2}$，形成九个交叉点，把这九个交叉点上的数字加起来就是它的乘积。

我们看这个表格的数字最大只到 90，那算 $182\frac{1}{2} \times 256\frac{1}{2}$ 怎么办？一样可以算。$182\frac{1}{2}$ 分解成 $90+80+10+2+\frac{1}{2}$，$256\frac{1}{2}$ 也可以分解出来，可以多次分解，而且表格在理论上是可以无限延长的。因为这个表格特别神奇，所以在 2017 年的时候，被吉尼斯世界纪录认证为世界上最早的十进制计算器。

第七，清华简加深了人们对于古书及古籍整理工作的理解。清华简中的许多古书都涉及中国文化的核心内容，这些经典书籍的传世本千百年来经过了无数学者的精心整理，凝聚着无数学者的心血和汗水。现在我们看到了这些经典的原来面貌，自然可以对历代学者整理工作的艰辛有更多的体会，也能够更好地指出他们整理工作的得失情况，总结经验教训，为将来的古籍整理工作提供更好的借鉴。因此，清华简的整理工作也可以很好地推动古籍文献的整理研究工作。

第八，清华简丰富了人们对我国古代治国理政思想的认识。清华简虽然以经、史类典籍为主，但也包含了许多富有思想性的文献，如《治邦之道》《治政之道》《邦家处位》《天下之道》《虞夏殷周之治》《厚父》等，其中蕴含了丰富的治国理政思想，受到了学者们的普遍重视，也引起了党和国家领导人的密切关注。如《厚父》篇中有关于"民心惟本"的论述，把中国古代的民本思想上推到了西周早期；《治邦之道》主张由明君来治国理政，倡导举贤用能，并强调要不拘一格选拔人才："虽贫以贱，而信有道，可以驭众、治政、临事、长官"；《天下之道》是一篇与军事相关的文献，主张用兵之道归纳起来不外乎进攻和防御，简文称之为"天下之道二而已，一者守之之器，一者攻之之器"；其他如《成人》篇强调要依法治国，执法必严；《治邦之道》倡导大力发展经济、改善民生、提倡节俭等，对于我们当今都有很好的借鉴意义。

我们尚未整理的清华简里，还有很多礼书和与音乐有关的文献，另外还有当时众多的诗歌。

我们知道传世的《仪礼》主要是士礼，记录的是士这个阶层的礼，清华简中目前所见的礼，应该比士礼高级。我们现在还没有整理，因为礼书特别难，我们整理时有一点"投机取巧"，先易后难，先把好整理的整理了，把难的放在最后。

还有跟音乐有关的一些内容。根据我们初步的观察，有一些好像是宫、商、角、徵、羽五音，还有一些符号。我们当时清理时所见的简，肯定有跟音乐相关的，而且两种简的长短不一样，所以至少有两种跟音乐有关的文献，但是那些东西怎么来编排、怎么来整理，我们现在还没有思路，到时候再向大家请教。

除了上面提到的，清华简中还有诗歌、古史的传说、阴阳五行的文献等。

　　总之，清华简本身确实是个宝库，里面有大量的宝藏值得我们去挖掘研究，希望有更多的学者能够关注清华简相关成果的公布，也参与到清华简的整理研究工作中。

　　（本文原为 2019 年 6 月在中国音乐学院的讲演记录，发表于林大雄主编《礼观乐史》一书，清华大学出版社，2021 年出版。收入本书时有删改）

李学勤先生与清华简

　　2019 年 2 月 24 日，李学勤先生因病永远地离开了我们，学术界从此痛失了一代宗师。2023 年是李先生辞世 4 周年，也是李先生 90 周年诞辰，我们更加怀念这位道德文章皆为楷模的学术大师。李先生生命中的最后十年，是与清华简及清华大学出土文献研究与保护中心紧紧地联系在一起的，李先生慧眼识宝，促成了清华简的入藏，也因此有了清华大学出土文献研究与保护中心的建立。这十多年来，中心的快速发展，当然与清华大学和社会各界的大力支持密切相关，也与中心同人们的共同努力紧密相连，但是其中起关键作用的还是李学勤先生。可以说，中心的每一步成长，都离不开先生所付出的心血；先生后来在医院与病魔搏斗期间，每天魂牵梦萦的事情，就是清华简的整理、保护与研究工作，以及中心的进一步发展规划。以下我们根据自己所了解的情况，略述李学勤先生对清华简的整理研究和对清华大学出土文献研究与保护中心的建设发展所做的贡献。

一、慧眼识宝，积极促成清华简的顺利入藏 [①]

　　清华简之所以能入藏清华，与李学勤先生的慧眼识宝密不可分。

　　清华简是由于盗掘而重见天日的，并且很快被走私到了香港，其时间大约是在 2006 年。当时流散至香港的竹简共有两批，一批是秦简，一批是战国楚简，也就是后来的清华简。据张光裕先生介绍，2006 年夏天，他

---

① 　相关的内容可参见笔者的《李学勤先生与清华简的入藏》一文，《书与画》2019 年第 4 期。

在北师大访问期间，李学勤先生曾邀他至清华大学熙春园餐叙，张光裕先生当时曾向先生面告，继上博简之后，香港又发现秦、楚竹书①，但具体情况当时尚不清楚。2006 年年底，不少学者去香港参加饶宗颐先生 90 华诞国际学术研讨会，一些学者在香港的文物市场看到了这两批简的一些实物，中国文物研究所和湖南大学岳麓书院两家单位曾分别计划收购这两批简，但是由于中国文物研究所的收购计划未能实现，最后仅由岳麓书院购回了秦简，这就是后来蜚声海内外的岳麓秦简。至于那批战国简则一直处于流散状态，处境十分危险。

岳麓秦简入藏后，湖南大学曾在 2007 年年底召开了一个专家鉴定会，并请李学勤先生任专家鉴定组的组长。不过，由于当时南方地区发生雪灾，交通阻断，李先生并未能成行。到了 2008 年 4 月，李学勤先生赶赴长沙，目验了秦简原物，甚为欣悦，并在专家鉴定意见书上补签了名字。

在长沙时，李学勤先生听岳麓书院的学者们说，香港的古董商手中还有另外一批战国简，联系到当年张光裕先生的介绍，这一信息马上引起了李学勤先生的密切关注。

2008 年，清华大学聘请原中华书局总编辑傅璇琮先生来校工作。6 月 4 日，学校有关领导宴请傅璇琮夫妇，并邀请杨振宁、李学勤等先生作陪。大家共话清华文科发展之大计，气氛十分热烈。借此机会，李学勤先生向校领导汇报说，曾有人在香港见到一批流散的竹简，尽管内容和年代尚不详，但可能有重要价值。一旦能够确定是真的话，那就是连司马迁也没有看过的材料。校领导们听说这一消息后，非常震惊，深觉此事重大，不可忽视，要尽快查清情况，并有所行动。于是校领导即请李学勤先生与香港方面进行联系，摸清情况。

李学勤先生接受学校领导的任务后，马上积极开展工作。

由于这批战国竹简在流散期间，曾有 8 支简的资料在一些学者手头流

---

① 张光裕：《金石情谊四十年——追思李学勤先生》，收入《半部学术史，一位李先生：李学勤先生学术成就与学术思想国际研讨会论文集》，第 75 页，清华大学出版社，2021 年 4 月。

传，清华大学历史系的廖名春教授也有这些资料。李学勤先生所做的第一件事情，就是立即与廖名春教授联系，请他提供相关材料。

6月5日，李先生获得了这8支简的资料后，立即开始研究。这8支简全部都是用战国时期的楚文字书写而成，极难识读，但对于古文字造诣深厚的李先生来说，释读这些楚文字还是轻车熟路的。这8支简中，有关于易卦的内容，有关于历史的记载，特别是其中一支简的内容一下子就吸引了李先生的目光。

这一支简的内容首尾并不完整，里面是关于两周之际的历史记载，其中提到"晋文侯仇乃杀惠王于携"①，涉及两周之际发生的"二王并立"的历史，这一事件只在已经失传的《古本竹书纪年》一书中有过记载，其他古籍根本没有记录。光凭这一支简，李先生立即判断，这批简中一定有后人绝不可能伪造出来的内容，具有极高的史料价值。事不宜迟，需要马上与香港方面联系。

当时在香港中文大学任教的张光裕教授不仅学术精湛，而且与香港古董界有很多友好往来。6月6日，深感这批竹简重要性的李学勤先生紧急联系张先生，请他帮忙。可是不巧的是，张先生当时正准备到日本出差，要到6月16日才能从日本返回。于是，这一工作只能暂缓进行。不过，即便是张先生在日本期间，李先生也与张先生保持着密切的电话联系，不断获得这批竹简的有关信息。

6月16日，李学勤先生又给张光裕先生写了一封信，信中说：

光裕先生道席：

前央就竹简事襄助，幸蒙俞允，现初有头绪，惟须急办。先生何时返港，盼即赐告为感，以便请教。……

在接受了李先生的委托之后，张先生回到香港，立即与古董商联系，

---

① 这支简即后来整理出版的清华简《系年》篇的第8支简。该简因为长期被古董商对外展示，运抵清华时已经变黑，而且竹简也收缩变短。后来通过红外拍照，才使简上的文字得以重现。

冒着酷暑往返周旋,对古董商提供的一些竹简实物进行前期的观察鉴定,并开始摹写一些竹简的样本。

2008 年 6 月 24 日,在清华大学甲所多功能厅,学校核心领导小组召开紧急会议,讨论战国竹简的相关问题。在会上,李学勤先生向校领导们介绍了所了解的 8 支竹简的重要内容,以及张光裕先生在香港的联络沟通情况,提议学校尽快决策购买。李学勤先生还对竹简到来之后的保护、整理和工作安排提出了设想。校领导们立即决定,要尽快行动,进一步了解竹简情况,做好购买准备。

为确保万无一失,学校领导决定请李学勤先生亲自去一趟香港,目验竹简实物。为稳妥起见,李学勤先生建议请中国文物研究所经验丰富的资深简牍专家李均明研究员一同前往。学校各部门开始了紧急而有条不紊的工作安排。

6 月 30 日下午,张光裕先生临摹完成了第一批共 53 枚竹简的写本,通过传真发给了李学勤先生。李先生仔仔细细地阅读了全部材料,为其中内容的丰富和珍秘而震惊。李先生还把其中有关战国初年历史的 3 枚简编联在一起[1],勾勒出了一段早已湮没不闻的越、齐、鲁三国历史,再次确认这批竹简中有丰富的历史著作。另外,李先生还惊奇地发现,这批简中竟然有一支是属于《尚书·金縢》篇的内容[2]。竹简中竟然有重要的《尚书》文献,这可是两千多年来学者们苦苦追寻不已的重要典籍,内容太重要了!李学勤先生立即把有关情况向校领导做了汇报。

7 月 9 日,李学勤先生、李均明先生和清华大学的两位部门领导一起抵达香港,和张光裕教授一起去观摩了竹简实物,对竹简为真形成了共同意见。随行的两位清华大学部门领导也与古董商进行了友好沟通,古董商同意了清华大学的方案,即先把竹简交给清华大学,等确认内容为真之后,

---

[1]　即后来整理出版的清华简《系年》第 121 支、第 122 支、第 123 支三支简。

[2]　即后来整理出版的清华简《金縢》第 12 支简,原简中的"余冲人"写作"余沖人",极难辨识。李先生准确地释出了"冲"字,进而判断该简属于《尚书》中的《金縢》篇。

再由清华大学付款购买。①

于是，这批竹简在历经重重劫难后，终于在 2008 年 7 月 15 日由香港出发，空运抵达清华大学并妥善入藏。从李学勤先生向清华校领导报告这批竹简的消息，到它们正式入藏清华，前后只用了 40 多天的时间。②

二、组建团队，有效开展清华简的各项工作

竹简入藏之后，相关的保护、整理与研究工作也随即摆在了学校和李学勤先生的面前。

李学勤先生从 20 世纪 70 年代起，就参加了马王堆帛书、定县八角廊汉简、云梦睡虎地秦简、江陵张家山汉简等多批出土简帛的整理和研究工作，积累了丰富的经验。但数量这么大的一批竹简，需要有一个团队来进行，怎样建立起一个高水平的整理研究团队，就摆在了李学勤先生的面前。

根据李学勤先生的建议，为了更好地协调和组织校内外的科研力量来从事清华简的保护、整理和研究工作，在清华简入藏后不久，清华大学就专门成立了出土文献研究与保护中心。按照当时学校的规划，中心是一个跨院、系的校级虚体科研机构，由历史系、化学系和图书馆共建，李学勤先生亲自担任中心主任，具体负责清华简各项工作的开展。

一个机构要正常运转，首先需要有人，否则就是一个空壳。为了尽快让中心步入正轨，李学勤先生迅速开始组建科研团队。

李均明研究员和赵桂芳研究员是最早加盟清华大学出土文献中心的学者。两位先生自 20 世纪 70 年代开始即从事简帛学的整理研究和保护工作，

---

① 后来经过对清华简的紧急抢救性清理，科研人员确认了所有清华简均为真简，没有任何假简。在获知清华简具有重大学术价值之后，清华的一位校友个人出资买下了这批竹简，并无偿捐献给清华大学。

② 2008 年 9 月 9 日，李学勤先生收到了张光裕先生寄来的第二批临摹竹简，一共有 86 枚，并附有他写的《又见荆楚遗珍》一文和一首他临摹竹简感受的七言诗。当时清华大学正在紧张地开展对竹简的抢救性保护工作。张先生的此文和诗歌，后来在《清华大学学报》2009 年第 5 期上正式发表。据张先生该文的后记，清华简入藏之日，正好是张先生的生日那一天，极为巧合。

李均明先生是享誉海内外的简帛学专家，著作等身，赵桂芳先生则长期从事简帛文物的保护工作，具有丰富的竹简保护经验。两位先生正好都刚刚从中国文物研究所（现改名为中国文化遗产研究院）退休，于是，在李学勤先生的邀请下，他们立即加盟清华简团队，投入到清华简的保护、整理与研究工作中。由于清华简在流散期间已经出现了菌害霉变的现象，保护工作迫在眉睫。赵桂芳先生和李均明先生制订了竹简的保护方案，开展了卓有成效的竹简保护工作。经过三个多月艰苦努力的抢救性保护，清华简终于摆脱了菌害霉变的困扰，成功得以保存。

原先在香港中文大学任职的沈建华副研究员对甲骨学等出土文献也有深入的研究，曾任饶宗颐先生的学术助手。巧合的是，沈先生当时也刚刚结束了在香港中文大学的工作，回到内地。于是，在李先生的邀约下，沈先生也从上海来到北京，参与了清华简的保护、整理和研究团队。清华简的初步编联工作，就是在 2009 年由沈先生带领两位博士生一起完成的。

这样，李学勤先生与李均明、赵桂芳、沈建华三位先生，以及当时在历史系任职的刘国忠副教授等人，组成了最早的一个科研团队。大家在李学勤先生的带领下，在学校文科处等有关部门的大力支持和积极配合下，完成了清华简的抢救性保护、拍照、初步的释读和编联等工作，为此后清华简整理研究工作的顺利开展奠定了基础。

当然，仅仅依靠这几位学者无法完成清华简的繁重工作，李学勤先生仍在继续不遗余力地建设清华简的科研团队。

任教于北京师范大学的赵平安教授是李学勤先生的学生，也是学术界著名的古文字学专家。当时赵平安教授正准备办理调动手续，去北京大学工作。为了让赵平安教授加盟清华简的科研团队，李先生亲自到赵平安教授家，动员他来清华大学。在自己老师求贤若渴的目光下，赵平安教授义无反顾地答应了下来。2009 年 3 月，赵平安教授正式调入清华大学出土文献中心，加盟到了清华简的科研团队之中。

吉林大学的李守奎教授是著名的楚文字专家，他所编的《楚文字编》一书，是研究楚文字的学者们案头必备的工具书。李学勤先生经过与吉林大学校方协商后，也热忱邀请李守奎教授加盟。然而由于涉及京外人员的调动工作以及家属的安置等问题，调动工作异常困难。李学勤先生却毫不气馁，他不仅多次到学校汇报相关情况，而且每逢有校领导陪同客人参观清华简或来中心调研时，他就向校领导反映有关情况，推动李守奎教授的调动事宜。在李学勤先生的不懈坚持下，李守奎教授终于顺利从吉林大学调到了清华大学，参加到清华简的整理研究团队之中。

除了积极引进这些学术带头人之外，李学勤先生也一直希望通过清华简的保护、整理与研究培养一批人才，做好学术队伍的梯队建设。

2009 年 5 月，温家宝总理来到清华大学出土文献中心视察清华简，这是中心发展工作中的一件盛事。温总理对于清华简的各项工作予以了充分的肯定，表示国家将支持清华大学建成一座清华简的保护大楼，并语重心长地提出建议，希望李先生等老专家们能够带领和培养年轻学者，做好竹简的阐释和研究工作，做好学术梯队的建设。于是，李学勤先生利用这一重要的契机，专门给学校打报告，希望能招收出土文献方面的博士和博士后，参与清华简的研究工作，培养出土文献研究的后备力量。此后，出土文献中心的科研工作发生了一个重要变化，开始从一个单纯的科研团队变成了科研和培养人才相结合的机构。在学校的支持下，中心开始有目标地招收博士和博士后，并让他们参与到清华简的整理和研究工作之中，事实证明，这种吸收青年学子参与重大课题研究的做法卓有成效。在一批经验丰富的专家学者们的带领之下，这些青年学子迅速成长，已经在出土文献整理研究工作中崭露头角。

人才队伍的建设过程充满了艰辛和坎坷，在很长的时间里，出土文献中心一直是一个虚体的科研机构，没有任何编制，没有常规的经费支持，在这种情况下，要想留用刚刚毕业的学生，更是难上加难。李学勤先生一直强调，中心好不容易建立了这样一个学术团队，决不能再次分散。为此，李先生不断与校领导沟通，希望将一些优秀的青年学子留在中心工作。比如 2014 年，中心培养的博士后马楠面临出站，但当时整个人文学院因为要进行人事制度改革，已经冻结了人才引进工作。为了将她留下来，李先生不仅多次与有关部门联系，还专门给校领导写信，在信中李先生介绍了马楠博士的出色表现，并指出：

> 出土文献研究与保护中心当前一大问题，是人员年龄偏高，包括外聘的三位研究员也是如此。清华简的整理出版，估计尚需十年左右，而对它们的研究工作，则将长期持续进行；此外，中心还有许多意义重大的工作有待开展。我个人认为，像马楠这样的难得人才，我们不应错过。相信校领导不会令我们失望。

正是在李学勤先生的不懈努力之下，马楠博士最终得以留校，这是当年人文学院引进的唯一一位青年学者。通过李先生的持续努力和学校的有力支持，中心虽然当时还是一个虚体，却留用了多位优秀的青年才俊，成功建设起一个老、中、青相结合的学术梯队，成为国内外一支重要的学术力量。

2017 年上半年，李学勤先生渐渐感到身体不适，为了中心的发展需要，拟延请安徽大学的黄德宽先生来协助处理中心的工作。后来，李先生于 2017 年 6 月 6 日住院治疗，在住院期间，他多次与前来探视的校领导交流，希望加快黄先生的引进工作。这一安排不仅使清华引进了学术带头人，也保证了出土文献中心平稳地过渡和发展。

三、确定原则，科学规划清华简的保护与整理事宜

早在清华简入藏之初，李学勤先生就已经开始规划清华简的整理研究工作。2008 年 11 月 14 日，李先生写了一篇题为《初识清华简》的文章，后来在《光明日报》发表（2008 年 12 月 1 日）。这篇文章除了介绍清华简的相关情况外，还从学术史的角度，把清华简的发现与汉代的孔壁中经、西晋的汲冢竹书的发现并列比较，文章指出，"在清华简中又看到了真正原本的古文《尚书》和近似《纪年》的史籍，给我们研究古代历史和文化带来了新的希望，也一定会在学术界造成深远长久的影响。有关《尚书》《纪年》的一些悬疑不决的问题，很可能由于新的发现获得解决"。李先生

认为清华简的重要性可以与历史上的孔壁中经和汲冢竹书相当，很贴切地反映了清华简的特色和重要意义。在文章的最后部分，李先生则重点讨论了清华简的保护和整理工作。对于清华简的保护，李先生强调说"如何保护得更好，本身就是一项科研课题，应该以多学科结合的方式来探索和实施"，并要求"适应文物收藏入库的要求，每枚简，包括整支和残片，都必须登录编号。简上的各种现象，都必须记录下来，至于形制、尺寸、字数等要素更不必说"；照相工作方面，李先生也提出了很高的要求，以便获得高质量的图版，辨清竹简上的字迹；要做好简的缀合、编排、隶写和释读等一系列工作，为读者提供进一步深入研究的基础。

　　李先生的这些认识对于此后的清华简保护与整理工作起到了指导性的作用，随着时间的推移和认识的深入，我们越来越深刻地体会到李先生在竹简保护与整理等方面见解的高明之处。由于篇幅的关系，这里我们仅就竹简文物特性的认识和清华简的整理模式做一些说明。

　　李学勤先生一再告诫，竹简本身是考古学的遗物，做竹简整理时，一定要重视它们的物质属性，简上的各种现象，都必须记录下来，这对今后的竹简复原和研究会有重要的作用；过去出版的竹简整理报告往往只重视文字内容，我们今后推出清华简的整理报告时，一定要加以避免。基于李学勤先生这样的认识和要求，科研人员在清洗保护清华简时，对于竹简上的各种信息都做了认真的记录并尽量予以保留；在拍摄清华简照片时，既拍摄了竹简有字的正面的照片，同时也拍摄了所有清华简没有字的简背那一面的照片，并决定将它们与竹简正面照片一起公布出版。

　　2010 年年底，清华简的第一辑整理报告正式出版，这也是国内首部把竹简的正面与背面照片同时公布的竹简整理报告，从而使学术界有机会第一次看到了竹简背面的状况。以往的简牍整理报告不提供竹简的背面信息，主要是因为简背没有文字，觉得没有价值，但是自从清华简公布了简背照片后，学者们才发现竹简的背面竟然包含了大量的信息，对于竹简的编排、缀合可以起到重要的作用。比如竹简在最初加工时，同一个竹筒加工出来的竹片一般都会放在一起，因此抄写竹简时，同一篇简文所用的竹片往往有可能是同一个竹简所制，由于竹简的背面正好是竹子的蔑青那一面，可以很好地体现竹子的本来面目，因此，科研人员可以通过观察竹简的背面特征来更好地看出各支竹简之间的相互关联；另外，学者们后来还发现清华简的背面往往有一些刻划的斜线，推测是竹简制作加工时工匠们有意做的一些记号，竹简背面的划痕问题才第一次为学者们所获知，并已成为竹简编排时最重要的依据之一；有时候竹简背面的粘附物也会对竹简编联有很好的作用，比如在清华简《算表》编联过程中，科研人员发现在简背粘有很多已朽烂的丝带，并在多枚简上留下了痕迹，由于清洗过程中科研人员非常细心，这些朽烂的丝线都得以完好保存，科研人员根据这些丝带残留物在各枚竹简中的相互位置，重新将其编联，取得了圆满成功；再比如，竹简上的墨迹有时会反印在竹简的不同位置上，这些信息也非常有利于竹简的编联和复原；另外，有时候竹简背面的水渍形状等现象，也有助于我们判断竹简在墓葬中的相互关系。这些成功案例，更使中心的科研人员深刻认识了竹简作为物质的考古遗物，其本身所蕴含的各种信息具有重大的价值，也进一步体会到李先生相关要求的深刻含义。

由于对竹简物质属性的重视，清华简在竹简信息的提取方面，兼顾了竹简背面信息的提取，并注重将竹简背面信息的分析与竹简的整理、缀合和研究工作结合起来；在竹简的拍照、扫描和整理工作中逐步形成了一套行之有效的规范和方法，从而使竹简的整理与研究方法取得了许多突破，极大推动了简帛学的理论与方法的建设。

清华简的整理工作则借鉴了 20 世纪 70 年代国家文物局在北大红楼所组织的简牍帛书等出土文献的整理模式，在出土文献中心的科研人员中，李学勤、李均明、沈建华等先生都参加了当时的出土文献整理工作，对于当时的那套整理模式非常认可。因此，清华简的整理模式，也效法当年的红楼整理经验，每一辑整理报告的编写，都是以团队的形式进行，各篇简的整理委托专人负责，并在出土文献研究与保护中心内部进行充分讨论，每一次讨论之后各篇的负责人根据整理小组的集体意见加以修改，再把修改稿提交给整理小组进行第二轮讨论，每篇简的整理都要经过这样多次的集体讨论和修改，最后由全书的主编李学勤教授审定。由于整理团队的科研人员不少是第一次参与竹简的整理工作，水平参差不齐，这种工作模式可以最大限度地发挥集体的作用，大家群策群力，从不同的角度对于清华简各篇的整理提出各自的意见，保证了每一辑整理报告的高质量。李先生在整理篇目的选择上，还有意采取了先易后难的方针，先选择那些学术价值重大而且有传世文献对照的篇目，优先加以整理，这样方便整理团队的成员尽快熟悉和入门。另外，李学勤先生还要求，整理报告除了兼备清华简的正面和背面彩色照片外，还要提供竹简的原大照片和放大照片，以方便读者对清华简有一个全面客观的认识和利用。这种整理和出版的模式在以往出土文献的整理和出版工作基础上做了很大的创新，受到了读者的普遍欢迎。

四、身先士卒，高效从事清华简的科学研究

在清华大学出土文献研究与保护中心的团队里，李学勤先生不仅是当之无愧的核心人物，而且在各方面都起着表率的作用。李先生在 2019 年去世之前，一共主编了 8 辑清华简整理报告，基本上是每年出版一辑，这些整理报告代表了当代中国学者整理战国竹简的最高水平，也创造了战国竹简整理出版的新速度，被学者们誉为"清华简速度"。[①]这一整理水平和整理速度的取得，与李先生的全力付出密切相关。每一次分配给团队成员分头负责整理的清华简篇目，他都是毫无悬念地承担其中内容最为艰难的篇目的整理，而他每一次都身先士卒，不仅第一个完成和提交相关篇目的整理稿，而且是又快又好，同事们很难对他的整理稿提出太多的意见；对于同事们所负责整理的各篇，他都要全部认真研读，并在审读后毫无保留地贡献自己的见解，供大家参考；每一辑整理报告在提交出版社之前，李先生作为全书的主编，都一定要细心研读和修改，最后定稿，以保证整理

① 虽然李学勤先生已于 2019 年去世，但是出土文献中心的各位同人仍延续这一目标，以每年一辑的速度整理公布剩余的清华简。2023 年 12 月，清华简第十三辑整理报告顺利地如期公布。

报告的质量和水准。可以说每一辑清华简整理报告的顺利面世，李先生所付出的心血都是别人难以想象的，他的主编一职可谓名副其实。

不仅如此，李学勤对于出版公布的每一辑清华简篇目都做了认真的研究，2013年，他率先在中西书局出版了《初识清华简》一书，收录了他有关清华简研究的36篇论文，这是学术界有关清华简研究的第一部论文集，代表了当时清华简研究的最前沿水平。此后，他每年都坚持发表清华简的研究论文，甚至在生病住院之后，他还在病床上阐述了自己对清华简《摄命》篇的意见，委托学术助手将之整理成文，并顺利发表。①据统计，李先生一生中所写的与清华简研究相关的论文一共有60多篇，现已经全部收录在江西教育出版社出版的《李学勤文集》的各卷之中。这些论文从各个不同的角度对清华简进行研究，解决了许多长期困扰学术界的重要问题，极大地推进了清华简与中国古代文明的研究，具有极高的学术价值。曾经有研究生以"李学勤先生的清华简研究"为题，撰写硕士论文，对其研究成果和研究方法做了认真的总结。② 以下我们以"釴"字的释读和秦人始源的研究，管窥李先生的研究成果。

"釴"字见于清华简《算表》，李先生根据《算表》的规律，指出该字义为"四分之一"，这是一个极为重大的发现，此前学者们只知道先秦时期已经有了"二分之一"（当时称为"半"）、"三分之一"（当时称为"小半"）和"三分之二"（当时称为"大半"），先秦时期的人们有没有"四分之一"的概念，在传世文献中找不到任何线索，李先生在《算表》中解读出了"釴"字，肯定了先秦时期已经有了"四分之一"的概念和表示"四分之一"的专有名词"釴"，对于中国科技史、数学史的研究意义十分重大。

但是"釴"何以是"四分之一"呢？李先生指出，"釴"即是"锱"字，在上博简《缁衣》中，"缁"字写为"紤"，这和"锱"字写为"釴"，道理是一样的，古书中对于"锱"字有不同的解释，但是在出土的战国时代

---

① 即《谈清华简〈摄命〉篇体例》（《清华大学学报》2018年第5期）和《清华简〈摄命〉篇"舜"字质疑》（《文物》2018年第9期）二文。

② 张然然：《李学勤先生的清华简研究》，烟台大学2016年硕士学位论文。

秦国所行圜钱中，虽然大部分都写有"半两"，但是也有少数"两甾"钱，是同"半两"形制重量都一致的方孔圜钱，"半两"是二分之一两，与此完全相当的"两甾"的"甾"自然是四分之一两了。在湖北荆州黄山墓地出土的"才（锱）两"环权等文物，都证明"釿（锱）"可以理解为数字意义的四分之一，至此，"釿"字的释读问题得以完全解决。

秦人始源的问题也是同样重要且长期困扰学术界的历史之谜。周王室东迁以后，秦人雄起于西方，先是称霸西戎，随后逐步东进，最终兼并列国，建立秦朝，成就统一大业。秦朝存在的时间虽然短促，对后世的影响却相当深远。但是秦人是从哪里来的，其文化有怎样的历史背景，历来有不同的看法，有的学者认为秦人原本为戎族，来源于西方，但是也有不少学者主张秦人起源于东方。这两种观点都有很多的拥护者，谁也无法说服谁。2011 年 9 月 8 日，李学勤先生在《光明日报》发表了《清华简关于秦人始源的重要发现》一文，该文根据清华简《系年》的记载，分析了秦人原为商奄之民，后来因为参与三监之乱，被周成王和周公强制迁往西方的邾圉也就是朱圉山一带，以抵御奴虐之戎的经过。全文内容非常翔实，秦人始源的问题也因此得到了合理的解决。赵逵夫先生曾评价说，正是由于李先生的这一研究，"秦本东夷而迁于西北的结论得以被学界普遍接受"[①]。李先生还进一步指出："既然秦人本来是自东方迁来的商奄之民，最早的秦文化应该具有一定的东方色彩，并与商文化有较密切的关系。希望这一点今后会得到考古研究的验证。"这一论述也为我们今后的工作重点提供了思路和方向。

李先生不仅自己勤奋地从事清华简的研究，他也不断督促出土文献中心的同人在从事清华简整理工作的同时，撰写相关的研究著作。他常常说，我们有这么好的这批材料，如果不撰写研究成果，实在是太可惜了。他经常在报刊上组织专栏，给同人们出研究的课题，并帮助修改论文，一言一行，犹如春风化雨，润物无声，不仅让同事和学生感受到了贴心的温暖，

---

① 　赵逵夫：《论秦史研究与秦人西迁问题》，《天水师范学院学报》2013 年第 1 期。

而且催人奋进，给人启迪。

五、拓展领域，全面推动中心的快速发展

清华大学出土文献研究与保护中心是由于清华简的入藏而专门设立的一个科研机构，建立的时间是在 2008 年 9 月，2009 年 4 月举行了揭牌仪式。当时由于条件所限，中心只能是一个跨院、系的虚体研究机构，尽管如此，中心还是制订了长远的发展目标，按照当时的设计，"中心将通过开展自然科学与人文科学的交叉性和合作性研究，深入探讨出土文献整理、研究与保护工作的前沿课题，把本中心建设成为具有世界领先水平的出土文献研究和保护中心。当前中心的主要研究内容是对清华大学抢救入藏的战国竹简进行保护、整理与研究，同时开展其他出土文献（如甲骨文、金文）的研究和保护工作"。中心后来的发展，就是按照这个设计一步步开展起来的。

2011 年，清华大学以出土文献中心为核心，申请建立一个名为"清华大学出土文献与中国古代文明研究中心"的教育部人文社会科学重点研究基地，该基地随后顺利获得了教育部的批准，这也是教育部所建设的唯一一个以出土文献为研究对象的重点研究基地，李学勤先生担任主任一职。教育部人文社会科学重点研究基地的顺利建设，为出土文献研究中心的发展提供了更好的平台，但是，当时出土文献中心作为虚体研究机构的性质并没有任何改变。

随着清华简的整理工作进入了常规的轨道，中心开始按照原来的设计，逐步扩大了研究的范围。比如，出土文献中心与清华大学图书馆合作，开始整理清华大学收藏的 1800 多片的甲骨，以及清华艺术博物馆收藏的铜镜；2011 年 5 月 24 日，中心又与长沙市文物考古研究所、中国文化遗产研究院、湖南大学三家单位正式签约，合作整理五一广场出土的近一万枚东汉简牍；此后，中心又与甘肃省简牍博物馆签署了战略合作协议，后来又合作整理悬泉简；与湖北省博物馆、湖北省文物考古研究所、武汉大学

简帛研究中心签署合作协议，利用湖北省优势考古资源，合作开展基础研究和前沿研究；等等。随着时间的推移，出土文献中心在甲骨、金文及其他简帛资料方面的整理研究工作都得到了有效开展。

不过，由于出土文献中心是一个虚体单位，没有常规经费投入，也没有人员编制，中心的各位老师当时都是历史系的老师，必须在完成各自教学科研任务的同时，利用业余时间来从事清华简等出土文献的研究。随着时间的推移和中心的快速发展，出土文献中心这种虚体科研机构的性质严重影响了它的进一步发展，迫切需要根据形势发展及时加以改变。因此，在李学勤先生生命的最后几年，他一直在为中心的实体化而呼吁奔走。虽然他后来身患重病，但他表示，一旦学校有相关会议，哪怕是把他抬着，他也要向校领导汇报，希望学校支持将出土文献中心变为实体。

在李学勤先生及各方面的共同努力下，2018 年 4 月 24 日，清华大学发文，正式决定把出土文献研究与保护中心实体化，中心终于成为学校的实体教学科研机构，学校"希望出土文献中心按照建成世界一流文科研究中心的目标，充分发挥清华大学多学科优势，带动和促进出土文献与语言学、历史学、文学、哲学、艺术学等学科的交叉，为我国出土文献研究与人才培养作出新的更大的贡献"。这对中心的定位和发展目标提出了更高的要求和期望。

2018 年 11 月 17 日，"纪念清华简入藏暨清华大学出土文献研究与保护中心成立十周年国际学术研讨会"在清华大学主楼隆重举行，来自海内外的 130 多位专家学者汇聚一堂，见证并庆祝这一特殊的历史时刻。可惜的是，作为中心创始者的李学勤先生却因病住院，无法亲临现场。在致辞时，清华大学校长邱勇院士除了对中心取得的成绩表示热烈祝贺之外，还动情地说："在这里，我本人和我们大家，还要向李学勤先生表达特别的敬意、特别的感激和特别的祝福！大家都知道，学勤先生今天不在现场，他是最应该在现场的人！……我相信学勤先生一定能听到我们今天的欢声笑语和我们对他的祝福。"

李先生虽然因为生病，无法到现场参加有关的活动，但通过视频看到了会议的盛况，他十分欣悦，说："今天是我的生日！"

正是由于李先生和中心同人的努力，出土文献研究中心终于从无到有，由虚变实，而且在短短的十几年间不断地发展壮大，成为出土文献研究领域的一个重镇。

六、高瞻远瞩，大力推动出土文献的学科建设

随着清华简等出土文献整理工作的顺利开展，李学勤先生和中心的科研人员一起，又为进一步推动出土文献这一学科的建设工作而努力。在这一过程中，2011 协同创新中心的建设，为出土文献的学科发展提供了重要的契机。

出土文献是指通过考古发掘等发现的古代文字材料，包括甲骨文、金文、简帛等，其内容有关中国古代历史文化众多方面，具有十分珍贵的价值。但是以往的出土文献整理与研究工作，存在着碎片化、重复化等弊端，各单位单打独斗，不利于整个出土文献学科的发展。于是，在李学勤先生等知名学者的倡议下，清华大学和北京大学、复旦大学、吉林大学、中国人民大学、中山大学、湖南大学、首都师范大学、安徽大学以及中国文化遗产研究院、中国社会科学院历史研究所等 11 家高校和科研机构，联合建立了"出土文献与中国古代文明研究协同创新中心"，李学勤先生和裘锡圭先生共同任中心主任。2014 年，这一协同创新中心顺利通过教育部的验收认定，成为唯一一个被国家认定的人文学科协同创新中心。协同中心开展了众多协同研究的工作，比如对马王堆帛书、银雀山汉简的重新整理，对长沙五一广场东汉简牍的合作整理研究等。这一协同创新中心的建立，极大地改变了包括简帛资料在内的出土文献研究工作的面貌和格局，对于这一学科的建设和人才培养发挥了重大的作用。在这一新平台下，全国的出土文献保护、整理和研究工作取得了长足的发展。

出土文献主要是用古文字书写而成，中国古文字是数千年来世界上唯一延绵不绝的古典文字系统，也是博大精深的中华文明的载体。李先生生

前一直希望把出土文献作为一个学科建设起来，为此他奔走呼吁，大力倡导，但可惜的是，在李学勤先生生前，这一目标未能付诸实践。

2011 协同创新中心的任务结束后，在清华大学等单位的建议下，2020年，国家八部委又联合组织实施"古文字与中华文明传承发展工程"，再次委托清华作为牵头单位负责统筹组织工程实施，联合北京大学、社会科学院和国家博物馆等 16 家重点高校、科研院所和文博单位，组建了古文字重大文化工程联合攻关协同平台，黄德宽先生任主任，并在出土文献中心设立古文字工程秘书处，负责工程日常运转工作。这个工程在一定意义上可以看作 2011 协同创新中心在新时代的进一步发展。

为了更好地加强出土文献的学科建设，实现李学勤先生的夙愿，近年来，清华大学出土文献中心在黄德宽主任的领导下，大力推进相关工作。考虑到"出土文献"是以地下新发现的文字资料和文献形态而划分出的文献类型和研究领域，并非一个学科概念，出土文献的整理研究，涉及语言学、历史学、古文献学、考古学等多个学科。在现代学科体系中，这些学科各有其特定的研究对象、知识体系和学科定位，且其中任何单一学科都无法适应出土文献研究对多学科参与的需求。如何确立建设"世界一流文科研究中心"的支撑学科，是需要解决的首要问题。经过出土文献中心与学校相关部门的往复讨论，清华大学最终确立了建设古文字学一级学科的设想。

古文字研究源远流长，两汉时期即已发端，经过传统语文学、金石学等不同发展阶段的积累，尤其是殷墟甲骨文的重大发现以及中国现代学术的兴起和大量古文字资料的不断出土，古文字研究逐步成长为一门具有中国特色的新兴学科，其研究领域包括商周甲骨文、金文以及战国秦汉简帛等。近几十年，古文字学的发展呈现出与语言文字学、历史学、古文献学和考古学等多学科交叉融合的鲜明特征，古文字学与现代信息技术、人工智能的结合近来也成为一个新的发展趋势。因此，以古文字学作为建设"世界一流文科研究中心"的支撑学科，与出土文献中心的发展目标契合度最高；以古文字学学科作为建设重点，符合中央弘扬和传承中华优秀传统文化，提升文化自信，建设文化强国的战略部署，符合清华大学建设世界一流文科的发展规划；而且清华大学在古文字学研究领域的深厚传统、学术积淀，特别是清华简的收藏与整理研究成果，也为古文字学学科建设奠定了良好的基础。①

基于这样的认识，清华大学于 2022 年率先在国内设立古文字学一级学科，引领相关领域的学科建设。这一方案已经获得清华大学的批准，后上报教育部备案通过并开始实施。出土文献的学科建设终于有了一个飞跃式的发展。

清华大学设立古文字学一级学科，其长期目标是建成支撑我国古代文明研究达到世界先进水平的古文字学人才培养体系，构建完善且动态优化的古文字学科课程体系，培养大批从事重大原创性研究和在文化传承传播事业中能担当大任的高层次人才，为中华优秀传统文化传承发展和推进世界文明交流互鉴做出重要贡献。这一学科建设目标正是李学勤先生长期倡导的学科建设目标，倘若李先生在地下有知，也一定会为出土文献和古文字学的学科建设和发展而感到欣慰的。

回顾这十几年来清华简整理研究工作的快速发展和出土文献、古文字学的学科发展历程，不禁让人感慨万千，李先生以清华简的保护、整理和研究工作为依托，通过自己和同人们不懈的努力，为清华简和出土文献、古文字学的学科建设做出了巨大的贡献。现在回过头来看，也许是冥冥之中自有天意，这批简最后能够由清华大学收藏，并由李学勤先生来主持保护、整理和研究工作，确实是找到了它最好的归宿。

如今，李学勤先生虽然已经永远离开了我们，但是由他一手开创的清华简整理、保护与研究事业一定能够不断发展，再创辉煌。而相关工作的深入发展，必将对中国出土文献、古文字学的学科建设和古代文明的研究产生深远而广泛的影响。

（原载《邯郸学院学报》2024 年第 1 期）

---

① 黄德宽：《古文字交叉学科建设的思考与实践》，"清华大学出土文献研究与保护中心"网站，2023 年 11 月 16 日。

清华简的文献特色与墓主身份蠡测

　　清华简是在 2008 年 7 月 15 日入藏清华大学的，在此之前李学勤先生曾看到了一些竹简的照片和摹本，发现其中有《尚书》的《金縢》篇，另外他还看到竹简上有关于西周和春秋历史的记载，十分振奋。竹简入藏清华后，科研人员对竹简进行了长达 3 个月的抢救性清理保护，在此过程中又找到了《傅说之命》《程寤》《祭公之顾命》《周公之琴舞》等数十篇文献，使得清华简的重大学术价值得到进一步确认。2008 年 10 月 22 日，清华大学召开新闻发布会，正式公布了入藏清华简的消息，李学勤先生在会上曾幽默风趣地说，这次"挖到了一个历史学家"，欣悦之情溢于言表。这一概括曾因其生动形象的比喻而在社会上广为流传。

　　转眼之间，13 年的时光已经匆匆流逝，清华简的整理工作一直在卓有成效地进行之中。当前，清华简的整理公布已经过半，其整体面貌已经更为清晰。如何认识清华简这批文献的性质和特色，是我们这篇小文想要讨论的话题。另外，李学勤先生曾经多次指出，古代墓葬中出土的简帛书籍有助于我们了解墓主人的个人身份和思想世界，"书籍用来殉葬必然是死者生前读用或爱好的，从而在一定程度上是死者身份和思想倾向的反映"（见《马王堆帛书与〈鹖冠子〉》，《江汉考古》1983 年第 2 期）。因此，我们也想以清华简的文献特色为依据，进而推测墓主人的可能身份。

　　首先，我们应当说明，总数约为 2500 枚的清华简应当全部出自同一座墓葬，而不可能是来自不同墓葬的资料汇集。清华简虽然是盗掘所出，缺少了最关键的原始信息，而且竹简原有次序也早已被全部打乱，但这种失序的情形应该在地下时就已经如此。我们在清理过程中发现，尽管经过两千多年的浸泡，竹简已经非常糟朽，但属于不同篇目的竹简往往互相紧密地粘连在一起，很难进行剥离。即使是保存异常完整并且成卷的《筮法》篇，也有个别的竹简散落出来，与其他各篇竹简混杂粘合在一起。这种情况证明，这些竹简一定是从同一座墓葬出土的。

其次，我们可以看到，清华简没有一些先秦两汉墓葬中常见的遣册和日书之类的材料，其内容全部为古书，总数约有70篇。这种以典籍来殉葬的情形，与郭店简、上博简、安大简等多批楚简材料非常相似。

第三，清华简的典籍丰富多样，如果依照四部的分类方法，其内容涵盖了经、史、子等各部；而且这些典籍内容非常艰深，像《封许之命》《摄命》《四告》等篇，皆为相关的原始文献，一般人很难读懂，也未必会有阅读的兴趣。墓主人收藏和阅读这些典籍，说明其兴趣爱好十分广泛，而且具有极高的学术修养。

第四，清华简这数十篇文献的来源应该是多种多样的，其中《系年》《楚居》等篇应该是楚人自己撰写的书籍，但是像《傅说之命》《尹至》《厚父》《周公之琴舞》《晋文公入于晋》《郑文公问太伯》等典籍显然不会出自楚人之手，而是来自其他诸侯国甚至是周王室。如果我们再联系到郭店简、上博简、安大简等众多的竹简书籍中也有大量的文献来自其他国家，就可以明白东周时期的楚国非常注意广泛吸收各国的思想和文化。楚国本为少数族群荆楚聚集的地方，但到了战国时代，楚国的学术得到长足发展，种种学说都得以在楚国传播研习，这从一个侧面反映了战国时代百家争鸣的学术繁荣景象。

第五，清华简中的许多典籍在传抄的过程中，曾经由楚人做了加工甚至是改写。清华简各篇都是用楚国文字抄成，但其所依据的底本来源众多，而这些文献在楚国流传过程中，往往会受到一定的加工。比如清华简《祭公之顾命》中"惟周文王受之，惟武王大败之"一句，即把原文的"文王"改成了"周文王"，显然是为了避免与"楚文王"相混；另外，清华简《系年》和《越公其事》常常称越国国君为"越公"，却称吴国国君为吴王，非常显眼。笔者此前在阅读过程中，曾怀疑这里的"越公"一词是楚国人的一种特有称谓，因为越国系为楚国所灭，所以楚人有意把越国国君改称为"越公"。这一词语本身带有一定的贬斥意味，并特意与楚王相区别。可以相对照的是，近年湖北荆州枣林铺第 46 号楚墓出土了竹简《吴王夫差起师伐越》，其内容与清华简《越公其事》基本相同，但在称越王勾践时，所用的词是"越君"或"越王"，证明清华简《越公其事》中"越公"一词也是楚人有意的改动（参见《2020 中国重要考古发现》一书中的《湖北荆州枣林铺战国楚墓》一文，文物出版社，2021 年）。至于楚人对于有关文献的改写，最典型的莫过于清华简《金縢》篇，该篇不仅将《金縢》一文中有关占卜的内容统统删除，还把篇名改为"周武王有疾周公所自以代王之志"。这一标题富有楚人的特色，而其修改的最终目的，是把《金縢》篇变成了一篇教育贵族子弟的"志"类书籍。

第六，清华简这 70 种左右的典籍具有十分鲜明的特色。郭店简、上博简都以大量的诸子著作为主；安大简则有《诗经》《楚辞》和以儒家为中心的诸子类文献，并有一部楚史著作；慈利简虽有《国语》和《逸周书》的个别篇目，但种类和数量均较少。相比之下，清华简不仅竹简总量最多，而且里面的典籍有大量《尚书》类文献，如《尹诰》《厚父》《摄命》《封许之命》等，总数约有 20 篇左右，在迄今所发现的竹简中独树一帜。《尚书》类文献皆为国家的大经大法，是君王们赖以治国理政的重要依据，其重要性显然要高于其他种类的文献。事实上，从我们所掌握的材料来看，清华简的最大特色，就在于它是一批以治国理政为核心的文献。不仅经类的文献有这样的特征，史类的文献，如《系年》《子犯子余》《晋文公入于晋》等，也是以总结历史上的治乱兴衰为核心；至于子类的文献，如《治邦之道》《治政之道》《管仲》《天下之道》《虞夏殷周之治》等，更是直接讨论治国理政的方法和举措，具有极高的学术价值。如《厚父》篇中关于"民心惟本"的论述，把中国古代的民本思想上推到了西周早期；《治邦之道》主张由明君来治国理政，倡导举贤用能，并强调要不拘一格选拔人才："虽贫以贱，而信有道，可以驭众、治政、临事、长官"；《天下之道》是一篇与军事相关的文献，主张用兵之道归纳起来不外乎进攻和防御，简文称之为"天下之道二而已，一者守之之器，一者攻之之器"；其他如《成人》篇强调要依法治国，执法必严；《治邦之道》倡导大力发展经济，改善民生，提倡节俭等，对于我们当今的国家治理都有很好的借鉴意义。

　　由清华简的上述文献特色我们可以看出，清华简的拥有者可能不应仅仅视为"历史学家"这么简单，这位墓主人拥有这么多高规格的《尚书》类治国理政文献，注重从历史发展中总结规律获得借鉴，并大量参考诸子百家有关治国理政的种种见解，一定具有实用的目的。笔者觉得，这位墓主人绝不会仅是一位文献档案的搜集者，其身份更可能是一位楚国的高级贵族，甚至不能排除是楚王的可能性。墓主人生前肯定身居要职，可以直接参与楚国的治理工作。只有这种层次的高级别统治者，才能够拥有清华简并留意从这类文献中汲取营养，从而为现实的政治服务。值得注意的是，清华简尚未公布的篇目中有一篇《仪礼》类文献。我们知道礼仪往往与人的身份与地位息息相关，不同的人需要遵循不同的礼制规定。清华简中的这篇礼仪文献，或许将会有助于我们确定墓主人的身份。

　　最后还需要指出的是，清华简涉及中国传统文化的核心内容。当前对它的公布和研究工作只是初步的，随着这些材料的发表，它们势必形成一批新的经典，如同《尚书》《诗经》《史记》等文献一样，将成为学者们长久研究的对象，清华简的奥秘，也将在今后的研究工作中不断得以揭示。

　　　　　　　　　　　　　　　　（原载《光明日报》2021 年 10 月 30 日第 11 版）

清华简《赤鹄之集汤之屋》与伊尹间夏

　　清华简整理报告《清华大学藏战国竹简（三）》收入了一篇有关商汤与伊尹的文献，该篇简文有自己的篇名，叫"赤鹄之集汤之屋"，全篇简文共计15支，三道编；简长45厘米，其中第一支和第二支简末端略有缺残，各损失一字，其他各简保存较好；简背有序号，书于竹节处；篇题写于第十五支简的简背下端；整篇竹简背面的上端还有一道斜的刻划痕迹。篇名中的"鹄"字，整理者认为与"鹄"字相通。"赤鹄"可能是一只红色的大鸟。

　　李学勤先生曾经在《新整理清华简六种概述》一文中指出，清华简《赤鹄之集汤之屋》"引人注目的特点，是有浓厚的巫术色彩"①，所论十分正确。本篇简文的大致内容是：有一只大鸟"赤鹄"停落在商汤的屋顶上，被商汤射获。后来商汤有事要出门，临行前嘱咐小臣伊尹将这只"赤鹄"烹煮作羹，准备好好享用一番。没想到商汤的妻子纴巟也垂涎于这顿美味，强迫伊尹先让她大快朵颐，伊尹只好照办，他自己也借机吃了一些。结果这两个人都具有了一些神奇的能力，能够看见四海之内的物体。商汤回来后，发现美味已经被人享用过，大发雷霆。伊尹见事情败露，惊慌失措，仓皇出逃，准备去投奔夏桀。由于受到商汤的诅咒，伊尹病倒在半路上，无法动弹。这时有一群乌鸦正好飞过，看到了奄奄一息的伊尹，就想吃掉他，幸好领头的那只乌鸦"巫乌"认出了伊尹，及时予以阻止。"巫乌"还透露了一个秘密：上帝由于对夏桀不满，让两条黄蛇、两只白兔等动物在夏桀的屋内作祟，夏桀已被折磨得痛苦不堪，"巫乌"建议乌鸦们去吃夏桀

---

① 　李学勤：《新整理清华简六种概述》，《文物》2012年第8期。

为怯病消灾而摆设的祭品。乌鸦们走后，"巫乌"钻入了伊尹的体内，伊尹随即得以康复，并来到了夏朝，见到了饱受黄蛇、白兔等动物折磨的夏桀，并成功地帮助他除掉了这些作祟不已的动物。

应该说，清华简《赤鹄之集汤之屋》的主要内容都是荒诞不经的，是一篇属于"怪力乱神"的文献，不过这并不是说本篇简文完全没有史料的价值，它还是有一定的史实背景的。其实，关于如何分析上古时代各种文献的史料价值，王国维先生早在20世纪20年代就已经有很好的论述，他指出：

> 研究中国古史为最纠纷之问题。上古之事，传说与史实混而不分，史实之中固不免有所缘饰，与传说无异；而传说之中亦往往有史实为之素地，二者不易区别。此世界各国之所同也。①

王国维先生所说的"素地"，相当于英文中的"背景"（background）一词。王先生指出，中国古史中传说与史实往往相互混杂，史实之中会有一定的修饰成分，而传说中也包含有一定的史实成分，这对于我们研究和分析上古时代的文献有很好的启发作用。具体到清华简《赤鹄之集汤之屋》而言，我觉得本篇简文的一个重要意义，是可以帮助我们重新反思伊尹到夏朝做间谍的有关情形。

根据一些文献的记载，商汤在灭夏之前，曾经派伊尹去夏朝刺探情报。对于伊尹间夏的相关情况，李零先生曾做了细心的考证。②据说伊尹在夏朝做间谍，取得了很大的成果，因此《孙子兵法·用间》专门予以表彰："昔殷之兴也，伊挚③在夏"，这也是孙武在《用间》篇中所列举的一个重要间谍案例。④孙武还总结说："故明君贤将，能以上智为间者，必成大功。此

---

① 王国维：《古史新证——王国维最后的讲义》，第1页，清华大学出版社，1994年。
② 李零《〈孙子〉十三篇综合研究》一书中《读〈孙子〉札记》的"'伊挚、吕牙为间'说发微"一条曾对伊尹为间谍的情况做了勾稽，见该书第438-440页，中华书局，2006年。
③ 伊尹名挚，故文献中又称之为"伊挚"。
④ 孙武表彰的另外一个间谍就是赫赫有名的姜太公。

兵之要，三军之所恃而动也。"这可以说是孙武对伊尹从事间谍工作的极高评价。

从已有文献来看，伊尹确实在夏朝活动了很长时间。关于伊尹如何从商赴夏，古籍中有两种不同的论述。一种说法是商汤多次把伊尹推荐给夏桀，如赵岐给《孟子·公孙丑上》所做的注解中云："伊尹为汤见贡于桀，桀不用而归汤，汤复贡之，如此者五，思济民，冀得施行其道也。"[①] 按照这样的论述，伊尹实际上是被商汤推荐给夏桀的，想让他去辅佐夏桀，并没有让他去从事间谍工作，只是伊尹没有被夏桀重用而已；另一种说法是伊尹是被商汤派去夏朝刺探情报的。由于担心夏桀会怀疑伊尹，商汤还上演了一场苦肉计，亲自对伊尹射箭，欲使夏桀误以为两人之间已经决裂。如《吕氏春秋·慎大》言，汤 "忧天下之不宁，欲令伊尹往视旷夏，恐其不信，汤由亲自射伊尹，伊尹奔夏三年，反报于亳……"[②]，高诱在注中解释说："恐夏不信伊尹，故由扬言而亲自射伊尹，示伊尹有罪而亡，令夏信之也。"

伊尹在夏朝的间谍活动之所以收获颇丰，与夏桀之妻妹喜（或作末喜、末嬉等）的积极配合有密切关系。《国语·晋语一》言："昔夏桀伐有施，有施人以妹喜女焉，妹喜有宠，于是乎与伊尹比而亡夏。"但是这一说法也有令人困惑之处。妹喜既然深得夏桀的欢心，为何还要与伊尹相互联合而亡夏呢？在这方面《古本竹书纪年》的说法可能更为可靠，书中言："后桀伐岷山，岷山女于桀二人，曰琬，曰琰。桀受二女，无子，刻其名于苕华之玉，苕是琬，华是琰。而弃其元妃于洛，曰末喜氏。末喜氏以与伊尹交，遂以间夏。"（《太平御览》卷 135 引）[③] 原来妹喜虽然是夏桀的元妃，但是自从夏桀获得琬、琰二女后，便冷落了妹喜。妹喜对此怀恨在心，不惜与伊尹勾结，向他提供夏朝的有关情报。

关于妹喜与伊尹往来，透露情报之事，《吕氏春秋·慎大》篇有一个具

① 见焦循：《孟子正义》，第 829 页，中华书局 "新编诸子集成" 本。
② 陈奇猷：《吕氏春秋新校释》，第 850 页，上海古籍出版社，2002 年。
③ 见方诗铭、王修龄：《古本竹书纪年辑证》，第 17 页，上海古籍出版社，2005 年。

体的例子："伊尹又复往视旷夏，听于末嬉。末嬉言曰：'今昔天子梦西方有日，东方有日，两日相与斗，西方日胜，东方日不胜。'"①商汤为了顺应这一梦境，命令"师从东方出于国，西以进"，终于灭掉了夏朝。清华简《尹至》篇的发现，印证了商汤确实采用了这一战术。

因此，伊尹到夏朝从事间谍工作，应该说是一个不争的事实。但是这其中也有一些问题，一直以来令学者们难以解释。

首先，伊尹为什么能有机会与妹喜接触？伊尹本来是有侁氏陪嫁给商汤的媵臣，地位卑微，他是如何能有机会接触夏桀和妹喜，又如何能够从他们那里刺探到情报的呢？即使是如赵岐给《孟子·公孙丑上》的注中所说，伊尹是被商汤推荐给夏桀的，夏桀也并没有对他予以任用。因此，伊尹要与夏桀乃至于妹喜取得联系，恐怕有很大的难度。

其次，据说伊尹曾经多次往来于夏、商之间，即孟子所说"五就汤、五就桀者，伊尹也"。②按照赵岐的说法，这是由于商汤反复把伊尹推荐给夏桀，不过这种说法本身是很令人怀疑的。还有一种观点是伊尹多次往返于夏、商之间，是为了传递情报，这也让人不可理解。作为一个"上智"的高级间谍，如此明目张胆地频繁周旋于夏、商之间，难道就不担心被人识破？伊尹往来于夏、商之间，究竟是由于多次被商汤推荐，还是忙于传递情报，抑或是另有隐情？这也是让人觉得很困惑的地方。

最后，传世文献中还隐隐透露出伊尹曾真心想为夏桀效力。如《孟子·公孙丑上》言："治亦进，乱亦进，伊尹也。"③所谓的"治"和"乱"，当然是分别指代商汤和夏桀的统治，值得注意的是文中说伊尹试图"乱亦进"，即便是处于乱世，伊尹仍然热衷于仕途，这也很耐人寻味。赵岐在注解该句时曾引用了伊尹之言，原文是："伊尹曰：事非其君者何伤也，使非其民者何伤也，要欲为天理物，冀得行道而已矣。"这说明伊尹曾经对于夏朝的政治、对于自己在夏朝的任职充满了期待，也暗示出他曾在选择投奔商

---

① 陈奇猷：《吕氏春秋新校释》，第851页，上海古籍出版社，2002年。

② 见《孟子·告子下》。

③ 见焦循：《孟子正义》，第127页，河北人民出版社，1986年。

汤抑或夏桀之间动摇不定，只是最后才下定决心追随商汤。①因此《史记·殷本纪》言"伊尹去汤适夏，既丑有夏，复归于亳。"可惜具体的细节，文献中并没有更多涉及。

清华简《赤鹄之集汤之屋》的发现，对于我们厘清相关的史实，应该说有很好的帮助。

如果撇开清华简《赤鹄之集汤之屋》中的巫术成份，本篇简文共涉及了伊尹、商汤、商汤之妻紝巟和夏桀四人。其中商汤之妻名叫紝巟，这是我们首次获得的知识。我们知道，伊尹来自有侁氏（或作有莘氏），本来是商汤娶妻时的陪嫁奴隶。《吕氏春秋·本味》言："汤闻伊尹，使人请之有侁氏，有侁氏不可。伊尹亦欲归汤，汤于是请取妇为婚，有侁氏喜，以伊尹为媵，送女。"②史称伊尹擅长厨艺，并以滋味说汤，得到了商汤的赏识，得以出任小臣一职；但作为媵臣，商汤之妻紝巟同样也是伊尹的主人，同样对他有生杀予夺之权。

因此，当紝巟向伊尹要求品尝赤鹄之羹时，伊尹不敢拒绝。但紝巟与伊尹偷食赤鹄之羹的行为却激怒了商汤，伊尹被迫出奔到夏朝。可以想见，当时伊尹是不可能想着再回到商汤身边的，而是真心想着要离开商汤，到夏朝谋求出路，这说明《孟子·公孙丑上》所说的"治亦进，乱亦进，伊尹也"确实是有依据的。这也告诉我们，商汤和伊尹之间的联盟最初也存在着矛盾，两人之间的关系并非铁板一块，无懈可击。

伊尹到夏朝之后，正好遇到夏桀生病，伊尹无意之中竟然治愈了夏桀的病，这就为我们揭开了伊尹之所以能够有机会接触到夏桀以及夏桀之妻妹喜的谜团。由于成为夏桀的救命恩人，伊尹当然有机会出入于夏桀的宫

---

① 《新序·刺奢》记载了这样一个故事："桀作瑶台，罢民力，殚民财，为酒池糟堤，纵靡靡之乐，一鼓而牛饮者三千人，群臣相持而歌曰：'江水沛沛兮，舟楫败兮，我王废兮，趣归薄兮，薄亦大兮。'又曰：'乐兮乐兮，四牡蹻兮，六辔沃兮，去不善而从善，何不乐兮？'伊尹知天命之至，举觞而告桀曰：君王不听臣之言，亡无日矣。桀拍然而作，哑然而笑曰：'子何妖言？吾有天下，如天之有日也，日有亡乎？日亡吾亦亡矣。'于是接履而趣，遂适汤。汤立为相。故伊尹去夏入殷，殷王而夏亡。"这一故事可以与本文相印证。

② 陈奇猷：《吕氏春秋新校释》，第744页，上海古籍出版社，2002年。

廷，也有机会认识夏桀之妻妹喜。然而，伊尹在夏朝目睹了夏桀的种种暴政之后，遂萌去意，希望重新投奔商汤。伊尹在夏、商之间往来多次的记载可能与伊尹在夏、商之间的取舍有关。经过与商朝的多次接触，伊尹最终下定决心，离开了夏朝，重新回到了商汤的身边。因此，《韩非子·难一》曾言"成汤两用伊尹"；《战国策·燕策二》亦称："伊尹再逃汤而之桀，再逃桀而之汤，果与鸣条之战，而以汤为天子。"这些论述应该都反映了伊尹曾经离开商汤投奔夏桀、最后又重新回到商汤身边的历史事实。

关于伊尹在商汤与夏桀之间的艰难选择，实际上在《鬼谷子·忤合》篇中曾有相关的评论："古之善背向者，乃协四海，包诸侯，忤合之地①而化转之，然后求合。故伊尹五就汤，五就桀，而不能有所明，然后合于汤。"②鬼谷子称赞伊尹是一个"善背向者"，能够见机行事，最终选对了自己的主子，成就了一番千古功业。

据说伊尹本人还有专门的著述，说明自己最终选择归商的缘由。《史记·殷本纪》言："伊尹去汤适夏，既丑有夏，复归于亳。入自北门，遇女鸠、女房，作《女鸠》《女房》。"《史记集解》引孔安国的话说："鸠、房二人，汤之贤臣也。二篇言所以丑夏而还之意也。"③可惜相关的著述已经失传。

由于伊尹在夏活动了很长时间，又有机会接触到夏桀及妹喜等人，掌握了夏朝大量的重要情报，他回到商汤身边，使得商汤如鱼得水，从而为商汤灭夏提供了极大的便利。

如果我们的推论能够成立的话，对于清华简第一辑整理报告中所收的《尹至》一篇④，我们也可以有一些不同的认识。

清华简《尹至》记述了伊尹向汤陈说夏君虐政、民众疾苦的状况，以及天现异象时民众的意愿趋向等内容。其中的许多话令人深思。

---

① "之地"二字，《鬼谷子集校集注》所引杨氏本、高氏本作"天地"，颇疑"之"字为"天"字之误。见许富宏：《鬼谷子集校集注》，第97页，中华书局，2008年。

② 见许富宏：《鬼谷子集校集注》，第95页。

③ 见中华书局标点本《史记》，第94-95页，1982年。

④ 见清华大学出土文献研究与保护中心编：《清华大学藏战国竹简（一）》，中西书局，2010年。以下所引的《尹至》内容均见于该书。

　　《尹至》篇一开始就说"惟尹自夏徂亳"。这句话点明，伊尹是从夏朝到商朝的亳都的。这意味着伊尹当时已绝非有侁氏的媵臣身份，他一定是在夏朝长期活动之后，又从夏朝回归，而且还掌握了夏朝大量的重要情报。因此，这次伊尹与商汤的见面，肯定不会是两人间的第一次会面，而是两人之间为了共同的利益而进行的一次协商和摊牌。

　　商汤见了伊尹之后，问了一句"汝其有吉志"，整理报告指出，"吉"当训为"善"，"志"当训为"意"，这些意见当然十分正确。在我看来，所谓的"吉志"（释为"很好的意愿"），就是指伊尹愿意重新回到商汤的身边，追随商汤。商汤在询问伊尹是否已经下定了这个决心。伊尹在回答中没有正面回答，而是列举了夏朝种种的虐政和百姓对夏桀的种种指责，其意愿已经是不言而喻了。在两人对于伐夏取得了共识之后，简文记载了一个重要的活动，即"汤盟誓及尹"，意即商汤和伊尹两人举行了盟誓活动，这个行为特别有意思。我们觉得，这意味着商汤与伊尹之间已经尽释前嫌，准备齐心协力，共同伐夏。如果伊尹仅仅是商汤派出去的一个谍报人员，如果这次会面不过是一次汇报情报的工作会见，这一举行盟誓的活动就会显得非常突兀。但如果把它放在伊尹从出奔到最终回归的历史背景上来看，就可以得到很合理的解释。

　　简文后面接着说："汤往征弗服，挚度。"意思是商汤开始征伐不服，而伊尹则一直为他出谋划策。这说明两人的关系经过一番波折之后，终于得以步入正轨。商汤和伊尹两人相互配合，亲密无间，最终伐灭夏朝，成就了千古以来君臣合作的一段佳话。

　　需要附带指出的是，清华简《尹至》的整理报告中把简文中的"帝"理解为"已即位之汤"，把"帝"等同于国君的称呼"后"，似乎也很合理，但如果结合《赤鹄之集汤之屋》的内容来看，这一理解并不合适。《赤鹄之集汤之屋》提到了"后"，意为国君；同时简文也提到了"帝"，但其中说的"帝"明显就是指天帝，与作为人间统治者的"后"显然不是一回事。二者不可混为一谈。因此，《尹至》中的"帝"和"后"也应该这样来理解。同理，《楚辞·天问》中所说的"后帝是飨"，可能也应该标点为"后、帝是飨",需要把后、帝二者区分开来。

总之,清华简《赤鹄之集汤之屋》使我们认识到,商汤和伊尹之间默契的君臣关系并非一蹴而就,而是经历了一个磨合的过程。伊尹从归顺商汤,到离开商汤投奔夏桀,最后又重新回到商汤身旁,经历了一个很长时间的变化历程。伊尹的所作所为,既有识时务者为俊杰的因素,同时由于他掌握了夏桀大量的情报,也为商汤灭夏创造了契机。如果我们能结合这一背景,重新绎读清华简《尹至》,也可以得出一些新的结论。

（原载《深圳大学学报》2013 年第 1 期）

清华简《傅说之命》别解

清华简第三辑整理报告《清华大学藏战国竹简（三）》所收入的三篇《傅说之命》，相当于传世文献中所提到的《古文尚书》中的《说命》三篇，内容特别重要。整理报告已指出："《说命》是《尚书》的一部分。《书序》云：'高宗梦得说，使百工营求诸野，得诸傅岩，作《说命》三篇'，竹简本《说命》正系三篇。《说命》不在汉初伏生所传今文《尚书》之内，《尚书正义》所引郑玄讲的孔壁古文《尚书》多于伏生的十六种二十四篇，也没有《说命》。东晋时梅赜所献孔传本《尚书》则有三篇《说命》，前人已考定为伪书。与清华简《说命》对照，梅氏献出的《说命》，除自先秦文献中摘辑的文句外，全然不同。"[1] 这些论述对于我们重新认识清华简《傅说之命》的重要价值很有启发作用。

对于清华简《傅说之命》，整理者已做了很好的注解，不过，正所谓《诗》《书》无达诂，像《傅说之命》这样古奥艰深的文献，学者们往往会有不同的理解。笔者在阅读本篇文献时，也有一些陋见，现把它们写出来，以就正于方家。

（一）

清华简《傅说之命》的上篇讲述了傅说带兵去讨伐逢（失）审（仲）

---

[1] 见清华大学出土文献研究与保护中心编：《清华大学藏战国竹简（三）》，第1页，中西书局，2012年。

的情形，其内容不见于传世文献，极为宝贵，其中说到：

> 敓（说）于庫（围）伐遅（失）审（仲），一豕乃觏（旋）保以遚（逝），乃遂（践），邑人皆从，一豕坠（随）审（仲）之自行，是为赤敀之戎。

对于其中的"赤敀之戎"，整理者把"赤"读为"赦"，"敀"读为"俘"，"戎"训为"兵事"。①这一读法，是把"赤敀之戎"视作赦免俘虏的一次用兵。由于本次用兵赦免了战俘，没有大肆屠戮，是一次伤亡很少的战争。这种理解当然在训诂上完全可行，不过笔者觉得如果"赤敀之戎"不通假为"赦俘之戎"，本句也可以解释得通。也就是说，"戎"可以直接解释为戎人，"赤敀之戎"可能是指戎人的一支。

商周时期的戎人有很多，《古本竹书纪年》曾记载了不少戎人与商、周王朝作战的情景，如在商朝后期，"太丁二年，周人伐燕京之戎，周师大败"②；"（太丁）四年，周人伐余无之戎，克之"③；"太丁七年，周人伐始呼之戎，克之"④；"太丁十一年，周人伐翳徒之戎，捷其三大夫"⑤；至西周时期，许多戎人与周朝之间依旧战事频仍，如周夷王时，"命虢公率六师，伐太原之戎，至于俞泉，获马千匹"⑥；周幽王"命伯士伐六济之戎"⑦；等等。清华简《傅说之命》中的"赤敀之戎"，似乎也可以如"燕京之戎""余无之戎""始呼之戎""翳徒之戎""太原之戎""六济之戎"等那样，理解为戎人中的一支。倘如此，全句似可解释为傅说率师讨伐失仲，失仲战败，遂带其部众逃窜，人们称其为"赤敀之戎"。这样来理解本句，不知是否合适。

---

① 《清华大学藏战国竹简（三）》，第122、124页，中西书局，2012年。
② 见方诗铭、王修龄：《古本竹书纪年辑证》，第35页，上海古籍出版社，2005年。
③ 《古本竹书纪年辑证》，第36页。
④ 《古本竹书纪年辑证》，第37页。
⑤ 《古本竹书纪年辑证》，第37页。
⑥ 《古本竹书纪年辑证》，第57页。
⑦ 《古本竹书纪年辑证》，第61页。

（二）

清华简《傅说之命》中篇的开篇是：

敚逨自尃厰才鷖武丁朝于门内才宗。

对于这句话，整理者将之读为：

敚（说）逨（来）自尃（傅）厰（岩），才（在）鷖（殷）。武丁朝于门，内（入）才（在）宗。①

这么断句，意思应该说是很清楚的，因此整理者对于这句话并未加以注释。但是按照这样标点断句来理解的话，前一句的主语是傅说，后一句的主语则变成武丁，中间的过渡显得有些不太自然。

笔者对于此句的标点断句略有不同。在笔者看来，本句似乎也可以读为：

敚（说）逨（来）自尃（傅）厰（岩），才（在）鷖（殷）武丁。朝于门，内（入）才（在）宗。

"在殷武丁"的"在"可读为"存"，训为"存问"。《左传·襄公二十六年》"吾子独不在寡人"，杜预《集解》："在，存问之。"②清华简《尹至》有"逨至在汤"之语，整理者亦将"在"训为存问。"殷武丁"的说法，见于《国语·楚语上》"昔殷武丁能耸其德，至于神明，以入于河，自河徂亳，于是乎三年默以思道"③。"朝于门"，应指傅说至王宫门口朝见殷武丁。④"宗"指宗庙。全句的意思是说：傅说自傅岩来，问候殷王武丁。他在王宫门口

---

① 见清华大学出土文献研究与保护中心编：《清华大学藏战国竹简（三）》，中西书局，2012 年。
② 见《春秋左传注疏》卷 37，台湾艺文印书馆影印《十三经注疏》本，第 631 页。
③ 见徐元诰：《国语集解》，第 503 页，中华书局，2008 年。
④ 记载周初史事的清华简《皇门》篇有"公暑（格）才（在）者（库）门"之语，见《清华大学藏战国竹简（一）》，第 164 页，中西书局，2010 年。按周制，天子有五门，商朝情况可能类似。

朝见了殷王武丁，进入了商王的宗庙。如果这样理解的话，两句话的主语都是傅说，所描述的内容是傅说从傅岩到达殷都的一系列行动，这种理解似乎更连贯一些。

（原载《出土文献》第三辑，中西书局，2012 年）

《傅说之命》梦境试析

（一）

2013 年 12 月，《清华大学藏战国竹简（三）》如期出版，本辑清华简中收录了六种八篇的文献，特别是其中的《傅说之命》三篇受到了学者们的普遍关注，经研究，这三篇简文的内容应该就是久已失传的《尚书》中的《说命》三篇。^① 清华简《傅说之命》三篇的整理公布，对于我们了解《说命》篇的原貌、傅说的事迹以及商代的历史文化都具有重要的意义。

傅说是殷高宗武丁时期的著名贤臣，因为辅佐武丁中兴而彪炳史册。关于武丁最初获知和寻找傅说的情况，《傅说之命》上篇言：

> 惟殷王赐说于天，用为失仲使人。王命厥百工向，以货徇求说于邑人。……王乃讯说曰："帝抑尔以畀余，抑非？"说乃曰："唯。帝以余畀尔，尔左执朕袂，尔右稽首。"王曰："亶然。"^②

这篇简文讲述了武丁受天命而得傅说，并描述了武丁派人寻找傅说的经过，以及武丁与傅说初次见面时的对话。虽然这篇简文中并没有提到做梦的情节，不过，众多的传世文献不约而同地提到，武丁之所以获得傅说，得益于一个奇怪的梦。《尚书·说命序》言："高宗梦得说，使百工营求诸野，

---

① 李学勤：《新整理清华简六种概述》，《文物》2012 年第 8 期。

② 本段的断句参照了整理报告的成果，并吸收了子居、廖名春等先生的意见，对于个别地方的断句做了一些调整。

得之傅岩，作《说命》三篇。"有关的情况，《国语·楚语上》曾有所涉及：

> 昔殷武丁能耸其德，至于神明，以入于河，自河徂亳，于是乎三年，默以思道。卿士患之，曰："王言以出令也，若不言，是无所禀令也。"武丁于是作书，曰："以余正四方，余恐德之不类，兹故不言。"如是而又使以象梦旁求四方之贤，得傅说以来，升以为公，而使朝夕规谏……

文中的"象梦"，很多学者认为是"梦象"之误，如王念孙云："当为'梦象'，谓以所梦见之人作象，而使求之也。《潜夫论·五德志》篇载其事云：'乃使以梦像求之四方侧陋，得傅说，升以为大公。'即用《国语》之文。"①

关于武丁做梦而得傅说的情况，在司马迁的《史记·殷本纪》中也有详细的记述：

> 帝小乙崩，子帝武丁立。帝武丁即位，思复兴殷，而未得其佐。三年不言，政事决定于冢宰，以观国风。武丁夜梦得圣人，名曰说。以梦所见视群臣百吏，皆非也。于是乃使百工营求之野，得说于傅险中。是时说为胥靡，筑于傅险。见于武丁，武丁曰："是也。"得而与之语，果圣人，举以为相，殷国大治。

此后，关于武丁梦得傅说的记载一直不绝于书，如王符的《潜夫论》、皇甫谧的《帝王世纪》等，其中《帝王世纪》有两段记载均与武丁梦傅说有关，其中的一则为：

> 武丁即位，谅闇，居凶庐，百官总己，听于冢宰，三年不言。既免丧，犹不言。群臣谏武丁，于是思建良辅，梦天赐贤人，姓傅名说，乃使百工写其像，求诸天下，见筑者胥靡，衣褐带索，执役于虞、虢之间，傅岩之野，名说，登以为相……（《太平御览》卷八十三所引）

---

① 徐元诰《国语集解》引。见该书第 503 页，中华书局，2008 年。

这则材料同以往的叙述并无二致，不过皇甫谧所述的另外一则材料则详述了武丁的梦境：

> 皇甫谧云：高宗梦天赐贤人，胥靡之衣，蒙之而来，曰云："我徒也，姓傅名说，天下得我者岂徒也哉！"武丁悟而推之，曰："傅者，相也；说者，欢悦也。天下当有傅我而说民者哉！"明以梦视百官，百官皆非也。乃使百工写其形象，求诸天下，果见筑者胥靡，衣褐带索，执役于虞、虢之间，傅岩之野，名说，以其得之傅岩，谓之傅说。（孔颖达《尚书注疏》引）

皇甫谧的这一叙述涉及了武丁梦境的具体内容，在此之前的文献中均未见及，故学者们颇怀疑其真实可靠性，比如孔颖达在引用这条材料后就曾做了一个案语，认为："谧言初梦即云姓傅名说，又言得之傅岩，谓之傅说，其言自不相副。谧惟见此书，傅会为近世之语，其言非实事也。"[1]已说明这一故事不可信，现在核之清华简《傅说之命》，可知孔颖达的怀疑是正确的，皇甫谧所述的梦境内容确实并非先秦的原貌。

清华简《傅说之命》上篇虽然没有提到做梦，但是如果把简文一开始所述的"惟殷王赐说于天"与传世文献相对比，显然可知就是指武丁梦见上天把傅说赐给了他。这里的"天"就是后文中所说的"帝"，而傅说所述的"帝以余畀尔，尔左执朕袂，尔右稽首"的情形正是武丁在梦中所见的情形，武丁用"亶然"一语来回答，证实了他所做的这一梦境。这个梦境的惊异之处在于，不仅仅是武丁一人做了这个奇怪的梦，而且傅说也做了同样的一个梦，并且其梦境与武丁密合无间，这可以说是《傅说之命》上篇所告诉我们的一个很有意思的事情。

明白了这一情况之后，我们对于清华简《傅说之命》的结构就会有一些更深入的认识。

我们知道，传世的伪古文《说命》三篇是按时间顺序来编排的，清华

---

[1] 见《尚书注疏》，第189页，台湾艺文印书馆影印本，2007年。

简的整理者把《傅说之命》定为上、中、下三篇，也容易使人误认为这三篇是按时间顺序排列，但是如果我们仔细阅读，会发现情况并非如此。由于《傅说之命》的下篇缺失了第一简，全文又都是武丁的命辞，其背景无法获知，这里暂不讨论，单从《傅说之命》的上篇与中篇来看，它们的关系极其密切，而且并不是按时间的先后编排的两篇。

前面我们已经说过，《傅说之命》的上篇叙述了武丁的梦境，而在《傅说之命》中篇的开头，则说："王原比厥梦，曰：'汝来惟帝命？'说曰：'允若时'。"简文此处又提到了武丁的梦，很值得注意，这里所说的"梦"与上篇的梦境是否为一事，需要加以讨论。

简文中的"原"字，整理者引用了《尔雅·释言》"再也"的训诂，认为是再一次。不过整理者又引一说，认为此处的"原"或训为"察"。那么究竟该如何训释，我们需要做一些具体分析。

这句话中的"比"字，简文中没有注解，不过已有学者指出，此处的"比"字应当是核对的意思，《周礼·天官·宰夫》有"赞小宰比官府之具"之句，郑注训为"校次之"。如果把这里的"原"字训为"再"，全句的意思是武丁再一次向傅说核对所做的梦的情景，但这种理解从道理上是很难说通的。因为在上篇中，武丁已经与傅说交流过了梦的内容，而且傅说已经正确予以说明，并得到了武丁的首肯；傅说又受命去讨伐失仲，并取得了胜利；各种情况都证明，傅说的身份已经无可置疑。而在上篇简文的最后，已经讲到武丁将傅说任命为公。可见，无论是从语言上还是从具体行动上，傅说都已经用事实证明了自己就是上天派来辅佐武丁之人，而且武丁已经任命他为公，对他的身份早已深信不疑，并已予以重用。然而到了中篇，竟然又要重新核实一番傅说的身份，岂非咄咄怪事？

因此，这里面最合理的解释，就是清华简《傅说之命》的上篇和中篇并非按时间先后排列的两篇，而是从不同侧重点记载的同一个事件。换句话说，上篇和中篇所记述的武丁与傅说见面的情形，实际上是一件事。只不过上篇是围绕武丁寻找傅说的经过以及傅说讨伐失国的历程来叙述，而中篇的侧重点则是记录武丁对傅说的告诫。

具体来说，在上篇中，武丁所说的话是"帝抑尔以畀余，抑非？"，而在中篇里，武丁的这句话被表述成"汝来惟帝命？"，实际上都是围绕着傅说是否确为上帝所派来的人而发问，内容完全一样。而傅说回答的内容，在上篇中是"唯。帝以余畀尔，尔左执朕袂，尔右稽首"，而在中篇中，则成为"允若时（是）"，前者是肯定回答，并讲了梦中的具体情节，而后者则是用三个字进行概括，内容亦完全一样，只不过上篇有较浓厚的口语色彩，而中篇则更像是书面语，因为中篇重在记录武丁对傅说的训诫，因此对武丁和傅说的对话进行了加工和省略，但是内容和主旨则是完全一样的。因此，我们不能把上篇和中篇看作历时的两件事情，而是共时的一件事情的不同记述。

总之，《傅说之命》上篇虽然未讲是梦境，但从传世文献的相关记载来看，商王武丁是梦得傅说，而且相关的内容也只能是发生于梦中，因此上篇涉及帝将傅说赐给武丁的记载都是梦境的描述，而中篇的"王原比厥梦"的记载也进一步证实了这一点，上篇的梦境与中篇的梦境是同一个事件的不同表述，《傅说之命》的上篇与中篇并非按时间顺序编排的两篇，里面有一部分内容是完全重合的，清华简这两篇的这一特点，值得我们注意。

（二）

古人觉得梦是人们心灵的一种感应。在梦中，人的灵魂离开肉体到外面游荡，因此他们认为梦中的情境也是一种实在的知觉，并且有很强的预示性，因此古代特别是上古时期，人们非常重视占测梦的吉凶，形成了多种占梦的方法。据《周礼·春官·大卜》记载，太卜要掌管三梦之法，即所谓的致梦、觭梦、咸陟。根据学者们的意见，致梦相传是夏代的占梦法，觭梦是商代的占梦法，而咸陟则是周代的占梦法。当时人们对于梦有了很多的研究，据说在周代，朝廷还专门设有占梦一职，根据《周礼·春官·占梦》的论述，占梦官要"掌其岁时，观天地之会，辨阴阳之气，以日月星辰占六梦之吉凶"。所谓的六梦，"一曰正梦，二曰噩梦，三曰思梦，四曰寤梦，五曰喜梦，六曰惧梦"①，即把梦境分成了六种，按照东汉著名经学家郑玄等人的注解，正梦是"无所感动，平安自梦"，是一种普普通通的梦；噩梦即"愕梦"，指梦境令人惊愕；思梦则与思念有关；寤梦是一种半睡半醒，似梦非梦，恍惚若有所见的梦境，而且醒来之后还能清楚回忆；喜梦和惧梦则分别是让人喜悦和恐惧的梦境。可见在先秦时期，人们对于梦的种类已有很多的研究与分析。②

关于中国古代的占梦，刘文英先生曾做过深入的研究，取得了众多的成果。③清华简《傅说之命》整理出版后，也有学者注意到其中做梦的内容，并对文学史上的"同梦"题材进行了探讨④，这些成果对于我们的研究都很有启发。

占梦不仅反映个人的吉凶，也往往与政治、军事等活动密切相关。这方面古代典籍中有许多生动的例子，据说黄帝曾梦见天上刮着大风，把地上的尘垢全都吹跑了；又梦见有人拿着千钧之弩，驱赶着上万的羊群。醒来以后，黄帝对这两个梦的内容进行了占测，认为"风"是号令执政之人，"垢"字去掉"土"则是"后"字，应该有一位名叫"风后"的人可以帮助执掌朝政；能够使用千钧之弩的人一定是一位"力"大无穷的人，至于能够驱赶上万群羊的人则是一位"牧"人，所以也应该有一位叫做"力牧"的人。于是黄帝依照这两个占梦结果去寻求风后和力牧二人，终于在海边找到了风后，在一个大泽边找到了力牧。黄帝任用风后为相，任用力牧为将，使国家得到了很好的治理，这是占梦结果影响政治的一个生动例子。⑤据说黄帝还因此写了《占梦经》11 卷，而在《汉书·艺文志》中曾著录有《黄

---

① 见《十三经注疏》影印本，第 807-808 页，中华书局，1987 年。

② 到了东汉时，著名学者王符提出梦"有直，有象，有精，有想，有人，有感，有时，有反，有病，有性"十类，见《潜夫论笺校正》，第 315 页，中华书局，1997 年。

③ 见刘文英先生的多部著作，如：《梦的迷信与梦的探索》，中国社会科学出版社，1989 年；《中国古代的梦书》，中华书局，1990 年；《星占与梦占》，新华出版社，1993 年；《精神系统与新梦说》，南开大学出版社，1998 年；《梦与中国文化》，人民出版社，2003 年；等等。

④ 见朱萍：《清华简〈说命〉（上）的"同梦"题材初探（提纲）》，"《清华大学藏战国竹简》与先秦经学文献国际学术研讨会"论文，中国传媒大学，2013 年 5 月 11—12 日。

⑤ 见《史记集解》所引皇甫谧《帝王世纪》，见《史记》第一册，第 8 页，中华书局，1985 年。

帝长柳占梦》[①]11卷，可能就是所说的《占梦经》一书，由于这些书都没有能够流传下来，其内容我们已不得而知。不过，根据学者们的意见，这些书不太可能是黄帝的著作，很可能是后人托黄帝之名而写的占梦之书。

殷高宗武丁梦傅说的故事更是人们津津乐道的一个占梦事例。现在我们知道，商朝的占梦情形非常普遍，在甲骨文中，商王占测梦的吉凶的记载可谓比比皆是，足见商代占梦之术的盛行，对此学者们曾做过很多的讨论。[②]因此，后世流传武丁梦得傅说的故事，可以说有着深刻的历史背景。

正是由于占梦之术在古代有着其特殊的作用，所以《汉书·艺文志》曾总结说："众占非一，而梦为大。"[③]意思是说，在各种庞杂的占卜方法中，梦占是其中最重要的一种。这一总结使我们看到了占梦行为在先秦时期的普遍程度，也使我们感受到了占梦之术在先秦思想文化中的重要地位。

不过，清华简《傅说之命》的梦境内容非常特殊，按照简文的叙述，武丁与傅说做了同样的一个梦，而且武丁还因此派人找到了傅说，并予以重用。朱萍先生曾将之与中国古代所说的"同梦"题材结合起来，指出：

> "同梦"，指两人做同样内容的梦。"同梦"一词最早见于《诗经·齐风·鸡鸣》："虫飞薨薨，甘与子同梦。"（但此处"同梦"其实并不一定指两人做同样的梦，也可能只指夫妻二人同赴梦乡。）"同梦"题材在中国古代诗歌、小说、戏曲领域都有分布。最著名的作品当属明代汤显祖的传奇《牡丹亭》和清代长篇小说《红楼梦》。《牡丹亭》故事源于男女主人公所做的同一个梦，故曾被人改名为《同梦记》。《红楼梦》中描写贾宝玉与甄宝玉、贾宝玉与林黛玉都曾做过同样的一个梦（《红楼梦》第五十六回、第五回与第九十三回、第八十二回与第八十三回）。

---

① 长柳据说是一种占梦之术，但是具体情况已经不详。参见刘文英：《中国古代的梦书》，第2页，中华书局，1990年。

② 比如胡厚宣先生的《殷人占梦考》（《甲骨文商史论丛初集》第三册，成都齐鲁大学国学研究所专刊，1944年）、宋镇豪先生的《甲骨文中的梦与占梦》（《文物》2006年第6期）等文都结合甲骨文，对于商代的梦与占梦情况做了专门的讨论。

③ 《汉书》第6册，第1773页，中华书局标点本。

中国古代文学中的"同梦"题材，近年来引起学界关注。一般认为最早的叙事类"同梦"题材作品是《左传》中的两段故事（襄公十八年中行献子与巫皋二人同梦、昭公七年孔成子与史朝二人同梦）。但此次清华简的发现与研究，将"同梦"题材作品上溯到《尚书》……①

经过研究，朱萍先生指出，"清华简《说命》（上）不但生动完整地叙述了一个'二人同梦—证梦—验梦'的故事。而且是双重证梦，最终验梦。后世小说戏曲'同梦'题材作品的叙事情节都没有达到如此丰富曲折的程度"②，其结论已经给我们很好地总结了清华简《傅说之命》上篇在梦占研究方面的重要意义。

朱先生的这一研究很有意义③，但是其中的一些内容还可以做进一步的补充。实际上，关于同梦的题材还有更早的记载，而且与《傅说之命》的内容有惊人的一致之处，这就是周文王梦得姜太公的故事。

周文王获得姜太公的故事也是几千年来人们不断谈说的一个重要话题。据说周文王也是先梦见太公，然后在渭水之滨找到他的。文王梦太公的故事有不同的版本，其中最为重要的记载当属西晋时期发现的汲冢竹书《周志》中的有关内容。《周志》虽然后来已经不存，但是在西晋太康十年（289）所立的《齐太公吕望表》一碑中曾有引用④，其内容是：

　　太康二年，县之西偏有盗发冢，而得竹策之书……其《周志》曰："文王梦天帝服玄襀以立于令狐之津"，帝曰："昌，赐汝望。"文王再拜稽首。太公于后亦再拜稽首。文王梦之之夜，太公梦之亦然。其后

---

① 朱萍：《清华简〈说命〉（上）的"同梦"题材初探（提纲）》。
② 朱萍：《清华简〈说命〉（上）的"同梦"题材初探（提纲）》。
③ 关于中国古代文学作品中"同梦"题材的讨论，笔者看到的最新有关论作，尚有张岚岚《明清传奇"互梦"母题研究》（《古籍整理研究学刊》2013 年第 6 期）、王凌《古代小说"同梦"情节类型浅谈——以唐传奇和〈红楼梦〉为中心》（《明清小说研究》2008 年第 1 期）、王凌《〈红楼梦〉中"同梦"情节审美功能初探》（《红楼梦学刊》2008 年第 2 辑）等。
④ 《齐太公吕望表》又称《吕望表》《太公望表》，西晋太康十年（289）三月十九日所刻，现已失，仅存拓片。

> 文王见太公，而询之曰："而名为望乎？"答曰："唯，为望。"文王曰："吾如有所于见汝。"太公言其年月与其日，且尽道其言，"臣以此得见也。"文王曰："有之！有之！"遂与之归，以为卿士。

这个梦境以及两人同梦的情形与清华简《傅说之命》上篇可谓惊人的一致，二者对比，不难发现，《傅说之命》上篇所说的"天"或"帝"，实际上就是《周志》中所说的"天帝"，这一点也可以祛除一些学者对于清华简《傅说之命》上篇"天""帝"不同称谓的困惑[1]，由于《周志》的这个故事与《傅说之命》完全吻合，也有助于我们了解清华简《傅说之命》的内容。

那么，先秦时期为什么会流行武丁与傅说、周文王与姜太公同梦这样的故事呢？我们觉得，这主要是商周时期强调和塑造神人一致、君臣同心、心意相通的明君与贤臣关系的需要。正如《关尹子》所言："世之人以独见者为梦，同见者为觉，殊不知精之所结，亦有一人独见于昼者；神之所合，亦有两人同梦于夜者。"[2]武丁与傅说、文王与太公同梦的故事，可能正是因为这种需要而塑造的典型事例。

（原载《出土文献》第 6 辑，中西书局，2015 年）

---

[1] 详见单周尧先生《清华简〈说命上〉笺识》所引用的诸家意见，《扬州大学学报（哲学社会科学版）》2014 年第 2 期。

[2] 见《关尹子·六七篇》，第 43 页，中华书局，1985 年。

清华简《程寤》与"文王受命"

　　《诗经·大雅》的《大明》篇歌颂了周文王的显明德行，篇中有"有命自天，命此文王"的诗句，这可能与周人常常称道的"文王受命"之说密切相关。

　　商周时期的历史跌宕起伏，精彩纷呈。周本来是商的西部诸侯国，经过长期的发展壮大，最后灭掉了商朝。周人虽然直至周武王时才灭掉商朝，完成了建国大业，但是真正奠定灭商格局的则是周武王的父亲周文王。史称周文王时已经"三分天下有其二"（《论语·泰伯》），从而确立了对商的优势地位。因此，周文王时的统治对于周人的发展壮大至关重要，周人也一直把其王朝的开端上推到周文王时期。

　　在周人看来，周之所以能取代商朝，其主要原因就是由于"文王受命"，或者说是"文、武受命"。这种看法在很多典籍中都有反映，如《诗经·大雅·江汉》有"文、武受命"的诗句；《尚书·康诰》称"天乃大命文王，殪戎殷，诞受厥命"；《逸周书·祭公》有"皇天改大殷之命，维文王受之，维武王大克之"之说。在出土的青铜器铭文中，有关"文王受命"或"文、武受命"的说法也极为普遍，如何尊"文王受兹大命"，师克盨"丕显文、武，膺受大命"，询簋"丕显文、武受命"，等等，在此不必详述。这些记载清楚表明，在周人的心目中，"文王受命"或者说"文、武受命"对于周人的发展起着至关重要的作用。

　　然而，对于"文王受命"或"文、武受命"的确切含义，学者们的意见并不一致。古代的一些学者根据《史记·周本纪》中商纣王曾经赐给周文王"弓矢斧钺"等物品、允许周文王征伐诸侯的记载，认为所谓的文王受命，是指周文王得到了商纣王之命，可以专行征伐。持这种观点的学者大多囿于封建伦理道德观念，他们坚信周文王是圣人，对商纣王忠心耿耿，不相信周文王对商朝存有异心；二十世纪初，王国维先生据《尚书·酒诰》中"惟天降命，肇我民，惟元祀"的记载，敏锐地指出所谓的"受命"就是受天命。他在《周开国年表》一文中说："降命之命，即谓天命。自人言之，谓之受命；自天言之，谓之降命。"王氏此论，与传世及出土文献中有关"文王受命"的论述完全符合，因此现代学者多赞同王氏的观点，认为"文王受命"或者说"文、武受命"是接受天命，即指周文王获得了天命，而商朝失去了天命，周人要灭掉商朝，取而代之。所以，"文王受命"这一事件，实际上是从政治上确立了周人代商的正义性和合法性。

　　那么，"文王受命"究竟是一个什么样的事件呢？在古书中曾经有很多不同的说法，特别是汉代流行的谶纬学说，在有关文王受命的具体过程方面提出过许多离奇的说法，如《尚书中候》称："周文王为西伯，季秋之日甲子，赤雀衔丹书入丰镐，止于昌（按：昌为文王之名）户，乃再拜稽受。最（按：意为要点）曰：姬昌，苍帝子。"纬书中关于赤雀（或作凤凰）衔丹书给周文王的传说非常流行，而这也常被解释为周文王受命的表现，因而《易纬是类谋》曾说"文王……受赤雀丹书，称王制命，示天意"，《春秋感精符》更进一步言"帝王之兴，多从符瑞。周感赤雀，故尚赤"；另外一种关于文王受命的说法是九尾狐的符瑞，如《春秋元命苞》声称"天命文王，以九尾狐"，认为九尾狐与文王受命有关；等等。这些奇谈怪论十分荒诞，令人难以置信。

　　《清华大学藏战国竹简（一）》中收入了清华简中的《程寤》篇，这篇简文的重新发现与公布，使我们了解到"文王受命"的具体情形。

　　《程寤》本是《逸周书》中的重要一篇，可惜在唐宋以后已经失传，仅有部分佚文存世。清华简《程寤》共由9支简组成，内容相当完整，其中开头几句话是：

> 惟王元祀正月既生魄，太姒梦见商廷惟棘，乃小子发取周廷梓树
> 于厥间，化为松柏械柞。寤惊，告王。王弗敢占，召太子发，……占
> 于明堂。王及太子发并拜吉梦，受商命于皇上帝。

太姒是周文王的妻子，太子发就是周文王的儿子发，也就是后来的周武王。这个故事是说，太姒梦见商朝的王廷里长满了荆棘，而太子发则取来周廷中的梓树，种到了商朝的王廷中，结果梓树化成了松、柏、械、柞等各种树木。太姒做了这样一个梦之后，非常吃惊，赶紧告诉了周文王，周文王把太子发找来，在明堂里占测了一下这个梦的吉凶，结果发现是一个非常吉利的梦。于是周文王和太子发都对上天拜谢，感谢上天把商之"大命"赐给了他们。

为什么说这个梦是一个非常吉利的梦呢？原来，商朝王廷里长满的荆棘，实际上是表示商朝朝廷里有许多恶人和恶行，而太子发把这些荆棘除去，种上了周人的梓树等树种，象征的是太子发根除了商朝的恶人和暴政，取代了商朝，所以整个梦的内容，意味着太子发将灭掉商朝，取而代之，让周"受商之大命"。因此，《清华大学藏战国竹简（一）》中已经明确指出，《程寤》中所记载的这一事件，"可能与周人所艳称的'文王受命'有关"。这一见解目前已经得到学者们的广泛认同。

《程寤》明确提到"受商命于皇上帝"，正是"文王受命"或"文、武受命"的最好说明，而这个梦也使我们了解到为什么"文王受命"也可以称作"文、武受命"，《程寤》并没有像文献或青铜器铭文所记载的"文王受命"或者"文、武受命"的话语，而是说"受命于皇上帝"，"受命于皇上帝"应当就是受命于天的意思。因为梦是周文王之妻做的，内容是有关上天让周文王去灭商的，然而这一目标需要到周武王时才能真正实现，这也就可以说明为什么"文王受命"又被称为"文、武受命"。《程寤》中关于太姒做梦、文王占梦，从而获知天命的说法，应该说是最合情理，也最为可信的。古人对于占梦之术十分迷信，如果太姒真有这样的梦，周文王等人通过占梦，得出商人天命已失、文王受命灭商的结论，应该说是再合

适不过了。

　　《程寤》中有关周文王与太子发"并拜吉梦，受商命于皇上帝"的记载清楚表明，周文王与太子发对于太姒的这个梦极其重视，认为是从上天那里接受了原属于商朝的大命。周文王在解释该梦的意义时，还明确说"商感在周，周感在商"。"感"是忧患的意思，这句话是说，商人的忧患来自于周，而周人的忧患来自于商。这一深刻的阐述，已经使我们看到了商周之间刀光剑影、血雨腥风的严酷现实。商、周之间的鼎革，可以说在太姒此梦之后就正式拉开了序幕。在周文王统治期间，周人实际上已经完成了灭商的各种准备，周武王灭商应该说只是一个水到渠成的结果。

　　实际上，对于清华简《程寤》篇有关"文王受命"的记载，我们也可以从大盂鼎的有关铭文中得到印证。

　　大盂鼎出土于清朝道光年间，具体的出土地点是陕西省岐山县的礼村（一说是眉县礼村）。现藏于国家博物馆。大盂鼎的时代非常明确，属于周康王时期的铜器。铭文的内容是周康王对于盂的一次册命，内容极其重要。在册命时，周康王回顾了周朝的建立过程，其中说道：

> 丕显文王，受天有大命。在武王，嗣文王作邦，辟厥匿，溥有四方，峻正厥民。

　　"嗣"是继承的意思；"辟"训为除去、铲除；"匿"是罪恶、邪恶之义；"溥"是广大、普遍的意思；"峻"意为长久，"正"训为统治、治理。全句的意思是说，显明的文王从上天那里接受了天命，武王继承了文王的事业，建立周邦，除掉了商朝的罪恶，广有天下，长治民众。铭文中的这一叙述，与《程寤》中所言密合无间。特别是大盂鼎说周武王"辟厥匿，溥有四方，峻正厥民"，可以说正是对《程寤》中太姒梦见商廷长满荆棘，于是周武王"取周廷梓树于厥间，化为松柏棫柞"的概括。这也进一步证明，周人所说的"文王受命"或"文、武受命"，其依据很可能正是太姒所描述的这一梦境以及相关的占测结果。

（原载《文史知识》2012 年第 5 期）

从清华简《程寤》看《大诰》篇的
一处标点

　　2008 年 7 月，经校友捐赠，清华大学入藏了一批战国竹简，学术界通常称之为清华简。据统计，清华简总数接近 2500 枚，约有 70 篇文献，其内容多为经、史一类的书籍，具有重大的学术价值，因而受到了国内外学者的广泛重视。在清华大学出土文献研究与保护中心各位学者的共同努力下，清华简的第一辑整理报告《清华大学藏战国竹简（一）》已经于 2010 年年底正式出版，从而在学术界掀起了一股清华简研究的热潮。

　　清华简第一辑整理报告共收入了九篇文献，分别是《尹至》《尹诰》《程寤》《保训》《耆夜》《金縢》《皇门》《祭公》和《楚居》。其中所收的《程寤》一篇，对于研究周初的历史具有重要意义。《程寤》原来被收进《逸周书》中，但唐宋以后就失传了，现在仅有部分佚文存世。清华简《程寤》非常完整，详细记述周文王"受命"（称王代商）的传说，对于了解"文王受命"的历史背景有重大帮助，弥补了千年来的遗憾。[①] 在此我们引用其中开头的几句：

　　　　惟王元祀正月既生魄，太姒梦见商廷惟棘，廼小子发取周廷梓树
　　于厥间，化为松柏棫柞。寤惊，告王。王弗敢占，诏太子发，俾灵名凶，
　　祓。祝忻祓王，巫率祓太姒，宗丁祓太子发。币告宗祊社稷，祈于六

---

① 不过，清华简《程寤》虽然保存得相当完整，但是却极其晦涩难懂，最近已经有不少学者撰文加以讨论。

末山川，攻于商神，望，烝，占于明堂。王及太子发并拜吉梦，受商命于皇上帝。①

《清华大学藏战国竹简（一）》中已经明确指出，《程寤》中所记载的这一事件，"可能与周人所艳称的'文王受命'有关"②。这一见解目前已经得到学者们的广泛认同，许多学者还就此展开过深入的讨论。③可见，清华简《程寤》篇对于商周历史的研究具有重要的意义。

清华简《程寤》的内容还可以帮助我们更好地理解《尚书》中的一些文句。《尚书》是中国最古老、最重要的经典之一，自古以来号称难读，历代学者们为求其确解，殚精竭力，但是还是有许多地方不易通读，幸好出土文献的不断增多，使我们对于《尚书》有了更丰富的认识。笔者曾经根据清华简《程寤》的这段记载，分析《尚书·酒诰》篇中"惟天降命肇我民惟元祀"这句话的含义。④实际上，《尚书》中有一些大家过去觉得比较容易断句理解的地方，可能也还有进一步探索的余地，这里我们以《大诰》篇为例：

《大诰》："天休于宁王，兴我小邦周，宁王惟卜用，克绥受兹命。"

文中的"宁王"一词，清末的吴大澂、王懿荣、陈介祺等人已经正确指出，"宁"字为"文"字之误，"宁王"就是"文王"⑤，从而解开了千古之惑。这一段话也是有关周文王受命的重要论述。上述这一引文的断句形式，过

① 清华大学出土文献研究与保护中心编，李学勤主编：《清华大学藏战国竹简（一）》，下册，第136页，中西书局，2010年。
② 清华大学出土文献研究与保护中心编，李学勤主编：《清华大学藏战国竹简（一）》，下册，第135页，中西书局，2010年。
③ 如罗新慧：《清华简〈程寤〉篇与文王受命再探》，《〈清华大学藏战国竹简（一）〉国际学术研讨会会议论文集》，清华大学出土文献研究与保护中心，2011年6月。
④ 刘国忠：《〈尚书·酒诰〉"惟天降命肇我民惟元祀"解》，《中国史研究》2011年第1期。
⑤ 详情见裘锡圭：《谈谈清末学者利用金文校勘〈尚书〉的一个重要发现》，收入《文史丛稿》一书，第158-166页，上海远东出版社，1996年。

去的《尚书》注解著作多所遵从，未见有太多的歧义。① 笔者过去也觉得这种标点文从字顺，但是在与清华简《程寤》对读时，感觉这种断句可能应该做些调整。

如果我们把前面所引《大诰》中的这句话与《程寤》中周文王"占于明堂，王及太子发并拜吉梦，受商命于皇上帝"相比，可以发现，《大诰》所说的话，正好是对于《程寤》中"文王受命"这一事件所做的说明，二者显然是相对应的。

然而前引《大诰》中的这一断句方式，虽然在阅读上并无障碍，但是根据清华简《程寤》的论述，该句的标点方法，如果能改为"文王惟卜，用克绥受兹命"，可以会更为合适一些，句中的"卜"字为动词，指进行占卜，这与《程寤》中的"占于明堂"是相对应的。"用"字应该理解为连词，表示结果，相当于"因而""于是"。全句的意思是说，周文王通过占卜，因而能安受此天命。这样来理解和标点本句，可能更符合该句的文义。

实际上，把"用"字作为连词，用在句首，表示结果，这种形式的句子，在《尚书》中是极为普遍的，如：

> 《尚书·顾命》："昔君文王、武王，宣重光，奠丽陈教，则肄肄不违，用克达殷集大命。"
> 《尚书·无逸》："自朝至于日中昃，不遑暇食，用咸和万民。"
> 《尚书·酒诰》："诞惟厥纵淫泆于非彝，用燕丧威仪。"

上述这些句中的"用"字，其用法和含义均与《大诰》相同，可以证明当时"用"字的这种用法，在《尚书》中是非常普遍的。

不仅如此，《尚书》中还有一些句子中的"用"字，过去只有个别学者

---

① 比如中华书局影印本《十三经注疏》（第 199、209、213 页，中华书局，1987 年）、《书集传》（第 84、94、97 页，中国书店影印《四书五经》本，1991 年）、杨筠如《尚书覈诂》（第 244、299、311 页，陕西人民出版社，2005 年）、屈万里《尚书集释》（第 138、170、177 页，联经出版公司，1983 年）等。

从这个角度来考虑，而且也没有得到大家的重视，但是我们觉得这种理解可能更符合其原义，比如：

《梓材》："肆王惟德用，和怿先后迷民。"
《召诰》："王其德之用，祈天永命。"

这两句话的这种标点方式，过去的学者大多都予以采用，但笔者觉得，它们的标点应该改为：

《梓材》："肆王惟德，用和怿先后迷民。"
《召诰》："王其德之，用祈天永命。"

这两句中的"德"字均为动词，指施以恩惠。《左传》成公三年有"然则德我乎"的句子，其中的"德"字也是作为动词使用；"用"字则作为句首连词，表示结果，训为"故""因此""于是"。这样改之后，《梓材》篇的句子变为："肆王惟德，用和怿先后迷民，用怿先王受命。"后面两句变成了排比句，文从字顺；而《召诰》的这一句正好与后面"其惟王勿以小民淫用非彝，亦敢殄戮；用乂民，若有功"一句是相呼应的。

最近我们在阅读前贤著作时，发现高邮王氏父子早已经采用了这种断句方法。而且，对于这两句的这种标点方法，王引之的《经义述闻》卷四曾有精辟的阐述：

家大人曰："肆王惟德用和怿先后迷民，用怿先王受命。传曰：'今王惟用德，和怿先后天下迷愚之民'，则当以'肆王惟德用和怿先后迷民'十一字为句。'用和怿先后迷民''用怿先王受命'，两'用'字皆属下读。'用'，以也。言皇天既付中国民越厥疆土于先王，则今王当和怿先后迷民，且当怿先王受命矣。然所以和怿先后迷民者，无他，惟德耳。所以怿先王受命者，无他，亦惟德耳。故今王惟德以和怿先后迷民，且以怿先王受命也。《正义》误读'德用'为句，曰：'今王惟明德之大道而用之'，非也。《召诰》'王其德之用祈天永命'，传曰：

'王当其德之用求天长命以历年'，亦是以'王其德之用祈天永命'九字为句。'用'，以也。亦属下读，言所以祈天永命者，德也。王其以德祈天永命乎！倒言之，则曰'王其德之用祈天永命'耳。……《正义》误读'用'字绝句，曰：'其德之用，言为行当用德'，亦非也。上文已言'疾敬德'，何须复言用德乎！"①

王氏父子已经把这两句话为何要在"用"前面断句，分析得十分透彻，但是似乎学者们很少采纳他们的这一意见。笔者认为，这种标点方式是合理的，并且其句型也可以与《大诰》"文王惟卜，用克绥受兹命"等句相对应。当然，我们的这一理解是否合适，还希望得到专家们的指正。

（原载《社会科学战线》2011 年第 12 期）

---

① 　王引之：《经义述闻》卷四，第 96 页，江苏古籍出版社，2000 年。

清华简《命训》研究

（一）

2008 年 7 月，经校友捐赠，清华大学入藏了一批珍贵的战国竹简，总数约为 2500 枚，其内容多为经、史一类的典籍，引起了社会各界的普遍关注。在有关单位的大力支持下，作为清华简系列整理报告的《清华大学藏战国竹简》已经陆续出版了四辑，其中所公布的简文已成为学术界研究讨论的一个热点。当前，清华简第五辑整理报告的编写工作已经完成，将于近期正式出版。本文所讨论的《命训》篇，即为收入第五辑整理报告的一篇重要文献。

清华简《命训》一共由十五支简组成，三道编，全篇各简均有不同程度的残损，完简的长度约为 49 厘米，其中第一、二、三、七、九、十二、十四、十五诸简的文字受到一定损毁。除最后一支简外，每支简的简背应均有次序编号①，书于竹节处。全篇原无篇题，经核对，其内容与《逸周书》的《命训》篇大致相合，当系《命训》篇的战国写本，因此整理者径以"命训"来命名本篇。这是继《程寤》《皇门》《祭公》诸篇之后，在清华简中所发现的又一篇《逸周书》文献②，意义十分重大。

《命训》在传世的《逸周书》一书中，地位特别重要。我们知道，《逸周书》

---

① 其中第四简的竹节处残断缺失，情况不明；第十四简的"十"字亦缺损，仅残留"四"字。

② 清华简的《保训》篇，学者们已经指出其与《逸周书》关系密切，不过《保训》篇本身并不在《逸周书》的篇目之内。

一书一开头就是《度训》《命训》《常训》三篇，这三篇文献常被合称为"三《训》"，它们的内容和地位都极为特殊。学者们曾评论说："三《训》居《逸周书》之首，述治政之法，开为王者立言之宗，主领全书之旨。"①清代学者孙诒让甚至以为三《训》可能是《汉书·艺文志》所载《周训》一书的孑遗："《汉书·艺文志》道家有《周训》十四篇，此（引者按：指《度训》篇）与下《命训》《常训》三篇义恉与道家亦略相近，此书如《官人》《职方》诸篇，多摭取古经典，此三篇或即《周训》遗文仅存者。"②足见这三篇文献的重要地位。

由于《逸周书》在历史上长期湮没不彰，久无善本，在辗转的传抄过程中，文字的讹脱现象十分严重。清华简第一辑整理报告出版之后，学者们已利用收入第一辑的《皇门》《祭公》诸篇来校正《逸周书》中的同篇文字，取得了众多的成果。《命训》篇的情况同样如此，对照简文，可知传世的《命训》文本存在诸多的文字错讹之处。因此，本篇简文可在很大程度上帮助我们复原《命训》篇的原貌，对于我们解读传世本《命训》具有十分重要的意义。以下我们可以举一些实例来加以说明。

传世本《命训》的开头有"大命有常，小命日成。成则敬，有常则广，广以敬命，则度至于极"的论述，这段话的前几句多为四字一句，只有"成则敬"是三字一句，显得非常突兀，以往已经有一些学者怀疑此处有脱字，但苦于没有版本方面的证据。现在我们看清华简的抄写本，在"日""成"二字下各有重文符号，因此"成则敬"一句显然本应该作"日成则敬"，这样正好也是四字一句，与前后文句式一致，而且内容衔接非常紧密，显然要优于传世本。

传世本《命训》有"夫司德司义，而赐之福禄。福禄在人，能无惩乎？若惩而悔过，则度至于极"之说，接着又言："夫或司不义，而降之祸；在人，能无惩乎？若惩而悔过，则度至于极。"两句话内容一正一反，然而

---

① 见王连龙：《〈逸周书〉研究》，第93页，社会科学文献出版社，2010年。
② 孙诒让：《周书斠补》卷一，见《大戴礼记斠补》一书所附，第61页，齐鲁书社，1988年。

句式之间也是不太对应，而正反二者都是"若惩而悔过，则度至于极"，更为奇怪。现在我们看到竹简本后，对于其中的疑问就可释然了。原来，传世本的"夫司德司义，而赐之福禄"一句，在清华简《命训》中作"夫司德司义，而赐之福"，少了一个"禄"字。对比后文的"或司不义，而降之祸"句，一为赐福，一为降祸，二者对应紧密，句式整饬，可知传世本此处的"禄"字当为衍文。再如传世本前一句说"福禄在人"，而与之对应的后一句仅有"在人"二字，在清华简《命训》中，前一句内容相同，后一句则作"祸过在人"，二者完全对应，显然也优于今本。[①] 至于传世本有两句相同的"若惩而悔过，则度至于极"之论，学者们早已指出，第一句与福禄对应的"若惩而悔过"有误，但对原句的内容，大家猜测不一。丁宗洛怀疑"悔过"二字当为"迁善"之误，唐大沛也主张"惩而悔过"一句系涉下文而误，但认为原句应当是"劝而为善"，这些学者的怀疑是很有道理的，但由于他们没有更好的版本，所以无法获知原句的真实情况，现在我们在清华简中终于可以了解这句话的原始面貌，简文此句全文是："福禄在人，人能居，如不居而圣义，则度至于极"。与传世本对照，内容有较大的不同，整理报告指出，"居"应当训为安处；"圣"字从又，主声，属章母侯部字，可读为定母东部之"重"字，其说可从。简文的大意是说：当福禄降临到人的身上，人都会安处于其中；如果能不安处于福禄之中而去重视道义，则法度就能够中正。

传世本《命训》有"夫天道三，人道三：天有命，有祸，有福；人有丑，有绋絻，有斧钺"的记载，如果按照天道的顺序，是"命""祸"和"福"，而人道却是"丑""绋絻""斧钺"，其顺序不能完全对应。现在看清华简《命训》，该句作"夫天道三，人道三：天有命，有福，有祸；人有伓，有市冕，有斧钺"。"市冕"即今本的"绋絻"，竹简本"有福"与"有祸"分别对应的是"有市冕"和"有斧钺"，次序非常合理，可见今本的"有祸"与"有

福"二字应当对调。"丑"即"侟"字,说详后。

从以上这些例子可以看出,清华简《命训》的文字内容在很多方面都要优于今本,可以校正今本中的很多讹误,值得我们认真加以探究。

清华简《命训》的问世,其意义是多方面的,其中还有一个特别的作用,即有助于我们重新判断三《训》的写作时代。

《度训》《命训》《常训》关系十分密切,学者们早已指出,这三篇文献具有"均以'训'名,同讲为政牧民之道,性质相同,文气相类,内容相贯"①的特点,王连龙先生曾从三《训》"均以'训'命名""重复词语习见""所用句式多相同""篇章结构相类""主题思想一致"等五个方面,详细论证了它们之间的密切关系②;清人唐大沛甚至根据这三篇文献"脉络相连,义理贯通"的特点,怀疑它们本为一篇文献,"而后人分为三篇"③。现在清华简《命训》的发现,证明唐大沛认为三《训》本为一篇的说法显然不确,不过三《训》是同一时期的作品,却是毫无疑问的事实。

然而,三《训》究竟写成于何时,学术界以往的认识存在很大的分歧。《周书序》言,"昔在文王,商纣并立,困于虐政,将弘道以弼无道,作《度训》。殷人作教,民不知极,将明道极,以移其俗,作《命训》。纣作淫乱,民散无性习常,文王惠和化服之,作《常训》",认为三《训》是商末时周文王所作。朱右曾据此《序》,认为三《训》应当是文王任商朝的"三公"一职时所作:"文王出为西伯,入为三公,陈善纳诲,固其职分。然以纣之昏闇,犹惓惓乎欲牖其明,则忠之至也,三《训》盖皆为三公时所作。"④按照此说,三《训》应当是商末的文献。不过现代学者多怀疑这种看法。黄怀信先生通过三《训》文气及前人征引情况,断定"三《训》有可能出自西周,不过以文字观之,似当为春秋早期的作品"⑤;罗家湘先生也认为

① 黄怀信:《〈逸周书〉源流考辨》,第91页,西北大学出版社,1992年。
② 王连龙:《〈逸周书〉研究》,第94-95页。
③ 见唐大沛《逸周分篇句释》一书,转引自《逸周书汇校集注》,第41页,上海古籍出版社,2005年。
④ 《逸周书汇校集注》,第1118页,上海古籍出版社,2007年。
⑤ 黄怀信:《〈逸周书〉源流考辨》,第92页。

三《训》等以数为纪的篇章"写定于春秋早期"①；李学勤先生则指出《度训》《命训》等多篇文例相似，可视为一组，而《左传》《战国策》所载春秋时荀息、狼瞫、魏绛等所引《武称》《大匡》《程典》等篇，皆属于这一组。由此足见在书中占较大比例的这一组，时代也不很迟"②，但对于这一组文献的大致写作年代，李先生没有给出具体的意见；这些学者都倾向于三《训》写作时代较早。与此同时，也有许多学者认为三《训》时代较晚，如王连龙主张："三《训》文辞不古，思想、主张多与战国诸子相仿佛，成书于战国时期更为可能。"③ 有的学者甚至认为三《训》写成于汉代，如明代的方孝孺、日本学者津田左右吉等④；明代的郑瑗在《井观琐言》卷一中甚至怀疑《逸周书》是"东汉魏晋间诡士所作"，按照此说，三《训》自然也属于这一时期的伪作。这种种看法之间，对于三《训》时代的判定竟然相差了一千多年，令人无所适从。

清华简《命训》的发现，为我们考察《命训》篇的写作时代提供了重要证据。清华简的抄写时代是公元前305年前后，证明当时已有该篇的写本流传，这已经是该篇写作时代的下限。那么，《命训》篇是否就是战国时代的作品，抑或还能追溯到更早？这一问题值得我们做进一步的讨论。

主张本篇写于战国时代的学者中有两个很重要的理由是：《命训》篇中包含了性恶论的成分；《命训》等诸篇所使用的顶针格的修辞方法是战国时代的特色。不过在笔者看来，这两个理由并不是那么充分。

《命训》有"夫民生而丑不明，无以明之，能无丑乎？若有丑而竞行不丑，则度至于极"的论述，理解这句话的最关键之字是"丑"字，但对于此"丑"字，学者们理解有很大的分歧，主要有三说：

第一种观点，是把"丑"字训为"恶"。潘振即持此说，他认为："丑，

---

①　罗家湘：《〈逸周书〉研究》，第12页，上海古籍出版社，2006年。

②　李学勤：《〈逸周书〉汇校集注·序言》，见该书第3页，上海古籍出版社，2007年。

③　王连龙：《〈逸周书〉研究》，第93页。

④　见方孝孺《逊志斋集》卷五《读汲冢周书》及津田左右吉的《儒教的研究》等书中的相关讨论。他们都不约而同地主张《逸周书》是汉人的伪作。

恶也。言民生而恶，其德不明，民不能自明也。司德者能无著其恶乎？民知有恶，而强行于善，斯不恶矣。"按照这一理解，《命训》的这句话就是在论述人性本恶，我们知道，与孟子同时的告子曾提出人性恶的主张，但直至荀子才把性恶论最后确立，如果《命训》此处是在说明人性本恶，自然不可能早于战国中期。一些学者认为《命训》的时代很晚，与此处性恶论的理解有很大的关系。①

　　第二种意见，是把"丑"字理解为"类"，指善恶。唐大沛即有此论，他的解释是："丑，类也，指善恶言。不明，言善恶易淆，真知者鲜。分辨善恶，即所谓明丑。民愚职暗，不能自明也，君上能无彰善瘅恶以明其丑乎？民虽有善有恶，而争自琢磨，同归于善，是竞行不丑矣，是则治法尽善。"这种理解也有其训诂的依据。"丑"可训为"恶"，也可训为"类"，如《国语·楚语下》："官有十丑。"韦昭注："丑，类也。"而"类"又可训为"善"，如《诗经·大雅·皇矣》"克明克类"，郑笺"类，善也"。因此，唐大沛认为此处的"丑"训为"善恶"，也有其一定的道理。但是这一理解仍然是从人性论的角度来考虑的，认为人性有善有恶。

　　第三种理解，是把"丑"训为"耻"。如陈逢衡云："丑，耻也。言民生而为气所拘、物欲所蔽，举凡可耻之事无以涤其旧染而明之，则必自陷于罪矣，在上者能无激发其耻乎？若人皆知有耻而至于无耻可耻，则竞行不耻矣。故民协于度。""丑"训为"耻"，这一训诂也有先例，如《战国策·秦策》"皆有诟丑"，高诱注"丑，耻"，即为其例。

　　以上三说中，除第二种意见略嫌迂曲外，第一种和第三种观点都有各自的道理，但是哪种理解更符合其原意，在传世本中并不易做出明确的判断，而清华简《命训》的公布，使我们可以在这些不同的训释中做出明确的选择。

---

① 近年来王连龙先生对《逸周书》做了很多研究，取得了很好的成果。但在关于三《训》的写作时代分析方面，他认为，三《训》"主张人性为'丑'的观点，基本属于以荀子为代表的儒家性恶论。……三《训》所主张的人性论当为性恶论的初级发展阶段，与荀子等性恶论相衔接"。（王连龙：《〈周书〉三〈训〉人性观考论》，《辽东学院学报》2009 年第 1 期）

在清华简《命训》中，与传世本对应的全句是："夫民生而佴不明，上以明之，能亡佴乎？如有佴而恒行，则度至于极。"传世本与竹简本两种版本体系的异文中，有的可以互通，如"无"与"亡"，"若"与"如"，但也有一些有重要意义，如传世本的"无以明之"，清华简本作"上以明之"，简本显然更为准确。推测传世本的"无"字本应作"亡"，"亡"字古文字写法与"上"较接近，遂致发生讹误。

不过，在这两种版本的异文中，最关键的差异是：与传世本"丑"字相对应的文字，在清华简中作"佴"。"佴"即"耻"字，司马迁《报任安书》有"而仆又佴之蚕室"之文，此处的"佴"也训为耻，即是说司马迁遭受了去蚕室受宫刑之耻。从清华简《命训》中可以看出，传世本《命训》中的"丑"都应当训为"耻"，才符合原意。而以往有些学者把"丑"训为"恶"，并进而从人性为恶的角度来总结相关的讨论，显然是不确的。可见，《命训》篇并没有人性恶的观点，更不能据此来讨论《命训》篇的写作年代。

《命训》等篇中另外一个很引人注目的现象，是大量运用了顶针格的修辞手法。所谓"顶针格"，亦称"顶真格""联珠格"，就是以前一句末尾的词语作为后一句开头的词语，上递下接，紧凑相连，生动畅达，读起来抑扬顿挫，缠绵不绝。在《命训》篇中，这种顶针格的使用随处可见，如：

> 极命则民堕，民堕则旷命，旷命以诚其上，则殆于乱；
> 极福则民禄，民禄则干善，干善则不行；
> 极祸则民鬼，民鬼则淫祭，淫祭则罢家；
> 极丑则民叛，民叛则伤人，伤人则不义；
> 极赏则民贾其上，贾其上则民无让，无让则不顺；
> 极罚则民多诈，多诈则不忠，不忠则无报。
> 凡此六者，政之殆也。

《命训》等篇中大量使用这种顶针格的特点，早已受到学者们的关注[1]，

---

[1]　黄沛荣：《周书研究》，台湾大学博士学位论文，1976年。

不少学者还根据《逸周书》多用顶针格的特点，断定该书的这些篇章是战国时代的作品。① 这种观点现在看来还可以商榷，因为在春秋时期的许多文献中都已有顶针格使用的情况，如《左传·文公十八年》有"则以观德，德以处事，事以度功，功以食民"的论述，并说这是周公制作周礼时的教诲。如果此说可信，则在西周时期已经有顶针格的使用。而在《左传》中，这种顶针格的句式颇为常见，如：

> 名以制义，义以出礼，礼以体政，政以正民，是以政成而民听。(《左传·桓公二年》)
>
> 闰以正时，时以作事，事以厚生，生民之道于是乎在矣。(《左传·文公六年》)
>
> 服以旌礼，礼以行事，事有其物，物有其容。(《左传·昭公九年》)
>
> 味以行气，气以实志，志以定言，言以出令。(《左传·昭公九年》)

而在其他一些与春秋时代有关的文献中，这种顶针格的使用亦能常常见到。如《国语·晋语八》有"图在明训，明训在威权，威权在君"的论述；《老子》第二十五章有"人法地，地法天，天法道，道法自然"的见解；在《论语·子路》篇中，孔子有"名不正则言不顺；言不顺则事不成；事不成则礼乐不兴；礼乐不兴则刑罚不中；刑罚不中则民无所措手足"的名言；《左传·成公二年》也曾引用孔子"名以出信，信以守器，器以藏礼，礼以行义，义以生利，利以平民，政之大节也"的高论。从这些记载来看，春秋时期，顶针格的句式早已存在，并得到很多的运用，如果仅依据顶针格手法的运用，判断文献的写作时代为战国时代，不免失之偏颇。

既然以往认为三《训》作于战国的观点不能成立，那么三《训》的成书年代大致在什么时候呢？实际上传世文献中也有一些重要的线索。

《左传·襄公二十五年》载卫大叔文子之言："慎始而敬终，终以不困。"

---

① 周玉秀的《〈逸周书〉的语言特点及其文献学价值》(中华书局，2005 年)第五章的第二节《〈逸周书〉的顶真格及其文献学分析》对此有专门讨论。作者认为，顶针格的盛行是在战国时代；《逸周书》中运用顶针格的各篇，还可以依据其特点的差异，分为战国早期与中晚期的不同。

前人已经指出，这句话见于三《训》中的《常训》篇："慎微以始而敬，终乃不困。"可见《常训》篇当时已经成书，而鉴于三《训》之间的紧密关系，可以推定《命训》篇当时也应该已经成书。不仅如此，《左传·襄公十一年》魏绛所引《书》的"居安思危"一句，出自《逸周书》的《程典》篇；而《左传·文公二年》记载狼瞫所引《周志》的"勇则害上，不登于明堂"，则源于《逸周书》的《大匡》篇，而这些篇都与三《训》十分密切。因此，也可以说，至迟在春秋中期，《命训》及其他一批过去认为较晚的《逸周书》篇章已经出现。清华简《命训》篇的发现，为这一结论提供了重要的依据。

　　清代学者朱右曾在《逸周书集训校释序》中曾言："愚观此书，虽未必果出文、武、周、召之手，要亦非战国秦汉人所能伪托。"从清华简《逸周书》诸篇的面世来看，朱氏此说可谓至当。

（二）

　　从清华简《命训》中可以看出，《命训》全篇结构严谨，前后呼应，是一篇非常重要的论文。《命训》的全篇，是围绕着"天生民而成大命"而展开的，是先秦时期专论"命"的特征、意义的一篇专题论文。

　　清华简《命训》篇开头就说"【天】生民而成大命，命司德正以祸福"，对于其中的第一句话，我们当时做整理报告时，曾引用了《左传》及郭店简《性自命出》等材料来加以说明，自然是正确的；但是对于第二句的解释和断句，现在看来有一些问题。我们当时将它断句为"命司德，正以祸福"，并引用了孔晁的注来说明："司，主也。以德为主，有德正以福，无德正以祸。"按照这种理解，"司"训为"主"，是作为动词来使用，然而这一理解非常突兀，而且与前后文不能协调。现在看来，这句话中的"命"才是全句的动词，它所缺的主语正是前一句的"天"；"司德"当如陈逢衡所说，是天神，"如司命、司中之类"[①]，全句的意思是"（上天）命令司德

---

① 转引自黄怀信等：《逸周书汇校集注》，第21页，上海古籍出版社，2007年。

用祸福来加以修正"。天生民而成就的是"大命",而司德"正以祸福"的则是小命。大命的特点是"有常",始终如一;而小命的特点则是"日成",日有所成。"司德"这一神灵能够根据民众的行为而分别赐之以福或者是降之以祸。

那么司德又是按照什么标准来给民众赐福或者是降祸呢?简文后面说得很清楚,"司德"是以"义"来作为评判的标准:"夫司德司义而赐之福""或司不义而降之祸",这两句话中,"司义"和"司不义"的"司"都是动词,训为"主",司德正是根据民众的行为是否符合"义"的标准而分别予以赐福或降祸。因此,从天道的角度来说,上天成就了人的大命,而司德则决定了人的福或祸,后者《命训》称之为人的小命。这就是简文中所说的三个天道:"天有命、有祸、有福"。

在人世间,民众受自身的局限,往往无法认识天道,因此上天给人间设置了"明王"来加以训诫和治理,普通的民众并不知道他们自己的大命由上天所成就,因此没有羞耻之心,而明王所要做的一个重要工作,就是要让民众"明耻"。关于"明耻"的重要性,《逸周书·常训》有详细的说明:"明王自血气耳目之习以明之丑①,丑明乃乐义,乐义乃至上,上贤而不穷。"如果没有耻,则会"轻其行"。②因此,简文强调要"有耻而恒行",正是从这个意义上强调了"明耻"对于民众行为的约束作用。

明王是代表上天来统治人世间的,除了训教民众要明耻之外,他还有一个重要的职责:相对于司德在天上对民众的赐福或降祸,明王掌握着人间的权力,也可以对民众进行赏、罚的处置。按照清华简《命训》的说法,市冕(今本作"绂絻")代表了明王的赏,斧钺代表了明王的罚。因此简文说,人道也有三个:"人有耻,有市冕,有斧钺"。

这里需要说明的是,在编写本篇整理报告过程中,我们在对简文中"夫民生而乐生縠,上以縠之"这一句作注释时,当时的想法是把这句话与文

---

① "丑"与"耻"义通,学者们有过很多的讨论。

② 《逸周书·程典》:"无丑,轻其行。"

中常提到的"市冕"加以对应，认为应该表示"禄"的含义，因此我们曾据《诗·天保》的毛传，把句中的"穀"字训为"禄"。现在看来，这种理解还是不尽妥当。实际上，这句话所表达的是明王对民众的奖赏，因此"穀"字还是应按照更常见的训诂，释为"养"，这样文句的训读会更为贴切一些。

《命训》篇全文的前半部分，实际上就是围绕着"命、福、祸"的三个"天道"和"耻、市冕，斧鉞"而层层展开的论述。明白了这个结构，再细读简文，可以看出全篇文章布局整饬，论述严谨，是一篇极为深刻的论说文。反过来再研读传世本的《命训》篇，由于内容错讹之处太多，不容易看出《命训》篇的内在逻辑关系，从而影响了学者们对它的释读。

在《命训》全篇的论述中，对于"命"的阐发无疑是全篇的核心，而《命训》篇把命区分为大命和小命的做法，在中国的思想史上具有很重要的意义。

对于"命"，先秦的思想家们有很多的论说。孔子曾断言："不知命，无以为君子也"[①]。孔子本人即相信命的存在，他说："道之将行也与，命也；道之将废也与，命也。"但是孔子本人却很少讨论命。[②] 儒家的许多学者都相信命的存在，比如子夏的"死生有命，富贵在天"（《论语·颜渊》），孟子的"莫之为而为者，天也；莫之致而至者，命也"（《孟子·万章上》），荀子的"死生者，命也"（《荀子·宥坐》）、"知命者不怨天"（《荀子·荣辱》）等论述，都可以看出儒家对于命的敬畏[③]；道家的《庄子》一书中也有许多关于命的论述，如《达生》篇言"不知吾所以然而然，命也"，《庄子》书中还认为在命运面前，只能"知其不可奈何而安之若命"（《庄子·人间世》），有着很强的宿命论色彩。

在先秦思想家中，墨子对于命的理论曾进行了猛烈的抨击，在先秦思

---

① 见《论语·尧曰》篇载。
② 《论语·子罕》："子罕言利与命与仁。"
③ 当然，荀子并没有屈服于命的主宰作用，而是提出了要"制天命而用之"（《荀子·天论》）的响亮口号。

想家中独树一帜。《墨子》一书中专门有《非命》三篇，批判命运的观念，如《非命上》认为："执有命者之言曰：命富则富，命贫则贫，命众则众，命寡则寡，命治则治，命乱则乱，命寿则寿，命夭则夭。命虽强劲，何益哉！上以说王公大人，下以诅百姓之从事，故执有命者不仁。"因此他强烈反对有命之说：

> 今用执有命者之言，则上不听治，下不从事。上不听治则刑政乱，下不从事则财用不足，上无以共粢盛酒醴，祭祀上帝鬼神，下无以降绥天下贤可之士，外无以应待诸侯之宾客，内无以食饥衣寒，将养老弱。故命上不利于天，中不利于鬼，下不利于人，而强执此者，此持凶言之所自生，而暴人之道也。是故子墨子言曰：今天下之士君子，忠实欲天下之富而恶其贫，欲天下之治而恶其乱，执有命者之言，不可不非，此天下之大害也。

细味墨子之所以反对有命之说的理由，实际上正是由于传统的论命之说否定了人的主观能动性，走向了宿命论，从而成为暴君和没有出息的人腐化堕落的口实。因为命运由天而定，人在命运面前无论如何努力，都不可能改变命运。而这样的宿命论正是传统论命之说消极性的重要体现，会导致人们不思进取、自甘堕落。

把《命训》篇放在这样的思想史背景下来考察，就可以看出它积极的思想意义。《命训》把"命"区分为"大命"和"小命"，其中既表明了"大命有常"不可改变的一方面，同时也强调了人的具体行为对"小命"的直接影响和作用，强调了人的主观能动性。《命训》已经指出，由于小命直接与人的日常行为息息相关，必然会迫使民众注意自己的所作所为，对自己的行为怀有敬畏之心，即所谓的"日成则敬"，对此孙诒让曾解释说："日成，谓日计其善恶而降之祸福也，与大命有常终身不易异也。"[1] 因此，小命完全可以通过人的积德累功而改变。这种认识相对于传统的宿命论来说，

---

① 转引自黄怀信等：《逸周书汇校集注》，第 21 页，上海古籍出版社，2007 年。

无疑是一个很大的进步。

另外,《命训》中关于大命、小命的论述,也是我们了解《庄子》一书中一句话的钥匙。《庄子·列御寇》言:"达大命者随,达小命者遭。"以往的注释和研究者对于这句话的解释和理解甚多,但似乎还没有学者将它与《命训》篇联系起来。如果我们按照《命训》大命有常、小命日成的论述,来体味《庄子·列御寇》中的这句话,应该说还是很容易理解的,正因为大命有常,所以通晓大命者能够旷达;而由于小命日成,因此通晓小命者自然会留意自己的所作所为。这里的"遭"应当训为"遇",指平日的遭遇。这样来理解,有可能更为合乎原文的含义。我们推测,《列御寇》篇的作者应该是读过了《命训》篇,所以才会在文中有关于大命和小命的论述。

最后还需要指出,《命训》篇对于大命和小命的区分和不同作用的界定,实际上直接开启了后世命理学说中关于"命"与"运"的相关理论。在命理学家眼中,"命"是不可改变的,但是"运"则可以随着时间、环境和人的行为而有所变化。我们认为,《命训》篇中所说"有常"的大命,相当于后世命理学家们所说的"命",而命理学家所说的"运",则很可能是由"日成"的"小命"发展而来。这样来读《命训》篇,或许更能看出本篇在后世的深刻影响力。

[本文的第(一)部分曾以《清华简〈命训〉初探》为题,发表于《深圳大学学报》2015年第3期;第(二)部分曾以《清华简〈命训〉中的命论补正》为题,发表于《中国史研究》2016第1期]

清华简《命训》与先秦两汉时期的
三命之说

 2008 年 7 月，清华大学入藏了总数约为 2500 枚的战国竹简，其内容多为经、史一类的典籍，引起了学术界的普遍关注。作为清华简系列整理报告的《清华大学藏战国竹简》已陆续出版了七辑，成为学术界研究讨论的一个热点。其中收入清华简第五辑整理报告的《命训》篇因为可以与传世的《逸周书·命训》篇对照，更是受到学者们的普遍重视，武汉大学的"简帛网"在"简帛研读—简帛论坛"中专门开辟了"清华五《命训》初读"的栏目，汇集了不少学者的释读意见，另外目前也有不少有关清华简《命训》的论文得已发表。[①] 笔者在从事清华简《命训》篇的整理过程中，曾写过两篇小文讨论本篇简文中的若干问题[②]，最近重新绎读简文，又有一些

---

① 笔者见到的相关文章主要有：赵平安：《释清华简〈命训〉中的"耕"字》（《深圳大学学报》2015 年第 3 期）；程浩：《释清华简〈命训〉中对应今本"震"之字——兼谈〈归藏〉〈筮法〉的"震"卦卦名》（《出土文献》第 6 辑）；王逸清：《清华简〈命训〉中的"勅"字》（《出土文献》第 8 辑）；蔡一峰：《读清华简〈命训〉札记三则》（《简帛》第 13 辑）；孟跃龙：《清华简〈命训〉"少命＝身"的读法——兼论古代抄本文献中重文符号的特殊用法》（《简帛》第 13 辑）；金宇祥：《谈清华伍〈命训〉与左塚漆棋局的耕字》（复旦大学出土文献与古文研究中心网站论文）；黄甜甜：《由清华简三篇论〈逸周书〉在后世的改动》（《中华文史论丛》2016 年第 2 期）；张连航：《清华简〈命训〉篇中的侤》（中国古文字研究会第二十一届年会论文）；夏含夷：《清华五〈命训〉简传本异文考》（《古文字研究》第 31 辑）；夏含夷：《异文分类：以清华简〈命训〉为例》（《古代中国》第 39 辑）；许可：《试谈清华简〈命训〉改读一例》（首届"中国古代文明前沿论坛"论文，深圳大学，2016 年 12 月）；等等。

② 刘国忠：《清华简〈命训〉初探》（《深圳大学学报》2015 年第 3 期）；《清华简〈命训〉中的命论补正》（《中国史研究》2016 年第 1 期）。

新的体会，故草成小文，请方家继续予以批评指正。

《命训》在《逸周书》中地位非常重要，《逸周书》一书开篇就是《度训》《命训》《常训》三篇，这三篇文献常被合称为"三《训》"，其内容和地位都极为特殊，学者们曾评论说："三《训》居《逸周书》之首，述治政之法，开为王者立言之宗，主领全书之旨。"① 不过，传世的《命训》篇存在众多的文字讹误，使得这篇文献的理解一直存在诸多的困难，相比之下，清华简《命训》篇则是我们迄今所见最早的战国时代的抄写本，最大限度地保存了本篇文献的原貌，洵足珍视。虽然简文存在着一定程度的残损，但对于我们解读《命训》篇仍具有十分重要的意义。

清华简《命训》一开头就说"〔天〕生民而成大命，命司德正以祸福，立明王以训之，曰：'大命有常，小命日成。日成则敬，有常则广，广以敬命，则度至于极'"，这段论述是我们理解《命训》全篇的关键。其中最让学者们关注的是《命训》篇把命分成"大命"和"小命"的做法，这在古代文献中是首开先例，作者认为，上天成就了人的大命，而司德则决定了人的福或祸，后者《命训》称之为人的小命。这就是简文中所说的三个天道："天有命、有祸、有福"。

不过，在人世间生活的普通民众由于受自身的局限，往往无法认识天道，因此上天给人间专门设置了"明王"来训诫和治理民众，普通的民众并不知道他们自己的大命由上天所成就，因此没有羞耻之心，而明王所要做的一个重要工作，就是要让民众"明耻"。关于"明耻"的重要性，《逸周书·常训》有详细的说明："明王自血气耳目之习以明之丑②，丑明乃乐义，乐义乃至上，上贤而不穷。"如果没有耻，则会"轻其行"③。因此，简文强调要"有耻而恒行"，正是从这个意义上强调了"明耻"对于民众行为的约束作用。

明王是代表上天来统治人世间的，除了训教民众要明耻之外，他还有

---

① 见王连龙：《〈逸周书〉研究》，第 13 页，社会科学文献出版社，2010 年。
② "丑"与"耻"义通，学者们有过很多的讨论。
③ 《逸周书·程典》："无丑，轻其行。"

一个重要的职责：相对于司德在天上对民众的赐福或降祸，明王掌控着人间的权力，也可以对民众进行赏、罚的处置。按照清华简《命训》的说法，市冕（今本作"绋絻"）代表了明王的赏，斧钺代表了明王的罚。因此简文说，人道也有三个："人有耻，有市冕，有斧钺"。《命训》篇全文的前半部分，实际上就是围绕着"命、福、祸"三个天道和"耻、市冕，斧钺"三个人道而层层展开的论述。明白了这个结构，再细读简文，可以看出全篇文章布局整饬，论述严谨，是一篇极为深刻的论说文。

在《命训》全篇的论述中，对于"命"的阐发无疑是全篇的重点内容之一，《命训》篇把命区分为大命和小命的做法，在中国的思想史上具有很重要的意义。《命训》既表明了"大命有常"不可改变的一方面，同时也强调了人的具体行为对"小命"的直接影响和作用，强调了人的主观能动性。[1] 由于小命直接与人的日常行为息息相关，必然会迫使民众注意自己的所作所为，对自己的行为怀有敬畏之心，即所谓的"日成则敬"，对此孙诒让曾解释说："日成，谓日计其善恶而降之祸福也，与大命有常终身不易异也。"[2] 由于小命完全可以通过人的积德累功而改变。这种认识相对于传统的宿命论来说，无疑是一个很大的进步。

令人困惑的是，从传世的先秦两汉文献来看，《命训》这一套有关命的论述似乎在当时并没有太大的影响，除了《命训》之外，传世的先秦两汉文献很少关注大命、小命的问题，它们感兴趣的是所谓的三命之说，并就此展开了热烈的讨论，王充的《论衡·命义》甚至还称之为"儒者三命之说"[3]，可见这些观点与儒家密切相关。我们来具体看一下有关的讨论。

《礼记·祭法》言"王为群姓立七祀，曰司命，曰中溜，曰国门，曰国行，曰泰厉，曰户，曰灶"，对于其中的"司命"，郑玄注言"司命，主督察三命"[4]，但没有列举三命的具体名称。《孝经援神契》谓"命有三科：有

---

① 刘国忠：《清华简〈命训〉中的命论补正》。
② 转引自黄怀信等：《逸周书汇校集注》，第21页，上海古籍出版社，2007年。
③ 见黄晖：《论衡校释》卷二，第52页，中华书局，1996年。
④ 见《礼记注疏》卷46，第801-802页，台湾艺文印书馆，2007年。

受命以保庆，有遭命以谪暴，有随命以督行"①，明确提出了受命、遭命和随命这三种命。不过，关于这三命的具体内容，不同的文献理解也存在较大的歧异。

《孝经援神契》认为："受命，谓年寿也；遭命，谓行善而遇凶也；随命，谓随其善恶而报之。"②按照这种理解，受命即是人正常的年寿，遭命是行善却未得善报，随命是根据人的善恶之行而获得相应的报应。

《春秋元命苞》则谓："命者，天之命也。所受于帝，行正不过，得寿命。寿命，正命也。有随命，随命者，随行为命也。有遭命，遭命者，行正不误，逢世残贼，君上逆乱，辜咎下流，灾谴并发，阴阳散忤，暴气雷至，灭曰动地，绝人命，沙尘袭邑是。"③这一说法称"受命"为"寿命"，认为它是正命。受、寿二字均属禅母幽部字④，可以相通；至于将"随命"解释为"随行为命"，即是指根据人的行为而有相应的命，与《孝经援神契》所说的"谓随其善恶而报之"一致；文中对"遭命"的解释虽然很长，但其实际内容就是《孝经援神契》所归纳的"行善而遇凶"。因此，《春秋元命苞》对三命的称谓虽然略有区别（将"受命"称为"寿命"），但是对于三命的理解是基本相合的。

《孟子·尽心上》载孟子之言曰"莫非命也，顺受其正"，对此赵岐注云："命有三名：行善得善曰受命，行善得恶曰遭命，行恶得恶曰随命。"⑤这种对受命、遭命、随命的理解与上述《孝经援神契》《春秋元命苞》的说法显然很不相同。本来按照《孝经援神契》和《春秋元命苞》的说法，行善得善、行恶得恶均是"随命"的特征，但是赵岐将它们区别开来，分别置于"受命"和"随命"的名下；只有"遭命"的"行善得恶"，与《孝经援神契》所说的"行善而遇凶"相同。因此赵岐的注解与《孝经援神契》及《春

---

①　《礼记·祭法》注疏所引，见《礼记注疏》卷46，第802页，台湾艺文印书馆，2007年。

②　《礼记·祭法》注疏所引，见《礼记注疏》卷46，第802页，台湾艺文印书馆，2007年。

③　李昉等撰：《太平御览》卷360，第1656页，中华书局，1960年。

④　见陈复华、何九盈：《古韵通晓》，第145页，中国社会科学出版社，1987年。

⑤　《孟子注疏》卷13，第229页，台湾艺文印书馆，2007年。

秋元命苞》存在较大的差异。

《左传·成公十七年》述范文子因晋君无道，忧惧晋国动乱，自己会被牵连，使其祝宗帮助祈求速死。对此孔颖达《正义》引何休《左氏膏肓》言"人生有三命，有寿命以保度，有随命以督行，有遭命以摘暴，未闻死可祈也"①。何氏此处所论三命，其中的"寿命以保度"稍微费解，"寿命"当即"受命"；但"保度"一词是何含义，学者们不太能够解释清楚；至于"有随命以督行，有遭命以摘暴"，应该与《春秋元命苞》所讲的随命为"随行为命"和《孝经援神契》所说的遭命为"行善而遇凶"相同。

除了上述所引到的各种经典的注释以及纬书材料外，关于三命的讨论还多见于汉代学者的各种著述之中，如《春秋繁露·重政》言："人始生有大命，是其体也；有变命存其间者，其政也。"②董仲舒此处所言的"大命"和"变命"，我们怀疑很可能与《命训》的大命与小命之说有关，按照《命训》所言"大命有常，小命日成"，大命虽然恒常不变，小命却是日有所成，处在不断的变化之中，因此，如果把"小命"称之为"变命"，应该说还是很贴切的。如果这一理解成立的话，这也是我们在秦汉时期的文献中所见与《命训》内容比较一致的一段论述。不过《重政》篇后面又说"而时有随、遭者，神明之所接，绝属之符也"，以往学者们倾向于把此处提到的随、遭理解为随命、遭命，如果按照这一认识，变命又可分为随命和遭命，如果按照这一理解，此处所讨论的内容，仍然是三命。

关于三命的叙述，更有代表性的论述是《白虎通》和《论衡》中的相关内容。

《白虎通·寿命》曰：

> 命者何谓也？人之寿也，天命已使生者也。命有三科，以记验。有寿命以保度，有遭命以遇暴，有随命以应行。寿命者，上命也。若言文王受命唯中身，享国五十年。随命者，随行为命。若言怠弃三正，

① 见《左传注疏》卷28，第482页，台湾艺文印书馆，2007年。
② 苏舆：《春秋繁露义证》卷5，第149页，中华书局，1992年。

天用剿绝其命矣。又欲使民务仁立义，无滔天。滔天则司命举过言，则用弊之。遭命者，逢世残贼，若上逢乱君，下必灾变，暴至，夭绝人命，沙鹿崩于受邑是也。①

而《论衡·命义》则言：

> 传曰："说命有三：一曰正命，二曰随命，三曰遭命。"正命，谓本禀之自得吉也。性然骨善，故不假操行以求福而吉自至，故曰正命。随命者，戮力操行而吉福至，纵情嗜欲而凶祸到，故曰随命。遭命者，行善得恶，非所冀望，逢遭于外而得凶祸，故曰遭命。②

《白虎通》与《论衡》中对于"受命"的称谓有所不同，一个称之为"寿命"，一个称之为"正命"。"受"与"寿"可以通假，已见前述；"正命"之称，疑与《孟子·尽心上》所说的"莫非命也，顺受其正"有关。至于"随命"和"遭命"二命，二书不仅称呼相同，而且对其阐释也比较接近，总体上看与《孝经援神契》《春秋元命苞》所述大致相类。

此外，《潜夫论·论荣》篇有"夫令誉从我兴，而二命自天降之"的论述，其中的"二命"，汪继培的笺认为是指遭命和随命，由于没有把"受命"计入，故仅剩二命③；而《潜夫论·卜列》篇中有"行有招召，命有遭、随"的叙述④，也可印证二命应该是指遭命和随命。

从以上这些讨论来看，当时学者们对于三命之说的讨论，可谓非常热烈，不过对于三命的具体名称，大家的理解并不统一：其中的遭命和随命二者，各书的名称都完全一致，但是对其具体含义，理解并不相同；至于受命，则不仅有不同的叫法，如受命、寿命、正命等，而且对其实际含义也是众说纷纭。这就给我们带来了一系列问题：受命、遭命和随命这三命究竟是指什么？它们与《逸周书·命训》篇中的大命、小命之说有没有什

---

① 陈立：《白虎通疏证》卷8，第391-392页，中华书局，1997年。
② 黄晖：《论衡校释》卷2，第49-50页，中华书局，1996年。
③ 彭铎：《潜夫论笺校正》卷1，第44页，中华书局，2014年。
④ 彭铎：《潜夫论笺校正》卷6，第380页，中华书局，2014年。

么关系？如果有，又应该是什么样的一种关系？

在本文中，我们拟对这些问题做出一些分析。

首先，《命训》篇中的大命、小命，看似与三命中的"随命"和"遭命"风马牛不相及，实际上它们却存在着密切的关系，并且在传世文献中也有关于它们关系的重要论述。《庄子·列御寇》言："达大命者随，达小命者遭。"以往的注释和研究者对于这句话的解释甚多，但似乎还没有学者将它与《命训》篇联系起来。如果我们按照《命训》"大命有常、小命日成"的论述，再来体味《庄子·列御寇》中的这句话，就能感觉《庄子》中的"大命""小命"和《命训》中的"大命""小命"有着相同的内涵，而这里所提到的"随""遭"后来就发展成为文献中反复提到的"随命"和"遭命"。按照《广雅·释诂》，"随"可训为"顺"[①]，或者也可依《说文》训为"从"[②]。所谓的"达大命者随"，应该是说由于大命有常，所以通晓大命者能够旷达；而《庄子·列御寇》所说的"遭"应当训为"遇"或者是"逢"，由于小命日成，人的所作所为时时刻刻都影响着小命的境况，因此通晓小命者自然会留意自己的所作所为。这样来理解，有可能更为合乎原文的含义。我们推测，《列御寇》篇的作者应该是读过了《命训》篇，所以才会在文中有关于大命和小命的相关论述。

如果按照这种思路来看的话，我们觉得，尽管汉代的经学家们对"随命"和"遭命"有很多的讨论，而且提出了不同的理解和意见，但是他们的解释都没有真正理清楚"随命"和"遭命"的真实含义。实际上，"随命"就是《命训》中的"大命"，也就是《春秋繁露·重政》所说的"人始生有大命，是其体也"；而"遭命"（或可称为"变命"），则是《命训》中的"小命"，其特点是"小命日成"，或者说是"随行为命"，由人的日常行为来决定小命的吉凶。因此，《春秋繁露·重政》所说的"大命"和"变命"，以及《潜夫论·论荣》所提到的"二命自天降之"，都可以理解为"大命"

---

① 王念孙：《广雅疏证》卷1，第9页，江苏古籍出版社，2000年。

② 段玉裁：《说文解字注》，第70页，上海古籍出版社，2009年。

和"小命"，也就是"随命"和"遭命"。

其次，对于三命中的"受命"（或称"寿命""正命"），现有文献中对其的理解也五花八门，但是没能从根本上解决有关问题。这其中，前面所引的《白虎通·寿命》篇所举的例子对我们很有启发："寿（按：'寿'字实际应作'受'）命者，上命也。若言文王受命唯中身，享国五十年。"班固把这段话的阐释重点放在了"享国五十年"上，进而强调这是"寿命"的含义，这其实是不正确的。这段话的重点，是在强调"文王受命"，所谓的"上命"，实际是指上天之命。文王获得了上天之命来治理人间，在位时间长达五十年，取得了"三分天下有其二"的优势，从而为周人的发展壮大及灭商奠定了基础。

实际上，关于什么是受命，什么是文王受命，学者们曾作过长期的讨论[①]，在这其中，王国维的意见最值得重视，他根据《尚书·酒诰》"惟天降命，肇我民，惟元祀"的记载，敏锐地指出，所谓的"受命"其实就是受天命。他在《周开国年表》一文中言："降命之命，即谓天命。自人言之，谓之受命；自天言之，谓之降命。"[②]王氏此论，与传世及出土文献中有关"文王受命"的论述完全符合，因此现代学者多赞同王氏的观点，认为"文王受命"就是受天命。

为什么国君的受命也属于"命"的一种呢？这是因为国君本身有着极其特殊的身份，所以他所获得的天命具有极为重要的意义，因此被列为三命之首；另外，国君本人是受天命来治理民众的，代替上天来行使赏罚之权，进而决定民众"小命"的吉凶，从这个意义上来说，国君的"受命"所影响的就不仅仅是他本人，而且还影响着民众的命运。因此，"受命"在三命中居于首位，也就是再自然不过的事了。

最后，了解"受命"的真实含义后，我们再返回来重新读清华简《命训》，就可以发现，其实《命训》篇虽然没有提到"受命"，但是全篇最重

---

① 刘国忠：《周文王称王史事辨》，《中国史研究》，第25-29页，2009年第3期。
② 王国维：《观堂别集》卷一《周开国年表》，见《王国维遗书》第3册，第37页，上海古籍书店，1983年。

要的内容，就是讲上天要立明王来教化百姓，"立明王以训之"，因此《命训》虽然表面上只讲了"二命"，但是其内容却涵盖了"三命"，而且对于其中"受命"的阐释是最为具体而深刻的。

前面我们已经说过，关于"受命"的论述中，曾提到了"有寿命以保度"（班固《白虎通·寿命》、何休《左氏膏肓》）的论述，"寿命"即"受命"，不需多说；但是"受命"如何保度，却让人百思不得其解，所以有些文献中把"度"字写作"庆"，这实际上是一个误解造成的讹字。其实这个问题只要联系到《命训》，就可以找到答案，《命训》篇开头反复强调依据大命、小命的特点，确立明王的作用，发挥福、祸、赏、罚等的引导功能，就能够做到"度至于极"。这里所说的"度"，正好就是"有寿命以保度"的"度"。这也从另一个侧面证明了"受命"必须要联系《命训》篇中"以明王以训之"的叙述，才能够真正理解它的含义。

《命训》篇的后半部分，其实就是围绕着明王如何依天之命来治理国家的。作者从正、反两个方面入手，说明了明王治国对于民众"小命"的重要作用，其中说道：

> 抚之以惠，和之以均，敛之以哀，娱之以乐，训之以礼，教之以艺，正之以政，动之以事，劝之以赏，畏之以罚，临之以中，行之以权。
>
> 权不法，中不忠，罚［不服］，［赏］不从劳，事不震，政不成，艺不淫，礼有时，乐不伸，哀不至，均不一，惠必忍人。凡此，物厥权之属也。

这两段话的内容尚不能完全理解，还有些需要仔细探究之处，但它们是从一正一反的角度，讨论明王治国的方式，则是可以肯定的。而明王的治国得失，则直接影响着民众的命运。因此，受命的重要性，也就于此越发显得突出了。

总之，根据我们的理解，《命训》篇的内容虽然看起来似乎只提到了"大命""小命"这二命，但是只要联系到三命的具体内容，不难发现，除了大命与随命、小命与遭命的对应关系之外，《命训》中实际上也包括了"受命”的内容，而且是有关“受命”最全面、最生动的阐释。“三命”之说，很明显是从《命训》发展而来的。这样，我们对于清华简《命训》的思想史价值的认识，自然又可以再深入一步。

（原载《哲学与文化》2017 年 10 月号）

《保训》与周文王称王

　　周朝虽然是到周武王时才灭掉商朝，完成了建国大业的，但是真正奠定灭商格局的则是武王的父亲文王。史称周文王时已经"三分天下有其二"（《论语·泰伯》），从而确立了对商的优势地位。因此，周文王时的统治对于西周的发展壮大至关重要，周人也把其王朝的开端上推到周文王时期。不过，由于书阙有间，有关周文王时期的历史记载相当有限，从而限制了学者们相关研究工作的深入。2008 年清华大学入藏的战国竹简中，有一篇被整理者命名为《保训》，其内容系周文王临终前给其儿子发（即后来的周武王）留下的遗嘱，风格与《尚书》的《顾命》篇相似，为以往学者所未闻见。《保训》篇文字古奥，许多论述不易索解，有待于今后进一步探研。但就目前已能了解的内容来看，其价值可谓是空前的。简文一开始点明这一事件发生的时间为"惟王五十年"，这五个字可以对千百年来学者们聚讼不清的有关周文王事迹的争论起到拨云见日之功效，意义非常重大。在笔者看来，它至少能说明以下四个方面的问题：

　　一、证实了周文王在位期间曾自称为王。关于周文王生前是否已经称王，自古以来形成了两种截然不同的意见。司马迁在《史记·周本纪》中记载周文王晚年已经自称为王，汉唐时期学者们对于《诗经·大雅·文王》篇的注疏中也持同样的观点，足见直至汉代，人们大都相信周文王生前已经称王。但是从唐代开始，一些学者开始怀疑周文王称王的事实。如刘知几在《史通》的《疑古》篇中言："夫天无二日，地惟一人。有殷犹存而王号遽立，此即春秋楚及吴越僭号而陵天子也"；张守节在《史记正义》中亦表达了类似的意见；梁肃在《西伯受命称王议》中也认为所谓周文王称王之说是"反经非圣"的观点；到了宋代，欧阳修在《泰誓论》中更是对此予以极力辩驳，称文王受命称王的看法为"妄说"。受他们的影响，此后的学者多怀疑周文王生前称王的事实。他们或认为《周本纪》的相关记述是"司马迁不达理道之舛"（明代马明衡所著《尚书疑义》卷四），或认为《史记》的相关内容出自刘歆的增窜（清代方苞所著《望溪集》卷一）。至清代梁玉绳则在《史记志疑》中对历代学者指斥此说的情况予以了总结。

这些学者之所以要极力否定周文王称王的史实，是因为如果周文王为商纣王之臣，如果他生前真的称王，势必违背了封建社会的正统伦理观念，也无法树立周文王的"至德"形象。到了20世纪初，王国维在《古诸侯称王说》（《观堂别集》卷一）中提出："世疑文王受命称王，不知古诸侯于境内称王，与称君、称公无异"，并认为"盖古时天泽之分未严，诸侯在其国自有称王之俗……苟知此，则无怪乎文王受命称王而仍服事殷矣"。王国维此说一方面承认了周文王生前称王的事实，另一方面又将其政治上的象征意义加以淡化，可以说是对周文王生前称王说的一种折中和调和。

20世纪70年代，陕西周原地区出土了众多周初甲骨，其中一些甲骨中同时有"周方伯"和"王"的内容。一些学者认为"周方伯"和"王"同指周文王，周文王生前即已称王，另一些学者则认为"王"指商王，"周方伯"指周文王，并进一步提出周文王并未称王。从这些讨论中我们可以了解到，周文王生前是否已经称王，千百年来一直是学者们争论不休的一个焦点。

清华简《保训》中"惟王五十年"的记载，可以为千百年来有关周文王生前是否称王的争论画上一个句号。它明确无误地告诉我们，周文王生前确实已经称王，《史记》等相关文献关于周文王称王的记载是真实可信的。当然，周文王的称王是否如王国维所言只是"诸侯在其国自有称王之俗"还有待于更多的讨论，但是无论如何，周文王生前即已称王，已经是不可辩驳的事实。

二、提示我们周文王称王的时间可能并非在其晚年。按照古书的记载，周文王原为殷的西伯，由于受到商纣王的猜忌，曾被纣王囚禁于羑里。西伯被释放后，暗中推行仁政。由于西伯使虞、芮之讼得以圆满解决，诸侯皆称西伯为"受命之君"。周文王即是在"受命之年称王而断虞、芮之讼"，按照传统的说法，西伯受命称王为其在位的第四十二年。因此西伯称王是在其晚年才有的事情。然而《保训》篇"惟王五十年"的论述却使我们怀疑周文王在即位之初即已称王，才会出现这样一种记载，而这一情况从未见于任何一种传世文献。如果文王真的是在其即位之初就已称王，这将是周代历史上的一个重大事件，它对于我们重新审视商周时期的关系会有很大的帮助。

三、印证了周文王的在位年数为五十年。关于周文王在位的时间古籍记载略有不同，《史记·周本纪》言"西伯盖即位五十年"，《尚书·无逸》亦称文王"享国五十年"，这些文献都认为周文王在位时间为五十年。但是《吕氏春秋》的《制乐》篇则提出了另外一种说法，认为"文王立国五十一年而终"。从清华简《保训》篇我们可以知道，周文王在其即位五十年时患了重病，并留下遗嘱，他去世的时间应该就在此后不久，因此其在位年数应为五十年。因此我们可以知道《史记》和《尚书·无逸》篇有关周文王在位时间的记载是正确的。

四、有助于我们认识周文王称号中的"文"字为谥号而非生称。关于文王、武王的称谓是生时的美称抑或是死后的谥号，学者们一直有不同意见。如果文王、武王生前已经自称为文王、武王，那么在文王、武王活着的时候应该已经普遍使用这些称谓，但是我们从现有的材料来看，我们看到的基本上都是仅称为"王"的材料，而很难发现他们生前自称为"文王"和"武王"的证据。山西曲沃晋侯墓地 31 号墓出土的所谓"文王玉环"，李学勤先生已经指出其时代较晚，并非文王当时所刻（见《华学》第 1 辑，第 71 页）；至于记载周武王伐商史实的利簋，其制作年代也应在周武王去世之后。清华《保训》篇也在这方面给我们提供了直接的证据。《保训》篇记载了文王临终前的遗嘱，这已经是有关周文王在世期间史事的最后材料，但是篇中所用的称谓仍是"王"而非"文王"。由此我们可以知道，周文王生前虽然已经自称为王，但他并没有自称为文王，文王的"文"字为其死后的谥号，其时代应该在周武王克商建立周朝之后。《礼记·大传》称："牧之野，武王之大事也。既事而退，柴于上帝，祈于社，设奠于牧室。……追王太王亶父、王季历、文王昌。"如果我们把周文王生前自称为王和死后谥号为文王当做两件不同的事情区别开来，就可以对这些看似矛盾的文献记述予以合理的解释。因此《保训》的相关论述也有助于我们了解周代谥法的相关内容。

（原载《光明日报》国学版 2009 年 4 月 27 日）

清华简《保训》与周文王事商

　　2008 年 7 月，清华大学入藏了一批战国竹简，受到学术界的普遍关注。清华简中有一篇被整理者命名为《保训》，其照片及释文业已公布。[①]《保训》一共有 11 支简，除了第二支简有部分残失尚未找到外，其他部分均完好无损。《保训》的内容系周文王临终前给其儿子发（即后来的周武王）留下的遗嘱[②]，风格与《尚书》的《顾命》篇相似，也与《逸周书》中的不少篇有相通之处[③]，为以往学者所未闻见。《保训》篇文字古奥，许多论述不易索解，有待于今后进一步探研。但就目前已能了解的内容来看，其价值可谓是空前的。简文一开始点明这一事件发生的时间为"惟王五十年"，意义非常重大。它印证了《尚书·无逸》所述文王"享国五十年"的记载，还反映了周文王生前已经称王的相关史实，我们曾撰文加以阐述。[④] 实际上《保训》对于我们重新反思周文王时期的商周关系也有重要的作用，本文拟对周文王事商的相关问题作一些讨论，不当之处，敬请方家批评指正。

　　周人原为商的西部诸侯，经过长期的发展壮大，到周文王时已经确立了对商的优势地位，而文王之子武王则最后灭掉了商朝。虽然周人翦商、

---

① 清华大学出土文献研究与保护中心：《清华大学藏战国竹简〈保训〉释文》，《文物》2009 年第 6 期。

② 李学勤：《周文王遗说》，《光明日报》2009 年 4 月 13 日。

③ 关于《保训》简的研究情况，笔者曾撰有《清华简保护及研究情况综述》，刊于《中国史研究动态》2009 年第 9 期。

④ 刘国忠：《〈保训〉与周文王称王》，《光明日报》2009 年 4 月 27 日；《周文王称王史事辨》刊于《中国史研究》2009 年第 3 期。

灭商的过程不无"以下犯上"的嫌疑，并曾在历史上引起过不少争论[1]，然而在重视道德伦理的儒家看来，周人的这一过程并没有什么可以非议之处，反而应该大力肯定。《论语·泰伯》中曾有孔子的一段非常著名的话，称"三分天下有其二，以服事殷。周之德，其可谓至德也已矣"[2]。对于这段话中的"至德"，学者们多认为是指周文王。[3] 如包咸的注文称："殷纣淫乱，文王为西伯而有圣德，天下归周者，三分有二，而犹以服事殷，故谓之至德。"[4] 因为与商纣王的荒淫无道相比，周人当时已经拥有了对商的优势实力，而且周文王又有王者之才，完全可以取而代之。但是周文王并没有这么做，而仍然小心翼翼地事奉商纣王，故孔子觉得十分难能可贵。《礼记·表记》记载了孔子的另一段话，称"下之事上也，虽有庇民之大德，不敢有君民之心，仁之厚也"[5]，与《泰伯》篇的此句可以相互发明。《表记》篇在言及舜、禹、文王、周公之事时又说"有君民之大德，有事君之小心"[6]，从这些评论中都可看出孔子对周文王等人道德品行的赞扬。在 2001 年公布的上博简《孔子诗论》中，孔子对于文王之德也是大加赞赏，对文王存

----

① 齐宣王曾就周武王伐纣之事询问孟子："臣弑其君，可乎？"（见《孟子·梁惠王下》）无独有偶，汉景帝时，黄生与辕固生曾就商汤流放夏桀、周武王灭商等问题展开激烈辩论。黄生认为"汤、武非受命，乃弑也"，理由是："冠虽敝，必加于首；履虽新，必关于足，何者？上下之分也。今桀、纣虽失道，然君上也；汤、武虽圣，臣下也。夫主有失行，臣下不能正言匡过以尊天子，反因过而诛之，代立践南面，非弑而何也？"（见《史记》卷 121，第 3123 页，中华书局标点本）

② 《逸周书·程典》"维三月既生魄，文王合六州之侯奉勤于商"，与《论语·泰伯》之言可以对应，见黄怀信：《逸周书校补注译》，第 74 页，三秦出版社，2006 年。《逸周书·太子晋》亦言文王"三分天下而有其二，敬人无方，服事于商"，见《逸周书校补注译》，第 370 页。

③ 《论语·泰伯》此章的全文是："武王曰：'予有乱臣十人。'孔子曰：'才难，不其然乎？唐、虞之际，于斯为盛。有妇人焉，九人而已。三分天下有其二，以服事殷。周之德，其可谓至德也已矣。'"由于孔子是针对周武王言所发的感想，故有学者认为此处有缺文，宜另为一章。也有学者认为此处的"至德"包括文王和武王在内，如刘宝楠《论语正义》："文之服事，非畏殷也，亦非曰吾姑柔之，俟其恶盈而取之也，惟是冀纣之悔悟，俾无坠厥命已尔。终文王之世，暨乎武王，而纣淫乱日益甚，是终自绝于天，不至灭亡不止也。是故文之终服事也，至德也。武之不终服事也，纣为之也，亦无损于至德也。"（《论语正义》，第 169 页，诸子集成本，中华书局，1959 年）

④ 程树德：《论语集释》，第 560 页，中华书局，2006 年。

⑤ 《礼记·表记》，第 1640 页，中华书局影印本，1987 年。

⑥ 《礼记·表记》，第 1641 页，中华书局影印本，1987 年。

在着无以复加的敬意。[①] 受孔子的影响，后人对周文王也是称颂备至，周文王作为一个圣贤的形象已经牢固树立。

　　然而，如果我们平心看待有关周文王时商周关系的相关材料，所得出的结论未必完全如此。

　　周人在太王古公亶父时国力开始强大，到季历时得到很大的发展。据古本《竹书纪年》记载，季历一生曾对西落鬼戎、燕京之戎、余无之戎、始呼之戎、翳徒之戎进行征伐，其中除了与燕京之戎作战时曾遭遇挫折外，其他的战争均取得了很大的胜利。[②] 周人在军事上的胜利使其实力得到了迅速发展，引起了商人的警觉，商、周间的矛盾最后导致商王文丁采取了诛杀季历的行动。[③] 季历的死给其子周文王带来很大的打击，《吕氏春秋·首时》言"王季历困而死，文王苦之"，高诱注"王季历，文王之父也。勤劳国事以至薨没，故文王哀思苦痛也"。[④] 高诱之注由于不了解季历为商王文丁所杀，误以为是勤劳国事而死，与史实并不相符，但注中所言季历之死使文王"哀思苦痛"，则点明了文王对其父被杀的悲痛心情。文王与商朝有着不共戴天的杀父之仇，因此周文王一直有复仇和代殷之心是完全可以理解的，古本《竹书纪年》还有帝乙二年"周人伐商"的记载[⑤]，即是周文王在位时所采取的行动。但是由于当时的周人尚不具备与殷一决高下的实力，因此周文王很快就调整了策略，顺服于商。从文王与商的历史恩怨来看，我们可以大胆推测他的事商只是权宜之计，如果文王真如后来儒家所说的那样诚心事殷，反而是无法理解的事情。

　　另外，周文王即位后，因获得了天命，于是秘密称王，开始了灭商的各种准备工作。

　　在关于周文王的文献记载中，有大量关于"文王受命"或"文、武受命"

---

① 晁福林：《从王权观念变化看上博简〈诗论〉的作者及时代》，《中国社会科学》2002 年第 6 期。
② 参见方诗铭、王修龄：《古本竹书纪年辑证》，第 33-36 页，上海古籍出版社，1981 年。
③ 方诗铭、王修龄：《古本竹书纪年辑证》，第 36-37 页，上海古籍出版社，1981 年。
④ 参见陈奇猷：《吕氏春秋新校释》，第 774 页注 4，上海古籍出版社，2002 年。
⑤ 《太平御览》卷 83 引。见方诗铭、王修龄：《古本竹书纪年辑证》，第 39 页，上海古籍出版社，1981 年。

的记载，如《诗经·大雅·江汉》"文、武受命"；《诗经·大雅·大明》"有命自天，命此文王"；《尚书·康诰》"天乃大命文王，殪戎殷，诞受厥命"；《逸周书·祭公》"皇天改大殷之命，维文王受之，维武王大克之"；何尊"文王受兹大命"；大盂鼎"丕显文王受天有大命"；等等。所谓的"文王（包括武王）受命"是周人发展史中一个标志性的事件，并为周人所津津乐道。至于文王受命的确切含义，正如《康诰》所言，是"天乃大命文王，殪戎殷，诞受厥命"，亦即《逸周书·祭公》所说的"皇天改大殷之命，维文王受之，维武王大克之"。即文王获得了天命，而商则失去了天命，上天让文王灭商，取而代之。文献中有关文王受命的记载都应该这么理解，才符合"文王受命"的原义。①

那么周文王是以什么形式获得天命呢？先秦时期主要有两种传说，一是《墨子·非攻下》言"赤鸟衔珪，降周之岐社，曰：天命周文王伐殷，有国"。② 这种传说荒诞不经，恐不可信。倒是《艺文类聚》卷79所引《周书》篇的内容颇有象征意义：

> 《周书》曰：太姒梦见商之庭产棘，太子发取周庭之梓，树于阙，梓化为松柏棫柞。寐觉，以告文王。文王乃召太子发，占之于明堂。王及太子发并拜吉梦，受商之大命于皇天上帝。③

这里以太姒所梦的情形象征商命已失，而周将取而代之，故周文王认为这是天命，是要让周"受商之大命"，与前引《康诰》及《祭公》等篇关于周文王受命的内容非常吻合。文王有可能就是通过这种形式获得了天命。文王受命后所采取的一个行动是秘密称王，即司马迁所说的"受命之年称王"④，周文王为顺应天命，遂自称为王。清华简《保训》"惟王五十年"的记载，印证了周文王已经自称为王，而且从"惟王五十年"这一表

---

① 刘国忠：《周文王称王史事辨》，《中国史研究》2009年第3期。

② 孙诒让：《墨子间诂》，第139页，中华书局，1986年。

③ 《艺文类聚》卷79，第1355页，上海古籍出版社，1982年。

④ 司马迁：《史记》卷4，第119页，中华书局标点本。

述来看，很可能他在即位之初就已经称王了。当然，周文王受命称王的行动是在暗中进行的，文王在世时从未做过任何有关受命及称王方面的宣传。从《尚书·西伯戡黎》中我们可以知道，商纣王一直到周人灭黎时，还自认为"我生不有命在天"，不知道或者不承认天命的更改。这也证明周文王受天命称王只是私下里采取的行为，商人并不知道周文王受命称王这一事件。

周文王受命称王，是商周关系史上的重大事件。它标志着周文王不仅要与商王分庭抗礼，而且要对商王取而代之。[①] 可以说，接受天命取而代商是周文王处心积虑所要完成的重大事业。周人代商并非"不得已"的结果，而是周人通过长期努力才最终实现的目标。

周文王虽然早有灭商之心，但他知道灭商的时机还不成熟，小邦周在各方面都无法与大邑商相提并论，因此他需要努力发展壮大周的力量，为此周文王在国内积极揽士纳贤，推行德政，同时对外实行武力征伐，拓展疆土。后人在提及"文王之德"时通常只突出了周文王礼乐教化的一面，实际上"文王之德"应包括文治和武功这两方面的业绩。对此姚小鸥教授等曾指出，"周从一个小部族逐渐发展壮大，依靠的绝对不是后世所歌颂的单纯的所谓礼乐教化，而主要是通过不断的武力征伐，扩张疆域，从而获得了灭商的实力"，"从周族兴起于西土，到取得天下，其最为后人所称道的'文王之德'的内涵，曾被认为主要是以仁义道德教化百姓。但我们从《诗经》等可靠先秦典籍中勾稽的历史事实证明，包含武力征伐在内的政治方略亦是'文王之德'的核心内容"。[②] 应该说，在周文王的努力下，周的实力得到了长足的发展，周人的事业蒸蒸日上。

---

① 王国维主张周文王生前已经称王，但是对于其政治象征意义则予以淡化处理。他在《古诸侯称王说》中认为"世疑文王受命称王，不知古诸侯于境内称王，与称君、称公无异"，并认为"盖古时天泽之分未严，诸侯在其国自有称王之俗……苟知此，则无怪乎文王受命称王而仍服事殷矣"。（见《观堂别集》卷一《古诸侯称王说》，见《王国维遗书》第3册，第48-49页，上海古籍书店，1983年）实际上我们知道了周文王称王的真实目的之后，就可知王氏的说法并不正确。

② 姚小鸥、郑丽娟：《〈大雅·皇矣〉与"文王之德"考辨》，《中州学刊》2007年2期。

与此同时，周文王对于事商也一直十分注意，由于灭商的时机尚未成熟，文王很重视搞好与商的关系，避免与商发生直接的正面冲突，以等待灭商时机的到来。《左传·襄公四年》言："文王帅殷之畔国以事纣。"① 杜注："知时未可争"。由于还未到与纣王一争高下的时机，因此文王团结那些对纣王有二心的诸侯，说服他们一起事纣。按《大戴礼记·诰志》的说法，就是"文王治以俟时"。② 周文王之所以顺事商王，正是出于审时度势、韬光养晦的需要，等待着灭商时机的成熟③，因此文王一直小心翼翼地服事商纣王，《吕氏春秋·顺民》言："文王处岐事纣，冤侮雅逊，朝夕必时，上贡必适，祭祀必敬。"④ 文王在对商关系中所采取的这种低姿态赢得了商纣王的信任，使商纣王放松了对周文王的戒备。

周文王还很重视对商朝民心的争取，据史载，文王曾献洛西千里之地，请求纣王废除炮烙之刑。据《韩非子·难二》的记载，周文王此举兼有释纣王之疑和争取民心双重意义：

> 昔者文王侵孟、克莒、举酆，三举事而纣恶之，文王乃惧，请入洛西之地、赤壤之国方千里，以请解炮烙之刑，天下皆说。仲尼闻之曰："仁哉文王！轻千里之国而请解炮烙之刑。智哉文王！出千里之地而得天下之心。"⑤

在纣王对周起了疑心的情况下，周文王采取紧急措施，主动将部分疆土献给纣王，并以此请求纣王废除炮烙的酷刑，使形势转危为安，并进而赢得了民心。周文王的这一举措受到了殷民的普遍欢迎，正如《大戴礼

---

① 杜预：《春秋左传集解》，第812页，上海古籍出版社，1988年。
② 王聘珍：《大戴礼记解诂》，第184页，中华书局，1983年。
③ 《吕氏春秋·首时》亦言："圣人之于事，似缓而急，似迟而速，以待时。王季历困而死，文王苦之，有不忘羑里之丑，时未可也。"高诱注："纣为无道，拘文王于羑里。不忘其丑耻也，所以不伐纣者，天时之未可也。"（《吕氏春秋新校释》，第775页注5，上海古籍出版社，2002年）可谓是文王当时情形的真实写照。
④ 陈奇猷：《吕氏春秋新校释》，第485页，上海古籍出版社，2002年。
⑤ 陈奇猷：《韩非子新校注》，第875页，上海古籍出版社，2000年。

记·保傅》所说的那样："文王请除炮烙之刑而殷民从"。[①] 对此《吕氏春秋·顺民》曾评论说："文王非恶千里之地，以为民请炮烙之刑，必欲得民心也。得民心，则贤于千里之地。故曰：文王智矣！"[②] 用一个"智"字来评价周文王在处理商周关系上所采取的种种措施，可以说是再恰当不过了。

当然，在周文王积极准备灭商的过程中，商纣王并非没有一点警觉。商纣王曾经感受到周人壮大的威胁，并把周文王囚禁起来准备杀害，即《吕氏春秋·行论》所说的"纣恐其畔，欲杀文王而灭周"[③]。在这种严峻的形势面前，文王一方面向纣王表明自己的忠心，声称："父虽无道，子敢不事父乎？君虽不惠，臣敢不事君乎？孰王而可畔也！"[④] 以此来消除纣王对自己的怀疑；另一方面则通过手下进行多方的营救，最终化险为夷，甚至还获得了纣王专征伐之命。相关的情况在《史记·周本纪》中有详细的说明，此不赘述。

与周人不断发展壮大成对比，商纣王的暴虐政策导致了商朝君臣上下的离心离德，统治日下，但是商朝毕竟是一个有数百年治国经验的大国，朝中汇集了不少人才，《孟子·公孙丑上》言："纣之去武丁未久也，其故家遗俗、流风善政，犹有存者；又有微子、微仲、王子比干、箕子、胶鬲，皆贤人也，相与辅相之，故久而后失之也。"[⑤] 周文王要灭商，还要设法离间纣王与其贤臣的关系。《韩非子·喻老》[⑥] 篇记载了这样一个故事：

> 周有玉版，纣令胶鬲索之，文王不予；费仲来求，因予之。是[⑦] 胶鬲贤而费仲无道也。周恶贤者之得志也，故予费仲……而资费仲玉版者，是爱之也。[⑧]

① 王聘珍：《大戴礼记解诂》，第 65 页，中华书局，1983 年。
② 陈奇猷：《吕氏春秋新校释》，第 485 页，上海古籍出版社，2002 年。
③ 陈奇猷：《吕氏春秋新校释》，第 1399 页，上海古籍出版社，2002 年。
④ 陈奇猷：《吕氏春秋新校释》，第 1399 页，上海古籍出版社，2002 年。
⑤ 焦循：《孟子正义》，第 179 页，中华书局，2007 年。
⑥ 陈奇猷：《韩非子新校注》，第 460 页，上海古籍出版社，2000 年。
⑦ 陈奇猷：《韩非子新校注》，第 460 页："奇猷案：是，犹夫也。"
⑧ 陈奇猷：《韩非子新校注》，第 461 页："奇猷案：是爱无道者得志于纣也。"

　　在这个故事中，韩非子还专门点明"周恶贤者之得志"，即周文王担心胶鬲这样的贤者受到纣王的重用，因此在纣王派胶鬲来索取玉版时故意不给，使其无功而返；而佞臣费仲来索取时则马上交出玉版，故意使纣王误以为胶鬲无能而费仲能干，其目的就是要让"无道者得志于纣"，其目的的正如《韩非子·内储说下》所说的那样："文王资费仲而游于纣之旁，令之谏纣而乱其心"。[①]周文王的离间计策收到了预期的效果，胶鬲受到商纣王的冷落和佞臣的排挤，被迫离开商廷，以贩卖鱼盐为生，最终被周文王所重用（《孟子·告子下》及赵岐注），并在辅佐周武王灭商中发挥了重要作用。[②]而费仲等佞臣却受到了纣王的宠信和重用，政治更加黑暗混乱。如果周文王真是一心事纣，我们将很难理解周文王离间纣王与胶鬲这样的事情发生。

　　从上述这些情况来看，周文王时期的商周关系可以说处于一种微妙的状态，文王之父季历死于殷人之手，已经使周文王有了灭商之心，而接受天命灭商更使周文王的这一目标有了行动上的依据。灭商是周文王一生的追求，周文王事商只是在敌强我弱的形势下所采取的权宜之计。从现有材料来看，周文王生前已经秘密称王，积极从事灭商大业，清华简《保训》为我们提供了周文王生前称王的证据，这意味着周文王事实上已经与商朝决裂，正在积极从事灭商活动。而周文王在灭商过程中运用策略得当，也使得灭商的准备工作进展十分顺利。《孟子·滕文公下》曾引《书》曰："丕显哉文王谟！丕承哉武王烈！"用"丕显哉文王谟"来概括周文王运用各种谋略发展实力，为灭商做准备，可以说是再合适不过了。在周文王统治期间，周人实际上已经完成了灭商的各种准备，周武王灭商应该说只是一个水到渠成的结果。

（原载《清华大学学报》2009 年第 5 期）

---

① 　陈奇猷：《韩非子新校注》，第 647 页，上海古籍出版社，2000 年。
② 　《国语·晋语一》韦昭注："胶鬲，殷贤臣，自殷适周，佐武王以亡殷也。"

周文王称王史事辨

　　商周时期的历史跌宕起伏，精彩纷呈。西周原为商的西部诸侯，经过长期的发展壮大，最后灭掉了商朝。西周虽然直至周武王时才灭掉商，完成了建国的大业，但是真正奠定灭商格局的则是武王的父亲周文王。史称周文王时已经"三分天下有其二"（《论语·泰伯》），从而确立了对商的优势地位。因此，周文王时的统治对于西周的发展壮大至关重要，周人也把其王朝的开端上推到周文王时期。不过，由于书阙有间，有关周文王时期的历史记载相当有限，从而限制了学者们相关研究工作的深入，其中最让后人争议不休的就是周文王生前是否已经称王。

　　关于周文王生前已经称王的看法，文献中曾有不少涉及。司马迁在《史记·周本纪》中记载："诗人道西伯，盖受命之年称王而断虞芮之讼"①。《正义》云："二国相让后，诸侯归西伯者四十余国，咸尊西伯为王。盖此年受命之年称王也。《帝王世纪》云：文王即位四十二年，岁在鹑火，文王更为受命之元年，始称王矣。"汉唐时期学者们对《诗经·大雅·文王》篇的注解也持同样的观点。足见在汉唐时期，不少学者相信周文王生前已经称王。

　　与此同时，也有一种否定周文王生前曾经称王的不同意见。如《风俗通义·皇霸》的"三王"条辨古代的"三王"为夏禹、商汤和周武王，周文王并不在三王之列，理由是："《论语》：'文王率殷之叛国以服事殷。'时尚臣属，何缘便得列三王哉！"应劭还指出："太王、王季皆见追号，岂可

---

① 司马迁:《史记》卷四，第119页，中华书局标点本，1980年。

复谓已王乎？"①细味其言，似乎是否认周文王生前已经称王。

唐代以后，否定周文王称王的观点逐渐流行起来，如孔颖达在《泰誓》篇正义称："《易纬》称'文王受命，改正朔，布王号于天下。'郑玄依而用之，言文王生称王，已改正。然天无二日，王无二王，岂得殷纣尚在而称周王哉！若文王身自称王，已改正朔，则是功业成矣，武王何得云'大勋未集'，欲卒父业也？《礼记·大传》云：'牧之野，武王之大事也。既事而退，追王大王亶父、王季历、文王昌。'是追为王，何以得为文王身称王，已改正朔也！"②刘知几在《史通》的《疑古》篇中也明确指出："夫天无二日，地惟一人。有殷犹存而王号遽立，此即春秋楚及吴越僭号而陵天子也"③；张守节在《史记正义》中亦表达了类似的意见，他在讨论《周本纪》有关周文王"改法度，制正朔"时说："《易纬》云：'文王受命，改正朔，布王号于天下'。郑玄信而用之，言文王称王，已改正朔，布王号矣。按：天无二日，土无二王，岂殷纣尚存而周称王哉？若文王自称王改正朔，则是功业成矣，武王何复得云大勋未集，欲卒父业也？《礼记·大传》云：'牧之野武王成大事而退，追王太王亶父、王季历、文王昌'。据此文乃是追王为王，何得文王自称王改正朔也？"④这些学者之所以要极力否定周文王称王的史实，主要是囿于当时人们心目中对于周文王所普遍具有的圣人形象，周文王为商纣王之臣，如果他生前真的称王，势必违背了封建社会的正统伦理观念，因此这些学者主要从道德伦理的角度否定周文王称王的史实。从唐代开始，这种观点开始占上风，如梁肃在《西伯受命称王议》中认为所谓周文王称王之说是"反经非圣"的观点；到了宋代，欧阳修在《泰誓论》中也极力辨驳，斥文王受命称王的看法为"妄说"。后来的学者多怀疑周文王生前称王的事实。他们或认为《周本纪》的相关记述是"司马迁不达理道之舛"（明代马明衡所著《尚书疑义》卷四），或

①　吴树平：《风俗通义校释》，第 18 页，天津人民出版社，1980 年。

②　孔颖达：《尚书正义》卷 11，第 180 页，中华书局影印本《十三经注疏》，1987 年。

③　见蒲起龙：《史通通释》卷 13，第 363 页，上海古籍出版社，2009 年。

④　见《史记》卷 4 的《正义》，第 119 页，中华书局标点本，1980 年。

认为《史记》的相关内容出自刘歆的增窜（清代方苞所著《望溪集》卷一）。至清代梁玉绳则在《史记志疑》中对历代学者指斥此说的情况予以了总结。

到了 20 世纪初，王国维先生则从另外一个角度肯定周文王生前已经称王。王氏《古诸侯称王说》（《观堂别集》卷一）认为"世疑文王受命称王，不知古诸侯于境内称王，与称君、称公无异"[①]，并认为"盖古时天泽之分未严，诸侯在其国自有称王之俗……苟知此，则无怪乎文王受命称王而仍服事殷矣"。[②] 王国维此说一方面根据文献记载承认了周文王生前称王的事实，另一方面又将其政治上的象征意义加以淡化，可以说是对周文王生前称王说的一种折中和调和。对于王氏的这一看法，学者们或表示赞成，或表示反对，没有形成一致的意见。

20 世纪 70 年代，陕西周原地区出土了众多周初甲骨，其中一些甲骨中同时有"周方伯"和"王"的内容，从而使周文王生前是否称王的讨论又趋热烈。一些学者认为"周方伯"和"王"同指周文王，周文王生前即已称王，另一些学者则认为"王"指商王，"周方伯"指周文王，并进一步提出周文王并未称王。[③]

2008 年，清华大学入藏了一批战国竹简，其中有一篇被整理者命名为《保训》，其照片及释文业已公布。[④]《保训》内容系周文王临终前给其儿子发（即后来的周武王）留下的遗嘱[⑤]，风格与《尚书》的《顾命》篇相似，也与《逸周书》中的不少篇有相通之处，为以往学者所未闻见。《保训》篇文字古奥，许多论述不易索解，有待于今后进一步探研。但就目前已了解的内容来看，其价值可谓是空前的。简文一开始点明这一事件发生的时间为"惟王五十年"，这五个字可以对千百年来学者们聚讼不清的有关周

---

① 王国维：《观堂别集》卷一《古诸侯称王说》，见《王国维遗书》第 3 册，第 48 页，上海古籍书店，1983 年。

② 王国维：《观堂别集》卷一《古诸侯称王说》，见《王国维遗书》第 3 册，第 49 页，上海古籍书店，1983 年。

③ 参见王晖《周文王受命称王考》（《陕西师范大学学报》2002 年第 4 期）等论文。

④ 清华大学出土文献研究与保护中心：《清华大学藏战国竹简〈保训〉释文》，《文物》2009 年第 6 期。

⑤ 李学勤：《周文王遗言》，《光明日报》2009 年 4 月 13 日。

文王称王的争论起到拨云见日之功效，意义非常重大。我们曾据此对周文王称王的相关情况进行了讨论 ①，文章发表后，有学者对于我们的看法提出了质疑 ②，本文拟在前文的基础上进一步申论我们的意见。

从现有文献来看，周文王之所以称王，与"受命"这一历史事件密切相关，即司马迁所说的"受命之年称王"。周人普遍相信有文王受命这一事件，相关的记载在《诗》《书》及出土金文中有大量记载。我们可以举出一些这方面的论述，如：

> 《诗经·大雅·江汉》："文、武受命"。
>
> 《诗经·大雅·大明》："有命自天，命此文王"。
>
> 《尚书·康诰》："天乃大命文王，殪戎殷，诞受厥命"。
>
> 《逸周书·祭公》："皇天改大殷之命，维文王受之，维武王大克之"。
>
> 何尊："文王受兹大命"。
>
> 大盂鼎："丕显文王受天有大命"。

从这些传世文献与出土文献的记载来看，文王（包括武王）受命是周人发展史中一个标志性的事件，并为周人所津津乐道。那么文王受命究竟是什么含义？对此古代学者曾有不同的看法，他们一方面承认有文王受命之事，但是在理解文王受命的具体内容时往往有很大的分歧。如对于《尚书·无逸》"文王受命惟中身"一句，孔颖达《尚书正义》称：

> 经言"受命"者，郑玄云："受殷王嗣位之命"。然殷之末世，政教已衰，诸侯嗣位，何必待王命？受先君之命亦可也。王肃云：文王受命，嗣位为君，不言受王命也。③

从上述材料来看，郑玄将《尚书·无逸》篇中的"文王受命"理解为"受殷王嗣位之命"，即周文王接受商王之册命即位为西伯，但王肃、孔颖

①　刘国忠：《〈保训〉与周文王称王》，《光明日报》2009 年 4 月 27 日。

②　姜广辉：《〈保训〉十疑》，《光明日报》2009 年 5 月 4 日。

③　见《尚书正义》卷 16，见《十三经注疏》，第 222 页，中华书局影印本，1987 年。

达等人不同意此说，认为此处的受命可能是"受先君之命"。至于《周本纪》
中有关"西伯受命之年称王"的解释，学者们或者认为是文王受商纣王弓
矢斧钺之赐，得专征伐；或者认为是诸侯尊西伯为王①等。但这些观点与上
述有关文王受命的记载显然不相一致。王国维先生据《尚书·酒诰》"惟
天降命，肇我民，惟元祀"的记载，敏锐地指出所谓的"受命"就是受天命。
他在《周开国年表》一文中言："降命之命，即谓天命。自人言之，谓之受
命；自天言之，谓之降命。"②王氏此论，与传世及出土文献中有关"文王受
命"的论述完全符合，因此现代学者多赞同王氏的观点，认为"文王受命"
是受天命。③

　　理解了"文王受命"的具体含义，其内容我们也就随之理解。所谓的
"文王受命"，正如《康诰》所言，是"天乃大命文王，殪戎殷，诞受厥命"，
亦即《逸周书·祭公》所说的"皇天改大殷之命，维文王受之，维武王大
败之"。即文王获得了天命，而商则失去了天命，上天让文王灭商，取而
代之。文献中有关文王受命的记载都应该这么理解，才符合"文王受命"
的原意。

　　文王以什么形式获得天命，也是我们需要讨论的话题，按照纬书的记
载，文王受命有受洛书或赤雀丹书等说法，恐不可信。倒是《艺文类聚》
卷79所引《周书》篇的内容颇有象征意义：

　　　　《周书》曰：太姒梦见商之庭产棘，太子发取周庭之梓，树于阙，
　　梓化为松柏棫柞。寐觉，以告文王。文王乃召太子发，占之于明堂。
　　王及太子发并拜吉梦，受商之大命于皇天上帝。④

---

① 《史记正义》言虞、芮两国之讼解决后，"诸侯归西伯者四十余国，盖此年受命之年称王也"。
　见中华书局标点本《史记》，第119页。
② 王国维：《观堂别集》卷一《周开国年表》，见《王国维遗书》第3册，第37页，上海古籍书
　店，1983年。
③ 如王晖《周文王受命称王考》（《陕西师范大学学报》2002年第7期）、晁福林《从上博简〈诗
　论〉看文王"受命"及孔子的天道观》（《北京师范大学学报》2006年第2期）等。
④ 《艺文类聚》卷79，第1355页，上海古籍出版社，1982年。

这里以太姒所梦的情形象征商命已失，而周将取而代之，故周文王认为这是天命，是要让周"受商之大命"，与前引《康诰》及《祭公》等篇关于周文王受命的内容非常吻合。由于这条材料未标明时间，我们尚不知此事的确切时代。但是可以肯定，文王可能就是通过这种形式获得了天命，因而他自称为王，以顺应天命。

那么文王是什么时候获得天命的呢？实际上文献中已经回答了这个问题。《尚书·无逸》言"文王受命惟中身，厥享国五十年"，伪孔传："文王九十七而终。中身即位，时年四十七。言中身，举全数。"《诗经·大雅·文王》篇的正义引《无逸》篇注云"中身谓中年"。以往的学者只注意到文王于中年即位，实际上文王这时已经受天命，所以他即位时已经称王。而《保训》简"惟王五十年"的记载则印证了文王即位之初即已称王的史实。

弄清楚了文王受命的真实含义及具体内容之后，我们再来看文献记载，就可以对其中的内容有清楚的认识。《诗经·大雅·文王有声》言："文王受命，有此武功，既伐于崇，作邑于丰。"郑笺："武功谓伐四国及崇之功也。作邑者，徙都于丰，以应天命。"《正义》："经别言既伐于崇，则武功之言非独伐崇而已。受命之后所伐邘、耆、密须、混夷之属皆是也。"[1] 我们了解了"文王受命"的真实含义之后，就可以明白这首诗实际上是用伐崇和营建丰邑这两件事概括文王一生的功绩，这两件事是文王统治期间周人发展中最重要的两个转折点。[2] 然而伏生、司马迁等学者不了解"文王受命"的确切含义，误以为"文王受命"是受纣王专征伐之命，因此出现"文王受命，一年断虞芮之质，二年伐邘，三年伐密须，四年伐畎夷，五年伐耆，六年伐崇"(《尚书大传》，《资治通鉴外纪》卷二引)、"受命之年称王而断虞芮之讼"(《史记·周本纪》)这样的认识，实际上都是由于误读了《文王有声》中的"文王受命，有此武功，既伐于崇，作邑于丰"而造成，同时也给历史造成了一桩疑案。《保训》简的发现使我们可以拨开历史的这

---

[1] 见《十三经注疏》，第 526 页，中华书局影印本，1987 年。

[2] 周人灭黎也是周人历史发展的一个重大事件，过去人们把戡黎之事归功于文王，但清华简武王乐诗的发现已证明此事发生于武王八年，使相关历史的发展线索更为合理。

一片迷雾，重新了解文王时期的相关历史。

最后，还有三个问题需要在此说明一下。

一是文王在位的时间。按照《无逸》的记载，周文王在位五十年，而《吕氏春秋》的《制乐》篇则提出了另外一种说法，认为"文王立国五十一年而终"。对于这一矛盾的记载，我们显然应该信从《无逸》的记载，因为《无逸》为周公所作，周公对于其父在位时间的叙述肯定要比后人准确得多。至于有学者主张周文王在位是 51 年，《无逸》的记载只是举其成数的说法①，我们不能同意。周公在《无逸》篇中列举殷中宗在位 75 年、高宗在位 59 年、祖甲在位 33 年，都是具体的在位年数，如果说周公列举殷王在位时间均是具体年数，而列举自己父亲在位时间时则取其成数，显然不合情理。而《保训》简"惟王五十年"的记载印证了周文王"享国五十年"的记载，意义十分重大。

二是关于周文王顺服于商的认识。从《尚书·西伯戡黎》中我们可以知道，商纣王一直到周人灭黎时，还认为"我生不有命在天"，不知道或者不承认天命的更改。可见周文王受天命称王只是私下里采取的行为，并没有做公开的舆论宣传，商人并不知道周文王受命这一事件。这也同时表明，周文王顺服于商纣王，可能更多的只是一种姿态和表面现象，实际上从周文王即位称王开始，就一直怀有灭商的企图。周文王之父季历死于商王文丁之手②，因此周文王一直有复仇和代殷之心是完全可以理解的，《古本竹书纪年》还有帝乙二年"周人伐商"的记载③，即是周文王在位时的事件。周文王之所以顺服于殷，主要还是审时度势、韬光养晦的需要。如果他真如后来儒生所说的那样诚心事殷，反而是无法理解的事情。这方面希望将来还有机会进一步阐述。

---

① 许维遹先生言："《尚书·无逸》篇谓文王享国五十年，盖举其成数也。"见陈奇猷：《吕氏春秋新校释》，第 358 页，上海古籍出版社，2002 年。

② 据《古本竹书纪年》载，"文丁杀季历"（《史通·疑古》引文）。见方诗铭、王修龄：《古本竹书纪年辑证》，第 38 页，上海古籍出版社，2005 年。

③ 《太平御览》卷 83 引。见方诗铭、王修龄：《古本竹书纪年辑证》，第 39 页，上海古籍出版社，2005 年。

三是关于《保训》中"中道"的理解。《保训》发表以后，学者们对于里面的"中"展开了热烈的讨论。我们觉得如果从"受天命"这个角度来理解《保训》的相关内容可能会有所启发。这里的"中"我们同意李学勤先生的见解，即"中正之道"，而中正之道是符合上天的意愿。《保训》简中还有一个词"三降之德"，内容虽然不得其详，但此处的"降"字也提醒我们可能与天降有关。因此，这也就是《保训》中周文王反复强调中即中正之道的缘由。

（原载《中国史研究》2009 年第 3 期）

《尚书·酒诰》"惟天降命肇
我民惟元祀"解

    《酒诰》是《尚书》中的重要一篇，千百年来深受学者们的重视。该篇开头有一句"惟天降命肇我民惟元祀"，学者们对它的理解存在着不小的歧异。

    伪孔传将该句解为："惟天下教命，始令我民知作酒者，惟为祭祀"。[1]《正义》："言天下教命者，以天非人不因，人为者，亦天之所使。故凡造立，皆云本之天。元祀者，言酒惟用于大祭祀。见戒酒之深也。顾氏云：元，大也。"[2]这种观点将本句理解为上天之所以教民众掌握制酒的方法，其目的是为了祭祀。这一理解在古代十分流行，如苏轼的《书传》称"天始令民知作酒者，本为祭祀而已"[3]；蔡沈的《书集传》亦言"天始令民作酒者，为大祭祀而已"[4]。一些学者还专门对此做了发挥，如有学者称："天之降命，所以使我民置此酒者，以祭祀无酒，则无以荐其馨香，置酒之本意，惟祭祀而已，非以资人酣饮也。"[5]有学者甚至还提出"古始惟大祀用酒，小祀犹不用酒"[6]。这些论述充斥于古代的各种《酒诰》注解之中，这里不再缕

①　见影印本《十三经注疏》，第 206 页，中华书局，1987 年。

②　见《尚书正义》卷十三，四部要籍注疏丛刊《尚书》，第 339 页，中华书局，1998 年。

③　苏轼：《书传》卷十二，文渊阁《四库全书》本。

④　见影印本《四书五经》，第 90 页，中国书店，1985 年。

⑤　见时澜：《增修东莱书说》卷二十一，收入《通志堂经解》，江苏广陵古籍刻印社影印本，第 6 册，第 104 页，1993 年。

⑥　杨简：《五诰解》卷二，文渊阁《四库全书》本。

述。这种见解把"惟天降命"理解为上天教令作酒,"元祀"理解为大祭祀,其说法成为古代经学家解释此句的最普遍、最有代表性的意见。

明代马明衡《尚书疑义》对此句的理解略有不同,他认为"惟天降命肇我民"意为"惟天降命于周,以始有此民,即肇国在西土之谓也"。在此马明衡主张"天降命"与"肇国在西土"意义相同,指天降命于周,这与上述学者将该句解为上天教令制酒不同,这是他的特色之处。不过对于"元祀",马明衡仍然将之解释为"大祭祀",认为"天之降命如此,是以有大祭祀而用酒也"。① 在他看来,"元祀"是为了感谢上天的"降命"而举行的大祭祀。因此,这一观点虽然对于"降命"的具体内容看法不同,但在把"元祀"解为"大祭祀"这一点上与传统的观点并没有太大的歧异。

清代孙星衍在《尚书今古文注疏》中则把"降命"的"命"读为"名",把"元祀"释为祭祀最早发明造酒之术的人,他在书中说:"惟者,《释诂》云:思也。命者,《广雅·释诂》云:名也。《释诂》云:肇、元,始也。言思天降下酒名之始,我民当思祀其始作酒者。《书》疏引《世本》云:仪狄造酒,夏禹之臣。又云:杜康造酒。或此云惟天下教命,始命我民知作酒者,惟为大祀。元,大也。"② 按照孙氏此说,"元祀"应该是举行大祭祀,以纪念发明造酒之术的仪狄、杜康等人。这一解释与上述诸家之说也略有区别。

近代以来,对于《酒诰》这句话的解释有了很大的突破。俞樾在《群经平议》中提出了一种新解,他认为"惟天降命"即承上文的"祀兹酒"(按:俞氏认为"祀兹酒"的"祀"读为"已",意思是止酒即禁酒)而言,"谓止酒非一人之私,言惟天降命也。盖重其事,故托之天命耳。'肇我民,惟元祀',言与我民更始,惟此元祀也。'元祀'者,文王之元年。上文曰肇国在西土,肇国者,始建国之谓,故知是文王元年也。曰'元祀'者,犹用殷法也。盖文王元年即有此命,故云然耳"。③ 俞氏此论,将"惟天降命"理解为上天降命让人禁酒,而与传统的上天教令民众造酒不同,颇有

①   马明衡:《尚书疑义》卷五,文渊阁《四库全书》本。

②   孙星衍:《尚书今古文注疏》,第 375 页,中华书局,2004 年。

③   俞樾:《群经平议》五,收入《清经解续编》卷一三六六,第 1052 页,上海书店影印本,1988 年。

些神道设教的意味；至于"元祀"，俞氏解为"元年"，认为是周文王元年。俞氏坚信周文王生前曾经称王改元，并写有《周文王受命称王改元说》一文详述其意见。①俞氏将"元祀"解释为周文王元年，是一个很重要的发现。至于俞氏把"惟天降命"解释为禁酒时"盖重其事，故托之天命耳"，则不免有牵强附会之嫌。

王先谦在《尚书孔传参正》中则把"命"字理解为"性命"的"命"，在他看来，"惟天降命，肇我民"就是上天降命赋性，肇生我民。书中言："'惟天降命，肇我民，惟元祀'者，《释诂》：'元，大也'。惟天之降命赋性，肇生我民，所以报本反始者，惟祀为大。就祀事推言之，祀必有酒，重祭神也。"②这也可备一家之说。

在《酒诰》这句话的解释方面，王国维做出了突出的贡献。王国维在《观堂集林》卷二《与友人论诗书中成语书二》中指出："《酒诰》云：'惟天降命肇我民。''天降命'，正与下文'天降威'相对为文。《多方》云'天大降显休命于成汤'是也。传以为天下教令者，失之。'天降命'于君，谓付以天下。君降命于民，则谓全其生命……"③在给清华国学院学生讲课时，王先生更明确地指出，"惟元祀"即"指文王受命改元事，非指祀事"。④按照王氏之说，天降命就是上天将天下付与周文王，元祀则是文王受命改元，而不是祭祀之事，与前贤的理解相比有很大的不同。

王国维的这一见解得到了不少学者的赞同，如王氏的学生杨筠如在《尚书覈诂》中言："降命，古成语。王师谓'天降命'，正与下文'天降威'相对为文。《多士》：'天大降显命于成汤。'天降命于君，谓付以天下。盖降命，皆有右助福佑之义也。至君降命于民，亦然。《多士》：'昔朕来自奄，予大降尔四国民命。'又曰：'乃有不用我降尔命。'其义亦无不有降福之意也。肇我民，与上文'肇国'同意。元祀，谓天子受命改元而后称元祀。惟，

---

①　俞樾：《达斋丛说》五，收入《清经解续编》卷一三五〇，第1013页，上海书店影印本，1988年。

②　王先谦：《尚书孔传参正》卷二十，四部要籍注疏丛刊《尚书》，第2710页，中华书局，1998年。

③　王国维：《观堂集林》，第79页，中华书局，1959年。

④　吴其昌：《王观堂先生尚书讲授记》，收入《古史新证》，第245页，清华大学出版社，1994年。

《玉篇》:'为也。''为'与'作'同。《洛诰》'以功作元祀',即其证也。"①
曾运乾在《尚书正读》中更进一步指出:"惟天降命,犹《康诰》言'天乃
大命文王'也,肇我民者,犹《康诰》言'用肇造我区夏'也。元祀者,《史记》
云:'诗人道西伯,盖受命之年称王'也……此文语亦倒,犹云'惟天降命,
肇我民,惟元祀,厥朝夕诰毖庶邦庶士'云云也。"②此外,屈万里、刘起釪、
臧克和等先生也都支持王国维的意见。③

　　虽然王国维等学者已经将"惟元祀"理解为"文王受命改元事,非指
祀事",但是当代的大部分学者仍多信从古代经学家们的意见,如周秉钧
《尚书易解》:"惟,思也。命,如'天命有德'之'命',对'天降威'言,
谓福命也。此黄式三说。肇,《周语》注:'正也。'正,治也,见《吕览·顺民》
注。肇我民,谓治理我民也。元,大也。惟元祀,惟大祀可饮酒也。蒙上
文'祀兹酒'而省。言须思天降福命,使治理我民,惟大祭之时可饮酒耳。"④
此外如《尚书注训》《尚书新笺与上古文明》《今古文尚书全译》等近期出
版的《尚书》注释之作,也都遵奉伪孔传等古代经学家们的意见。⑤因此,
如何正确理解阐释这句话,仍然是摆在学者们面前的一件事。

　　幸运的是,清华简《程寤》篇的问世,为我们解决这一问题提供了重
要的契机。

　　2008年7月,清华大学接受校友捐赠,入藏了一批流失境外的古代竹
简,近两年来,这批被人们称为清华简的珍贵材料受到了社会各界的广泛

---

① 见杨筠如:《尚书覈诂》,第278页,陕西人民出版社,2005年。

② 曾运乾:《尚书正读》,第173页,中华书局,1964年。

③ 如屈万里《尚书集释》:"王国维《与友人论诗书中成语书二》(见《观堂集林》)云:天降命
于君,谓付以天下。肇我民,意犹上文所云肇国。惟元祀,谓开国改元也。"台湾联经出版公司,
1983年,第159页。在《尚书今注今译》(台湾商务印书馆,1984年,第107页)一书中,
屈氏将之译为:"老天降下命令使我们开始拥有这些百姓们,于是我们就开国改元了。"刘起
釪《尚书校释译论》(中华书局,1998年,第1386-1387页)也引用了王国维的观点,但引
文中有一些错误。臧克和《尚书文字校诂》(上海教育出版社,1999年,第332-333页)也
以王国维之说来解本句。

④ 周秉钧:《尚书易解》,第172页,华东师范大学出版社,2010年。

⑤ 见黄怀信《尚书注训》,钱宗武、杜纯梓《尚书新笺与上古文明》,江灏、钱宗武《今古文尚
书全译》(贵州人民出版社,2009年,第228页)。

关注，媒体也进行了大量的报道。据统计，清华简总数近2500枚（含残片），其时代为公元前305年前后，属于战国中期偏晚。根据目前初步的编排结果，清华简总共约有64篇文献，其中多为经、史一类的典籍，涉及中国传统文化的核心内容，其中尤以《尚书》的重新发现最为引人注目。众所周知，目前传世的今文《尚书》系汉初由伏生所传下来的，为秦火之余，而古文《尚书》则已公认为伪书，而现在新入藏的清华简由于属战国时期的写本，未经秦火的劫难，更能体现《尚书》的原貌，因此它对于中国古代历史文化研究的作用难以估计。

清华简中虽然尚没有发现《酒诰》篇，使我们无法对该篇进行系统的校正。但是在清华简中再现的《程寤》一篇，对于讨论"惟天降命肇我民惟元祀"一句的含义有重要的帮助。《程寤》篇原来见于《逸周书》，但在后世流传过程中佚失，现在仅有部分佚文存世，后人已无法得知其全貌。清华简《程寤》篇全篇相当完整，内容十分重要。该篇的开头有这样一句话：

> 佳王元祀正月既生魄，大姒梦见商廷佳棘，乃小子发取周廷梓树于厥间，化为松柏棫柞，寤惊，告王，王弗敢占，召大子发……占于明堂。王及大子发并拜吉梦，受商命于皇上帝。

这段话在一些传世文献中曾存有佚文，如《艺文类聚》卷七十九《梦》言："《周书》曰：大姒梦见商之庭产棘，太子发取周庭之梓树于阙，梓化为松柏棫柞，寐觉，以告文王。文王乃召太子发，占之于明堂。王及太子发并拜吉梦，受商之大命于皇天上帝。"[①]两者相比，除个别字句不同外，内容基本相似，大意是周文王妻子太姒，梦见商朝的王庭里长满了荆棘，而太子发则取来周庭里的梓树，种到了商朝的王庭中，结果梓树化成了松、柏、棫、柞等各种树木。太姒做了这样一个梦之后，非常吃惊，赶紧告诉了周文王，周文王把太子发找来，在明堂里占测了一下这个梦的吉凶，结果发现是一个非常吉利的梦。原来，商朝王庭里长满的荆棘，实际上是表

---

① 《艺文类聚》卷79，第1355页，上海古籍出版社，1982年。

示商朝朝廷里有许多恶人和恶事，而太子发把这些荆棘除去，种上了周人的梓树等树种，象征的是太子发根除了商朝的恶人和恶事，取代了商朝，所以整个梦的内容，意味着太子发将灭掉商朝，取而代之，让周"受商之大命"。于是，周文王和太子发都对上天拜谢，感谢上天把商之"大命"赐给了他们。这件事很可能与周人所津津乐道的周文王获得天命亦即"文王受命"有密切关系。

清华简《程寤》与传世的有关佚文最大的一个差别在于，简文中明确记载了此事的发生时间是"惟王元祀"，也就是周文王元年，它不仅印证了周文王生前已经称王，而且证明周文王元年时即已获得天命，而商则已经丧失了天命。

如果把《程寤》的这段话与《酒诰》的"惟天降命肇我民惟元祀"相对比，我们就可以恍然，原来"惟天降命肇我民惟元祀"所讲述的正是《程寤》的这个事件，也就是《康诰》所说的"天乃大命文王殪戎殷，诞受厥命。越厥邦厥民"；而《顾命》所言"皇天改大邦殷之命，惟周文、武，诞受羑若，克恤西土"，含义也应该与此相同；至于《大诰》所讲的"天休于宁王（按：此处的"宁王"及后面的"宁王"二字皆为"文王"之误），兴我小邦周；宁王惟卜，用克绥受兹命"之语，正是对《程寤》所载这一事件的总结。现在我们据清华简《程寤》，已经知道这件事的发生时间是"惟元祀"，亦即周文王元年。因此，周文王在其元年时就已经获得了上天之命，将要取代商朝。借用《文侯之命》的话来说，就是"惟时上帝集厥命于文王"。[①]

商、周时期关于天命转移的这种观点屡见于文献，殷商之所以建国，也是因为上天降命于成汤，命他灭夏。如《多方》言："天惟时求民主，乃大降显休命于成汤，刑殄有夏。"而到了商朝末年，上天又降命于周文王，令周灭商。商人之所以丧失天命，当然有多方面的原因，但其中有一个重

[①] 《尚书》中关于文王受命的记载还有很多，如《君奭》"我道惟宁王德延，天不庸释于文王受命""上帝割申劝宁王之德，其集大命于厥躬"，《多士》"弗吊旻天大降丧于殷；我有周佑命，将天明威，致王罚，敕殷命终于帝"；《召诰》"皇天上帝改厥元子兹大国殷之命。惟王受命，无疆惟休，亦无疆惟恤"等。至于金文中有关文王受命的记载也极其丰富，这里从略。

要的因素即商人"沉酗于酒，用乱败厥德于下"（《微子》）、"诞惟民怨，庶群自酒，腥闻在上。故天降丧于殷"（《酒诰》）。传说中的商纣王营建酒池肉林，为长夜之饮，正是商末乱政的典型写照。在这种情形下，上天降命于周文王，让他灭商，就成了势在必然之举了。而《酒诰》所要阐述的，正是这一过程。

　　如果我们从这一角度来分析，我们对《酒诰》的认识可能会与前贤有些不同。《酒诰》的第一句说"明大命于妹邦"，前贤多认为是"明施大教命于妹国"①，亦即"明白地发布一个大的命令于妹邦"②，然而根据我们的理解，大命就是天命，该句是说，要让殷民明白地了解天命的内容，认识到商的大命已经丧失，周人拥有了天命。至于"惟天降命，肇我民，惟元祀"则是具体地讲述天命更改的事实及其时间。正是由于殷人沉湎于酒，上天才改变了大命，转而让周文王去灭商，而其时间则是周文王元年。商人酗酒的危害由此可见，因此周人有必要实行禁酒的措施。这样来理解《酒诰》，可能更符合它的原意。

　　还有一个问题，"惟元祀"究竟是周文王的那一年呢？按照传统的说法，周文王曾经有受命称王改元之举，其时间为周文王晚年断虞、芮之讼以后。如果同意这一观点的话，那么这一事件自然是发生在周文王晚年。不过从《程寤》来看，文王受命与断虞、芮之讼是两件不同的事情，不好将之混而为一。因此，笔者还是倾向于认为这件事发生于周文王即位之初。当然这也还仅仅是一种推测，是否合适，还有待于今后更多的资料发现。

（原载《中国史研究》2011 年第 1 期）

---

① 伪孔传之语，见《尚书正义》，中华书局影印《十三经注疏》本，第 205 页，1987 年。
② 屈万里：《尚书今注今译》，第 106 页，台湾商务印书馆，1984 年。

也谈清华简《厚父》的撰作时代和背景

　　《清华大学藏战国竹简（五）》中所公布的《厚父》篇，是一篇久已失传的《尚书》类文献，自从发布之后就引起了学者们的浓厚兴趣，并进行了广泛的讨论，已经有多篇论文正式发表。[①] 另外网上对于该篇的讨论也十分热烈[②]，除了不少专题论文之外，"简帛网"还专门开辟了"清华五《厚父》初读"的栏目，许多网友也在这些网络论坛上充分发表了自己的意见。

　　这些讨论对于《厚父》篇的解读，无疑具有很重要的意义，研究工作正在逐步深入。不过该篇简文因有残损，篇中的"厚父"与"王"究竟是谁，学者们一直聚讼不休，概括起来看有三种意见：

　　1. 该篇为夏代文献，篇中的"王"和"厚父"为夏王与其臣厚父。

　　2. 该篇为商代文献，篇中的"王"和"厚父"是商王与其臣厚父。

　　3. 该篇为周代文献，篇中的"王"和"厚父"为周王（具体来说为周

---

① 赵平安《〈厚父〉的性质及其蕴含的夏代历史文化》(《文物》2014 年第 12 期) 对本篇简文有详细的讨论；其他的相关文章有李学勤《清华简〈厚父〉与〈孟子〉引〈书〉》(《深圳大学学报》2015 年第 3 期)、赵平安《谈谈战国文字中值得注意的一些现象——以清华简〈厚父〉为例》(《出土文献与古文字研究》第六辑)、程浩《清华简〈厚父〉"周书"说》(《出土文献》第 5 辑，中西书局，2014 年)、郭永秉《论清华简〈厚父〉应为〈夏书〉之一篇》(《出土文献与中国古代文明学术研讨会论文集》，2015 年)、黄国辉《清华简〈厚父〉新探——兼谈用字和书写之于古书成篇与流传的重要性》(《清华大学学报》2016 年第 3 期)、杜勇《清华简〈厚父〉与早期民本思想》(《西华师范大学学报》2016 年第 2 期) 等。其他关于《厚父》篇断句和字词训诂的讨论还有不少，在此不一一论列。

② 如王坤鹏《简论清华简〈厚父〉的相关问题》(见"复旦大学出土文献与古文字中心网")、子居《清华简〈厚父〉解析》(见"清华大学出土文献研究与保护中心网") 等文，另外宁镇疆《说清华简〈厚父〉"天降下民"句的关联文献问题》一文虽未见发表，但对相关问题也有很好的讨论。

武王）与其臣厚父。

由于该篇简文是对夏朝执政的得失进行讨论，竹简本身又抄写于周代，可以说，目前关于简文作者和时代的这些意见，已经把这篇文献写作时代的所有可能性都包括在其中了。与此同时，有关本篇文献的时代与性质的巨大分歧也引起了我们的困惑，因为对于一篇文献，如果我们连它的时代都无法弄清，其写作时代的判断竟然可以相差达五六百年之多，这显然是不太正常的，势必会影响到对它的进一步深入研究。

那么，如何来看待学者们的相关意见呢？我们需要做一些具体分析。

在上述三种意见中，关于清华简《厚父》作于夏代的说法，可能证据会比较牵强一些。因为在简文中已经列举的夏朝人物中，已经明确提到了孔甲，而据《国语·周语下》"孔甲乱夏，四世而殒"（当然简文对于孔甲的认识和《国语》等传世文献颇不相同，对此学者们已有不少讨论）。按照《史记·夏本纪》的记载，孔甲之后，尚有帝皋、帝发、帝履癸（即桀）三个王，但他们在治理国家方面都十分昏庸无能，"自孔甲以来而诸侯多畔夏"，尤其是帝桀，"不务德而武伤百姓"，最后导致夏朝的灭亡。这三个国君都是碌碌无为甚至倒行逆施之辈，与《厚父》中的"王"的锐意进取可以说截然不同，因此他们之间不可能有什么直接的关系；另外，简文中"弗用先哲王孔甲之典型，颠覆厥德，沉湎于非彝，天廼弗若（赦），廼坠厥命，亡其邦"的论述，很明显是描述夏朝亡国的情景。至于学者们已经指出的一些特征，比如说"《厚父》篇记王言之前冠以'王若曰'，通篇又多称'夏之哲王''夏邦''夏邑'而不说'我夏之哲王''我夏邦'"①，等等，这些地方也可以印证本篇简文并非作于夏代。

简文总结夏朝兴亡的历史经验和教训，使人们很容易联想到它应该是商代的文献。整理小组一开始也是这么考虑的，但是程浩在《清华简〈厚父〉"周书"说》一文中，已经从多个角度论证了该篇不太可能是商代文献，其论据是很有说服力的。作者得出的结论是："《厚父》篇无论是语言还是

①　见郭永秉先生之文中所引沈培先生的意见。

思想都与周初的文献比较接近，而且从简文记载的对话内容来看，其发生在周初的历史背景下也是合情合理的。我们知道，武王克商后曾访'前朝遗老'求治国之道，其中最有名的就是'惟十有三祀，王访于箕子'。商遗民箕子传授武王的'统治大法'——《洪范》今仍可见于《尚书·周书》，另外《逸周书》存有篇名的《箕子》与《耆德》两篇，想必也与之相关。有鉴于此，我们或可以大胆猜想周武王克殷建国后也曾访问了夏朝的遗民厚父，向其请教前文人之明德，遂作成了我们今天见到的这篇《厚父》。"我们觉得这一观点是可取的，因此，《厚父》篇是商代文献的结论可能也可以排除。

如果我们排除了《厚父》篇作于夏代和商代的可能性，那么它只可能是周代的文献。由于《孟子》一书中所引用的《尚书》佚篇内容同样见于《厚父》篇中，而且指明是周武王时之作，因此这二者之间的异同和相互关系一直引起学者们的普遍重视，李学勤先生曾在《清华简〈厚父〉与〈孟子〉引〈书〉》一文中详加分析，指出《孟子》一书中的相关引文，实际上即来源于《厚父》篇中，其分析非常细致透彻，我们支持这一结论，并想在学者们有关讨论的基础上做一些补充。

我们知道，周武王在取得牧野之战的胜利之后，如何巩固克商的成果、有效统治广袤的国土就成为他关注的头等大事，为此他忧心忡忡，常常夜不能眠，《周本纪》载："武王至于周，自夜不寐。"《史记正义》注："武王伐纣，还至镐京，忧未定天之保安，故自夜不得寐也。"为此他曾经广泛征求贤达之士的意见。实际上，在刚刚取得克殷胜利的时候，周武王就接见了商代的各类王公贵族和社会贤达，征求他们对于治国安邦的看法。《逸周书·度邑》言："维王克殷，邦君诸侯及厥献民徵主九牧之师，见王于殷郊。"根据《吕氏春秋·慎大》篇的记载，周武王在克商胜利后，除了立即分封一些帝王的后人为诸侯外，另外一个重要的工作就是与这些商朝遗老相谈，总结借鉴商朝灭亡的经验："武王乃恐惧，太息流涕，命周公旦进殷之遗老，而问殷之亡故，又问众之所说，民之所欲。"《慎大》篇的这一记叙与《史记》的记载应该说是一回事。

　　由于夏、商兴亡的经验教训始终是周武王刻意关注的问题，因此才有了"惟十三祀，王访于箕子"而形成的《洪范》之篇。值得注意的是，周武王访箕子，本来是要讨论商朝亡国的教训，只是由于箕子作为一个亡国之人，不忍心谈故国兴灭这个敏感问题，最后才变成了双方讨论"天地之大法"的《洪范》之篇，对此，《史记·周本纪》有明确记载：

　　　　武王已克殷，后二年，问箕子殷所以亡。箕子不忍言殷恶，以存亡国宜告。武王亦丑，故问以天道。

　　对此《史记正义》解释说："箕子殷人，不忍言殷恶，以周国之所宜言告武王，为《洪范》九类，武王以类问天道。"

　　可见在周武王与箕子的这次会见当中，周武王最初的本意是要向箕子询问商朝亡国的教训，只是由于箕子羞于讨论这一话题，最后只好避实击虚，讨论起"天地之大法"了。如果箕子当年很配合周武王的咨询，也许我们所看到的《洪范》就不是现在这个面貌了。总之，为了治国安邦的需要，周武王非常迫切地想了解夏、商两朝的兴亡之道，这种心情是完全可以理解的。

　　从清华简《厚父》可知，周武王除了向箕子等人咨询外，还向厚父询问夏朝兴亡的经验教训，这一点是我们过去所不知道的。那么厚父又是谁？他为什么也会成为周武王的咨询对象呢？

　　厚父之名并不见于传世典籍，但他是夏人的后裔这一点则毫无疑问，而且他在夏人后裔中，身份和地位一定非常之高，在此我们对他的身份也可以作一些推测。

　　我们知道，夏为姒姓，其后裔颇多，《史记·夏本纪》云："禹为姒姓，其后分封，用国为姓，故有夏后氏、有扈氏、有男氏、斟寻氏、彤城氏、褒氏、费氏、杞氏、缯氏、辛氏、冥氏、斟（氏）戈氏。"而在这些国之中，最为人熟悉的当然是杞国。杞国的事迹在《史记·陈杞世家》中有专门记载，杞国相传为周武王所封，《礼记·乐记》称："武王克殷，（反）[及]商，未及下车，而封黄帝之后于蓟，封帝尧之后于祝，封帝舜之后于陈。下车而封夏后氏之后于杞……";《吕氏春秋·慎大》篇则言:"武王胜殷,入殷,未下轝,命封黄帝之后于铸,封帝尧之后于黎,封帝舜之后于陈。下轝,命封夏后之后于杞,立成汤之后于宋,以奉桑林。"而《史记·周本纪》则言:"武王追思先圣王,乃褒封神农之后于焦,黄帝之后于祝,帝尧之后于蓟,帝舜之后于陈,大禹之后于杞。"虽然有关周武王这次分封情况的文献记载相互之间颇有一些出入,但是,在关于封夏人之后于杞的记载方面则是完全一致的。

不过,根据另外一些史料的记载可以发现,封夏之后于杞,可能实际上并不始于周武王,而是在商汤灭夏之后即已有此行举。《大戴礼记·小辨》篇言:

> 成汤卒受天命,不忍天下粒食之民刘戮,不得以疾死,故乃放移夏桀,散亡其佐。乃迁姒姓于杞,发厥明德,顺民天心啬地,作物配天,制典慈民。咸合诸侯,作八政,命于总章。服禹功以修舜绪,为副于天。

如果《大戴礼记》的这一说法可信,则杞国之封,在商代已经出现。在这一问题上,《史记·陈杞世家》的记载是:"杞东楼公者,夏后禹之后苗裔也。殷时或封或绝。周武王克殷纣,求禹之后,得东楼公,封之于杞,以奉夏后氏祀。"司马迁的这一记述,肯定了杞国在殷商时已经受封的事实,同时也说明在殷商数百年的历史进程中,这一分封曾经历了"或封或绝"的变动,当属可信。因此杞国的分封很可能始于商代,但后来曾发生变故,到周武王灭商后,又重新将夏人的后裔封于杞国,这是我们从现有文献的记述中所得到的认识。

周武王对夏人后裔的重新分封,是杞国发展过程中的一件大事,不过《史记·陈杞世家》也一再说"杞小微,其事不足称述""至禹,于周则杞,微甚,不足数也",可见杞国由于国小势微,不受重视,以致后世有关杞国的记述寥寥无几。在春秋时期,孔子即已经有了"夏礼,吾能言之,杞不足征也"的感慨。我们可以看到,虽然周武王亲自分封了杞国国君,但是关于这位杞国国君,史籍中亦失其名。《史记·陈杞世家》称第一代杞国国君为东楼公，第二代杞国国君为西楼公，第三代杞国国君为题公，这些称呼均非杞君的原名，对此《史记索隐》已有说明："东楼公，号谥也。不名者，史先失耳。"如果我们把清华简《厚父》的内容与西周初年的这段历史相对照的话，我们怀疑简文中的"厚父"很可能就是杞国的第一代国君东楼公。因为在商、周鼎革的历史过程中，能够与周武王有这样密切的接触，又熟悉夏朝历史的夏人后裔中，声名最显赫、地位又最高的人当属杞国国君，因此厚父此人最大的可能性就是杞国的国君。而且这位国君名叫厚父，应该说也符合这一时期的人名习惯。我们知道，纣的儿子武庚名叫禄父，即与"厚父"之名非常相像。虽然我们不排除周武王有可能接触过其他一些夏人的后裔并亲自咨询过有关夏代兴亡的历史，但是厚父作为杞国国君的可能性应该说是最大的，也是最为合理的。

在清华简《厚父》篇里，厚父对于周武王的陈述内容中，最引人注目的地方在于厚父对于德的重视和对于禁酒的建议，而这二者都与周代的历史相关，并对周人产生了很大的影响。

《厚父》与《尚书·酒诰》篇有密切的关系，这一点学者都有深刻的体会，但是关于这二者孰先孰后，学者们多认为《厚父》篇是受《酒诰》的影响而形成的，认为《厚父》的有关内容抄自于《酒诰》。不过，如果我们承认《厚父》篇是周武王本人与厚父对话的原始记录的话，我们对于这二者关系的认识可能应该倒过来，是《厚父》中所体现的禁酒思想对于周人产生了影响，并最终导致了周人的禁酒和《酒诰》的出现。

以往学者们在讨论周初禁酒时，一般都认为是商朝的纵饮使周人转而实行禁酒[①]，这当然是不错的，但并不全面。实际上夏人与酒的关系也非常密切，"仪狄作酒""太康造秫酒""杜康造酒""少康作秫酒"等各种关系交织在一起的传说，都把夏朝和酒的关系紧密联系起来；而在河南偃师二里头等地遗址中所发现的众多酒器，也印证了饮酒之风在夏代的盛行，可

---

① 今文《尚书》中的《微子》篇叙述了商末时殷人"沉酗于酒，用乱败厥德于下"的触目惊心的景象，已经在深刻反思纵酒对殷商王朝腐化崩溃所产生的重要影响。

以佐证酒在这个时期贵族生活中的重要性。厚父正是看到了饮酒对于夏代政治的负面影响，因而向周武王提倡禁酒，而周初统治者也目睹了商朝纵酒所造成的种种乱象，最终下了禁酒的决心。如果我们把《厚父》篇放在这样的背景下认识，可能更为符合相关的历史脉络，也更能体现本篇的学术价值及其与《酒诰》的关系。

另外，厚父在总结夏代历史的过程中，对于德政的推崇和提倡，可能也直接影响到了周人的治国思想，并直接影响到了周人对于夏代的认识。《厚父》篇中非常强调德，提出要"保教明德"，这一思想与西周的德治思想完全切合，如果我们承认《厚父》是周初的文献，自然可以看到该篇在对周人相关政治理念形成过程中所发挥的作用。

《厚父》篇的另外一个作用，很可能是影响到了周人对于夏代历史的认识。本篇简文对夏代先哲王德政的推崇，与后来周人对夏代的认识非常吻合，如《尚书·吕刑》篇强调"德威惟畏，德明惟明"时，所引用的一个事例就是"禹平水土，主名山川"，足见夏代的有关历史对周人的深刻影响。这一方面更为显著的例子，是2002年由保利艺术博物馆入藏的遂公盨铭文，遂公盨上铸有98字的铭文，除了记载大禹治水的故事外，还以大段文字阐述德与德政，教诲民众以德行事。李学勤先生已经指出，遂公盨铭文"所以要讲述禹的事迹，是以禹作为君王的典范，说明治民者应该有德于民，为民父母"[①]，朱凤瀚先生也指出："铭文全篇重点在于阐述德对于治国、社会安宁的重要性，是了解与研究西周政治思想史弥足珍贵的资料。"[②]李零先生亦言："如果我们把这篇铭文当文章读，它最好的题目就是'好德'或'明德'。"[③]如果我们把遂公盨与清华简《厚父》篇联系起来，可以发现，二者对于夏朝大禹治水等事迹的阐述并进而提倡德政的思想，几乎是完全一致的。我们觉得，遂公盨中对夏代的认识和对德政的提倡，很可能是在清华简《厚父》篇的影响下形成。如果这一推测不误的话，我们对于西周

---

① 李学勤：《论𫖮公盨及其重要意义》，《中国历史文物》2002年第6期。

② 朱凤瀚：《𫖮公盨铭文初释》，《中国历史文物》2002年第6期。

③ 李零：《论𫖮公盨发现的意义》，《中国历史文物》2002年第6期。

时期德政思想的发展又可以有新的认识。

　　总之，笔者同意清华简《厚父》篇作于周初的见解，认为它是周武王时的作品，是西周初年借鉴夏、商治政得失而广泛咨询遗老的产物，并主张篇中的厚父很可能与周代杞国的始封君东楼公有关。清华简《厚父》的学术价值，体现在它对于后来的《酒诰》和周初禁酒的影响上面，也体现在它对于周人的夏代史观和德政思想的影响上面。如果我们这样来看待和研究清华简《厚父》篇，或许更能理解它的写作时代和学术价值。

（原载《扬州大学学报》2017 年第 6 期）

据清华简释《中庸》"武王末受命"

《中庸》中有一段赞美周文王、周武王和周公的文句，其前面的部分为：

> 子曰："无忧者，其惟文王乎！以王季为父，以武王为子，父作之，子述之。武王缵太王、王季、文王之绪，壹戎衣而有天下，身不失天下之显名，尊为天子，富有四海之内，宗庙飨之，子孙保之。武王末受命。……"

这段话总结了周人兴起和夺取天下的历程，对周文王、周武王的功业予以了由衷的称赞，特别是对周武王的成就和地位做了高度的评价，"壹戎衣"即《尚书·康诰》所论的"殪戎殷"，指武王灭掉了大殷。[①] 全文总体来说还是比较好理解的，不过最后却以"武王末受命"来加以总结归纳。什么是"武王末受命"？怎样来理解"武王末受命"？这难倒了历代的学者。这其中，最关键之处就是如何理解句中的这个"末"字，因此，学者们在进行讨论时，也是围绕这一个字来加以阐释的。

从历代学者的训释来看，大家对这个"末"字主要有两种理解：

第一种意见，是把"末"字理解为"老"。比如郑玄注即言："末，犹老也。"对此孔颖达做了发挥：

> 末，犹老也，谓武王年老而受命平定天下也。……文王受命十一年，

---

① 如清代学者毛奇龄《四书賸言》指出："《中庸》'壹戎衣而有天下'，此'壹'字是'殪'字，《尚书·康诰》曰：'殪戎殷'，言灭大殷也。故《中庸》注：'衣'读如'殷'，齐人言'殷'声如'衣'。……若'戎殷'，则与《泰誓》称'戎商'正同。"见毛奇龄：《四书賸言》卷二，收入阮元编《清经解》，第1328页，凤凰出版社，1988年。

> 武王观兵于孟津，白鱼入王舟，是老而受命。受命后七年而崩。故郑注《洛诰》"文王受赤雀，武王俯取白鱼，皆七年"是也。[①]

　　这种理解得到了许多学者的支持，成为迄今为止绝大多数学者的共同看法。但是细究起来这种训读还是不免让人产生疑窦。按照这种说法，"武王末受命"的意思是"武王晚年受天命"。但是正如晁福林先生所指出的，按照这种思路来绎读原文，总觉迂曲不安，"武王末受命"既与上文不协，又与下文无涉，使全文难以通畅，"不仅割裂了全章语意，而且也与史实相牴"[②]。另外，从我们今天所掌握的史料来看，所谓"武王晚年受命"的说法也根本不能成立。因此，我们有必要对其训读做进一步思考。

　　第二种意见，是把"末"读为"无"，或读为"未"，或为"未"的误字，表示没有，即武王没有受命。这是晁福林先生有鉴于上一种解释所存在的疏漏而提出的新的解释。晁先生认为这里讲武王未曾受命，是对前面话语的一个补充和解释："一方面强调了武王承继大王、王季和文王的事业；另一方面讲了武王的功绩。最末一句实际上对于这两方面的解释，说是武王只是承继，而没有开创，没有像文王一样受命；同时也说明，尽管没有直接接受天命，但只要承继祖业，也能够建立丰功伟绩。"[③] 晁先生的解释有其一定的合理性，不过，《中庸》的这段话是在盛赞周武王的功绩，而"武王末受命"处于这段话的最核心位置，如果将之解释为周武王没有受命，不免有揭短之嫌，与整段话歌颂武王的格调不相一致，仍然显得十分突兀；况且，这句话相传是孔子所说，而孔子一生特别注重为尊者讳，为亲者讳，这种揭圣人短处的做法似乎也并不符合孔子的作风；更重要的一点是，在古书中，"文王受命"也往往说成"文、武受命"，二者意思完全一样，如果把文王受命与武王完全切割开来，不承认二者之间存在彼此交融的关系，显然也是不太合适的。

---

① 郑玄注，孔颖达正义，吕友仁整理：《礼记正义》，第 2008-2009 页，上海古籍出版社，2008 年。
② 晁福林：《〈中庸〉"武王末受命"解》，《中国文化研究》2014 年夏之卷。
③ 晁福林：《〈中庸〉"武王末受命"解》，《中国文化研究》2014 年夏之卷。

这样看起来，这句话的理解还有进一步探寻的必要。

我觉得，要正确理解讨论"武王末受命"一句，一个很重要的切入点，就是要弄清这里的"受命"究竟该如何理解，尽量去还原周人是如何理解和看待"文王受命"的。弄清了"受命"的真实含义后，再来考虑"末"字的训释就比较容易了。

对于这里的"受命"，大家的意见完全一致，认为就是指"文王受命"（或称"文、武受命"），但是对于"文王受命"的具体含义，以及"文王受命"的具体实现形式，过去有许多不同的意见，需要结合清华简等出土文献资料进一步加以厘清。

文王受命是一个周人津津乐道的话题，遍见于《尚书》《诗经》《史记》等相关典籍，对其具体含义历代学者多有讨论，这里不能缕述。清华简《程寤》等文献公布后，曾有多位学者结合《程寤》的记载，重新讨论"文王受命"这个话题[①]，此外还有学者结合周原出土的西周甲骨占卜内容，讨论文王受命的内容。[②] 目前学者们已经公认，"文王受命"是指周文王获得了天命，要求他取代商王统辖疆土、治理民众；相应地，商王则失去了天命。因此，"文王受命"这一事件从政治上确立了周人灭商的正义性和合法性。至于"文王受命"的标志，则与《程寤》中所记的太姒梦境有关。这些情况学者们都已经有众多讨论，这里不再重复。

不过，虽然"皇天改大邦殷之命"，"大命文王殪戎殷，诞受厥命，越

---

① 清华大学出土文献研究与保护中心编：《清华大学藏战国竹简（一）》，第135页，中西书局，2010年；据清华简《程寤》讨论文王受命问题的成果甚多，如晁福林：《从清华简〈程寤〉篇看"文王受命"问题》，《北京师范大学学报（社会科学版）》2016年第5期；罗新慧：《清华简〈程寤〉篇与文王受命再探》，收入李学勤主编：《清华简研究（第一辑）》，第62-71页，中西书局，2012年；陈颖飞：《清华简〈程寤〉与文王受命》，《清华大学学报（哲学社会科学版）》2013年第2期；刘光胜：《真实的历史，还是不断衍生的传说：对清华简文王受命的再考察》，《社会科学辑刊》2012年第5期；李忠林：《皇天与上帝之间：从殷周之际的天命观说文王受命》，《史学月刊》2018年第2期；刘国忠：《〈程寤〉与文王受命的问题》，见《走近清华简（增补版）》，第150-154页，清华大学出版社，2020年；等等。

② 李桂民：《周原庙祭甲骨与"文王受命"公案》，《历史研究》2013年第2期。作者指出，周人为代商寻找天命依据，不仅"扬梦以说众"，而且还通过卜筮和祭告上天、殷商先王来证实天命转移的合法性。

厥邦厥民"，但是终文王一生，虽然已经取得了三分天下有其二的优势地位，却没有能够消灭商朝，完成天命。"文王受命"的真正实现，要到周武王在牧野打败商纣王后才大功告成。问题是，周人是如何看待这一过程的呢？

清华简第十辑整理报告所收的《四告》中，有一篇周公告天的文献，其中说道：

> 有殷兢蠢不若，遏失天命，昏扰天下，离残商民，暴虐百姓，抵荒其先王天乙之猷力，颠覆厥典，咸替百成……上帝弗若，乃命朕文考周王罷戎有殷，达有四方。在武王，弗敢忘天威命明罚，至戎于殷，咸戡厥敌。

周公在这篇告辞中，详细列举了商朝末年纣王君臣的种种暴行，在此背景下，上帝命周文王"罷戎有殷，达有四方"，"罷戎有殷"也就是《康诰》中的"殪戎殷"，"达有四方"的"达"训为"通"，该句意思是上帝命令周文王取代商朝，通有四方，"罷戎有殷，达有四方"就是"文王受命"的具体内容。[①] 而周武王则始终牢记上天的这一"威命明罚"[②]，最终"至戎于殷，咸戡厥敌"，实现了代商的目标。因此，"文王受命"本身是通过两个步骤得以实现的：第一步是周文王获得了"罷戎有殷，达有四方"的天命；第二步是周武王"弗敢忘天威命明罚，至戎于殷，咸戡厥敌"，最终实现了天命。这就是周人所说的"文王受命"从获得天命到最终实现天命的过程。

清华简《四告》对"文王受命"或者说是"文、武受命"的这一论述，在各种传世和出土文献中都可以得到佐证。

清华简《保训》是周文王临终前给周武王的遗嘱，其中说到"不及尔身受大命"，对比《保训》篇所述"至于成汤，祗服不懈，用受大命"，可

---

① 《康诰》作"天乃大命文王殪戎殷，诞受厥命，越厥邦厥民"，含义与此相同。
② "威命明罚"一词也见于《逸周书》的《商誓》篇，周武王在给殷遗民的讲话中表示"予来致上帝之威命明罚"。

知此处的"大命"也是指接受天命建立新的政权。周文王知道自己将不久于人世，为不能亲眼看到武王夺取天下而感到遗憾。而即位后的周武王也时刻不忘自己的使命，在《牧誓》中，武王称自己"惟恭行天之罚"①；在打败了商纣王之后，"武王再拜稽首，膺受大命革殷，受天明命"②，根据何尊的记载，武王克商后，还"廷告于天"③，并咨询上天是否应在洛邑建立新都以治理天下。这正是他实现天命后为治理国家而苦身焦思的生动记述。

类似的记载还有：

> 大盂鼎："丕显文王，受天有大命；在武王，嗣玟作邦。闢厥慝，溥有四方，畯正厥民。"
>
> 清华简《祭公之顾命》："皇天改大邦殷之命，惟周文王受之，惟武王大败之，成厥功。……惟文、武中大命，截厥敌。"

这些文献都不约而同地把"文王受命"至武王实现天命的过程予以了详细的说明，与清华简《四告》所论若合符节。我们知道，《诗经·周颂·武》是周人歌颂周武王灭商的《大武》乐章之一，其中有："於皇武王，无竞维烈。允文文王，克开厥后。嗣武受之，胜殷遏刘，耆定尔功。"《大武》乐章以为武王继嗣了文王开创的基业而取得克殷的胜利，正是对"文、武受命"及其最终实现的生动说明。④

附带说明的是，有学者曾认为将"武王"附于"文王"之后而作"文、武受命"之语，是到西周后期方始出现。从清华简《四告》《程寤》等材

---

① 《逸周书·商誓》作"予来致上帝之威命明罚"。
② 《文选》李善注王元长《曲水诗序》引《周书》。
③ 何尊铭文为："文王受兹大命，唯武王既克大邑商，则廷告于天，曰：'余其宅兹中国，自之义民。'"另外，武王时期的天亡簋铭文有"文王监在上，丕显王作眚（省），丕肆王作庚，丕克讫衣（殷）王祀"，也应该与文武受命的话题有关，但因对其铭文释读与理解存在较大分歧，此处暂不讨论。
④ 杨宽先生曾据《史记·周本纪》所载"九年武王上祭于毕，东观兵至于孟津，为文王木主，载以车中军"，指出："用木主载车中之说，不见书所引西汉《泰誓》，可能另有所据。这样先祭天神，又载文王木主而行军，无非表示要继续完成文王已经接受的克殷的天命。"见杨宽：《西周史》，第94页，上海人民出版社，2016年。

料来看，这种说法可能并不正确。"文王受命"从一开始就与周武王有关，而且最终也是通过周武王克商才真正得以实现。

明白了周人眼中"文王受命"的真正含义后，我们就可以对《中庸》所说的"武王末受命"有了新的认识。

实际上，"武王末受命"既不应该理解为周武王晚年受命，也不应该训为周武王没有受命，这里的"末"实际上应该理解为"最终"，意思是周武王最终接受了天命，换句话说，就是周武王最终实现了文王所获得的天命。《尚书·召诰》言"王末有成命"，蔡沈集传"末，终也"，与《中庸》此处"末"字的训释相一致。《中庸》此句，列举了周武王的种种业绩，最后概括为他最终实现了周文王所获得的天命，可以说是对周武王成就的最高赞誉。这样来读《中庸》的原文，不仅文从字顺，而且符合周人对"文王受命"或者说"文、武受命"的认识，可能最符合孔子的原意。

（原载《学术界》2022 年第 2 期）

试析清华简《金縢》篇名中的称谓问题

　　2010 年 12 月正式出版的《清华大学藏战国竹简（一）》中共收入了九篇清华简，其中对应于传世本《尚书·金縢》篇的简文并没有使用"金縢"这一标题，而是有自己的篇名，作"周武王有疾周公所自以代王之志"，长达十四字之多，超乎人们的想象。这一篇题实际上是概括了《金縢》篇的主要内容，与传世本"金縢"之名相比，各具特色。值得注意的是本篇简文的行文中使用的是"武王"一词，凡两见，一是"武王既克殷三年"，一是"就后武王陟"，而篇题中则明确说是"周武王"，在"武王"之前加上了一个"周"字，这一称谓很值得玩味。整理报告出版后，有一位学者曾发来电子邮件加以质疑，他根据本篇简文篇题中有"周武王"的称谓，断定清华简《金縢》简为伪作，其理由是在战国时代，周王室尚存，时人还是周的臣民，不可能会有"周武王"这样的称呼，这与汉代不可能称"汉高祖"，唐代不可能说"唐太宗"这样的称谓是一样的，"周武王"称谓的出现，系清华简的造伪者所漏出的马脚，因此本篇简文应系今人所伪造。

　　应该说，这位先生提出的这一问题是很有意义的，但是其结论却并不可信。周朝虽然载祀八百，但是自从平王东迁之后，王室衰微，诸侯崛起，大国争霸，虽然早期的齐桓公等人还打着"尊王攘夷"的旗号，但是周王的实际地位在不断下降，到楚庄王称霸时，已经是"观兵于周疆"，并别有用心地问"九鼎之轻重"，不臣之心早已是昭然若揭。特别是进入战国时代之后，七雄争夺天下，而周王室却每况愈下，内部纷争不断，早已是一个微不足道的小国，为时人所轻视。在这种情况下，各个诸侯国的民众还有多少人会对周王室存有敬畏之心，还有多少人把自己看作周朝的子民，实在值得怀疑。

正因为这一背景，我们在东周特别是战国时代的一些文献上可以看到，当时人们已经直接使用周文王、周武王、周成王这样的称号，而不是称文王、武王、成王，比如：

> 《国语·鲁语下》："周恭王能庇昭、穆之阙而为'恭'。"①
>
> 《国语·晋语一》："周幽王伐有褒，褒人以褒姒女焉。"②
>
> 《管子·七臣七主》："（纣）遇周武王，遂为周氏之禽。"③
>
> 《墨子·三辩》："周成王因先王之乐，又自作乐，命曰《驺虞》。"④
>
> 《墨子·非攻下》："赤鸟衔珪，降周之岐社，曰：'天命周文王伐殷有国。'"⑤
>
> 《墨子·明鬼下》："周宣王杀其臣杜伯而不辜。"⑥
>
> 《吕氏春秋·音初》："周昭王亲将征荆，辛余靡长且多力，为王右。"⑦

从上述这些记载中可以发现，在春秋战国时代确实已经出现了"周某王"这样的称谓，清华简抄写于战国中期，这一篇题也很有可能是当时的抄写者所增，因此，在清华简的篇名中出现"周武王"这样的称呼并不奇怪，更不能以此质疑清华简的真实性。

但是，简文中仅说是"武王"，该篇简文的篇题中为什么要特别再加上一个"周"字？这一点还是很值得继续追问的一个话题。我们知道，《尚书序》中对《金縢》的解释是"武王有疾，周公作《金縢》"，也没有说成

---

① 《国语》卷五，第216页，上海古籍出版社，1978年。
② 《国语》卷七，第255页，上海古籍出版社，1978年。
③ 《管子》卷十七，收入《二十二子》影印本，第159页，上海古籍出版社，1986年。
④ 《墨子间诂》卷一，第37页，中华书局，1986年。
⑤ 《墨子间诂》卷五，第139页，中华书局，1986年。
⑥ 《墨子间诂》卷八，第202页，中华书局，1986年。
⑦ 《吕氏春秋》卷六，收入《二十二子》影印本，第646页，上海古籍出版社，1986年。

是"周武王"。因此，我们怀疑清华简《金縢》篇题中"周武王"的称谓并非偶然，可能还会有其他的一些原因。

值得注意的是，清华简《祭公之顾命》一篇在君王的称谓方面也有同样的现象。清华简《祭公之顾命》即见于传世的《逸周书》中的《祭公》，篇中记祭公之语，说到：

> 皇天改大邦殷之命，惟周文王受之，惟武王大败之，成厥功。

在传世的《逸周书·祭公》篇中，相关的文字则作：

> 皇天改大殷之命，惟文王受之，惟武王大克之，咸茂厥功。[①]

两段文字相比较，内容基本一致，但有几点小的差异：（1）简文中的"大邦殷"三字，传世本作"大殷"。按："大邦殷"是周人对于商朝的习称，见于《召诰》和《康王之诰》等篇，传世本作"大殷"，显然脱漏了"邦"字。[②]（2）简文中称"周文王"，传世本则作"文王"，这一不同我们将在后文加以探讨。（3）简文中的"大败之"三字，传世本作"大克之"（按："大败之"与"大克之"含义相同，两说可并存）。（4）简文中的"成厥功"，今本作"咸茂厥功"（按："成"训为成就）。简文的意思是上天改变了商朝所具有的天命，而周文王则接受了这一天命，至周武王时战胜了商朝，从而成就了这一功业。整个叙述文从字顺，非常合理；相反，如果按照传世本"咸茂厥功"的叙述，其含义却很不好理解，因此对于此句前人已多有歧见。如孔晁云："茂，美也。文王以受命为美，武王以克殷为美，故曰咸也。"丁宗洛则对孔晁之解予以了反驳："惟茂厥功，方受之克之。既受之克之，仍茂厥功，则茂功是积德累仁意。注以美训茂已误，其曰'文以受命为美，武以克殷为美'，尤谬。"潘振的解释则是："茂、懋通。言皆勉其功也。"而

---

① 黄怀信等：《逸周书汇校集注》（修订本），第 932 页，上海古籍出版社，2008 年。
② 庄述祖曾补以"邦"字，云"本无'邦'字，汉避讳去之"。见《逸周书汇校集注》所引。现在据清华简本，可知庄氏这一校补是正确的。

朱右曾则训"茂"为"丰"。^①种种解释，给人感觉都不够妥当。笔者怀疑这一句的原文应当是竹简本的那样，作"成厥功"，但是在传抄过程中，"成"字与"咸"字因字形较近而出现讹写，但是由于"咸厥功"一词不好理解，所以后人又补上了一个"茂"字，变成了今本的这一面貌。不论是否出于这一原因，"咸茂厥功"都应据竹简本，改作"成厥功"。

从上述第（1）点和第（4）点可以看出，清华简的抄写本应该比传世本更为可信。但是从上述的第（2）点异文来看，情况又并非如此，祭公作为西周中期的大臣，在与周穆王的对话中，显然不可能说出"周文王"这样的称谓，而只可能说"文王"。因此，此处的异文，显然当以传世本《祭公》为是。而绝对不可能是清华简所说的这一情形。此处清华简《祭公》中的"周文王"一词，应该是抄写者有意在"文王"之前加上了一个"周"字而形成的。问题是，清华简的抄写者为什么要有意强调这一点呢？这与清华简《金縢》的篇题中所说的"周武王"是否有一些同样的背景？

对于清华简中所出现的周文王、周武王这样的称谓，笔者觉得，如果联系到抄写者的国别背景，或许可以找到答案。

清华简系用楚文字书写，其抄写者应当为楚国人。楚国是南方的大国，对周王室早有不臣之心，周夷王时，楚君熊渠以"我蛮夷也，不与中国之号谥"为由，即已立其长子康为句亶王，中子红为鄂王，少子执疵为越章王。后来是因为害怕周厉王兴师问罪，才被迫取消了王号。^②到了春秋时期，楚君熊通要求周王室尊楚，加封爵位，遭到拒绝，熊通遂自立为王，即楚武王，对此，衰微的周王室显然无力干涉。此后，历代的楚君皆自称王。虽然在华夏地区的正统观念中对楚的称王予以了抨击和排斥，如《春秋》就一直贬称楚王为楚子，但这种做法显然是在自欺欺人，掩盖不了楚君称王的事实。

值得注意的是楚王的谥号也多与周王相同，因而在楚国，也出现了武

---

① 诸家意见并见《逸周书汇校集注》，第 995 页，上海古籍出版社，1995 年。
② 《史记·楚世家》，中华书局标点本，第 1692 页。

王、文王、成王、穆王、庄王、共王、康王、灵王、平王、昭王、惠王、简王等王号，很多都与周王的王号一致。我们可以设想，在楚国的典籍中，如果不加以区别说明，很难搞明白"武王"究竟是"周武王"还是"楚武王"，"文王"是"周文王"抑或是"楚文王"。因此，楚人在抄写这些《尚书》类经典时，有意对里面涉及的一些王号问题加以区别，所以给《金縢》拟的篇题为"周武王有疾周公所自以代王之志"，把《祭公》简中的"文王"称谓改写为"周文王"，都是这样一些明显的例子。这样，清华简中出现这些称谓，也就非常好理解了。

如果我们从这个角度进一步来考虑的话，笔者觉得清华简《系年》的作者也很有可能就是楚人。

清华简《系年》是一部有关周代历史的重要史书，内容极其重要，李学勤先生已经做过很精辟的介绍。[①] 关于这部史书的作者问题，李学勤先生指出，"《系年》一篇字体是楚文字，但不能由此直接推论这是楚国人的著作"。[②] 另外，从《系年》的记载来看，作者即使是楚人，他的眼光则是全国的，也不能直接予以证明。不过，《系年》的国君称谓方面还是给我们以很大的启发。

清华简《系年》涉及从西周一直到战国中期的历史，里面提到的君王非常多[③]，据李学勤先生的引用，其中就有周武王、周幽王以及楚国的一些君王，也都在王的谥号前加上了"周"或者是"楚"字。据李先生介绍，《系年》的写作大约已到战国中期，简中这些君王如周武王、周幽王等的称谓应该是其原文即有的，不太像是抄写者后来的添加。如果是这样的话，基于简文中对周、楚君王的这种称呼方式，笔者认为它的作者最有可能就是楚人。

（原载《清华简研究》第一辑，中西书局，2012 年）

---

① 李学勤：《清华简〈系年〉及有关古史问题》，《文物》2011 年第 3 期，第 70-74 页。

② 李学勤：《清华简〈系年〉及有关古史问题》，第 70 页。

③ 古本《竹书纪年》也涉及许多君王，且性质与清华简《系年》最为接近，但是因该书已佚失，目前所见各种典籍中的引文在称谓方面差别较大，已非《竹书纪年》的原貌，这里姑置不论。

清华简《金縢》与周公居东

　　周公是西周初年的著名政治家，他一生为建立和巩固周朝统治鞠躬尽瘁，功勋卓著。流传至今的《尚书》篇目中，像《大诰》《康诰》《多士》《无逸》《立政》等多篇都记载了周公的许多深刻言论，本文所涉及的《金縢》篇，更是彰显这位政治家人格魅力的一篇重要文献。

　　《金縢》篇讲述的是周武王在灭商后不久，得了重病，武王之弟周公为了让武王的病能够痊愈，遂向祖先祷告，祈求以自己代替武王而死。他的祷告之词被放于"金縢之匮"，即用金属捆箍缄封的匮子之中。周武王去世后，周成王即位，有人到处散布流言，说周公的坏话，使周成王对周公产生了怀疑。后来上天出现灾异现象，周成王打开了"金縢之匮"，发现了周公的祷词，终于明白了周公的一片忠心。于是周成王改正了自己的错误，灾异现象因此消失，国家的粮食也获得了丰收。全篇文章处处都体现出了周公对王室的一片赤诚之心。

　　《金縢》篇属于西汉初年伏生所传下来的今文《尚书》，可靠性很高，文字也比其他各篇《尚书》浅显一些，不过篇中的一些文句，学者们的理解仍存在很大差异，我们所要讨论的"周公居东"就是其中很典型的一个例子。

　　有关"周公居东"的问题，主要与《金縢》中的这段文字密切相关：

　　　　武王既丧，管叔及其群弟乃流言于国，曰："公将不利于孺子。"周公乃告二公曰："我之弗辟，我无以告我先王。"周公居东二年，则罪人斯得。

周武王去世后，周公曾经摄政，辅佐年幼的成王处理国家政务，对此，管叔（周公的哥哥）和其他几个兄弟非常不满，他们到处散布流言，声称周公要对这个小孩子（指周成王）另有所图，气氛十分紧张。唐代诗人白居易曾写了"周公恐惧流言日"的诗句，描写的就是《金縢》中所说的这一历史背景。在这种情况下，周公对姜太公和召公说，我如果"弗辟"，我就无法向先王交代。周公在东方居住了两年，罪人们都被抓获了。

在来势汹汹的流言面前，周公表示自己不能"弗辟"，为此他曾经"居东二年"，对于这段话的确切含义，学者们提出了种种的意见，概括起来主要有"周公东征说""周公待罪于东说"以及"周公奔楚说"三派迥然有异的基本观点。

把周公居东理解为周公东征，是这一讨论中很有代表性的一种说法，如《尚书》伪孔传指出"辟"可释为"法"，意思是"惩治"。按照伪孔传的这一理解，周公在流言满天飞的情况下，果断采取措施，惩治管叔等散布流言和发动叛乱的人（即史书上所说的平定"三监之乱"），他带领周师东征平叛，最后平定了这次叛乱活动，句中的"罪人斯得"就是指俘获了那些散布流言和发动叛乱的人。唐代学者孔颖达曾把这种意见概括为："武王既崩，周公摄政，管、蔡流言以毁周公，又导武庚与淮夷叛而作乱，将危周室。周公东征而灭之，以救周室之乱也。"（见孔颖达为《诗经·豳风·鸱鸮》所做的《正义》）这可以说是有关"周公居东"的第一种解释。这种说法存在的最大问题是时间不太吻合。根据史书的记载，周公平定三监之乱，前后共用了三年时间，但是《金縢》此处却说是"居东二年，则罪人斯得"，时间上相差一年。为了解决这一矛盾，前人曾提出各种假说来加以弥缝，但是所举的理由终究比较牵强，难以获得学者们的普遍承认。

把"周公居东"理解为"周公待罪于东"，是汉代马融、郑玄等经师们所提出的另一种意见。他们把"辟"字理解为"避"，也就是避位，把"居东"理解为"避居东都"，认为在流言面前，周公选择了避居东都待罪。至于"罪人”，郑玄等人认为是指周公的属党。孔颖达曾经把这种意见概括为：“周公将欲摄政，管、蔡流言，周公乃避之，出居于东都。周公之属党与知将摄政者，见公之出，亦皆奔亡。至明年，乃为成王所得……”。由于周成王误解了周公，因此把抓来的这些周公属党视为“罪人”，并予以了严厉惩处。

与周公居东相联系，文献中还有一种关于周公奔楚的传闻，说是周公得罪了周成王，被迫逃亡到楚国。相关的说法见于《史记》的《蒙恬列传》及《论衡》等篇。前人已经指出，周公奔楚说的出现是由秦代的焚书造成。由于相关典籍缺失，有些人不了解金縢之事的真相，才出现了周公奔楚说这样一种误解。因此相信这种观点的学者相对较少一些。

以这三种基本观点为基础，历代学者又充分发挥自己的理解，对于“周公居东”的含义提出了近二十种看法，使得这一问题真正成为一个历史之谜。

清华简《金縢》的整理与公布，为我们了解“周公居东”的真实含义提供了重要的佐证。

清华简《金縢》一共由14支简组成，其中第8支与第10支简的上端均有部分缺失，第8支简所缺的内容正好相当于“我之弗避”的那部分，非常可惜。不过，有关“周公居东”的部分，内容仍然十分完整。简文是这样写的：

> 周公石东三年，祸人乃斯得。

所谓的“祸人”，就是传世本《金縢》的“罪人”，二者的意思完全一样，不需多说。此处清华简与传世本最大的不同有两点：（1）传世本的“居东”二字，清华简作“石东”；（2）传世本的“二年”，清华简作“三年”。这些不同关系很大，需要在此做一些分析。

清华简《金縢》中的“石”字的确切含义，需要结合最新公布的清华简《系年》，才会有更好的认识。

在清华简《系年》中经常出现一个“迈”字，此字与《金縢》中的“石”

字读音完全一样，可以互相通假。"迈"字在清华简《系年》中的含义是非常明确的，如《系年》第 6 章讲到晋文公重耳早年在各国流亡时的情景时，说他曾经"迈齐，齐人善之；迈宋，宋人善之"，意思是重耳曾经去齐国，齐国人对他很好；他还去过宋国，宋国人也对他很好。因此清华简的整理者已经明确指出，"迈"应该读为"适"。我们都知道，适的含义是去、往、到、赴。这样，我们也就明白了清华简《金縢》中"石东"的含义，所谓的"石东"，就是"适东"，意思是"往东方"或"去东方"。至于所用的时间，清华简《金縢》明确说是"三年"。全句的意思是"周公去了东方三年，罪人们都被捕获了"。

清华简《金縢》的这一记载意义十分重大，也给我们揭开了"周公居东"的迷雾。如果周公是去东方三年，那么有关"周公居东"的真实目的只可能是东征，而且这也正好与古书中周公三年东征的记载相契合。可见伪孔传等把周公居东解释为"周公东征"是正确的，而"周公待罪于东"或者"周公奔楚说"等看法，现在看来都违背了历史的真相。

关于周公东征的具体情形，近些年还有一些新的发现，可以在这里一并做些介绍。

前几年有私人收藏了一件西周初期的重要青铜器——何簋，当时香港中文大学的张光裕和清华大学的李学勤等先生都做了很好的研究。何簋的开头是"惟八月公夷殷年"，这属于以大事纪年的文例，其中的"公"即"周公"，"夷"指"平定"甚至是"夷灭"的意思，所谓的"公夷殷"，是周公东征时所采取的重要举措。《荀子·儒效》篇讲到周公东征时曾经"杀管叔，虚（墟）殷国"，其中的"墟殷国"，就是杀掉纣王之子武庚，夷平殷都，将殷顽民迁移到洛邑看管。殷都经过这番破坏后，变成一片废墟。何簋的"公夷殷"，正好可以与《荀子》的论述相互印证。随后周师又继续东征，讨伐参与叛乱的商奄等国，杀死了武庚的同党飞廉（此人也是秦人的祖先），并把一部分商奄之民迁移到了今甘肃一带，帮助周朝抵御戎人，这些被西迁的商奄之民就是后来统一六国的秦的先人。上述的这些情况在清华简《系年》的第 3 章中有很详细的记载，李学勤先生在《清华简关于秦人始源的重要发现》(《光明日报》2011 年 9 月 8 日）一文中已经有很好的揭示，有兴趣的读者不妨参看。

总之，根据清华简《金縢》，我们可以确认"周公居东"是周公去东方平定叛乱活动。这也是清华简对于我们重新认识古史的一个重要贡献。

（原载《文史知识》2012 年第 4 期）

从清华简《金縢》看传世本《金縢》的文本问题

　　《金縢》是《尚书》中的一篇重要文献，自古以来深受学者们的重视。但是关于该篇的各种问题也一直争论不绝，至今仍存在重大的分歧。因此，人们一直期盼着能有相关的新材料重新面世。令人欣喜的是，在清华简中，学者们找到了战国时期的《金縢》抄本。

　　清华简是 2008 年 7 月通过校友的捐赠而入藏清华大学的，其总数接近2500 枚。入藏之初，这批竹简已经出现了菌害霉变，处境十分危险。清华大学立即组织专家，进行了紧急的抢救性保护，使这批竹简得以完好保存。2008 年 10 月 14 日，来自北京大学、复旦大学、吉林大学、武汉大学、中山大学、香港中文大学和国家文物局、中国文化遗产研究院、上海博物馆、荆州博物馆的 11 位学者专家，对清华收藏的这批竹简作了观察鉴定。专家鉴定组的鉴定意见指出："这批竹简内涵丰富，初步观察以书籍为主，其中有对探索中国历史和传统文化极为重要的'经、史'类书，大多在已经发现的先秦竹简中是从未见过的，具有极高的学术价值；在简牍形制与古文字研究等方面也具有重要价值。"鉴定组一致认为："这批战国竹简是十分珍贵的历史文物，涉及中国传统文化的核心内容，是前所罕见的重大发现，必将受到国内外学者重视，对历史学、考古学、古文字学、文献学等许多学科将会产生广泛深远的影响。"随后，受清华大学委托，北京大学加速器质谱实验室、第四纪年代测定实验室对清华简无字残片样品做了AMS 碳 14 年代测定，经树轮校正的数据为公元前 305 ± 30 年，即相当于战国中期偏晚，这与鉴定组专家对于清华简的时代判定完全一致。

清华简入藏后，清华大学成立了出土文献研究与保护中心，来负责组织、协调清华简的保护、整理和研究工作。清华大学出土文献研究与保护中心的学者齐心协力，展开了富有成效的科研工作。经过努力，第一册整理报告已于 2010 年年底正式编辑出版，在该册整理报告中已经收入了《金滕》篇。①

清华简《金滕》篇共计 14 支竹简，三道编，完简长 45 厘米。其中第 8 支与第 10 支简的上端有部分缺失，各约损失 3～4 字。简背有次序编号，书于竹节处。其内容是②：

> 武王既克殷三年，王不豫，有迟。二公告周公曰："我其为王穆卜。"周公曰："未可以戚吾先王。"周公乃为三坛同墠，为一坛于南方，周公立焉。秉璧植珪，史乃册祝，告先王曰："尔元孙发也，遘害虐疾，尔毋乃有备子之责在上？佳尔元孙发也，不若旦也，是年若巧能，多才多艺，能事鬼神，命于帝廷，溥有四方，以定尔子孙于下地。尔之许我，我则晋璧与珪；尔不我许，我乃以璧与珪归。"周公乃纳其所为功自以代王之说于金滕之匮，乃命执事人曰："勿敢言。"
>
> 就后武王力。成王由幼在位，管叔及其群兄弟乃流言于邦曰："公将不利于孺子。"周公乃告二公曰："我之□□□□［弗辟，我］亡以复见于先王。"周公宅东三年，祸人乃斯得。
>
> 于后，周公乃遗王诗，曰《周鸮》，王亦未逆公。
>
> 是岁也，秋大熟，未获，天疾风以雷，禾斯偃，大木斯拔，邦人□□□□弁，大夫綀，以启金滕之匮。王得周公之所自以为功代武王之说。王问执事人，曰："信。殹！公命我勿敢言。"王布书以泣，曰："昔公勤劳王家，惟余冲人亦弗及知。今皇天动威，以彰公德，惟余冲

---

① 见清华大学出土文献研究与保护中心编，李学勤主编：《清华大学藏战国竹简（一）》，中西书局，2010 年。
② 释文尽量使用了通行字。

人其亲逆公，我邦家礼亦宜之。"

　　王乃出逆公，至郊。是夕，天反风，禾斯起。凡大木之所拔，二公命邦人尽复筑之。岁大有年，秋则大获。

　　在第 14 支简的简背还有全篇的篇题"周武王有疾周公所自以代王之志"，一共 14 字。

　　清华简《金縢》的内容，清华大学出土文献研究与保护中心已经做了简明扼要的注解，这里不再重复。总起来看，清华简《金縢》的重新面世，对于我们重新考察传世本《金縢》的文本问题具有十分重要的意义。

　　传世本《金縢》是伏生所传的《今文尚书》，在很长的时间里其真实性从来没有遭到怀疑，但是从北宋时期开始，有学者对于《金縢》产生了疑问，对于相关的情况朱彝尊在《经义考》中曾总结说：

> 古文出于东晋，宋、元诸儒疑之者多，而今文则未有疑焉者。至程正叔疑《金縢》之文不可信，而括苍王廉熙阳作论，谓《金縢》非圣人之书，则并今文而疑之矣。[①]

　　程正叔即北宋著名理学家程颐；王廉则为明代初年的学者，朱彝尊的《曝书亭集》卷六十二有他的传记。程颐对于《金縢》的怀疑，在《二程遗书》中曾有相关的记述：

> 又问《金縢》："周公欲代武王死，如何？"曰："此只是周公之意。"又问："有此理否？"曰："不问有此理无此理，只是周公人臣之意，其辞则不可信。只是本有此事，后人自作文足此一篇，此事与舜喜象意一般，须详看舜、周公用心处。《尚书》文颠倒处多，如《金縢》，尤不可信。"[②]

　　程颐认为《金縢》的文辞不可信，该篇出自后人的手笔，又指出"《尚

---

① 朱彝尊：《经义考》卷 74，第 410 页，中华书局，1998 年。
② 《二程遗书》卷二十二上。

书》文颠倒处多，如《金縢》，尤不可信”，这些论述对于后人怀疑《金縢》有很大的启发作用。

北宋著名文学家苏轼也怀疑《金縢》，他在《书传》[①]中说：

> 《金縢》之书，缘周公而作，非周公作也。周公作金縢策书尔。

苏轼认为《金縢》篇是因为周公而作，但并非周公本人所作，篇中只有祝册之文是出自周公之手，其他内容并非周公手笔。但是该篇出自何人何时，苏轼并没有做更多的说明。

到了明代，王廉则在宋代学者怀疑的基础上，进一步提出《金縢》为后人伪作。王廉作有《金縢非古书》一文，详细列举了他怀疑《金縢》的理由：

> 予读书至《金縢》，反复详究，疑其非古书也。使周公而然，非周公也。……夫周公面却二公穆卜，以为未可戚我先王矣，阴乃私告三王，自以为功，此憸人佞子之所为也，而谓周公然之乎？死生有命，周公乃欲以身代武王之死，使周公而然，则为不知命矣，且滋后世刲股醮天之俗，周公元圣，岂其然乎？又曰：“今我即命于元龟，尔其许我，我其以璧与珪，归俟尔命；尔不许我，我乃屏璧与珪”，夫人子有事于先王，而可以珪、璧要之乎？使周公而然，非达孝者矣！又曰：“公归，乃纳册于金縢之匮中”，盖卜册之书藏于宗庙，启之，则必王与大夫皆弁，既曰周公别为坛墠，则不于宗庙之中明矣，不于宗庙，乃私告也，周公，人臣也，何得以私告之册而藏于宗庙金縢之匮，又私启之也？使周公而然，则为挟冢宰之权而不有其君者也。又曰：“王与大夫尽弁，以启金縢之书，乃得周公所自以为功代武王之说”，周公册书宜不在宗庙金縢之匮，即在其中，武王疾瘳，四年而崩，周公居东，二年而归，凡六年之久，周人尚卜，恶有朝廷六年无事，而不启金縢之匮，至今

---

① 见《书传》卷十一，文渊阁《四库全书》本。

乃启之耶？即此五事，反复详究，颇疑是编非古书也。①

　　王廉主要从《金縢》篇中他认为不合情理的五件事情入手，经过认真分析，他认为周公不可能有《金縢》篇中所记的那些行为，进而怀疑《金縢》篇并非古书。王廉的这一观点，得到一些学者的赞同，如清代著名文学家袁枚也分析了《金縢》篇中种种他认为可疑的内容，最后得出结论："《金縢》虽今文，亦伪书也。"②至于出现这篇伪书的原因，袁枚觉得是"汉求亡经过甚，致伪经杂出"③，可见在袁枚心目中，《金縢》并非先秦流传下来的经典，而是汉代所伪作，至于其出现的原因，袁氏认为是有人迎合了西汉朝廷寻求先秦经典的迫切心理而伪造。

　　现代学者则多认为《金縢》中的记载，正好反映了商、周时期敬事鬼神的情形，完全符合当时的历史实际④，本篇虽然不是出自周公本人之手，但其来源却非常古老，因此学者们大多认为本篇文献是真正的《尚书》，所载的事情也是可信的。当然也有一些学者有不同意见，如有学者认为《金縢》篇"很大程度上靠不住"⑤，现在清华简《金縢》的重新面世，证实了《金縢》确实是一篇先秦的《尚书》，对于该篇真伪的争论自然也就不辨自明了。

　　还在一些学者认为《金縢》篇有错简问题，如孙星衍在《尚书错简考》⑥一文中说：

　　　　今《金縢》篇自"王亦未敢诮公"已上，盖《金縢》文，自"秋大熟"已下，据《尚书大传》及《史记》，当为《亳姑》逸文也。……

---

① 　见明程敏政编《明文衡》卷九，文渊阁《四库全书》本。
② 　袁枚：《金縢辨上》，见《小仓山房文集》卷二二，第 243 页，《续修四库全书》本。
③ 　袁枚：《金縢辨下》，见《小仓山房文集》卷二二，第 244 页，《续修四库全书》本。
④ 　后代还有这种祈求以自己代人而死的事例。如据《元秘史》卷 15 载，元太宗窝阔台生病时，其弟托雷也祈求代窝阔台而死，这件事与《金縢》故事完全一样。见刘起釪：《尚书校释译论》，第 1252 页，中华书局。
⑤ 　赵俪生：《说〈鸱鸮〉兼及〈金縢〉》，《齐鲁学刊》1992 年第 1 期。
⑥ 　见《孙渊如先生全集》所收的《嘉穀堂集》卷一，第 497 页，《续修四库全书》本。

《史记·鲁世家》于"王亦未敢训周公"下，述营洛邑、还政之事，及作《多士》《毋逸》《周官》《立政》诸篇，其后乃称周公在丰及卒后暴风雷雨之事，明经文"秋大熟"已下，非《金縢》本文矣。《序》称《亳姑》为葬毕告周公之事，正与《大传》前文及《史记》合，是知告周公即告以悔悟尊礼之事也。后人或以其文有"启金縢"之语，遂入其文于《金縢》篇中，事隔武王、成王及周公生死，中隔《大诰》《微子之命》《归禾》《嘉禾》《康诰》《酒诰》《梓材》《召诰》《洛诰》《多士》《无逸》《君奭》……凡十八篇，何得合而为一！

孙星衍的这一观点也得到一些学者的支持，如皮锡瑞的《今文尚书考证》即从孙说。①

还有一些学者虽然不同意《金縢》篇有错简问题，但是却认为《金縢》篇的不同部分完成于不同的时期，这一观点的代表性学者是赵光贤教授，赵先生指出，《金縢》篇可分为三段：自篇首至"王翼日乃瘳"为第一段；自"武王既丧"至"王亦未敢诮公"为第二段；"秋大熟"以下为第三段。这三段文字的写作时代与性质大不相同，第一段是《金縢》本文，可看作周史官记录，后二段乃后人追记往事传说，附于《金縢》之后，不能与第一段等量齐观。②

清华简《金縢》的简背有编号，给我们编排这篇简书提供了很大的方便。从清华简《金縢》来看，虽然其内容与传世本《金縢》存在一些出入，但是却首尾完整，从其所叙的内容来看，所谓的《金縢》简有错简说的理由并不存在，至于《金縢》篇的不同部分完成于不同时代的观点可能也并不正确，清华简《金縢》只记载了周公替武王祷告的内容，并没有提到武王因此而痊愈，而是说此后不久武王即已病故，两者之间并没有相隔很长时间。至于天降灾异一事，清华简《金縢》中说明为"是岁也"，点明是

---

① 皮锡瑞在《今文尚书考证》卷 13 中不仅引用了孙星衍的观点，还加了按语："《大传》以雷雨开金縢在周公薨后，则当次于《立政》《周官》之下，乃仅列《大诰》后，当当时已合《亳姑》于《金縢》乎？"中华书局，2009 年，第 290 页。

② 赵光贤：《说〈尚书·金縢〉篇》，收入《古史考辨》，第 56-68 页，北京师范大学出版社，1987 年。

周公平定三监叛乱之后当年即已发生的事实，全篇文章叙述紧密，应为一人所完成。当然，该篇简书未必出自周公的手笔，而应该是周代史官的记录，因而能详细记载了周公与金縢故事的前后历程。

　　另一个很重要的问题是关于《书序》的年代和作者问题。清华简《金縢》篇有自己的篇题，写在第14简的简背，题为"周武王有疾周公所自以代王之志"，长达14字之多，令人惊异。这一篇题最为重要的一点是可能会对《尚书》小序的作者问题有重要的提示作用。《尚书》的小序相传是孔子整理《尚书》时所作，其中对于《金縢》篇的内容曾概括说"武王有疾，周公作《金縢》"，已经明确使用了《金縢》这个篇题。孔子是春秋后期人，生活的时代比清华简的抄写时代要早，然而清华简中却没有使用《金縢》这个篇题，说明简文的抄写者可能没有见到过《尚书》的小序。于是，问题也就随之而来：是清华简的作者没有见过《金縢》这个篇题呢，还是当时这一篇根本就没有《金縢》这个篇题？如果是前者的话，那就说明当时有不同的《尚书》传流版本，而且清华简的抄写者未见过或者不同意《金縢》这个篇名；如果是后者的话，那么《尚书》的小序就不可能是此前的孔子所作，而是另有其人了，而且这个给《尚书》各篇作序的人，其生活时代可能还要比清华简的抄写者晚，这将会对《尚书》小序的研究产生巨大的影响。不论如何，这一篇题的出现，将给今文《尚书》小序的研究提供许多重要的线索。

　　清华简《金縢》还可以澄清传世本《金縢》中的许多重要史实。如关于周公祷告代武王受死的故事也见于《史记》的《鲁周公世家》，但是司马迁在《鲁周公世家》和《蒙恬列传》中同时还记载了周成王生病时周公曾祷告以己身代成王受殃的内容，显系《金縢》故事的不同流传版本。有学者虽然承认后一说法"经典无文"，但却认为"其事或别有所出"①，对此谯周曾评论说"秦既燔书，时人欲言金縢之事，失其本末"②，认为后一说

---

① 见司马贞《史记索隐》所论，中华书局标点本《史记》，第1520页。
② 见司马贞《史记索隐》所论，中华书局标点本《史记》，第1520页。

法是秦代焚书所导致的讹传，可能更为合理一些。清华简《金縢》明确记载了相关史实的本末，再一次印证了前一说法是正确的，而后一传说则不足凭信。

清华简《金縢》还有助于厘清过去有关《金縢》的各种歧见之处。如关于《金縢》篇"周公居东"一句的理解，千百年来一直聚讼纷纷，如有的学者解为周公东征，也有学者认为是周公待罪于东，还有人说成是"周公奔楚"，细分起来至少有 16 种不同的说法，令学者无所适从[①]，相关的内容在清华简《金縢》中则作"周公宅东三年，祸人乃斯得"，显然是指周公三年东征之事，因此所谓周公待罪于东或周公奔楚的诸家之说显然不符史实。又比如说"王出郊"一段，以往学者们的解释也是互相矛盾，有的说是周成王去亲迎周公，有的则说是周成王去郊祭，事件的发生时间是在周公死后，不一而足。现在清华简《金縢》的相关内容中，成王自己说"惟余冲人其亲逆公"，随后"王乃出逆公，至郊"，可以证明是周成王亲自去迎接周公，这也就澄清了这一千古疑案。

清华简《金縢》与传世本《金縢》也有许多异文，而且其中很多地方竹简本都优于今本。如传世本《金縢》所记周武王生病的时间是在克商后二年，而清华简《金縢》则说是"武王既克殷三年"生病，证明武王灭商后至少在位了三年。我们知道，关于武王灭商后在位的年数一直有很多的争议，据梁玉绳《史记志疑》的统计，有二年、三年、四年、六年、七年、八年等异说，但传世文献记述武王史事无超过四年以上者，因此《夏商周断代工程 1996—2000 年阶段成果报告》曾根据郑玄《诗谱·豳风谱》等材料，认为武王克商后在位四年。[②] 现在清华简《金縢》明确记载了武王是在克殷三年之后生病的，而且此后不久即不在人世，因此其在位时间最大的可能性是三年或四年，与断代工程的相关结论比较一致，因此这一时间也更显合理。另外，有关周公祷告时的记载，传世本说是"植璧秉圭"，

---

① 　相关情况见拙文《清华简〈金縢〉与周公居东的真相》，《出土文献》第 1 辑，中西书局，2010 年。
② 　《夏商周断代工程 1996—2000 年阶段成果报告》，第 48-49 页，世界图书出版公司，2000 年。

而清华简《金縢》则作"秉璧植圭"，圭形窄长，故可云植，而璧为圆形，不好为植，可见清华简《金縢》更为准确，而孔传、郑注皆训"植"为"置"。《鲁世家》"植"作"戴"，都没有清华简《金縢》合理。如果按清华简《金縢》的叙述，显然就不需要将"植"转训为"置"。再比如周武王生病时，召公、太公曾建议"为王穆卜"，为周公所拒绝，然而在传世本《金縢》中，周公自己在祷告后，却去占卜吉凶。这一段记载正是最为后人所诟病之处，如袁枚曾言："二公欲穆卜，公拒之，以为未可以戚我先王……他人戚先王不可，而己戚先王则可，非伯尊之攘善而何！"①现在从清华简《金縢》来看，周公自始至终都没有占卜，只是向三王祷告，祈求自己代武王受过而已，祷告与占卜并非一事，可以说明周公并没有当面一套，背后一套，其文本自然更胜一筹，也可以澄清千百年来人们对于《金縢》篇相关内容的疑问。又比如传世本《金縢》的最后一句是"岁则大熟"，可是此前已经提到"秋，大熟，未获"，此处又说"岁则大熟"，十分别扭，清华简的最后一句是"岁大有年，秋则大获"，显然要优于传世本。类似的地方还有不少，限于篇幅，这里不能一一缕述。

总之，结合清华简《金縢》篇来考察传世本《金縢》，我们可以对传世本《金縢》篇的文本有许多新的认识：

首先，《金縢》篇是先秦时期一篇真正的《尚书》，并非出自后世的伪造，宋代以来一些学者对它的怀疑被证明是不正确的；

其次，《金縢》篇的叙述清晰，内容完整，不存在一些学者所说的错简问题；

第三，《金縢》篇全篇应是同时完成，不存在有些段落出自后人增附的问题；

第四，《金縢》篇在先秦时期还有其他的篇名存在，证明《书序》的问题非常复杂，有可能在战国中期存在不同传本的《金縢》文本，或者是当时还没有出现《书序》；

① 袁枚：《金縢辨上》，见《小仓山房文集》卷二二，第243页，《续修四库全书》本。

第五，传世本《金縢》的文本存在一些不足，并与清华简《金縢》篇存在一些重要的异文，二者应该相互结合，才能更好地揭示《金縢》篇的原貌。

（本文曾在 2011 年 1 月 6 日举办的"记忆与文本"国际学术研讨会上宣读，原载《清华大学学报》2011 年第 4 期）

清华简《皇门》"慮事"解

　　清华简第一辑所收的《皇门》篇，亦见于传世本的《逸周书》中，反映了周公摄政时期的历史情景，具有极高的史料价值。简文开头有一句话，整理报告隶定为"朕暴（寡）邑少（小）邦，穮（蔑）又（有）耆耇慮（慮）事鴄（屏）朕立（位）"①，该句的传世本，则作"下邑小国克有耆老据屏位"，传世本文句中的一些讹误，对照简文，可以得到确认和解决，足见简文在很大程度上保存了该篇的原貌，对于校订本篇文献具有重要的作用。

　　不过，上述简文中，"慮事"的"慮"字该如何释读，学者们却存在较大的分歧。整理报告直接把该字读为"慮"，并引《说文》"谋思也"来解释。按照这一说法，"慮（慮）""鴄（屏）"的主语均是"耆耇"，二者连动。整理报告出版后，学者们对"慮（慮）"字释读提出了不同意见，或读为"据"，或读为"虞"，或读为"柜"，或读为"御"，或读为"处"②，等等。这其中，读为"处"的意见最值得注意，比如王辉先生即指出：

　　　　我怀疑"慮"应读为"处"。"慮""处"皆从"虎"得声，例得通用。《楚辞·大招》："魂乎归徕，恣志虑只。"洪兴祖考异："虑一作处。"③

---

① 清华大学出土文献研究与保护中心编，李学勤主编：《清华大学藏战国竹简（一）》，第 164 页，中西书局，2010 年。

② 参见赵思木：《清华大学藏战国竹简（一）集释及专题研究》，第 281-282 页，华东师范大学博士学位论文，2017 年；曹雨杨：《〈清华大学藏战国竹简（一）—（三）〉疑难字词集释及释文校注》，第 254-258 页，吉林大学硕士学位论文，2020 年。

③ 王辉：《一粟居读简记（二）》，见罗运环主编：《楚简楚文化与先秦历史文化国际学术研讨会论文集》，第 474-475 页，湖北教育出版社，2013 年。后收入王辉：《视月集——王辉文存三》，第 185 页，商务印书馆，2020 年。

　　我们觉得王先生把"処"读为"处"是正确的，最近公布的清华简《四告》中，有"処士廼（乃）丰（朋）泾〈淫〉挽（失）凥（居）"一句，其中的"処士"，整理报告即将之读为"处士"①，足见该篇的整理者也采用了这一隶定。

　　那么，清华简《皇门》中的"処事"该如何理解呢？以往的解释虽然各不相同，但基本上是把"処"字作为动词来看待。②清华简《四告》的内容提醒我们，"処事"其实应该读为"处士"，"事"与"士"相通的例子，出土简帛中常见，《简帛古书通假字大系》中即举有许多例证③，兹不赘述。"耆耇"与"处士"是并列关系，该句的意思是说，我们的国家很小，没有阅历丰富的长者和德才兼备的处士来辅佐我。周公在此对"处士"的重视，很值得我们留意。

　　"处士"在古代是一类很特殊的人，他们虽然没有担任官职，却具有高尚的品行和出众的才华。《荀子·非十二子》言："古之所谓处士者，德盛者也，能静者也④，修正者也，知命者也，著是⑤者也。"由于处士德行高洁，才华横溢，他们虽然没有一官半职，但在社会上却拥有崇高的声望，有些文献甚至将其排在卿大夫之前，如《淮南子·俶真训》言"古者至德之世，贾便其肆，农乐其业，大夫安其职，而处士修其道"，其排列顺序自下而上即是贾、农、大夫、处士。处士被列于大夫之上，可见他们在人们心目中的地位是非常高的。⑥

---

① 见清华大学出土文献研究与保护中心编，黄德宽主编：《清华大学藏战国竹简（十）》，第110页，中西书局，2020年。对于该句的标点，我们按照自己的理解做了一些调整。
② 如王辉先生认为"处"字"有决断、办理义"，把"耆耇处事屏朕位"理解为"年高德劭者决断国家事务，屏藩保护君位"，见王辉：《视月集——王辉文存三》，第185页，商务印书馆，2020年。现在看来这一训诂恐不确。
③ 白于蓝编著：《简帛古书通假字大系》，第38、52页，福建人民出版社，2017年。
④ 杨倞注："处士，不仕者也。《易》曰：'或出或处。'能静，谓安时处顺也。"见王先谦：《荀子集解》，第101页，中华书局，1988年。
⑤ "著是"一词，不太好理解，杨倞注云："明著其时是之事，不使人疑其奸诈也。"刘台拱则疑"著是"为"著定"之误，"言有定守，不流移也"。见王先谦：《荀子集解》，第101页，中华书局，1988年。今姑存疑。
⑥ 古人甚至还把天上的少微星称为处士星。

　　商、周时期最著名的处士，莫过于伊尹和吕尚。《史记·殷本纪》言："或曰，伊尹处士，汤使人聘迎之，五反然后肯往从汤，言素王及九主之事。汤举任以国政。"[①] 马王堆帛书《老子》甲本所附的文献中，有一篇正好是伊尹与商汤讨论"九主"的内容，李学勤先生已经指出是《伊尹》一书的《九主》篇[②]；至于吕尚，《史记·齐太公世家》则言："或曰，吕尚处士，隐海滨。周西伯拘羑里，散宜生、闳夭素知而招吕尚。吕尚亦曰：'吾闻西伯贤，又善养老，盍往焉'。三人者为西伯求美女奇物，献之于纣，以赎西伯。西伯得以出，反国。"[③] 文王此前已经被商纣王囚禁，他后来之所以能够得到释放，顺利返周，吕尚在其中发挥了重要作用。至于吕尚后来辅佐周武王灭商，受封于齐的事迹，更为大家所熟知。东周时期的处士，则有孙叔敖[④] 以及受信陵君敬重的毛公、薛公等人[⑤]。至于孔子的著名弟子颜回、仲由等人由于德才兼备，又基本上没有做官任职，也被人视为处士。[⑥]

　　由于处士没有任官，所以人们往往也把他们等同于隐士。不过细究起来，二者之间还是有所区别的，隐士是隐居不仕的士人，其主观上即不愿意出仕；而处士虽然也没有出仕，但主要是由于客观原因所致。处士自己对于政治其实是很关注的，其中一些处士，如伊尹、吕尚、孙叔敖等人，后来还出任官职，并在政治上发挥了重要作用。有学者指出，"隐士是脱离政治的，而处士则以其特殊的方式参与政治"[⑦]，这一说法还是比较准确的。至于《孟子·滕文公下》所说的"处士横议"[⑧]，也体现了处士积极参

---

① 司马迁：《史记》，第 94 页，中华书局，1959 年。
② 凌襄（李学勤）：《试论马王堆汉墓帛书〈伊尹·九主〉》，《文物》1974 年第 11 期。
③ 司马迁：《史记》，第 1478 页，中华书局，1959 年。
④ 《史记·循吏列传》："孙叔敖者，楚之处士也。虞丘相进之于楚庄王，以自代也。"（《史记》，第 3099 页，中华书局 1959 年标点本。）
⑤ 《史记·魏公子列传》："赵有处士毛公藏于博徒，薛公藏于卖浆家，公子欲见两人，两人自匿不肯见公子。公子闻所在，乃间步往从此两人游，甚欢。"（《史记》，第 2382 页，中华书局 1959 年标点本。）
⑥ 《盐铁论·褒贤》曾称颜回、仲由有"处士之行"。见王利器：《盐铁论校注》，第 240 页，天津古籍出版社，1983 年。
⑦ 刘政：《战国时期的隐士与处士——以《战国策》为中心》，《湖南科技学院学报》2015 年第 2 期。
⑧ 焦循：《孟子正义》，第 456 页，中华书局，1987 年。

与政治的特点。当然，按照《荀子·非十二子》的说法，战国时代的处士与古代的处士相比较，其性质已经有所不同："今之所谓处士者，无能而云能者也，无知而云知者也，利心无足而佯无欲者也，行伪险秽而强高言谨悫者也，以不俗为俗，离纵而跂訾者也。"① 这可能也是造成当时"处士横议"的重要原因之一。无论如何，处士虽然没有官职，却是与政治结合非常紧密的一群人，他们关注政治的情况，一旦有机会时，便会积极参与政治，施展自己的政治才华。

处士们由于德行出众，而且才华横溢，因而也受到了统治者的关注，《管子·问》篇即谈到，统治者在即位后，所需要查问了解的情况中，就包括了"处士修行，足以教人，可使帅众莅百姓者几何人"②，可见处士对国家治理的重要作用，也是统治者需要重点予以考察的内容之一。

不过，从《皇门》篇来看，周公对处士的重视，可能更多地是看重他们所具有的高尚的德行，周公希望有人能够以"嘉德之说"来开导自己，要求朝廷中的这些"大门宗子迩臣"能够"懋扬嘉德"。周公批判了"维偷德用"的现象，其中提到："我王访良言于是人，斯乃非休德以应。乃维诈诟以答，俾王之无依无助"。对于那些"媚夫"把持朝政的现象，周公则予以了指斥，希望"遗父兄暨朕荩臣，夫明尔德，以助余一人忧"③，众所周知，周公是周代礼乐制度的制订者，在治国理政的过程中，周公对于"德"与"德治"最为重视，相关的内容在《尚书》中有不少的论述。④ 而处士的一个重要特征，就是品德高尚，可以在社会上起到很好的示范作用。因此，周公把处士与耆耇放在同等重要的位置，希望能有这样的人才来助

---

① 王先谦：《荀子集解》，第 101 页，中华书局，1988 年。

② 黎翔凤：《管子校注》，第 492 页，中华书局，2004 年。

③ 以上引文俱见清华简《皇门》篇，参见清华大学出土文献研究与保护中心编，李学勤主编：《清华大学藏战国竹简（一）》，第 164-165 页，中西书局，2010 年。

④ 参见梁涛、刘宝才《中国学术思想编年·先秦卷》中的《先秦学术思想史概述》一文，陕西师范大学出版社，2005 年；以及钱穆《中国学术思想史论丛》（一）中的《周公与中国文化》一文，东大图书有限公司，1976 年。实际上，一直到周公的孙子祭公谋父劝谏周穆王时，都非常强调德的作用，见李学勤：《祭公谋父及其德论》，《齐鲁学刊》1988 年第 3 期。

己治国，这与他一贯的理念是相吻合的，可以说是再正常不过的事情。

最后，我们想谈一谈《四告》简中的一句话："王所立大正、小子，秉典听任，处士乃朋淫失居，弗明厥服"①，这句话是周公在向咎陶祷告时所说的，其主旨是揭露商朝末年政治上的乱象。整理报告未对此句作太多的解释，我们觉得这句话是承接着前面的"有殷竞蠢不若，遏失天命，昏扰天下，离残商民，暴虐百姓，抵荒其先王天乙之猷力，颠覆厥典，咸替百成"而言的，"有殷竞蠢不若，遏失天命，昏扰天下，离残商民，暴虐百姓"云云，所讲的是商王纣的各种罪行，而"王所立大正、小子"中，大正为官名，见于梁其钟、叔良父匜、弪仲簠等器，《逸周书·尝麦》云："是月，王命大正正刑书。"庄述祖和朱右曾等学者已指出"大正"即是司寇（或称大司寇），大司寇为诸正之长，故曰大正。②至于小子，杨树达已指出是指属吏。③"秉典听任"，秉训为持，典则是指法典。听任，指听凭，任凭，不作干涉。④据《周礼·秋官·大司寇》载："大司寇之职，掌建邦之三典，以佐王刑邦国，诘四方。"大司寇及其属官负责掌管国家的司法工作，他们本应秉公执法，但却对各种违法行为听之任之。"处士乃朋淫失居，弗明厥服"中的"朋淫"一词，整理报告已指出见于《尚书》的《益稷》篇；或作"淫朋"，见于《洪范》⑤，"朋"当训为"群"，"淫"训为"放纵"；处士本来是德行高尚之人，现在竟然都放纵自己的行为，举止失宜，不明白自己的职责所在。周公在这里指斥商朝末年司寇和处士们的种种行径，其实是由于当时的纣王无道使然。纣王沉湎酒色，穷兵黩武，重刑厚敛，拒

---

① 清华大学出土文献研究与保护中心编，黄德宽主编：《清华大学藏战国竹简（十）》，第110页，中西书局，2020年。标点断句方面，我们按照自己的理解做了一些调整。

② 参见黄怀信、张懋镕、田旭东：《逸周书汇校集注（修订本）》，第722页，上海古籍出版社，2007年。

③ 杨树达云"小子，盖谓属吏，与下文'邦君御事小子'义同"，见《积微居读书记·尚书说·酒诰》，第26页，中华书局，1962年。

④ 《后汉书·冯鲂传》："永平四年，坐考陇西太守邓融，听任奸吏，策免，削爵土"。成语"听之任之"即此"听任"的用法。

⑤ 见清华大学出土文献研究与保护中心编，黄德宽主编：《清华大学藏战国竹简（十）》，第112页，中西书局，2020年。

谏饰非，以致"微子去之，箕子为之奴，比干谏而死"（《论语·微子》篇），在这样一种氛围下，司寇及其僚属不能秉公执法，而处士等人也无法以正道行世。正如《潜夫论·贤难》所言："处士不得直其行，朝臣不得直其言，此俗化之所以败，闇君之所以孤也。"① 而周公在《皇门》与《四告》中对于处士的重视与阐述，正好从一个侧面反映了周初对夏、商两朝得失兴亡的总结以及重视德政的治国理念。

补记：本文写成后，曾提交给福建师范大学文学院承办的"《中国文字》出刊 100 期暨文字学国际学术研讨会"，并于 2020 年 12 月 12 日在会上宣读。承程浩和刘伟浠两位先生告知，简帛网上刊发有朱国雷先生的《清华简《四告》札记（一）》一文，该文也提出了类似意见。经查，朱文见于 http://www.bsm.org.cn/show_article.php?id=3610，与本文意见比较一致，但论述角度不太相同，读者可以参看。

（原载《中国文字》2021 年总第 6 期）

---

① 见彭铎校正：《潜夫论校正》，第 53 页，中华书局，2014 年。

清华简与西周史研究

　　2008 年 7 月，经校友捐赠，清华大学入藏了一批流散到香港文物市场的战国竹简，通称清华简。清华简总数近 2500 枚，是目前已知战国竹简中数量最大的一批。经碳 14 测定，清华简的抄写时间大约为公元前 305 年，属于战国中期的后半段，相当于孟子、庄子、屈原等先哲们生活的时代，由于久埋地下，躲过了秦代的焚书之厄，从而最大限度地保存了先秦古籍的原貌。经过编排，清华简总共约有 70 篇文献，全部都是古书，而且大多是经、史一类的文献，学术价值可谓空前。① 在清华大学出土文献研究与保护中心科研人员的共同努力下，目前，清华简已经整理出版了九辑整理报告，第十辑整理报告目前正在排印中，很快也将与读者见面。

　　在 2008 年 10 月召开的清华简鉴定会议上，与会的专家们即已深刻指出，清华简"是十分珍贵的历史文物，涉及中国传统文化的核心内容，是前所罕见的重大发现，必将受到国内外学者重视，对历史学、考古学、古文字学、文献学等学科将会产生广泛深远的影响"。② 十多年来，清华简的整理与研究工作，已经在多方面推动了先秦历史文化的研究，成为文史研究者关注的焦点。这其中，与西周史相关的《程寤》《保训》《耆夜》《金縢》《皇门》《祭公》《楚居》《系年》《周公之琴舞》《芮良夫毖》《命训》《厚父》《封许之命》《摄命》《四告》等诸多篇目，对于西周史的研究具有重要的

---

① 已获整理的清华简各篇，均被列入国家珍贵古籍名录之中。

② 见刘国忠《走近清华简》（增订版）的《引言》，第 5 页，清华大学出版社，2020 年。

推动作用，在本文中，我们拟对此做一些分析论述①，不当之处，祈请方家批评指正。

（一）清华简加深了我们对于西周史相关文献的理解与认识

西周史的研究，离不开传世文献、考古学、出土文献（包括西周甲骨、青铜器与金文、简帛资料等）以及理论探索等多条途径的共同努力，其中的传世文献与出土文献等文字资料更是我们认识和解读西周历史的主要依据。不过，由于相关的传世或出土文献古奥艰涩，理解起来有很大的困难；同时，学者们对于相关文献的真伪、年代和性质等方面的认识也存在诸多的差异，这在很大程度上妨碍了研究工作的深入。

清华简诸篇的抄写时代虽然是在战国中期，但这并不意味着它们的写作时代也是在这一阶段，战国中期只是清华简诸篇写作时代的下限，其中的多篇文献应有其久远的传流历程，一些篇目甚至很可能是从西周时期的原始档案传抄而来，比如见于第五辑的《封许之命》和第十辑的《四告》等篇即是如此。更重要的是，清华简中的一些篇目，如《皇门》《祭公》《金縢》等，都有传世本可供比较，从而为解读和研究这些周代文献提供了千载难逢的机遇，从文献学的角度来看，清华简这些篇目的作用主要是：

1. 清华简使传世文献中的一些错讹之处得到了纠正

这方面最典型的例子，是《逸周书》的《祭公》篇，《祭公》在传流过程中多有讹误，但此前因没有可资对勘的文本，许多错误无法得以发现和纠正。清华简《祭公之顾命》是目前所见《祭公》篇的最早写本，两相对比，传世本中的许多错讹遂得以一一呈现。其中最显著者，莫过于简文中有一句"乃召毕𩏍、井利、毛班"，据简文可知，毕𩏍、井利、毛班三人为

---

① 关于清华简相关篇目的讨论已有大量的成果，详情可参《走近清华简》（增订版）一书所附的《清华简研究所见论著目录》。诸家观点精彩纷呈，限于篇幅，本文未能一一加以引用罗列。

周穆王时的三公，可谓文从字顺，然而在传世本中，该句竟被误为"乃诏毕桓于黎民般"，遂致面目全非，不可卒读。①再比如传世本《命训》有"夫天道三，人道三：天有命，有祸，有福；人有丑，有绋絻，有斧钺"的记载，如果按照天道的顺序，是"命""祸"和"福"，而人道却是"丑""绋絻""斧钺"，其顺序不能完全对应。现在看清华简《命训》，该句作"夫天道三，人道三：天有命，有福，有祸；人有恒（即"耻"字），有市冕，有斧钺"。"市冕"即今本的"绋絻"，竹简本"有福"与"有祸"分别对应"有市冕"和"有斧钺"，次序非常合理，可见今本的"有祸"与"有福"二字应当对调。②这些重要发现遂使数千年来的文字错误得以大白于天下。

2. 一些传世文献的真伪、性质及学术价值因清华简的内容而得到了进一步的确认

还是以《逸周书》为例，《逸周书》是一部有关周代历史文化的文献汇编，内容珍贵。然而，由于该书被认为是"孔子删《书》之余"，故在历史上一直不太受学者们重视，其流传过程不够清晰，文本的错讹脱佚现象也十分严重，虽然晋代的孔晁曾为之作注，但此后一千多年间，该书基本处于被"冷落"的状态，甚至被冠以"伪书"之名。直到清代以后，这一情况才有所改观，卢文弨、王念孙、朱右曾等几位学者对本书做了一些校订整理，才使本书大致可读。但是对于该书的学术价值，学术界仍存在较大的争议。已经公布的清华简诸篇中，属于《逸周书》的篇目有《命训》《程寤》《皇门》和《祭公》4篇，可以说是《逸周书》篇目的空前发现。这些清华简篇目不仅校正了传世本的诸多问题，也使这些《逸周书》文献的学术价值得到了确认。研究西周历史，再不能忽视和弃用这些《逸周书》中的重要篇目。

与此同时，清华简也使过去有关《古文尚书》真伪问题的争论有了直

---

① 清华大学出土文献研究与保护中心编，李学勤主编：《清华大学藏战国竹简（一）》，中西书局，2010年；沈建华：《清华楚简〈祭公之顾命〉中的三公与西周世卿制度》，《中华文史论丛》2010年第4期。

② 刘国忠：《清华简〈命训〉初探》，《深圳大学学报（人文社会科学版）》2015年第3期。

接的证据。东晋初年豫章内史梅赜进献给朝廷的《尚书》中,《古文尚书》这一部分的真实性引起了后人长期的讨论。清华简中有多篇属于《古文尚书》的篇目,比如,清华简的《尹诰》即《古书尚书》中的《咸有一德》,《傅说之命》即《古文尚书》中的《说命》,但是它们的内容却完全不同,证明东晋时期出现的《古文尚书》确实有可能是出于后人的伪造。[①] 而属于西周时期文献的清华简《摄命》,经学者们的研究,也很可能即是《古文尚书》中的《冏命》篇 [②],而二者之间的内容也是没有丝毫的关联,这也进一步印证了东晋以后传流下来的《古文尚书》不会是先秦《尚书》的原本,而是出于后人的伪作。《古文尚书》真伪问题的讨论,是中国学术史上的一个重要话题,清华简《摄命》及与《古文尚书》相关诸篇的真伪讨论,其意义自然非常重大。

已经公布的清华简诸篇,内容和体裁极其丰富,其中《封许之命》是西周初年封建许国的文献,使我们第一次看到了周初分邦建国的档案资料;《摄命》是周王册封伯摄的原始文献,亦让我们看到西周册命文献的原貌;《四告》是周公、伯禽、周穆王、召伯虎四人分别向神灵或先贤祷告之辞,亦为以往所未见。这些文献的重新发现,不仅大大开拓了我们的眼界,而且使我们对一些传世文献有了完全不一样的认识。比如关于卫国的分封,由于《尚书》中《康诰》《酒诰》《梓材》三篇文献的存在,一般认为材料是最为齐备的,《尚书序》即言"成王既伐管叔、蔡叔,以殷余民封康叔,作《康诰》《酒诰》《梓材》",分封的具体细节曾见于《左传》定公四年的记叙,并说是"命以《康诰》而封于殷墟"[③],即把《康诰》等同于分封的文献。现在看来,在分封康叔的过程中,其实最为原始的分封记录并没有能够保存下来,当时一定还有一个类似于清华简《封许之命》的更为具体的官方分封文献,详细记录了封畛土略和赏赐民众、物品的情况[④],至于《康

---

① 李学勤:《清华简与〈尚书〉〈逸周书〉的研究》,《史学史研究》2011 年第 3 期。
② 贾连翔:《"摄命"即〈书序〉"臩命""冏命"说》,《清华大学学报(哲学社会科学版)》2018 年第 5 期;马楠:《清华简〈摄命〉初读》,《文物》2018 年第 9 期。
③ 杨伯峻:《春秋左传注》(修订本),第 1537-1538 页,中华书局,2009 年。
④ 《左传》定公四年的论述即是概述其内容。

诰》诸篇，则应该是对即将赴任的康叔所做的告诫，不能与分封的原始文献相等同。这种对《康诰》篇的认识，也是一个重要的变化。

清华简《厚父》篇的问世，也有助于我们认识《尚书》的《洪范》篇。周武王灭商后，一直想总结夏、商兴亡的经验教训，因此才有了"惟十三祀，王访于箕子"而形成的《洪范》篇。值得注意的是，周武王访箕子，本来是要讨论商朝亡国的教训，只是由于箕子作为一个亡国之人，不忍心谈故国兴灭这个敏感问题，最后双方只好避实言虚，讨论起了"天地之大法"。对此《史记·周本纪》曾言："武王已克殷，后二年，问箕子殷所以亡。箕子不忍言殷恶，以存亡国宜告。武王亦丑，故问以天道。"如果箕子当时很配合周武王的咨询，也许我们所看到的《洪范》就不是现在这个面貌了。①

3. 清华简让学者们关注到了经学文献的重新编写和整理问题

清华简本《金縢》与传世本《金縢》的异同非常耐人寻味。清华简本《金縢》有自己的篇名，作"周武王有疾周公所自以代王之志"，与《尚书》中的"金縢"之名完全不同；在具体内容方面，二者虽然除了一些异文之外，内容基本相同，但其中存在一个最大的差异，就是竹简本《金縢》没有传世本中涉及占卜的两段文字。对于这一现象，学者们的看法不一。②其实，前一段文字中，周公向三王祷告，然后进行占卜；后面的另一段文字中，周成王因为看到了周公的祷告之辞，了解到天降灾异的缘由，因而制止了占卜行为。这两段文字的内容衔接自然，与周初的观念和行为吻合，非常契合当时的形势，应是其固有的内容。简文中没有这两段文字，应该是后人对于原来的文本进行了删节改写。那么，竹简本为什么要对《金縢》篇做这样的加工处理呢？其实，竹简本的篇名已经给了我们非常重要的提

---

① 刘国忠：《也谈清华简〈厚父〉的撰作时代和性质》，《扬州大学学报（人文社会科学版）》2017年第6期。

② 如李学勤《清华简九篇综述》（《文物》2010年第5期）认为二者是"分属于不同的传流系统"；廖名春《清华简与〈尚书〉研究》（《文史哲》2010年第6期）则认为竹简本《金縢》经"后人删节"，"从整体上要晚于今本"。

示。竹简本有自己的篇名，叫"周武王有疾周公所自以代王之志"，已经标明这是一篇属于"志"的文献。对于"志"，我们并不陌生，《国语·楚语上》载，楚庄王时，太子之傅士亹向申叔时请教如何教育太子，申叔时给士亹提了系统的建议，其中就有"教之故志，使知废兴者而戒惧焉"，韦昭注"故志，谓所记前世成败之书"。^① 我们曾经指出，清华简本《金縢》在标题中特意突出"周武王"之称，这是一个很有楚国特色的称谓，其目的是为了与"楚武王"相区别^②，而《金縢》篇的改名，很可能是由于楚人对这篇文献做了改写，把它改为一篇"志"，也就是进行历史教育的读本。这一做法使我们体会到，即使是像《尚书》这样大经大法的经典文献，也是可以对其文本进行编辑加工的；同理，孔子在编选百篇《尚书》时，也不排除对其内容做过一些整理修订的工作，就如同他作《春秋》时，对鲁国的史书做了不少修订一样。

同时，我们也可以看到，在先秦时代，与百篇《尚书》相类似的文献其实是非常多的，孔子虽然根据自己的需要选编了一百篇的《尚书》，但是没有被收入的文献数量更为丰富。其中的一些篇目，后来被作为"孔子删《书》之余"而收录在《逸周书》里面，但是还有大量的相关文献则在历史演变中归于湮灭。清华简的发现使学者们认识到，后来被称作《逸周书》的一些篇章，在当时至少有很大一部分被承认就是《书》^③，而且在《尚书》《逸周书》的这些篇目之外，还有极其丰富的类似文献。

4. 清华简为解读其他出土古文字材料也提供了很好的契机

清华简的文字为战国时期的楚文字，内容皆为古书，有些有传世本，或在传世本内有类似材料，容易进行比照对读，从而为释读出土的古文字资料提供了重要的依据。比如陈剑教授曾从清华简《皇门》篇中的"𢽠"字入手，将之与郭店简、上博简、古玺中的相关字形相结合，为该字的释

---

① 上海师范大学古籍整理组校点：《国语》，第528-529页，上海古籍出版社，1978年。

② 刘国忠：《试析清华简〈金縢〉篇名中的称谓问题》，见《清华简研究》第1辑，中西书局，2012年。

③ 李学勤：《清华简与〈尚书〉〈逸周书〉的研究》，《史学史研究》2011年第2期。

读提出了重要的意见①；李学勤教授指出清华简《周公之琴舞》"霅天之不易"中的"霅"字应训为"对"，并进而指出许多金文中的"霅"字都应读为"对"②等，都为出土文献的释读做出了重要的贡献。

（二）清华简揭示了许多西周历史事件的真相

清华简中所发现的众多与西周史有关的文献，为研究西周史开辟了一个新的天地。其中的不少记载都为传世文献所无，或与传统看法不同，为我们揭示了西周许多不为人知的历史真相，也为一些聚讼不休的历史事件提供了重要依据。限于篇幅，我们在此也列举数例，以见一斑。

1. 先周历史的新知

在周武王克商、建立周朝之前，周人已经经历了漫长的发展历史，尤其是周文王时，周人已经获得了长足的发展。清华简中的《程寤》《保训》《耆夜》诸篇都涉及了先周的历史③，所提供的信息极为丰富，特别是有关"文王受命""文王称王""西伯戡黎"。比如，"文王受命"或"文、武受命"是西周历史上的一个重要话题，但是，对于它们的确切含义，学者们长期以来一直争论不断。直至20世纪初，王国维先生才敏锐地指出所谓的"受命"就是接受天命。④王氏此论，与传世及出土文献中有关"文王受命"的论述完全符合，得到了大多数学者的赞同。现在看来，"文王受命"实际上是从政治上确立了周人代商的正义性和合法性。但是"文王受命"的标志是什么，学者们却一直未能揭示。清华简《程寤》篇则告诉我们，文

---

① 陈剑：《清华简〈皇门〉"䜌"字补说》，复旦大学出土文献与古文字研究中心编：《出土文献与古文字研究》第四辑，上海古籍出版社，2011年。

② 李学勤：《论清华简〈周公之琴舞〉"霅天之不易"》，中国文化遗产研究院编：《出土文献研究》第十一辑，中西书局，2012年。

③ 对于这3篇文献的写作时代，目前学者们之间意见还不太一致，但都承认是根据西周时期相关的史料撰写而成。

④ 王国维：《观堂别集》卷一《周开国年表》，见《王国维遗书》第3册，第37页，上海书店出版社，1996年。

王受命与太姒所做的一个梦境有关①，这篇简文的重新发现与公布，使我们确认了"文王受命"的确切含义和具体标志。

清华简《保训》则与周文王的遗嘱相关，周文王曾有遗嘱，见于《尚书》的《顾命》篇，但是文王遗嘱的内容如何，却为以往学者所未知，清华简《保训》的发现弥补了这一缺憾。而且本篇简文的纪年"惟王五十年"的形式，说明周文王很可能早已经偷偷称王，再加上《程寤》中周文王有"商感在周，周感在商"的深刻论述，证明在商末时周文王早已在暗中积聚力量，为灭商做准备。这就为研究周文王时期的商、周关系提供了全新的视角。

清华简《耆夜》则解开了关于西伯戡黎的种种疑问。《尚书》有《西伯戡黎》篇，前人多以为是周文王时的事情，但是黎也就是耆这个地方迫近纣都，如果说周文王已征伐到那里，与历史情势并不相合，因而宋代胡宏《皇王大纪》以来，不少著作认为应该是周武王。清华简《耆夜》一开始就说"武王八年，征伐耆，大戡之，还，乃饮至于文大室"，印证了宋人的怀疑是合理的。②周武王八年伐黎，九年观兵于孟津，至十一年伐纣，正好展现了周人逐步东进的历程。

2. 三监之乱与秦人始源

周武王灭商后不久即因病去世，继位的周成王年幼，故由周公辅佐朝政，不久即爆发三监之乱，使刚建立的西周政权处于风雨飘摇之中。在清华简《四告》中，周公在给先贤皋陶的告辞中说"商邑兴反，四方祸乱未定，多侯邦伯，率去不朝"，形象地说明了当时形势的严峻。清华简的多篇文献都涉及了三监之乱这一重大事件。在动乱面前，周公与周成王采取了坚定的措施，派兵镇压叛乱。传世本的《金縢》篇有"周公居东二年"的记载，

---

① 《清华大学藏战国竹简（一）》已经指出，《程寤》中所记载的这一事件，"可能与周人所艳称的'文王受命'有关"。

② 李学勤:《清华简九篇综述》，《文物》2010 年第 5 期。

对其含义前人曾有各种推测 ①，竹简本《金縢》则作"周公石东三年"，这里的"石"字当即楚文字常见的"迈"，即"适"字，意为前往。周公前往东国三年，所指的正是周公东征，从而解开了这一历史之谜。周师在擒杀了武庚等人之后，又继续东进，击败了参与叛乱的商奄等国，杀死了飞廉等首恶分子，并把参与叛乱的一部分商奄之民西迁到位于今甘肃甘谷县的朱圉山一带，令其防御西北的戎人，而这些人则成为后来秦人的祖先。②清华简中关于秦人始源的这一记述，完成颠覆了人们的原有认识，对于早期秦人与秦文化的研究具有重大的意义。③

3. 卫国与许国的分封

周武王灭商后，曾采取分封政策，封建了一些古代圣王的后裔，并在商朝的王畿地区设立三监，以加强对原商朝核心区域的防范。但大规模的分封举措，则要到周成王平定三监之乱后才得以施行。清华简《系年》称："周成王、周公既迁殷民于洛邑，乃追念夏、商之亡由，旁设出宗子，以作周厚屏"④，正是对当时分封情况的总结。通过清华简的记述，过去关于周初分封的一些疑窦之处也得以澄清。比如卫国的分封，过去曾有一种观点认为是在周武王时，也有人认为卫国曾有两次分封。现在通过《系年》，可以知道周成王把康叔分封到康丘（这也是后人之所以称之为康叔的原因），后来康叔又把都城从康丘迁到了淇卫，这就完美地解释了卫国的始封时间和都城前后出现变化的原因。⑤

有关许国分封的误解也同样得以纠正。过去学者们根据许慎《说文解字·叙》和杜预《春秋释例》等材料，以为许国的始封者是许文叔，受封

---

① 刘国忠:《清华简〈金縢〉与周公居东的真相》,《出土文献》第一辑, 第 31-42 页, 中西书局, 2010 年。

② 李学勤:《清华简关于秦人始源的重要发现》,《光明日报》2011 年 9 月 8 日。

③ 刘国忠:《〈清华简关于秦人始源的重要发现〉导读》, 收入《中西学术名篇精读·李学勤卷》, 第 131-140 页, 中西书局, 2017 年。

④ 清华大学出土文献研究与保护中心编, 李学勤主编:《清华大学藏战国竹简（二）》, 第 144 页, 中西书局, 2011 年。

⑤ 李学勤:《清华简〈系年〉解答封卫疑谜》,《文史知识》2012 年第 3 期。

的原因则是许为"尧四岳伯夷之后",受封的时间是在周武王时。然而在清华简中发现了周初封建许国的文件《封许之命》,从中我们可以知道,许国的始封之君是吕丁,他曾辅佐周文王和周武王,功勋卓著,因此周成王时把他分封于许。① 清华简《封许之命》的发现,纠正了传世文献中关于许国论述的诸多不准确之处。

4. 周公摄政与制礼作乐

西周初年的政治一度出现了严重的危机,端赖周公辅佐朝政,力挽狂澜。周公摄政的问题一直是历代学者们关注的话题,特别是周公摄政时有没有称王,从古至今争论不断。清华简中发现了《逸周书》的《皇门》篇,学者们多认为该篇文献是周公摄政时所作,简文记叙周公的讲话时称"公若曰",证明周公当时并未称王。另外,在清华简中所发现的《周公之琴舞》,乃是一组乐诗,学者们多认为作于周公归政成王之时,其中对周公与成王的君臣关系也做了严格的区分,也进一步印证了周公没有称王这一事实。

最近即将发表的《四告》篇也为这一问题提供了佐证。《四告》的第一篇是周公向古代贤臣皋陶的祷告之辞,在祷辞中,周公追述了在周武王去世后,自己勤勉辅佐成王的情形:"乃唯余旦明弼保兹辟王孺子,用肇弘三台,以讨征不服,方行天下,至于海表出日,亡不率比……",② 其中强调自己"明弼保兹辟王孺子",更为周公不曾称王提供了充分的证据。

有关周公制礼作乐的情况,清华简《周公之琴舞》中已经透露了相关的信息,《周公之琴舞》是一组结构紧密的乐诗,以周公还政、成王嗣位为其内容,这不仅是佚诗的发现,也是佚乐的发现③,这是周初制礼作乐的一个典型事例。在清华简《四告》中,周公也表明要"永念天畏,王家无常,周邦之无纲纪,畏丧文武所作周邦刑法典律",因此采取了各种措施来经

---

① 李学勤:《清华简再现〈尚书〉佚篇》,收入《清华简及古代文明》,第264-267页,江西教育出版社,2017年。

② 清华大学出土文献研究与保护中心编,黄德宽主编:《清华大学藏战国竹简(十)》,第110页,中西书局,2020年。

③ 李学勤:《新整理清华简六种概述》,《文物》2012年第8期。

营周邦。这些记叙表明，周公确曾制礼作乐，这应该是历史的实际，周公的这些举措，对周王朝的巩固与发展做出了重要的贡献。

5. 两周之际的史事

关于两周之际的历史进程，《史记》所述，多有疏漏之处[①]，以往学者多据《古本竹书纪年》的佚文来订正这段历史，然而一些缺环始终无法厘清。清华简《系年》完整系统地讲述了两周之际的历史演变过程，在很多方面给我们提供了新知，如：周幽王的妻子来自于位于犬戎附近的西申，而不是来自于位于今天南阳一带的南申，这就解开了申人之所以能与犬戎联合攻周的历史之谜；周幽王与其子伯盘曾一起去攻打西申，最终为犬戎、缯、西申的联军所攻灭，这一历史为过去所未知；周幽王死后，朝廷拥戴周幽王之弟余臣为王（即携惠王），与被废的太子宜臼之间展开了长达21年的王位争夺，其中的许多细节也是以往的学者所不曾了解的；周平王东迁经历了漫长的历程，而不是过去所理解的一蹴而就[②]；等等。

此外，清华简对于楚国的起源与早期历史研究也有重大的推进，比如据清华简《楚居》可知，楚人的先祖穴熊即鬻熊，另外，该篇中关于楚人早期的活动范围、楚国与郧国的关系，都提供了大量的珍贵史料。[③]再比如，据清华简《系年》，可以确认共和行政是由共伯和代执朝政，而不是由周公、召公共同执掌朝政，从而为共和行政之谜的解决提供了一个有利的佐证。

（三）清华简推动了西周时期文学史、思想文化史和制度史等方面的研究

对于西周时期的文学史、思想文化史和制度史的研究，以往囿于有限

---

① 晁福林：《论平王东迁》，《历史研究》1991 年第 6 期。

② 刘国忠：《从清华简〈系年〉看平王东迁的相关史实》，收入陈致主编：《简帛·经典·古史》，第 173-180 页，上海古籍出版社，2013 年。

③ 李学勤：《论清华简〈楚居〉中的古史传说》，《中国史研究》2011 年第 1 期。

的材料，往往难以展开讨论，清华简中所出现的大量与西周史相关的文献，为这些领域研究的突破创造了极为重要的条件，在此我们也从几个方面试作阐释：

1. 文学史研究方面

清华简的《耆夜》《芮良夫毖》《周公之琴舞》等篇收有众多的诗歌，而且多数都是佚诗，为西周文学史的研究提供了众多崭新材料，可谓是先秦诗歌研究的重大契机。这其中，《耆夜》中的《蟋蟀》诗和《周公之琴舞》中的《敬之》诗同时见于《诗经》，文字亦多有不同，这对于《诗经》有关篇目的写作时代、具体含义的研究均有重要意义。

2. 思想文化史方面

清华简《保训》所叙的周文王遗嘱中多次提到了"中"这个词，证明"中"的观念是全篇的核心，关于《保训》"中"的思想，学者们做过很多的讨论[①]，李学勤先生曾指出，《保训》的"中"很可能与后来儒家的中道思想有关[②]，这对于研究儒家思想的渊源和传统，无疑有很重要的意义。

西周建立后，统治者一再强调"我不可不鉴于有夏，亦不可不鉴于有殷"，希望从夏、商的兴亡中汲取经验教训，但是在传世的文献中，所见多为西周王室取鉴于有殷的内容，而很少有关于取鉴于有夏的论述。清华简《厚父》篇的发现，使我们第一次有机会看到了西周初年对于夏朝兴亡所做的归纳和总结，其中蕴含丰富的民本思想和德政思想，更为中国思想史的研究开辟了新的局面。

清华简《筮法》所涉及的数字卦也具有非常重要的学术价值。数字卦的研究，是 20 世纪易学研究的重大突破[③]，但是商、周时期的数字卦是否

[①]　刘丽：《清华简〈保训〉集释》第五章《〈保训〉思想研究》，第 233-267 页，中西书局，2018 年。
[②]　李学勤：《论清华简〈保训〉的几个问题》，《文物》2009 年第 6 期。
[③]　张政烺：《试释周初青铜器铭文中的易卦》，《考古学报》1980 年第 4 期。

一直延续到战国时代，学者们曾有不同的意见 ①，清华简《筮法》的出现，证实在战国时期数字卦仍然存在，这对于研究数字卦的发展和演变也具有积极的意义。②

清华简《耆夜》讲述了周武王八年周师伐耆，获胜返回后于文王宗庙举行庆功的"饮至"典礼，这一记叙亦非常重要。此前在周原甲骨和西周初年的塑方鼎中均有关于饮至典礼的记载 ③，但没有更详细的内容，清华简《耆夜》则为我们展现了西周时期饮至典礼的生动情景。④

新公布的清华简《四告》篇分别有周公、伯禽、周穆王、召伯虎 4 人向先贤或神灵祷告之辞，具有极高的学术价值。周人在遇到大事时，往往会向上天神灵或祖先祷告，如何尊所载周武王灭商后，曾就兴建新都一事"廷告于天"，周武王生病时，周公亦向太王、王季和文王祷告等，但是所述内容都比较简略，《四告》篇完整地记载了 4 篇祷告之辞，使我们对西周时代的天人之间的交流及其内容有了更全面的认识。

3. 制度史方面

藉田制度是周代的一项重要制度，周宣王时"不藉千亩"，曾在历史上有重要的影响，但是关于其具体内容，学术界却长期存在争论。而据清华简《系年》可知，周武王时即已建立"帝藉"制度，名之曰千亩，用以祭祀上帝天神。这不仅印证了传世文献关于"帝藉"与祭祀上帝有关的说法，而且第一次揭示了西周时期的"帝藉"和"千亩"的由来，从"千亩"产生的源头上揭示了"藉田"的性质确是周王室为生产"上帝之粢盛"而专门开辟的祭祀田地 ⑤，从而为研究西周时期藉田制度的产生、发展和演变提

---

① 参见李学勤《周易溯源》第四章《战国秦汉竹简与〈易〉》中的第三和第四节，第 273-284 页，巴蜀书社，2011 年。

② 李学勤：《关于清华简〈筮法〉的五点认识和五个问题》，《济南大学学报（社会科学版）》2016 年第 3 期。

③ 李学勤：《小盂鼎与西周制度》，《历史研究》1987 年第 5 期。

④ 李学勤：《周武王、周公的饮至诗歌》，见《初识清华简》，第 19-23 页，中西书局，2013 年。

⑤ 雷晓鹏：《从清华简〈系年〉看周宣王"不籍千亩"的真相》，《农业考古》2014 年第 4 期。

供了重要的依据。

分封和册命制度。西周时期采用封邦建国的国策，分封了众多的诸侯国；而对于官员的任命，也往往需要举行仪式，封官授职。清华简《封许之命》是一件原始的封建文献，使我们有机会了解西周分封制度的诸多细节。另外，在清华简《郑文公问太伯》中，提到郑桓公受命就封时只带了"车七乘、徒卅人"，其力量之弱小超出了我们的想象。《史记·齐世家》载，齐太公就国时曾夜宿旅店，后来为防范莱人前来争夺封地而夜衣而行，及时阻止了莱人的行为。从《齐太公世家》所述的情况来看，齐太公当年就封时，所带的随从似乎也不会太多。看来周代分封时"授民授疆土"，更多地只是在国家层面上对诸侯统治权的一个确认，具体的发展则有待于受封者的个人努力。在册命研究方面，清华简《摄命》则为我们提供了迄今为止最为完整的一件册命文献，这对于册命制度的研究无疑会有很好的推动。

三公制度也是西周时期的一项重要制度。清华简《祭公之顾命》第一次让我们了解到周穆王时期的三公人选，确认了当时三公制度的存在，从而为研究西周的三公制度提供了重要的资料。[①]

（四）简短的结语

早在1981年，李学勤先生在所写的《重新估价中国古代文明》[②]一文中，曾根据当时的各种考古发现和研究成果指出，以往对于中国古代文明的起源时间和发展高度的估计显然是偏低了，他认为，在新的历史条件下，应该把考古学的成果和文献的科学研究更好地结合起来，对中国古代文明做出实事求是的重新估价。2013年，裘锡圭先生在《出土文献与古典学的重

[①] 参见杜勇《清华简与古史探赜》第七章《清华简〈祭公〉与西周三公之制》，第157-185页，科学出版社，2018年。

[②] 李学勤：《重新估价中国古代文明》，收入《李学勤集——追溯·考据·古文明》一书，第15-27页，黑龙江教育出版社，1989年。

建》一文中，也指出要立足于各种新出土文献，同时结合其他的出土文献和传世文献，做好古典学的重建工作。[①] 两位先生的论述虽然不完全一致，但都充分肯定了简帛等新出土文献对于先秦典籍、历史文化研究的重要性。

从本文的论述中可以看出，清华简中所发现的众多与西周史有关的篇目，已经对西周史研究的方方面面产生了深刻的影响，其中的诸多记载，不仅解决了西周史研究中许多争论已久的疑难问题，同时又为西周史研究的进一步发展提供了崭新的机遇。清华简的整理与研究工作已经深刻影响了西周史研究的面貌，这已经成为学者们的普遍共识。因此，近年来学者们多利用清华简来研究西周历史文化，这已经成为当前西周史研究的一条有效途径，并已取得了丰硕的成果。[②]

当前，清华简的整理工作还在持续进行，相信还会有更多与西周史有关的新材料面世，成为西周史研究的重要依据。同时，除了清华简外，有关西周史的各种考古发现也层出不穷，而与西周史有关的甲骨、金文、简帛等文字资料也在不断发现，西周史的研究正在以空前的广度和深度得以展开。我们有理由相信，西周史的研究一定可以获得更大的发展，取得更好的成绩。

（原载《中国社会科学》2021 年第 1 期）

[①]　裘锡圭：《出土文献与古典学的重建》，《出土文献》第四辑，中西书局，2013 年。

[②]　已经出版的相关著作，有刘成群《清华简与古史甄微》(上海古籍出版社，2016 年)、路懿菡《清华简与西周史研究》(三秦出版社，2018 年)、杜勇《清华简与古史探赜》(科学出版社，2018 年)等，此外还有众多的论文和学位论文。

从清华简《系年》看周平王东迁的相关史实

西周覆灭、平王东迁是周代历史发展中的重大事件，然而由于文献不足征，加之有限的记述之间又相互歧异，使人往往无所适从。[①] 对于这段暗昧难明的历史，学者们曾花了很大的力气加以钩稽，取得了众多的成果，特别是晁福林先生的《论平王东迁》（《历史研究》1991 年第 6 期）和李峰先生的《西周的灭亡》（上海古籍出版社，2007 年）等力作，对有关史料进行爬梳，提出了许多卓见，贡献尤多。

最近出版的清华简整理报告《清华大学藏战国竹简（二）》收录了一部重要的史书《系年》，其中也有关于平王东迁的相关记载，对我们了解周平王东迁的相关史实有重要的帮助。

清华简是清华大学 2008 年入藏的一批珍贵文物，其总数约为 2500 枚，

---

① 比如《史记》所载周幽王戏诸侯一事，实本于《吕氏春秋》，但却将之改编成幽王为博褒姒一笑而烽火戏诸侯。举烽备警非周代所有，这一记述类似于小说家言，不足凭信。又比如平王的舅家申国一般认为在今南阳，从地理上看很难与戎人联合。崔述在《丰镐考信录》卷七中就指出："申在周之东南千数百里，而戎在周西北，相距辽越，申侯何缘越周而附于戎？"另外秦襄公救周是帮助幽王抗击犬戎和申人，钱穆在《西周戎祸考》中曾指出了相关记载的矛盾："此段有不可解者，平王因申侯而立，幽王则为申侯所杀。既为秦襄公将兵救周有功，即不啻与申侯、平王为敌，如何又谓以兵送平王？戎人入周，申侯、平王召之，如何又曰戎无道，侵夺我岐丰之地？"又比如《史记》称平王东迁系为避犬戎，也有学者认为不合情理，钱穆在《西周戎祸考》中认为："犬戎之于幽王固为寇，而于申侯、平王则非寇实友也。然则平王东迁，特以丰、镐残破，近就申戎以自保，非避戎寇而远引也。"诸如此类的矛盾之处，长期以来皆令学者们困惑不已。

内容多为经、史一类的重要典籍，其中的《系年》篇是目前已经出土的时代最早的简帛史书，其内容与西晋时期出土的《竹书纪年》比较接近，整理者将之命名为《系年》。《系年》总共由 138 支简组成，所记历史上起西周初年，下至战国初期，与传世文献相比，有许多新的内涵，其中关于西周覆灭、平王东迁的情况，简文中是这样记载的：

> 周幽王取妻于西繻（申），生坪（平）王＿（王。王）或叙〈取〉孚（褒）
> 人之女，是孚（褒）忩（姒），生白（伯）盘①。孚（褒）忩（姒）辟（嬖）
> 于王＿（王，王）与白（伯）盘逐坪（平）＿王＿（平王，平王）走西
> 繻（申）。幽王起自（师），回（围）坪（平）王于西繻＿（申，申）人
> 弗敢（畀），曾（缯）人乃降西戎，以攻幽＿王＿（幽王，幽王）及白（伯）
> 盘乃灭，周乃亡。邦君者（诸）正乃立幽王之弟舍（余）臣于郪（虢），
> 是鸏（携）惠王。立廿＿（二十）又一年，晋文侯戕（仇）乃杀惠王于
> 郪（虢）。周亡王九年，邦君者（诸）侯女（焉）𠰷（始）不朝于周，
> 晋文侯乃逆坪（平）王于少鄂，立之于京自（师）。三年，乃东遝（徙），
> 止于成周。②

上述记载为幽王覆灭、平王东迁提供了重要的史料，可与《古本竹书纪年》和《国语·郑语》中的有关记载相印证，特别是与《国语·郑语》中史伯的预言一一得以印证，更是难能可贵。③另外，清华简《系年》还揭示了许多过去不为人们所了解的历史真相，并提出了许多新的课题。以下我们根据清华简的整理报告和本人的理解，对其中几个相关问题试作分析。

---

① 《晋语一》《郑语》《周本纪》均作"伯服"，《左传》昭公二十六年《正义》、《太平御览》卷八五引《纪年》作"伯盘"，前人已辨明"服"系误字，清华简《系年》亦印证了这一点。
② 清华大学出土文献研究与保护中心编，李学勤主编：《清华大学藏战国竹简（二）》，第 138 页，中西书局，2011 年。
③ 《国语·郑语》中所载史伯之言为："申、缯、西戎方强，王室方骚，将以纵欲，不亦难乎？王欲杀太子以成伯服，必求之申，申人弗畀，必伐之。若伐申而缯与西戎会以伐周，周不守矣！缯与西戎方将德申，申、吕方强，其隩爱太子亦必可知也，王师若在，其救之亦必然矣。王心怒矣，虢公从矣，凡周存亡，不三稔矣！"

一、平王所奔之申为西申

《史记·周本纪》载幽王后为"申侯女"。过去学者们一般把这里的申国理解为位于南阳的"申"。顾铁符先生在《信阳一号楚墓的地望与人物》[①]一文中根据传世文献中有"西申"的说法，提出周代可能有两个申国：一个是西申，在今河南南阳地区；另一个是东申，在今信阳一带。蒙文通先生则认为西申应当在陕西米脂、安塞以北[②]，20世纪80年代，在河南南阳市北郊古宛城附近出土一批申国青铜器[③]，据铭文可知，此地为南申。此后，学者们曾就申国的问题展开了热烈的讨论[④]，其中徐少华先生指出，申国"源于西方戎族中较盛的一支，属于西戎中华化较早的一部分。西周早中期，立国于今陕西北境，称'申侯'。西周晚期周宣王时，为挽回'南土'日益失去控制的局势，改封元舅申伯于南阳盆地，建立'南申'，定都于谢，即今河南南阳市内的老城区一带"[⑤]，徐先生的阐释较好地揭示了申国一分为二的历史由来。

清华简《系年》中明确说明"周幽王娶妻于西申"，对此，整理报告已经做了很详细的注释：

> 《逸周书·王会》："西申以凤鸟"，何秋涛《王会篇笺释》据《山海经·西山经》有申山、上申之山、申首之山等地名，推断西申在今陕西安塞以北，蒙文通《周秦少数民族研究》之说略同，均以西申为戎。《秦本纪》云秦先人大骆以申侯之女为妻，"西戎皆服"，在周孝王时。《后

---

① 原载《故宫博物院院刊》1979年第2期，后收入《夕阳刍稿》一书，第83-92页，紫禁城出版社，1988年。
② 蒙文通：《古史甄微》，《蒙文通文集》（第二卷），第72页，巴蜀书社，1993年。
③ 崔庆明：《南阳市北郊出土一批申国青铜器》，《中原文物》1984年第4期。
④ 如李学勤《论仲爯父簋与申国》（《中原文物》1984年第4期）、邵炳军《论周平王所奔西申之地望》（《南京师大学报》2001年第4期）、刘晓明《古申汇考》（《江西师范大学学报》1991年第3期）等。
⑤ 徐少华：《从叔姜簠析古申国历史与文化的有关问题》，原载《文物》2005年第3期，后收入《荆楚历史地理与考古探研》一书，第58-59页，商务印书馆，2010年。

汉书·西羌传》注引《纪年》云周宣王三十九年，"王征申戎，破之"。"申侯""申戎"均有学者以为即指西申。[1]

现在看来，西申应该就是申戎。西周末年，申戎与周人之间时而和平，时而战争。西申在戎人中有很大的影响力，并与周、秦之间有着十分密切的往来，西申不仅与秦人通婚，而且还多次与周王室联姻。特别是周幽王之妻也是来自于西申，这是过去学者们所不了解的。西周末年，王室实力削弱，而申戎等戎人则不断壮大，周幽王废除申后，又废太子宜臼，进而派兵包围西申，成为申戎等戎人与周王室之间战争的导火线，并最终导致了西周的覆灭。

二、携王的"携"非地名

西周覆灭后，曾出现了"携王"，关于这一点，《古本竹书纪年》言：

> 幽王既死，而虢公翰又立王子余臣于携。[2]

王子余臣为什么会被称为"携王"，学者们有不同的意见。一种观点认为，王子余臣之所以被称为"携王"，是因为他在"携"这个地方被立为王，持这种观点的学者为数较多。然而奇怪的是，在古代文献中，根本找不到"携"这个地名，只有雷学淇在《竹书纪年义证》卷二七提供了一个证据，雷氏也承认"携，地名，未详所在"，但又说："《新唐书》所载《大衍历议》谓丰、岐、骊、携皆鹑首之分，雍州之地，是携即西京地名矣。"不过这个证据却令人疑窦丛生，笔者在《新唐书》及《旧唐书》等文献中并没有查到雷学淇所引用的这条材料，因此，僧一行等唐代学者是否曾有过这样的论述，颇令人怀疑；退一步说，唐代上距西周末年已有一千多年的历史，而"携"作为地名却一直是于史无征，因此就算唐人有这样的论述，估计

---

① 《清华大学藏战国竹简（二）》，第138-139页。
② 方诗铭、王修龄：《古本竹书纪年辑证》，第60页，上海古籍出版社，1981年。

也是一种臆测之言，不足凭信。

童书业先生提出另外一种意见，他认为这里的"携"为谥号："携王之'携'疑非地名，《逸周书·谥法篇》云：'息政外交曰携'。"①童先生的意见很有启发，不过《逸周书》的《谥法篇》原文作"息政外交曰推"，童先生系据卢文弨的校定本而改，但是卢氏等人的主要证据就是携王的称谓②，因此，"携"是否为谥号，也还值得进一步推敲。

第三种意见出于孔颖达的《左传正义》所引，孔氏在讨论"携王奸命"时曾引用了一则《竹书纪年》记载："二十一年，携王为晋文公所杀。以本非适（"嫡"之义），故称携王。"这句话说得有些含糊。为什么"以本非适"，会被称为"携王"呢？原来，"携"在古代有离异、有二心的意思。如《左传·僖公二十八年》"不如私许复曹、卫以携之"，杜注："携，离也。"《史记·吴太伯世家》"近而不偪，远而不携"，《集解》引杜预之言曰："携，贰也。"这些都可以证明"携"有离、贰的意思。

根据清华简《系年》，我们可以知道，余臣原为幽王之弟，在周代父死子继的继承传统之下，余臣本没有继承王位的资格；清华简《系年》称"邦君诸正乃立幽王之弟余臣于虢，是携惠王"，这里的"邦君诸正"即《古本竹书纪年》所说的"虢公翰"等人。根据清华简我们可以知道，虢公翰等人拥立余臣的地点是在虢，也就是位于河南三门峡一带的西虢，这就揭开了千百年来关于余臣被拥立地点的谜团，余臣被拥立的地点是在虢，而不是"携"，"携"作为地名并不存在，该字很可能系因后来的"携王"之称谓而致误。而"携王"就是清华简《系年》中所说的"携惠王"，其中的"惠"字应当是其支持者给他的谥号，至于"携"，应当是后人出于正统观念对他的称呼，其含义当为"贰"，系对余臣的一种贬称，也就是《左传正义》所引用的那样："以本非适，故称携王。"这应该最符合"携王"之称的原意。

---

① 童书业：《春秋史》，第 39 页的第 127 条注解，山东大学出版社，1987 年。
② 参见黄怀信等：《逸周书汇校集注》，第 745 页，上海古籍出版社，1995 年。

三、平王东迁有一个过程

《史记·周本纪》载周幽王死后，诸侯拥戴太子宜臼即位，这就是周平王，《周本纪》并言"平王立，东迁于洛邑"，《十二诸侯年表》在幽王十一年（公元前 771 年）下言"幽王为犬戎所杀"；在平王元年（公元前 770 年）下面说"东徙洛邑"。[①]似乎周幽王死后，周平王就接着即位，随后东迁洛邑，然而，历史事实可能并非如此简单。

依据《古本竹书纪年》的记载，幽王死后，虢公翰等人拥立王子余臣为王，以与周平王相抗衡，因此出现了"周二王并立"的局面。《左传》昭公二十六年《正义》引《纪年》的说法为"二十一年，携王为晋文公（按：应为"晋文侯"）所杀"。然而《纪年》此处说的二十一年究竟是携王二十一年还是晋文侯二十一年，引起了长期的热烈讨论，至今无法得到解决。

在清华简《系年》的整理过程中，李学勤先生曾根据清华简《系年》的相关论述，指出："至于余臣，简文说明是'幽王之弟'，立于虢，称'携惠王'，'立廿又一年'，被晋文侯所杀，这同《纪年》的记载一致。《纪年》的'二十一年'，也应是携王的在位年，不是晋文侯的二十一年。在这一点上，今本《竹书纪年》等是正确的，王国维《古本竹书纪年辑校》却弄错了。"[②]因此，清华简《系年》的记载，为我们澄清这一历史之谜提供了很好的契机。

另外，如果依据清华简《系年》的记载，周王廷曾出现了"亡王九年，邦君诸侯焉始不朝于周"的严重局面，按照整理报告的注解，"周亡王九年"，应指幽王灭后九年。但是如果结合本段简文的上下文，似乎更应该理解为晋文侯杀携惠王之后，周曾出现了长达九年的无王状况。如果这一记载属实的话，那么在周幽王死后，先是出现了携惠王的政权，携惠王被杀后，又过了九年的时间，太子宜臼才被晋文侯拥立为王，平王即位已经

---

① 司马迁：《史记》，中华书局标点本，第 532 页，2016 年重印版。
② 李学勤：《清华简〈系年〉及有关古史问题》，《文物》2011 年第 5 期。

是幽王辞世三十年以后的事情了，如果这一记载可信的话，当时可能并没有出现"周二王并立"的局面。

根据清华简简文的记载，晋文侯曾把周平王迎接到少鄂。整理报告已经指出，少鄂可能即《左传》隐公六年所提到的晋地鄂，在今山西乡宁。晋孝侯之子被称为鄂侯，即与此地有关。后来晋文侯在京师拥立周平王为君，整理报告认为，京师即宗周。周平王立三年后，才迁到洛邑。如果按照这个时间表，幽王死后，携王在位二十一年，被晋文侯所杀，周无王九年，然后平王即位，三年后东迁洛邑，前后已经历三十三年。这样推算下来，平王东迁的时间应该是在公元前737年前后，这与我们以往对于周史的认识可谓大相径庭。

平心而论，如果说周平王是在公元前737年左右才东迁，在文献上是可以找到一些相关证据的。《左传》僖公二十二年载：

> 初，平王之东迁也，辛有适伊川，见被髮而祭于野者，曰："不及百年，此其戎乎！其礼先亡矣。"秋，秦、晋迁陆浑之戎于伊川。

鲁僖公二十二年为公元前638年。按照《左传》的这一叙述，周平王东迁的时候，辛有在伊川看到了一幕不遵循礼仪而祭祀的场景，于是断言不到百年，这一地区将为戎人所有，因为其礼仪已经预先消亡。结果，到了鲁僖公二十二年亦即公元前638年的秋天，秦国和晋国把陆浑之戎迁到伊川，这一地区果然为戎人所有。如果平王东迁确实是在公元前737年左右，正好就应验了辛有的这个预言。我们都知道，《左传》《国语》中记载了一些重要的预言，最后都被历史所证实，前面所提到的《国语·郑语》中史伯对于周王室将乱的惊人预见即属于这一情形。这些预言实际上有很多是后人根据历史的发展情况所做的加工，反映了历史的发展脉络。辛有的预见也应该属于这一类型，很可能说明周平王东迁要远晚于公元前770年。

不过，清华简《系年》的这一记载也有一些问题，如果周平王是在携王二十一年被杀，周无王九年之后被拥戴为王，显然又与其他一些记述相矛盾。

首先，这一年代与许多传世文献的记载不合。如果平王即位要晚到公元前 740 年前后，东迁要到公元前 737 年前后才进行的话，那么秦襄公、卫武公、郑武公等人就不可能拥立周平王并护送平王东迁。据《史记·秦本纪》载，秦"襄公以兵送周平王，平王封襄公为诸侯"。但是《秦本纪》言秦襄公七年时，幽王被杀；襄公十二年，"伐戎而至岐卒"，因此秦襄公辞世应该在公元前 766 年，显然与《系年》的论述不同；又比如《史记·卫康叔世家》载，卫武公"四十二年，犬戎杀周幽王，武公将兵往佐周平戎，甚有功，周平王命武公为公"。卫武公在位五十五年，其辞世当在公元前 758 年，显然年代也不能相符；再比如《国语·晋语四》称郑武公"与晋文侯戮力一心，股肱周室，夹辅平王，平王劳而德之，而赐之盟质，曰：'世相起也。'"。而据《史记·郑世家》，郑武公之父桓公死于幽王之难，武公随后即位，共在位二十七年，其辞世当在公元前 744 年，也与《系年》所载平王即位时间不合。当然，我们可以把这些互相矛盾的记载理解为幽王死后，周平王虽然尚未被立为王，但曾经积极与众多诸侯接触，许诺给予各种优惠条件，寻求他们的支持。不过，面对这么多相互矛盾的记载，毕竟心有未安。

其次，这一记载也与《系年》本身的内容相矛盾。《系年》明确记载"晋文侯乃逆平王于少鄂，立之于京师"，可见周平王确实是由晋文侯所立。但是根据《史记·晋世家》，晋文侯十年，周幽王无道，犬戎杀幽王，周东徙。三十五年，晋文侯卒。因此晋文侯辞世应该在公元前 746 年，如果周平王是在公元前 740 年前后即位，那么晋文侯只能有杀携王的行举，而不可能拥立周平王为国君了。这一矛盾也是笔者在阅读清华简《系年》时深感困惑的。

从上述的讨论我们可以看出，清华简《系年》中有关西周覆灭、平王东迁的记载确实为我们澄清相关历史带来了极好的机会，但同时它的一些内容又令人十分困惑，怎样理解《系年》的有关论述，更好地还原这段错综复杂的历史，仍然是摆在我们面前的一项艰巨任务。

（原载陈致主编：《简帛·经典·古史》，上海古籍出版社，2013 年）

《春秋》始于隐公新解
——以清华简《系年》为切入点

　　《春秋》是先秦时期的重要典籍，围绕它有诸多争讼千古的学术难题，《春秋》为何始于隐公就是其中一大学术公案，至今都未在学界达成共识。解决这一问题，首先要回答孔子与《春秋》的关系问题。按照旧时经学家的说法，《春秋》是孔子"作"或者"修"的，至于怎么"作"或者怎么"修"，由于经学家派别的不同，也有种种不同的说法。[①] 现代学者排除了经学的迷障，能够对儒家经典做客观的、历史的研究，坚持说孔子作《春秋》的

[①] 唐代赵匡认为："祭祀、婚姻、赋税、军旅、蒐狩，皆国之大事，亦所当载也。其合礼者，夫子修经之时悉皆不取，故《公》《榖》云'常事不书'是也；其非者，及合于变之正者，乃取书之，而增损其文，以寄褒贬之意。"见陆淳纂：《春秋啖赵集传纂例》卷一，第7页，中华书局，1985年。清代皮锡瑞认为："计当时列国赴告，鲁史著录，必十倍于《春秋》所书。孔子笔削，不过十取其一。盖惟取其事之足以明义者，笔之于书，以为后世立法，其余皆削去不录，或事见于前者，即不录于后，或事见于此者，即不录于彼，以故一年之中，寥寥数事，或大事而不载，或细事而详书。"见氏著《经学通论·春秋》，第22页，中华书局，1954年。清代庄存与认为："《春秋》之义，不可书则辟之，不忍书则隐之，不足书则去之，不胜书则省之。辞有据正则不当书者，皆书其可书以见其所不可书；辞有诡正而书者，皆隐其所大不忍，辟其所大不可，而后目其所常不忍、常不可也；辞若可去可省而书者，常人之所轻，圣人之所重。"见氏著《春秋要指》，《续修四库全书·经部·春秋类》，第120页，上海古籍出版社，2002年。周予同曾言："晚清古文学派如章太炎，认为《春秋》是孔子'修'的（编纂），见《检论·订孔》《国故论衡》《春秋左传读》等。晚清今文学派如皮锡瑞，认为《春秋》是孔子'作'的（著作），见《五经通论》，这是发挥孟子的'孔子作春秋'观点。"见朱维铮编：《周予同经学史论著选集》（增订本），第922页，上海人民出版社，1996年。

学者仍旧众多，但究竟是如何"作"的，依然是言人人殊；^①也有学者对"孔子作《春秋》说"进行质疑和否定^②，然亦遭反对者驳难。总而言之，依照迄今为止所见资料，尤其有《孟子》《左传》等先秦典籍的记载，要彻底否定孔子与《春秋》的关联几乎没有可能，本文就是在秉承"孔子作《春秋》说"的大前提下展开论述的。

探讨《春秋》为何始于隐公，还要清楚孔子作《春秋》的目的，而与此相关的文献记载和学者观点比比皆是。^③依我们对这一问题的理解，《孟

---

① 赵生群、冯时的观点具有代表性。赵生群认为"孔子作《春秋》"主要是对鲁史进行了裁断、笔削和改造等项工作，见氏著《〈春秋〉经传研究》，第 7-26 页，上海古籍出版社，2000 年。冯时认为，"以先秦时代著史制度立论，论证于孔子以前，作为鲁国史记的《春秋》实早已存在，其记事肇始于鲁始封君周公旦，而孔子所修之《春秋》实际仅截取鲁通史《春秋》中的十二公历史以成篇，因此只是对鲁史记的断代编次而已，故直袭鲁史《春秋》之名实，至于原本《春秋》文本的正误及内容之增损，孔子则未有任何作为"。见氏著《孔子修作〈春秋〉考》，《中国文化》2017 年第 2 期。

② 钱玄同与顾颉刚作为《古史辨》疑古派的代表，认为孔子与《春秋》无关。钱说见《顾颉刚古史论文集》卷一第 189 页所收钱玄同"答顾颉刚先生书"，中华书局，2011 年；顾说见顾颉刚：《古史辨自序》（上），第 143 页，河北教育出版社，2000 年。杨伯峻认为，"孔丘实未尝修《春秋》，更不曾作《春秋》……《春秋》和孔丘有关，仅仅因为孔丘用过《鲁春秋》教授过弟子"。见氏著《春秋左传注·前言》，第 17-18 页，中华书局，1981 年。此外，徐中舒、刘节也认为孔子未作《春秋》，徐说见氏著《孔子与〈春秋〉》，《四川大学学报》2008 年第 6 期；刘说见氏著《中国史学史稿》，第 40 页，中州书画社，1982 年。

③ 《孟子·滕文公下》："世道衰微，邪说暴行有作，臣弑其君者有之，子弑其父者有之。孔子惧，作《春秋》。《春秋》，天子之事也。"（《孟子注疏》，阮元校刻：《十三经注疏》，第 2714 页，中华书局，1980 年影印本）；《左传》成公十四年引君子之言曰："《春秋》之称，微而显，志而晦，婉而成章，尽而不汙，惩恶而劝善。"（《春秋左传正义》，阮元校刻：《十三经注疏》，第 1913 页）；《史记·十二诸侯年表》："是以孔子明王道，干七十余君，莫能用。故西观周室，论史记旧闻，兴于鲁而次《春秋》……以制义法，王道备，人事浃。"（《史记》卷一四，第 509 页，中华书局，1959 年）；《史记·太史公自序》："夫《春秋》，上明三王之道，下辨人事之纪，别嫌疑，明是非，定犹豫，善善恶恶，贤贤贱不肖，存亡国，继绝世，补敝起废，王道之大者也。"（《史记》卷一三〇，第 3297 页）；《汉书·艺文志》："周室既微，载籍残缺，仲尼思存前圣之业……以鲁周公之国，礼文备物，史官有法，故……据行事，仍人道，因兴以立功，就败以成罚，假日月以定历数，藉朝聘以正礼乐，有所褒讳贬损。"（《汉书》卷三〇，第 1715 页，中华书局，1962 年）；《隋书·经籍志》："《春秋》者，鲁史策书之名。昔成周微弱，典章沦废，鲁以周公之故，遗制尚存。仲尼因其旧史，裁而正之，或婉而成章，以存大顺，或直书其事，以示首恶。"（《隋书》卷三二，第 932 页，中华书局，1973 年）上引文献，均对孔子作《春秋》的目的有所表述。

子·滕文公下》所述"孔子成《春秋》，而乱臣贼子惧"①，《庄子·天下》所云"《春秋》以道名分"②，以及《史记·太史公自序》所言"拨乱世反之正"③，较为中肯地揭示了孔子作《春秋》的目的，与孔子自己表述的政治思想相吻合。《论语·子路》记孔子之言曰："名不正，则言不顺；言不顺，则事不成；事不成，则礼乐不兴；礼乐不兴，则刑罚不中；刑罚不中，则民无所措手足。"④要言之，孔子是希图通过作《春秋》来实现自己的政治主张——"复礼"与"正名"。恢复与维护以宗法制为核心的周代礼制是孔子孜孜以求的终极目标，宗法制是其认为能够解决现实社会问题的根本。

对以上两个问题的交代，是我们探究"《春秋》为何始于隐公"的立论基础。下面，我们着力对这一问题进行讨论。

一、对前人诸说的梳理

《春秋》的记载始于隐公元年。原因为何？自汉代以来就有不同的说法。为清晰起见，我们区分古代与现代学者，将他们对这一问题的重要见解梳理如下：

（一）古代学者的代表观点

1.《公羊传》的观点。《公羊传》哀公十四年曰："《春秋》何以始乎隐？祖之所逮闻也。"何休解诂云："我记高祖以来事者，谓因己问父得闻昭、定、哀之事，因父问祖得闻文、宣、成、襄之事，因祖问高祖得闻隐、桓、庄、闵、僖之事，故曰托记高祖以来事，可及问闻知者。"⑤简言之，《春秋》之所以始自隐公，是因为作者从自己的父、祖和高祖那里得来的历史信息始自隐公，言下之意是说《春秋》作者对隐公以前的历史信息无可得闻。

---

① 《孟子注疏》，阮元校刻：《十三经注疏》，第 2715 页。
② 《庄子南华真经》，《百子全书》，第 4613 页，岳麓书社，1993 年。
③ 《史记》卷一三〇《太史公自序》，第 3297 页。
④ 《论语注疏》，阮元校刻：《十三经注疏》，第 2505 页。
⑤ 何休解诂，徐彦疏：《春秋公羊传注疏》，《十三经注疏》，第 2353 页，中华书局，1980 年。

2.西晋杜预的观点。他在《春秋序》中说："然则《春秋》何始于鲁隐公？答曰：周平王，东周之始王也。隐公，让国之贤君也。考乎其时则相接，言乎其位则列国，本乎其始则周公之祚胤也。若平王能祈天永命，绍开中兴，隐公能弘宣祖业，光启王室，则西周之美可寻，文武之迹不坠。是故因其历数，附其行事，采周之旧，以会成王义，垂法将来。"①此观点认为新时代赋予了周平王与鲁隐公新的担当与使命，是将鲁隐公视为能继往开来"藩屏"周王室的诸侯领袖而对其寄予厚望，故以其元年作为《春秋》始年。一言以蔽之，《春秋》始于隐公元年，是因为要纪中兴。

3.唐代啖助的观点。他在《春秋宗指议》中说："或问：《春秋》始于隐公，何也？答曰：夫子之志，冀行道以拯生灵也，故历国应聘，希遇贤王。及麟出见伤，知为哲人其萎之象。悲大道不行，将讬文以见意，虽有其德而无其位，不作礼乐，乃修《春秋》，为后人法。始于隐公者，以为幽厉虽衰，雅未为风，平王之初，人习馀化，苟有过恶，当以王法正之。及代变风移，陵迟久矣，若格以太平之政，则比屋可诛，无复善恶。故断自平王之末，而以隐公为始，所以拯薄俗，勉善行，救周之弊，革礼之失也。"②这种观点认为到平王末年，隐公初年社会状况才败坏到极点，需要建立新的社会规范以挽救时弊，故《春秋》自隐公始。

4.清初顾炎武的观点。他在《日知录》卷四"鲁之春秋"条下曰："自隐公以下，世道衰微，史失其官，于是孔子惧而修之。自惠公以上之文，无所改焉，所谓'述而不作'者也。自隐公以下，则孔子以己意修之，所谓'作《春秋》'也。然则自惠公以上之《春秋》，固夫子所善而从之者也，惜乎其书之不存也。"③这一观点认为孔子对惠公之前的《鲁春秋》全部信从，没有改动，而对之后的《鲁春秋》按照自己的意愿进行了修订，他信从的鲁史没有流传到后世，所以后人看到的只是经过孔子修订的始于隐公的鲁史《春秋》。

---

① 杜预注，孔颖达疏：《春秋左传正义》，《十三经注疏》，第1708页，中华书局，1980年。
② 《春秋啖赵集传纂例》卷一。
③ 顾炎武著，黄汝成集释：《日知录集释》，第286-287页，上海古籍出版社，1985年。

（二）现代学者的重要见解

1. 顾颉刚的观点。他在《春秋三传及国语之综合研究》一文中对前人的重要观点有所总结与点评，并表明自己的倾向："《春秋》何以始自隐公，释者有数说：（一）隐公值平王时，所以自东迁起，纪中兴也。然平王东迁时为鲁孝公，孝公而后惠公，惠公而后始为隐公，故当始于孝公而不当始于隐公也。于是有第（二）说：谓孔子敬隐公之仁而伤其亡也，然何以不自开国君之更可敬者始？此亦讲不通。可从者其惟第（三）说：清江永《群经补义》：'疑当时《鲁春秋》惠公以上鲁史不存，夫子因其存者修之，未必有所取义也。'"① 则顾氏踵继江永之说而近于《公羊传》的观点。

2. 王树民的观点。他对这一问题的看法是现在史学界较为认同的，他说："……应注意者，《鲁春秋》为鲁国的史书，自然以记载鲁国之事为主。鲁国的历史，在孔子的时代，三桓的势力起着决定性的作用，季孙、叔孙、孟孙三家都出自桓公，而桓公是与其兄隐公争位，杀了隐公才得为鲁君的。所以从隐公开始，既能说明三桓的由来，也正是鲁国的近现代史的开端。孔子教授门徒，从《鲁春秋》中选用这一阶段作为历史教材，自然是合情合理的。孔子自称：'述而不作，信而好古。'（《论语·述而》）表明他不过是选用故籍为教材，不必视为新的著作。"②

3. 刘黎明的观点。他在《〈春秋〉记事为何始于鲁隐公元年》一文中说："《春秋》始于隐公是有所取义的。这个'义'就是'正名'。……孔子将隐公置于《春秋》第一公的位置来写，就是因为隐公在尽力维护立嫡不立庶这个宗法制度中最核心的原则，而春秋时期社会动荡的根本原因，在孔子看来，就是因为这个最根本的原则受到了破坏。一心维护宗法制度的隐公最后竟然被杀死了，春秋乱世的大幕便由此拉开。……这便更能令人深切地感受到'正名'的意义。"③

---

① 顾颉刚：《顾颉刚古史论文集》卷十一，第 554 页，中华书局，2011 年。

② 王树民：《〈春秋经〉何以讬始于鲁隐公》，《河北师院学报》1994 年第 1 期。

③ 刘黎明：《〈春秋〉记事为何始于鲁隐公元年》，《文史杂志》1999 年第 4 期。

以上诸说，或因学者所处时代的不同，或因对《春秋》一书性质认识的不同，故而对"《春秋》始于隐公"的看法见仁见智，各有所持。我们则因为清华简《系年》的面世受到了新的启发，对"《春秋》始于隐公"这一问题产生一些新的想法。不揣谫陋，行之于文，以就教于师友。

二、清华简《系年》的启示

清华简《系年》第二章记载了两周之际周王室的动荡局势。为方便下面的讨论，我们将其引录于此（尽量用通行字）：

> 周幽王取妻于西申，生平王。王或娶褒人之女，是褒姒，生伯盘。褒姒嬖于王，王与伯盘逐平王，平王走西申。幽王起师，围平王于西申，申人弗畀，曾人乃降西戎，以攻幽王，幽王及伯盘乃灭，周乃亡。邦君诸正乃立幽王之弟余臣于虢，是携惠王。立廿又一年，晋文侯仇乃杀惠王于虢。周亡王九年，邦君诸侯焉始不朝于周，晋文侯乃逆平王于少鄂，立之于京师。三年，乃东徙，止于成周。晋人焉始启于京师，郑武公亦正东方之诸侯。①

这段文字包含着丰富的历史信息，对它进行正确的解读，直接关系到我们后面的论述，而其中"廿又一年"和"周亡王九年"两个时间词是理解这段话的关键。

我们先来看"廿又一年"。这个时间词对于先秦史学者而言并不陌生，《左传》昭公二十六年孔疏引《汲冢书纪年》中就有"二十一年，携王为晋文公（笔者按：应为"晋文侯"，学界无异议。）所杀"的字样，长期以来，由于"二十一年"前缺失限定词，这个"二十一年"到底是"晋文侯二十一年"还是"携王二十一年"，学者间一直存在分歧。清华简《系年》的记载清晰地解决了这个千古疑案，《系年》的"廿又一年"和《纪年》

① 清华大学出土文献研究与保护中心编，李学勤主编：《清华大学藏战国竹简（二）》，第138页，中西书局，2011年。

的"二十一年"无疑指的就是"携王二十一年"——携王在位二十一年（前770年—前750年），被晋文侯所杀。

我们再来看"周亡王九年"。这短短的五个字，理解起来却令人挠头，它至少可以有以下几种解释①：

1. 如果将《系年》这段话理解为完全按照时间顺序来叙述，将"周亡王九年"理解为"携惠王被杀后九年间没有王"，那么，结合传世文献，这段话的时间顺序就是这样的：前771年，幽王与伯盘被杀；前770年，携惠王元年；前750年，携惠王在位二十一年被晋文侯所杀；前749年至前741年，为九年无王状态；前740年，平王被晋文侯所立；前738年，平王东迁成周。

但是，这样的解释是不成立的，原因有二：首先，申侯本是为平王兴师伐周，如何会在幽王死后眼睁睁地看着携王登基却无所行动，而让平王在无名无分的漫长等待中忍受煎熬，最后，还是晋文侯出面将其扶上王位呢？如此，申侯行事也太过虎头蛇尾了；其次，按照《史记·十二诸侯年表》的记载，晋文侯于前746年去世，他不能在去世后六年扶立平王，更不能在去世后八年还协助平王东迁。如此，《国语·郑语》所说的"晋文侯于是乎定天子"②就没有着落了；《尚书·文侯之命》所载周平王赐命晋文侯、表彰其"扞我于艰"③的功绩更是让人摸不着头脑了。

可见，将"周亡王九年"解释成"携惠王被杀后九年无王"，是讲不通的。

---

① 清华简《系年》公布后，关于"周亡王九年"的讨论十分热烈，主要观点有：（1）公元前749年至公元前741年。见王晖《春秋早期周王室王位世系变局考异——兼说清华简〈系年〉"周亡王九年"》，《人文杂志》2013年第5期。（2）前762年。见李学勤《由清华简〈系年〉论〈文侯之命〉》，《扬州大学学报》2013年第2期。（3）前750年。见朱凤瀚《清华简〈系年〉"周亡王九年"再议》，《吉林大学社会科学学报》2016年第4期。朱先生此论的前提是《系年》述史事可能颇多参考过晋国史书，则《系年》此'二十一年'似亦即不排除混入晋史书纪年之可能"，即此"二十一年"，仍然是指晋文侯二十一年。我们在上文已肯定"二十一年"指"携王二十一年"，所以下文不再对朱先生的观点进行分析。（4）前773年。见王红亮《清华简〈系年〉中周平王东迁的相关年代考》，《史学史研究》2012年第4期。

② 《国语》，第524页，上海古籍出版社，1978年。

③ 孔安国传，孔颖达疏：《尚书正义》，《十三经注疏》，第254页，中华书局，1980年。

2. 如果将"周亡王九年"理解为"周幽王灭后九年",那么,不论是将"周幽王灭后九年"理解成一个时间段(前770年—前762年),还是理解成一个时间点(前762年),都可以解决前文遇到的难题:晋文侯于前762年扶立平王,三年后(前759年)协助平王东迁,与《史记·十二诸侯年表》所记载的晋文侯于前746年去世毫不冲突,与《国语·郑语》所说的"晋文侯于是乎定天子"也相契合,周平王在《尚书·文侯之命》中感念晋文侯"扞我于艰"更是顺理成章了。

但是,将"周亡王九年"理解为"周幽王灭后九年",与下文的"邦君诸侯焉始不朝于周"构不成逻辑关系。当此之时,"周"已灭亡九年之久,"邦君诸侯"根本无"周"可朝。如果说此"周"是指携惠王也不妥当,因为从简文内容来看,携惠王之立只是得到了内服"邦君诸正"这部分政治势力的支持,并没有取得外服"诸侯"的承认①,以"周"指称携惠王并不恰当。而且,携惠王立于虢,死于虢,据李学勤先生考证,"当时的虢肯定已经不是在今陕西宝鸡的西虢,而是迁到了今河南三门峡(旧陕县),否则晋文侯就不可能到虢国把余臣杀掉了"。② 也就是说,携惠王并没有在宗周立足,说"周"是其代称并不令人信服。况且,简文特意强调携惠王是"幽王之弟",实质上是在突出他的非正统性,在这样的前提下,简文前后文不可能自相矛盾地以"周"指代携惠王。

因此,将"周亡王九年"解释成"周幽王灭后九年",也是行不通的。

3. 我们认为"'周亡王'指周幽王,'周亡王九年'即周幽王九年,亦即公元前773年"③的观点是值得重视的。理由如下:

---

① 西周王朝实行内外服制,《系年》简文"邦君""诸侯"并见,可知其含义有别。我们认为简文"邦君"是指在王畿内有封地和属民的贵族,虢公正属于此列;而"诸侯"是指"承担王朝藩卫、屯戍、贡赋等职事的外服贵族,他们一般位于王室统治核心地域的外围,是与内服贵族或王室贵族相对应的群体"。刘源:《"五等爵"制与殷周贵族政治体系》,《历史研究》2014年第1期,第63页。

② 李学勤:《由清华简〈系年〉论〈文侯之命〉》,《扬州大学学报》2013年第2期,第50页。

③ 王红亮:《清华简〈系年〉中周平王东迁的相关年代考》,《史学史研究》2012年第4期,第103页。

　　首先，简文"周亡王九年（周幽王九年），邦君诸侯焉始不朝于周"，有数处传世文献的记载可与之相印证。（1）《史记·周本纪》："褒姒不好笑，幽王欲其笑万方，故不笑。幽王为烽燧大鼓，有寇至则举烽火。诸侯悉至，至而无寇，褒姒乃大笑。幽王悦之，为数举烽火。其后不信，诸侯益亦不至。"① 这条资料虽有可商榷的地方，但太史公给出的结论却是明确的，即早在幽王在位时，就已发生"诸侯不至"的状况，而且一个"益"字，更强调了情况的严重性，其字面意思显然是说不听从幽王召唤的诸侯更多了，则在此之前就应该有不听王命的诸侯了。（2）《史记·秦本纪》："（秦襄公）七年春，周幽王用褒姒废太子，立褒姒子为適，数欺诸侯，诸侯叛之。"② "诸侯"既已"叛之"，自然不会再去"朝周"，这条资料可以视为对《周本纪》记载的一个补充。（3）《左传》昭公四年有言："夫六王、二公之事，皆所以示诸侯礼也，诸侯所由用命也。夏桀为仍之会，有缗叛之。商纣为黎之蒐，东夷叛之。周幽为大室之盟，戎狄叛之。皆所以示诸侯汰也，诸侯所由弃命也。"③ 周幽王举行大室之盟，学者公认其针对的就是废太子宜臼（周平王），诸侯于此时已"弃命"，当然更不会去"朝周"了。以上诸事均发生在幽王末年，而且强调的都是"诸侯"对幽王的背弃。清代学者崔述曾论道："世皆谓申侯启戎，戎遂克周，杀幽王骊山下。夫周之王畿号为千里，有百二山河之险，关东诸侯皆堪征调；戎虽强大，岂能一旦而遂破之！盖其来有渐矣。观《雨无正》之二章，则诸侯固已多不至者矣。"④ 将简文"周亡王九年，邦君诸侯焉始不朝于周"与上举例证合观，就会得出"周亡王九年"的确是指"周幽王九年"的结论，简文的记载更清楚地点明了部分邦君、诸侯不再朝周的时间。

　　其次，将简文"周亡王九年"理解为"周幽王九年"，则"周亡王九年，邦君诸侯焉始不朝于周，晋文侯乃逆平王于少鄂，立之于京师。三年，乃

①　司马迁：《史记》，第148页，中华书局，1959年。
②　司马迁：《史记》，第179页，中华书局，1959年。
③　杜预注，孔颖达疏：《春秋左传正义》，《十三经注疏》，第2035页，中华书局，1980年。
④　崔述：《周之衰微由来者渐》，见《崔东壁遗书》，第246页，上海古籍出版社，1983年。

东徙，止于成周"的记载又与古本《竹书纪年》的记载不谋而合。《左传》昭公二十六年孔疏引《汲冢书纪年》云："(伯盘)与幽王俱死于戏。先是，申侯、鲁侯及许文公立平王于申，以本太子，故称天王。"其中"先是"二字，明白指出了平王之立是在幽王被弑之前。对比《系年》与《纪年》的记载，即可知在平王被立的时间上，二者是一致的，都认为幽王被弑之前平王已经称王。

再次，将简文"周亡王九年"理解为"周幽王九年"，则可以推导得出平王被立为王在周幽王九年(前773年)，三年后东迁成周，正是前770年，这与司马迁在《史记·十二诸侯年表》中将平王元年定在前770年也是相契合的。虽然平王被立的真正时间是前773年，但其东迁正在幽王被弑后的第二年(前770年)，依礼新王即位改元恰应在前王故去的次年，既然太史公将平王视为承继幽王的正统，那么，他将平王东迁、正式入主东都成周①之年(前770年)定为其元年也就无可厚非了。这反而又从一个侧面印证了司马迁作史态度的严谨，及其记述内容的可信。

基于以上理由，我们信从"周亡王九年"为"周幽王九年"的观点。这样，《系年》第二章所述史实即是：前773年，平王被晋文侯所立；前771年，幽王与伯盘被杀；前770年，携惠王被邦君诸正所立，同年，平王东迁成周，平王与携王并立局面出现；前750年，携惠王在位二十一年被晋文侯所杀，平王政权独存。

由上所论可知，清华简《系年》第二章实质上真实记录了东周初年长达二十一年的"二王并立"政治变局。

其实，有关两周之际的"二王并立"，清华简《系年》的记载并非孤例，传世史书中或明或暗都有透露，比较典型的有两例：一是《左传》昭公二十六年孔疏引《汲冢书纪年》："(伯盘)与幽王俱死于戏。先是，申侯、鲁侯及许文公立平王于申，以本太子，故称天王。幽王既死，而虢公翰又

---

① 朱凤瀚先生即认为平王东迁之所以选定"成周"，"应亦是出于王都与周天子正统地位有密切关系的考虑"。见氏著《清华简〈系年〉"周亡王九年"再议》，《吉林大学社会科学学报》2016年第4期，第181页。

立王子余臣于携。周二王并立。二十一年，携王为晋文公（侯）所杀。以本非適，故称携王。"① 二是《左传》昭公二十六年所记王子朝告诸侯之辞："携王奸命，诸侯替之，而建王嗣，用迁郏鄏。"② 现在，又有清华简《系年》的进一步印证，可以说，两周之际的"二王并立"是不容置疑的。

长期以来，人们受《史记·周本纪》的影响，以为幽王死后，"诸侯乃即申侯而共立故幽王太子宜臼，是为平王，以奉周祀"③，是顺理成章的事情。但其实，司马迁关于两周之际史实的记载是经不起推敲的，学者们对此多有讨论④，此不赘。需要点明的是，不论司马迁出于何种原因，他终是借助自己的生花妙笔，利用人们的思维惯性（宜臼为故太子），巧妙地掩盖了其行文中内在的逻辑矛盾（宜臼与申侯、犬戎为同盟，而与幽王对立），让后世读者跟着他的思路跑了。由于《史记》的巨大影响，虽然也有其他文献提及"二王并立"，但这段史实还是被后人有意无意地忽略了。

而这一忽略，造成了我们对许多问题认识的偏差，"《春秋》为何始于隐公"就是其中之一。现在，"二王并立"的史实被清华简《系年》进一步证实，我们也可以重新审视这个问题了。

下面，我们来看看在这场大变局中，平王与携王各自的处境如何。试析之如下：

先来看平王的境遇。

简文"周幽王取妻于西申，生平王"，表明了平王的嫡子身份。但下文"王与伯盘逐平王"，又说明平王的太子身份已被废除。王太子的立与废在宗法森严的西周社会是了不得的大事，况且幽王急于让伯盘取得合法、正式的太子身份，故而，平王被废除太子身份的消息，从幽王的角度来讲，绝不会拖延、隐瞒，而是应该从快、尽早赴告各诸侯国，因此，不难推知，

---

① 杜预注，孔颖达疏：《春秋左传正义》，《十三经注疏》，第 2114 页，中华书局，1980 年。
② 杜预注，孔颖达疏：《春秋左传正义》，《十三经注疏》，第 2114 页，中华书局，1980 年。
③ 司马迁：《史记》，第 149 页，中华书局，1959 年。
④ 钱穆《国史大纲》（第 47-49 页，商务印书馆，1996 年修订版）、王玉哲《周平王东迁乃避秦非避犬戎说》（收入《古史集林》，中华书局，2002 年）、晁福林《论平王东迁》（《历史研究》1991 年第 6 期）对这一问题都有分析，指出其中扞格难通之处。

各诸侯国的史册上应该早已注明平王废太子的身份。所以，平王实际上在幽王被弑之前就已失去了宗法上的正统身份。

"幽王起师，围平王于西申，申人弗畀，曾人乃降西戎，以攻幽王，幽王及伯盘乃灭，周乃亡"这句简文虽然没有提及平王有何动作，但不能否认，申、曾、西戎起兵攻杀幽王的动机就在于维护平王。平王在被废除太子之位后，竟然借助母家申侯的势力，联络外诸侯（曾），勾结外族西戎，弑父屠君，倾覆宗周，既不"尊尊"，又不"亲亲"，是严重悖离宗法原则的行为，更丧失了其正统性。后世史家对此多有议论：班固就在《汉书·古今人表》中毫不客气地将平王置于"下下"人等的行列①；梁玉绳直斥平王"借手腥羶"，指责其行为"无殊推刃"②；崔述更是直指平王为"无父之宜臼"。③后世学者只是从治史的角度来评判此事，都情辞激烈、义愤填膺；那么，无数身处其境、家族因宗周的覆亡而遭遇灭顶之灾的西周贵族们如何会承认和支持平王的继统呢？

从简文来看，支持平王的政治势力主要是外服诸侯申侯、曾侯和晋文侯等，申侯和曾侯直接与幽王兵戎相见，而晋文侯则在扶立平王称王的过程中出力更多。除去外服诸侯，支持平王的也有部分畿内邦君，可以确知的即简文中提到的郑武公。④崔述曾对外服诸侯支持平王的行为予以痛心疾首般的抨击："况宜臼之于王，父子也，申侯之于王，君臣也，王逐宜臼，听之而已，申侯亦不应必欲助其甥以倾覆王室也。君臣，父子，天下之大纲也；文、武未远，大义犹当有知之者。况晋文侯、卫武公，当日之贤侯也，而郑武公、秦襄公亦皆卓卓者，宜臼以子仇父，申侯以臣伐君，卒弑王而灭周，其罪通于天矣，此数贤侯者当声大义以讨之；即不然，亦当更立幽

---

① 班固：《汉书》卷二十《古今人表》，第 903 页，中华书局，1962 年。
② 梁玉绳：《史记志疑》，第 103 页，中华书局，1981 年。
③ 崔述：《崔东壁遗书·丰镐考信录》卷七，第 247 页，上海古籍出版社，1983 年。
④ "郑"本来是西周晚期宣王时才分封的畿内邦君，由于其始封君郑桓公的政治远见，这个畿内封国早在幽王初年就已开始东迁之旅，最终成为春秋初期由畿内邦君转化为一国诸侯的最成功的范例。关于郑国的东迁，我们另有专文论述，此不赘。

王他子或宣王他子，何故必就无君之申而共立无父之宜臼哉？"①崔述此言虽发声在两千多年之后的清代，但其实恐怕也正喊出了西周许多贵族的心声。

在两周交替之际的政治舞台上，平王无疑扮演了一个极不光彩的角色，他身体力行，摧残了西周王朝立国的根本——宗法制。进入东周，平王和他的支持者们却又欲以其幽王故太子的宗法身份重获正统地位，不亦难乎！最终，其正统、合法身份的获得，其实是晋、郑等政治势力武力支持的结果。

再看携王的境遇。

西周宗法制的核心原则是：立嫡以长不以贤，立子以贵不以长。《系年》云："幽王及伯盘乃灭，周乃亡。邦君诸正乃立幽王之弟余臣于虢，是携惠王。"《左传》昭公二十六年孔疏引《汲冢书纪年》则云："以本非適，故曰携王。"字里行间突出其"王弟"与"非嫡"的身份，其实都是对他正统地位的否定。《汲冢书纪年》是战国魏史，魏国脱胎于晋国母体，而晋文侯是坚定不移地站在平王一方的，为此，他不畏路远迎立平王，为使平王获得独尊的地位，又不惜花费二十一年的时间处心积虑地杀掉携王，所以，魏史对携王持否定态度是很好理解的。而清华简是战国楚简，楚国自春秋以来日渐强大，对作为平王后裔的东周王室并不怎么客气，甚至有"问鼎中原"的冒犯之举，可是，楚国简书在记录与平王争立的携王时也无例外地强调其非正统身份，可见，直到战国时期，携王之立不符合传统礼法、不被天下舆论认可还是一种共性的认识。

前文已经谈到，携王之立主要是得到内服"邦君诸正"的支持，不论传世文献还是新出竹简，都找不到外服诸侯支持携王的证据。"邦君诸正"为内服贵族，他们在王畿之内拥有封邑和属民，担任王朝的各级官职，与王室的联系更多、更密切，因此，他们的势力不容小觑，这也是幽王之难发生后，这部分势力能够扶立携王继位且能坚持长达二十一年的政治原因。

---

① 崔述：《崔东壁遗书·丰镐考信录》卷七，第247页，上海古籍出版社，1983年。

然而，携王的身份注定他的继立是违背宗法原则的。

综上所论，"二王并立"时期，平王与携王虽然各自得到部分政治势力的拥护，但深究起来他们的身份都是很尴尬的。

在周代，不论王室史官还是各诸侯国的史官，他们坚持的一条基本原则就是秉笔直书。两周之际，宗周倾覆，二王并立。在这个乱局之中，是否还有王室史官保得性命，是为未知；即使尚有幸存的王室史官，其是否还能坚守史官的职责进行记载，也未可知。可以推知的是，各诸侯国史官对于这样的王朝大事不可能不知，不可能不记，我们上文引到的《汲冢书纪年》就是战国时期魏国的史书，其中对于"二王并立"的记载承袭自晋国史书的可能性很大，则其他诸侯国尤其是秉持周礼的鲁国，其国史对于"二王并立"也有记录当在情理之中。所以，鲁国史书对于"二王并立"应该是有客观记载的。

而孔子见过全本的《鲁春秋》恐怕不用怀疑。春秋时期，鲁国的政局虽然也有动荡，鲁政也在逐渐下移，最终形成"政由三桓"的局面，但是，从未有鲁史遭到损毁、破坏的情况发生。《左传》昭公二年记载晋卿韩宣子出使鲁国，"观书于大史氏，见《易》《象》与《鲁春秋》，曰：'周礼尽在鲁矣，吾乃今知周公之德与周之所以王。'"杨伯峻注曰：《鲁春秋》即《孟子·离娄下》'鲁之春秋'。……下言'吾乃今知周公之德与周之所以王'，则韩起所见《鲁春秋》必自周公姬旦以及伯禽叙起，……万一其言可信，韩起所见必《鲁春秋》简策原本。"[1]鲁昭公二年为前540年，已进入春秋晚期，从韩宣子的言语来看，他所见的《鲁春秋》是始于鲁国初封的，所以旧说孔子作《春秋》时"隐公之前鲁史不存"是不可信的。关于这一点，还有一条证据，那就是《史记·鲁世家》对鲁公在位年数的记载，蒙文通

---

[1]　杨伯峻：《春秋左传注》，第1226-1227页，中华书局，1981年。持相同观点的还有顾炎武："《春秋》不始于隐公，晋韩宣子聘鲁，观书于太史氏，见《易》《象》与《鲁春秋》，曰：周礼尽在鲁矣，吾乃今知周公之德与周之所以王也。盖必起自伯禽之封，以洎于中世，当周之盛，朝觐、会同、征伐之事皆在焉，故曰周礼，而成之者，古之良史也。"顾炎武著，黄汝成集释：《日知录集释》，第285-286页，上海古籍出版社，1985年。

曾以《史记》中诸《世家》的记载为依据，排列了各诸侯国国君的纪年情况，其中，鲁国的纪年最早，"自伯禽以下皆有年数"。^①各代鲁公的纪年如此详备，只能说明其有据可依，有史可查。

《鲁春秋》中客观记录的"二王并立"，应该是造成孔子在裁定"《春秋》始于何年"时颇费思量的一个问题。

三、鲁国对平王之立的态度

从我们掌握的资料来看，鲁国对于平王的继立是有自己的政治态度的，简言之，就是经历了从开始的不承认到后来的无奈认可这样一个过程。这个结论是我们对以下四点进行分析后得出的：

1.《汲冢书纪年》提到的"鲁侯"支持"平王之立"不可信。

《左传》昭公二十六年孔疏引《汲冢书纪年》曰："（伯盘）与幽王俱死于戏。先是，申侯、鲁侯及许文公立平王于申，以本太子，故称天王。"这条记载明确讲到鲁侯是支持平王继统的外服诸侯之一。然而，我们梳理现在所能见到的各种资料后，却生疑窦。《汲冢书纪年》提到的扶立平王的外服诸侯有三人：申侯、鲁侯和许文公。其中，申侯扶立平王出力甚多，传世文献多有记载，新出清华简《系年》也有提到，毋庸置疑。许文公的事迹虽然不甚清楚，但许与申同为姜姓，两国地域相邻，为了共同的利益站在一起也说得过去。而鲁国支持平王，却让人怀疑：首先，鲁国是号称"秉持周礼"^②的诸侯国，而平王政治集团悖逆宗法，弑君屠父，倾覆宗周，遵守礼法的鲁国为何会支持平王呢？其次，鲁国地处东方，发生动乱的宗周远在西方，在政治形势并不明朗的情况下，鲁国为何会贸然支持平王？第三，除《汲冢书纪年》的这条记载之外，其他先秦文献与新出清华简都没有鲁侯支持平王的证据，这难免引人怀疑。

---

① 蒙文通：《周代学术发展论略》，《学术月刊》1962 年第 10 期，第 48 页。

② 《左传》闵公元年齐国仲孙湫说鲁国"犹秉周礼"，"鲁不弃周礼"。杜预注，孔颖达疏：《春秋左传正义》，《十三经注疏》，第 1786 页，中华书局，1980 年。

有此疑问的不只是我们，前辈学者中怀疑"鲁侯"之"鲁"为讹字的大有人在。主要观点有三：或认为"鲁侯"为"曾侯"之讹[①]，或认为"鲁侯"是"郑侯"之讹[②]，或认为"鲁侯"为"吕侯"之讹[③]。这三种观点的立论依据相似：一是"鲁"与"曾"、"郑"（奠）[④]、"吕"（膚）[⑤]字形相近，故而有致误的可能；二是文献中多有申人、曾人召犬戎灭西周的记载，而吕人与申人的政治立场一致[⑥]，郑武公力助平王也屡屡见载于史册，他们拥立平王都在情理之中。以上这三种观点之中，认为"鲁侯"是"郑侯"之讹的观点是不成立的，因为郑国本为畿内邦君，其国君从不称"侯"，其余两种观点都有成立的可能。

其实，我们认为，还有另外一种更大的可能性，即"鲁侯"为"晋侯"之讹。在传世文献中虽然有"晋文侯于是乎定天子"（《国语·郑语》）的记载，《尚书·文侯之命》也有周平王感念晋文侯"扞我于艰"的肺腑之言，但是由于这些文献中对晋文侯的具体功绩并没有清楚的记述，因此，后人往往忽视晋文侯在平王之立中所发挥的作用。清华简《系年》第二章详细陈述了晋文侯扶立平王的经过和作为，让我们认识到晋文侯在平王之立中起到的作用竟然是决定性的，而"鲁"与"晋"字形也相近，有致误的可能。因此，"鲁侯"为"晋侯"之讹也许更接近历史的真实。

我们否认《汲冢书纪年》记载的支持平王之立的外服诸侯中包括鲁侯，除上面所讲的理由之外，还有其他证据支持这个判断，且看下面的论述。

---

① 杨宽：《西周史》，第 575 页，上海人民出版社，1999 年。
② 王玉哲：《周平王东迁乃避秦非避犬戎说》，收入《古史集林》，第 362 页，中华书局，2002 年。
③ 王雷生：《论骊山之役与西周的灭亡》，《人文杂志》1995 年第 4 期，第 97 页。
④ 王玉哲认为："按《竹书纪年》写于战国，'郑'原简当作'奠'，……'奠'与'鲁'字形近，译者误释为'鲁'字也。"见氏著《周平王东迁乃避秦非避犬戎说》，收入《古史集林》，第 362 页，中华书局，2002 年。
⑤ 王雷生说"膚"就是"吕"，"而'膚'与'鲁'形更相近易讹"。见氏著《论骊山之役与西周的灭亡》，《人文杂志》1995 年第 4 期，第 97 页。
⑥ 《国语·郑语》有言："申、吕方强，其隩爱太子亦必可知也，王师若在，其救之亦必然矣。"第 519 页，上海古籍出版社，1978 年。

2. 从《春秋》对以平王为首的王室事迹的记录可知鲁国并不真心礼敬平王。

虽然我们推定全本的《鲁春秋》中应该对"二王并立"有记载，然而现在我们能够见到的是孔子裁定的始于隐公元年的《春秋》。从《春秋》对平王时期王室事迹的记载，我们能够略窥鲁国对"平王之立"的态度。《春秋》所记平王时期王室事迹如下：

隐公元年："秋七月，天王使宰咺来归惠公、仲子之赗。"

"冬十有二月，祭伯来。"

隐公三年："三月庚戌，天王崩。"

"秋，武氏子来求赙。"

以上是《春秋》对平王时期王室事迹的全部记载，我们逐条分析之：

（1）关于隐公元年"天王使宰咺来归惠公、仲子之赗"。《左传》记作："天王使宰咺来归惠公、仲子之赗。缓，且子氏未薨，故名。……赠死不及尸，吊生不及哀，豫凶事，非礼也。"杨伯峻注曰："缓者，言惠公死已逾年（惠公之死不知何月。春秋时，旧君死，新君逾年始称元年，此时是隐公元年七月，则已逾年矣），始来馈赠助丧之物，太迟缓矣。""子氏即仲子。仲子此时犹在，未死而助其丧，尤不合理。"①

（2）关于隐公元年"祭伯来"。《左传》记作："祭伯来，非王命也。"因为祭伯此来不是受王命出使，故而我们忽略这一记载，不多分析。

（3）关于隐公三年"三月庚戌，天王崩"。《左传》记作："三年春，王三月，壬戌，平王崩。赴以庚戌，故书之。"杨伯峻注曰："赴，今作讣，告丧也。此谓周平王实以三月壬戌日死，而赴告却云庚戌日（十二日），故《春秋经》从讣告，亦书庚戌日。赴告何以将死日误提早十二日，杜注云'欲诸侯之速至，故远日以赴'，恐是臆测之辞。襄公二十八年《经》云：'十有二月甲寅，天王崩。'《传》云：'癸巳，天王崩，未来赴，亦未书，礼也。王人来告丧，问崩日，以甲寅告，故书之，以征过也。'与此可以

---

① 杨伯峻:《春秋左传注》，第16-17页，中华书局，1981年。

互相发明。"①

（4）隐公三年"武氏子来求赙"。杨伯峻注曰："赙，助丧之财务。此乃周平王死，周室使人来求赙。杜注以为由于鲁不供奉王丧，致使王室来有求，《经》文直书以示不敬。而《公羊》以为'丧事无求，求赙非礼'，故书以讥之。《谷梁》则以为'周虽不求，鲁不可以不归；鲁虽不归，周不可求之'，故书以'交讥之'。考《周礼·宰夫》郑玄注云：'凡丧，始死，吊而含襚（送死者口中所含之珠玉及所著衣），葬而赗赠，其间加恩厚则有赙焉，《春秋》讥武氏子求赙。'推郑玄之意，则以为含襚赗赠是正礼，鲁已行之。赙以大量财币是加礼，鲁未如此，故使人求之，非礼。郑说可采。"②

由上文可知，《春秋》仅有的四条有关平王时期王室的记载，除一条无关紧要之外，其余三条无一例外都是记载以平王为首的王室的"非礼"行为。虽然《春秋》的记载看似客观，没有褒、贬字眼，但是懂得周礼的人一眼就能从中读出对平王的讥讽。这与西周强盛时期各级诸侯、贵族对周王的无上崇敬和顶礼膜拜形成了鲜明的对比。

当然，在这三年的《春秋》记载之中，鲁国对周平王也并非毫无敬意，主要体现在两点：一是文中称平王为"天王"。晁福林先生曾论道："殷周以来，'天''大''太'由于渊源相同而常混用无别，'天王'亦即大王，义为太子为王。宜臼此称的本意是表示其为太子的特殊地位，是要说明他是周天子的当然继承人。"③西周共有十二代周王，虽然他们一直都以各种方式证明周王朝是受天命而统治天下，但从未有一位周王毫不掩饰地直称"天王"。平王号称"天王"，反映出平王及其支持者极力强调其正统地位的迫切心态。鲁国能在国史中以"天王"称平王，在某种意义上实际是对其合法地位的一种认可。二是以王历纪年。杨伯峻在为《春秋》隐公"元年春王正月"条作注时说："相传周王朝于每年末颁明年历书于诸侯，诸侯奉而行之。考之两周彝铭，西周彝器大抵为王朝卿士所作，……悉用王历。

---

① 杨伯峻：《春秋左传注》，第25页，中华书局，1981年。
② 杨伯峻：《春秋左传注》，第24页，中华书局，1981年。
③ 晁福林：《论平王东迁》，《历史研究》1991年第6期，第13页。

但东周彝器多为列国诸侯或巨族所制，则有用本国之历者。鲁……奉周历唯谨，自隐公迄哀公历十二公，二百四十二年，皆用王正。"①这无疑也是对以平王为首的东周王室正统地位的一种承认。

《春秋》对待平王及平王王室的矛盾态度，折射出此一时期鲁国对于平王王室不愿承认却又不得不承认的无奈。如果像《汲冢书纪年》记载的那样早在"二王并立"时，鲁国就已坚定地站在平王一方，那么，《春秋》对于平王的态度就令人费解了——大乱过后，树立平王的威信是当务之急，支持平王的鲁国为何要在国史中专挑平王王室的失礼之处进行记载呢？

3. 周平王直至在位的晚年，依然在倾力争取鲁国的支持。

众所周知，鲁国在西周王朝分封的诸侯国中具有特殊的地位，与王室关系的亲密程度非其他诸侯国可比，是天下诸侯，尤其是东方诸侯的领袖。现有文献透露出，平王继立，尤其是东迁成周之后，一直在努力争取鲁国对其正统地位的认可。

周平王在位共 51 年（前 770 年—前 720 年），而《春秋》始于隐公元年（前 722 年），这一年已经是平王在位的第四十九年，所以《春秋》对平王王室的记载仅有三年。可是，我们看到这短暂的三年时间里，在王室与鲁国的政治互动中，行为的主动者均是王室，没有一次是鲁国对平王王室的主动行为。细揣其中滋味，似有平王王室主动示好鲁国这个东方诸侯的深意。

当此之时，平王登基已有半个世纪，携王早已被晋文侯所杀，平王处于独尊的地位。然而，面对平王王室的刻意示好，鲁国对待他的态度，依然是不冷不热，用貌似认可，实有不敬来概括毫不为过。

由此我们可以反推，在平王初立时，鲁国对他肯定不是持支持态度的，而周平王在东迁成周之后，为了获得东方诸侯的承认，将突破的重点放在了地位特殊的鲁国，只要取得鲁国对他的认可和支持，东方诸侯自然会望风影从。为此，平王不惜纡尊降贵，放下身段，倾力结交鲁国，而这项工

---

① 杨伯峻：《春秋左传注》，第 6 页，中华书局，1981 年。

作的推进竟然耗费了平王一生的时间。

4. 从后世学者对春秋时期王室与鲁国关系的评价，可知鲁国对平王王室的态度经历了从否认到勉强承认的过程。

杨伯峻在《春秋左传注·前言》中谈到："齐国仲孙湫说鲁国'犹秉周礼'，'鲁不弃周礼'（见闵元年传）。既然鲁国还实行周代礼制、礼节，为什么二百四十二年间，《春秋》书鲁大夫到京师去的仅仅七次，聘问者仅仅二次呢？可见一定有漏载的。"[1] 杨伯峻先生疑惑于鲁国对王室朝聘的疏阔，以"漏载"来释疑。然而，从前文的分析可知，此并非漏载所致，周平王因弑父灭周，人设崩塌，站在"秉周礼"的鲁国角度，是不愿意承认其正统地位的，礼仪上的疏漏实质是其政治态度的反映。

钱穆在《国史大纲》中曾言："观于平王东迁后，鲁国采取不理睬态度，知以前决不主张立平王也。"继后，他又说："平王崩，鲁不奔丧。桓王二十余年，五聘鲁。"对此句他自注曰："鲁为东方姬姓诸侯之宗国，平王之立，鲁盖不之拥戴，王室命令因此不行于东诸侯。故桓王继位，乃竭意联欢于鲁也。"[2] 钱穆先生在这里非常清晰地指出了平、桓时期王室对鲁国有曲意笼络的行为，而这种行为的初衷不外乎争取鲁国对王室的认可和支持。

顾颉刚对春秋时期王室与鲁国的关系有精到的分析，他在《春秋史讲义·鲁国与王朝之关系》一节中讲道："以鲁与周族谊之亲，鲁又称为'秉周礼'之国，顾隐公之世，天王来归惠公之赗，及平王崩而鲁未如周会葬也；桓庄之世，王室聘鲁之使屡至，鲁又未尝一遣使报聘也。至于僖公，两值齐桓、晋文之霸，尊王之义，霸者倡之，故鲁亦数厕会盟，谋宁王室，践土、河阳，再朝王所，此岂其本心然哉，势迫之而已。自此关系浸密：僖公之薨，则叔服来会葬；文公之立，则毛伯来锡命；而成风之薨，荣叔归含，及其葬也，召伯来会；即王叔之卒，亦来赴告。鲁则于襄王之崩，既遣穆伯吊丧，又遣庄叔会葬：虽镐京盛世威仪，无以过之。宣公远晋亲

---

①   杨伯峻：《春秋左传注·前言》，第 22 页，中华书局，1981 年。
②   钱穆：《国史大纲》，第 48、54 页，商务印书馆，1996 年。

齐，周使几绝；王来征聘，始使孟献子一至周。成公从晋伐秦，道出京师，与诸侯同朝王，盖二百四十年间滥王朝行朝礼者惟此一事而已。自此以还，往来绝少，敬王之立，王室大乱，鲁亦无一使以相存问，势利之所不归，亦礼节之所不至矣。善乎马骕之计之也，曰：'鲁诸公之朝齐、晋、楚三十有三，而朝周仅三；诸大夫之聘列国五十有六，而聘周仅五'（《左传事纬》卷十二）。噫，王者之迹息，已不必征之于他事矣。"[①] 按照顾颉刚先生的分析，不止平王时期，甚至整个春秋时期鲁国对待王室的态度都是忽冷忽热、忽远忽近、飘忽不定的。虽然春秋时期政局已变，礼乐征伐不再出自天子，这应该是鲁国轻视王室的重要因素，但从根本上讲，鲁国对平王正统性的犹疑态度，应该是春秋一代鲁国不礼敬王室的根源所在。

由上所论可知，在两周之际的政治变局中，鲁国作为具有风向标意义的东方诸侯领袖，对待平王的继统，它起初是否认的。携惠王死后，平王成为王室唯一的血脉，又有晋、郑诸国的强力扶持，鲁国囿于形势，最终承认了平王的正统地位，但从其对平王王室的态度来看，就知这种认可并非心甘情愿。

作为鲁国国史的《鲁春秋》，直到隐公年间的记载依然有对平王的诸多不满，那么，在孝公、惠公时期，《鲁春秋》里恐怕会有更多的不利于平王的记载。这恐怕是孔子裁定《春秋》始于何年时又需考虑的一个问题。

四、结论

通过前文的分析，对于"《春秋》为何始于隐公"这个问题，我们已有答案：

首先，清华简《系年》的面世给我们提供了揭示这一问题的新视角，两周之际曾经历过平王与携王的"二王并立"，二者有正统之争，平王在当时并不具有天然的合法性，这在《鲁春秋》中应该有客观的记载。

---

① 顾颉刚：《顾颉刚古史论文集》卷四，第 188 页，中华书局，2011 年。

　　其次，鲁国对平王之立的政治态度有一个从否认到无奈认可的转变。携王被杀之后，平王的政治处境大为改善，但其正统性依然难以得到普遍认可。平王在位的数十年一直是其洗刷自己、为自己正名、争取内服和外服政治势力认可和支持的时期，他被接受是个缓慢的过程。《鲁春秋》对此应该也有记载。

　　以上两点是孔子在裁定"《春秋》始于何年"时不得不面对的问题。

　　毕竟，孔子生活的春秋晚期，平王为正统已是毋庸置疑的事实，这个时期的周王室就是平王的后裔。而且春秋时期周王室与鲁公室的关系呈日益缓和的趋势，周王室依然是鲁公室名义上的大宗。依照宗法制的原则，孔子在裁定《春秋》时有为平王"正名"的责任。

　　更为重要的一点是，孔子是有政治追求和政治立场的，恢复周礼、维护正统是其孜孜以求的。"二王相争"是对周代礼制破坏的极端例证，孝公、惠公时期《鲁春秋》中存在对平王正统性的不利记载，所以，以恢复周礼为己任的孔子自然要隐去这段历史，一则为王室讳，二则这样裁定后的《春秋》才符合孔子"复礼""正名"的意图，三则这样做也不破坏鲁史记载的真实性、客观性。《春秋》始于隐公，虽然依然包含平王"失礼"的内容，但已是无伤大雅了。因此，"《春秋》始于隐公"是孔子有意为之、深思熟虑的结果，与他"复礼""正名"的根本主张是一致的。

　　（本文系与白国红教授合撰，由白国红教授执笔。原载《中国史研究》2019年第4期）

清华简《管仲》初探

　　即将出版的《清华大学藏战国竹简（六）》中收入了一篇与管仲、齐桓公有关的文献，整理者将之命名为《管仲》。清华简《管仲》简长 44.5 厘米、宽 0.6 厘米，三道编，现存简 30 支。全篇原无篇题，每支简的简背亦无次序编号。竹简保存大体完好，但是第 28 支简下半段缺失，第 29 支的上半段亦已不存；这两支简之间是否还有缺失的其他竹简，尚不易断定；另外，第 29 简与第 30 简之间内容不相衔接，也应该缺失了一支简，因此，整篇简文总共缺失了约 1 ～ 2 支简，另外还有 2 支简有所残损。

　　传世文献中有关管仲与齐桓公的记载，内容最为丰富的当为《管子》一书，该书著录于《汉书·艺文志》的道家类中，据刘向《别录》言："所校雠中管子书三百八十九篇、大中大夫卜圭书二十七篇、臣富参书四十一篇、射声校尉立书十一篇、太史书九十六篇，凡中外书五百六十四，以校除复重四百八十四篇，定著八十六篇。"[①] 可见汉代这种八十六篇本的《管子》系经刘向整理、删除重复而成，今存七十五篇，另有十一篇则在历史上陆续佚亡，有目无书，它们分别是《王言》《谋失》《正言》《封禅》《言昭》《修身》《问霸》《牧民解》《问乘马》《轻重丙》和《轻重庚》[②]。

　　20 世纪以来简牍帛书的大发现，对于《管子》的研究有很好的推动作用。银雀山汉简《王兵》篇的内容，即分见于《管子》的几篇。另外，同墓出土的《四时令》《迎四时》《三十时》《禁》等篇，在《管子》的《幼

---

① 见黎翔凤《管子校注》所收的"刘向叙录"，第 3 页，中华书局，2004 年。
② 今本的《封禅》篇内容系后人据《史记·封禅书》补入，非原文之旧。

官》《四时》《五行》等篇中也有相同或相似的内容。[①] 马王堆帛书《黄帝书》也有一些与《管子》很相近的文句。[②] 学者们已经根据这些新的线索，对《管子》一书做了众多的新研究，成绩斐然。

清华简《管仲》篇的发现，无疑将会对《管子》的研究有更大的推动作用，《韩非子·五蠹》篇曾说："今境内之民皆言治，藏商、管之法者家有之。"司马迁在《史记》的《管晏列传》中亦说："至其书，世多有之。"清华简《管仲》篇的发现，印证了有关管子事迹的文献在战国时期的盛行。本篇简文与《管子》一书的《中匡》《小匡》《四称》《小问》《桓公问》《度地》等篇的体例比较接近，系以齐桓公问、管仲答的形式而成篇，思想方面也与《管子》一书有不少相通之处，但具体的讨论内容则完全不同，应当是属于《管子》一书的佚篇。考虑到传世的《管子》一书系刘向"校除复重"而成，而从篇名上看，《管子》一书已佚亡的 11 篇也应该与清华简《管仲》的内容无关，因此，我们倾向于认为清华简的《管仲》篇可能是刘向本人未曾见过的一篇文献。

简文以对话的形式来展现管仲和齐桓公的治国理念，有些内容非常有意思。如在简文的最后一段中，齐桓公与管仲深入讨论了"为君与为臣孰劳"的问题，分析国君与大臣之间谁更辛劳。管仲主张是大臣辛劳，然而齐桓公不同意管仲的意见，并以自己为例予以反驳。由于简文的这部分内容有不少缺损，齐桓公本人的话语有很多未能保存，非常可惜，不过基本的内容还是比较清楚的。据齐桓公言，在治理齐国的过程中，他本人是"日三墜之，夕三墜之"，非常劳苦。此处的"墜"疑读为"怵"，《说文》训为"恐也"，在此意为戒惧。在齐桓公说明情况之后，管仲的回答是："汝果若氏（是），则为君劳哉。"可见管仲最终同意了齐桓公的意见，同意为君比为臣更为辛劳，简文全篇至此结束。

[①] 参见银雀山汉墓竹简整理小组编《银雀山汉墓竹简·贰》（文物出版社，2010 年）以及裘锡圭《出土文献与古典学重建》（《出土文献》第 4 辑，中西书局，2013 年）等文。

[②] 可参见唐兰《马王堆出土〈老子〉乙本卷前古佚书的研究》（《考古学报》1975 年第 1 期）所附录的"《老子》乙本卷前古佚书引文表"。

齐桓公与管仲所讨论的君臣之间谁更辛劳的内容，在传世文献中并不多见。值得注意的是，《管子》一书中的《七臣七主》篇曾分析了七种大臣和七种君主的情形，其中有所谓的"劳主"。对于"劳主"的含义，尹知章在注释中称"言失任臣之理，劳而无功，故曰劳主"①，按《七臣七主》所言，"劳主"的主要问题是"不明分职，上下相干，臣主同则。刑振以丰，丰振以刻，去之而乱，临之而殆"。因此，《七臣七主》篇对于"劳主"显然是抱着否定的态度；而在清华简《管仲》篇中，齐桓公对于自己的辛劳则是予以充分的肯定。这里有一个问题很值得讨论，即《七臣七主》篇的"劳主"和清华简《管仲》中所说的"君劳"讲的是不是一回事。

从现有文献来看，《七臣七主》篇的"劳主"可能与伊尹所说的"劳君"内涵比较一致。"劳君"是所谓的"九主"之一，据《史记·殷本纪》，伊尹追随商汤之后，"言素王及九主之事"。对此《史记集解》言，"刘向《别录》曰，九主者，有法君、专君、授君、劳君、等君、寄君、破君、固君、三岁社君"，但这一段话由于语焉不详，过去对"九主"的具体情况一直无法认识。1973年马王堆三号汉墓出土了帛书《九主》等篇②，对于"九主"问题的研究有很好的推动。③所谓的"九主"，原来是"法君、专授之君、劳君、半君、寄主、破邦之主二、灭社之主二"，而刘向《别录》中关于"九主"的记载则有不少讹误之处。④

帛书《九主》中的"劳君"，与《七臣七主》的"劳主"有着许多共同之处，这一部分的帛书内容虽然也有缺损，但是意思还是比较显豁的，所谓的"劳君"，是"自为其邦者，主劳臣佚"⑤，这种国君对臣下有着较多的戒备心理，担心大权旁落，于是国君本人主动承担了许多本应是大臣分内

---

①　见黎翔凤：《管子校注》，第982页，中华书局，2004年。

②　马王堆帛书中还有《九主图》篇，可惜已残，相关的图版见裘锡圭主编：《长沙马王堆汉墓简帛集成（一）》，第118-119页，中华书局，2014年。

③　裘锡圭主编：《长沙马王堆汉墓简帛集成（四）》，第97-106页，中华书局，2014年。

④　参见李家浩：《座谈长沙马王堆汉墓帛书》，《文物》1974年第9期；凌襄：《试论马王堆汉墓帛书〈伊尹·九主〉》，《文物》1974年第11期。

⑤　裘锡圭主编：《长沙马王堆汉墓简帛集成（四）》，第98页，中华书局，2014年。

的工作，其结果就是国君辛劳而大臣安逸，《管子·七臣七主》所批评的"劳主"也是"不明分职，上下相干，臣主同则"，与"劳君"的情况是一致的，也就是《慎子·民杂》中所说的"人君自任而务为善以先下，则是代下负任蒙劳也，臣反逸矣"。① 因此，"劳主"或者"劳君"实际上涉及了对国君的定位和君臣之间的分工问题。由于"劳主"（"劳君"）不能很好地定位自己的角色，承担了太多本应是大臣所要承担的工作，导致了"主劳臣佚"情形的出现，这是"劳君"所面临的最主要问题。

我们再反过来看清华简《管仲》篇中齐桓公与管仲的讨论，可以发现它与"劳主"或"劳君"存在一定的距离。清华简《管仲》中齐桓公所表达的"君劳"，则更多地体现了国君对国事的操劳和责任心，而不涉及君臣之间的具体分工，也看不出国君代臣下任职操劳的意味。因此，清华简《管仲》所说的"君劳"，与《七臣七主》篇所说的"劳主"，以及伊尹等人所说的"劳君"显然不尽相同，这是我们阅读时需要注意的。

清华简《管仲》中包含了较多阴阳五行的思想，对于阴阳学说的研究也有重要作用，其中特别重要的一点，是清华简《管仲》与《尚书·洪范》篇直接相关。

清华简《管仲》中的五行思想颇为浓厚，如简文中强调要"正五纪，慎四称，执五度，修六政，文之以色，均之以音，和之以味，行之以行，匡之以三，度之以五"，其中的"文之以色，均之以音，和之以味，行之以行"之说，显然对应的是五色、五音、五味和五行②，而简文中"五纪"的说法，也见于《尚书·洪范》的"协用五纪"。五纪的具体内容，据《洪范》所言，分别是"一曰岁，二曰月，三曰日，四曰星辰，五曰历数"。③ 因此，清华简《管仲》不仅有丰富的五行内容，而且与《尚书·洪范》有着直接

---

① 参见许富宏：《慎子集校集注》，第 33 页，中华书局，2013 年。
② 《左传·昭公元年》有"天有六气，降生五味，发为五色，徵为五声"之说；在《左传·昭公二十年》中，晏子也说："先王之济五味、和五声也，以平其心，成其政也。"
③ 《管子·幼官》有"五纪不解，庶人之守也"之说，其中的"五纪"，我们怀疑很可能也是受到《尚书·洪范》的影响。

的联系。

不仅如此,在清华简《管仲》篇中还有如下的记载:

> 君当岁,大夫当月,师尹当日,焉知少多。

这句话显然是袭用了《洪范》的"王省惟岁,卿士惟月,师尹惟日,岁月日时无易,百谷用成"一句。把二者进行比较,其中的对应关系应该说是很清楚的。

另外,传世的《管子·君臣下》篇也提出,英明的国君应该"历之以八政,旌之以衣服",尹知章的注解已经指出"八政,谓《洪范》之八政"①。所谓的八政,是《洪范》篇中一段非常重要的记述,八政的内容为"一曰食,二曰货,三曰祀,四曰司空,五曰司徒,六曰司寇,七曰宾,八曰师"。②清华简《管仲》和传世本《管子》中的这些论述,使我们看到了《尚书》的《洪范》篇对于《管子》一书所产生的影响。

《洪范》是《尚书》中的重要一篇,历来受到学者们的重视,先秦时期的《左传》《墨子》《荀子》《韩非子》《吕氏春秋》等书已有不少引用,尤其是这一篇与五行学说关系密切,更为大家所熟知。《洪范》的作者,前人多以为是商末周初的箕子,但是在1927年,刘节先生发表了《洪范疏证》一文③,断定它是"秦统一中国以前,战国以后阴阳五行家托古之说",从而揭开了学者们对《洪范》篇的时代和作者的持续讨论。④

我们知道,《洪范》中"王省惟岁,卿士惟月,师尹惟日"这句话,曾

---

① 见黎翔凤:《管子校注》,第569页,中华书局,2004年。
② 参见刘起釪:《尚书校释译论》第3册,第1159页,中华书局,2005年。
③ 刘节:《洪范疏证》,《刘节文集》,中山大学出版社,2004年。
④ 近90年来,关于《洪范》的研究取得了许多重要的成果,比较有代表性的论作,有刘起釪:《〈洪范〉成书时代考》,《中国社会科学》1980年第3期;徐复观:《〈洪范〉的成立时代及其中的五行问题》,《徐复观全集·中国思想史论集续编》,九州出版社,2014年;李学勤:《帛书〈五行〉与〈尚书·洪范〉》,《学术月刊》1986年第11期。从学术史的角度总结《洪范》篇的研究历程,有丁四新:《近九十年〈尚书·洪范〉作者及著作时代考证与新证》,《中原文化研究》2013年第5期;李若晖:《〈尚书·洪范〉时代补证》,《中原文化研究》2014年第1期等文。

是有关《洪范》写作时代争辩过程中的一个焦点问题。刘节《洪范疏证》即认为："周初卿士与尹氏、大师，同为三公之官。而《洪范》置之卿士之下，《周礼》大师为下大夫之职，亦可证二书皆非殷周间之作。"刘氏的这一观点引起了学术界的长期讨论，不少学者著文反驳，其中论述最为深刻有力的，当属李学勤先生，他在《帛书〈五行〉与〈尚书·洪范〉》《〈洪范〉卜筮考》《叔多父盘与〈洪范〉》等文①中举出了许多重要的证据，其中特别指出："金文有卿士、师尹并列的，有叔多父盘，系西周晚期器，铭云'利于辟王、卿士、师尹'，恰与《洪范》相合。这证明《洪范》肯定是西周时期的文字。"②这一证据已从根本上证明了刘说的不确。

近年来保利博物馆入藏的𤼈公盨对于《洪范》的研究也有很好的推动作用，如裘锡圭先生在《𤼈公盨铭文考释》中指出："铭中的一些词语和思想需要以《洪范》为背景来加以理解。这说明在铸造此盨的时代（大概是恭、懿、孝时期），《洪范》已是人们所熟悉的经典了。由此看来，《洪范》完全有可能在周初就已基本写定。"③因此，《洪范》的写作时代问题应该说已经得到了很好的解决。

现在，在清华简《管仲》中又有"君当岁，大夫当月，师尹当日"的论述，进一步为《洪范》篇早出提供了一个佐证。清华简《管仲》抄写于战国中期，这已经是该篇时代的下限，它的发现，也为《管子》一书的内容和成书年代提供了新的材料。另外，清华简《管仲》篇也使我们认识到，《管子》一书中的五行思想，很可能是在《尚书·洪范》篇的影响下发展而来。这对于深入理解《管子》一书的思想和中国古代阴阳五行思想的发展历程，也具有重要的意义。

（原载《文物》2016 年第 3 期）

---

① 见李学勤：《帛书〈五行〉与〈尚书·洪范〉》，《学术月刊》1986 年第 11 期；《〈洪范〉卜筮考》，《周易溯源》，巴蜀书社，2006 年；《叔多父盘与〈洪范〉》，《华学》第 5 辑，中山大学出版社，2001 年。

② 李学勤：《帛书〈五行〉与〈尚书·洪范〉》，《学术月刊》1986 年第 11 期。

③ 裘锡圭：《𤼈公盨铭文考释》，《中国历史文物》2002 年第 6 期。

清华简《治邦之道》初探

　　《清华大学藏战国竹简（八）》目前正在编辑出版之中，预计将于2018年11月正式面世。[①]本辑整理报告收入了7篇清华简文献，全部都是久已佚失的珍本秘籍，具有重要的学术价值。其中有一篇整理者题名为《治邦之道》的文献，对于先秦思想史的研究有很好的作用。本文拟对该篇简文做一些初步的探讨，不当之处，祈请方家批评指正。

　　《治邦之道》现存简27支，简长约44.6厘米，三道编。简文原无篇题，无序号，内容系围绕如何治国安邦而展开，其中的第22支简上有"此治邦之道，智者智（知）之"之语，整理者遂取此句中的"治邦之道"四字来命名本篇。

　　应该说明，这篇简文的整理工作是十分困难的。从形制上来看，这27支竹简分别选取了3个竹筒用以书写，但由于该篇简文的开头和中间部分可能都有竹简缺失，而且部分竹简的简首或简尾有所残损，或者其字不可辨识，使得竹简的编联工作非常棘手；每组简的简背虽然有划痕，对于全篇的编联有一定的参考作用，但是如果完全按照这些划痕来进行排序的话，一些文句又扞格难通，因此也无法完全以划痕为依据来给竹简排序；再加上简文的字迹比较潦草模糊，一些文字难以隶定；有些字形是第一次在楚简中出现，目前尚未能全部辨识；这些情况都给本篇简文的整理造成了很大困难。因此，整理者主要从竹简的内容出发，并参考了形制和划痕等信

---

① 清华大学出土文献研究与保护中心编，李学勤主编：《清华大学藏战国竹简（八）》，中西书局，2018年。

息，来进行本篇简文的编联复原。不过，由于上述的原因，本篇简文的编排和整理工作可能仍存在一些问题，有待于今后做进一步的修订。

从现存的简文来看，清华简《治邦之道》全篇都在围绕如何治国安邦而展开。简文作者从其自身的视角，对国家的治理方案提出了中肯的建议。简文中的许多论述与《墨子》一书的思想关系密切，许多内容需要结合《墨子》的相关部分才能较好的把握，我们可以在此举一些具体的例子。比如简文第 20 ～ 22 简中有这样一段话：

> 其正（政）事（使）臤（贤）、甬（用）能，则民允。男女不達（失）其時（时），则民众。泊（薄）闢（关）市，则賏（货）迺（归），【二○】民有甬（用）。不厚攽（葬），祭以豊（礼），则民厚。不起事于戎（农）之厽（三）时，则多穇（获）。各堂（当）弌（一）官，则事霄（靖），民不援（缓）。惡（爱）民则民考（孝），智（知）臤（贤）则民懽（劝），倀（长）乳则【二一】[畜]①蕃，民有甬（用）。籔（谨）迻（路）室，竪（摄）洭（汜）梁，坙（修）浴（谷）潸（滢），訴（顺）舟航，则远人至，商遬（旅）迵（通），民有利。此繲（治）邦之道，智者智（知）之，愚者曰："才（在）命。"……【二二】

这段文字的内涵十分丰富，我们先将一些文字上不太好理解的内容疏理一下。

"允"，《尔雅·释诂》"信也"，邢昺疏"谓诚实不欺也"，全句是说，如果在政治上能够任用贤能之士的话，民众就会诚实。

男女不失其时，指青年男女均能在适婚年龄顺利嫁娶，这对人口的增加显然有利。

"薄关市"，指减少关卡、市场的征税行为，这样便于货物的流通。

"不厚葬，祭以礼"则是主张节葬，根据礼仪规定来举行祭祀活动，反对丧葬礼仪方面的铺张浪费，以便民众积累财富。

---

① 该字的上部已缺损，仅存下部的"田"字。结合上下文来看，该字疑为"畜"字之残。

"起事"一词，见于《管子·形势》："解惰简慢，以之事主则不忠，以之事父母则不孝，以之起事则不成"；"农之三时"，谓春、夏、秋三个务农时节。本句的意思是不要在民众务农时节另外滋事，影响农业生产，以便庄稼能有好收成。

"当"，《玉篇》"任也"，靖，《国语·晋语六》有"则怨靖"，韦昭注"安也"，"援"疑读为"缓"，训为怠慢，本句言官吏能够恪守本职，则地方就会安定，民众不会懈怠。

"长乳则〔畜〕蕃"，乳疑指幼小的动物，《文选·东征赋》之注言"卵生曰琢，胎生曰乳"，"长乳"应指饲养动物，这样六畜就会繁衍，可以提供百姓所需。

"歅（谨）迳（路）室"中的"歅"可读为"谨"或"墐"，指清扫干净，"路室"一词见于《周礼·地官·遗人》："凡国野之道，十里有庐，庐有饮食，三十里有宿，宿有路室，路室有委。"疏："路室，候迎宾客之处。"此句及后面的"墅（摄）浥（氾）梁，堅（修）浴（谷）漕（灅），斩（顺）舟航，则远人至，商遶（旅）迵（通）"，都是围绕着要努力吸引商旅往来而刻意改善交通设施和住宿条件。摄，训为整饬，氾梁指在一些水域上所修的桥梁。修谷灅，指疏通水道，以利于舟船的行驶。这些措施的最终目标，都是要方便商旅的贸易往来，民众也可以从中获利。

该段文字中最后一句"此絧（治）邦之道，智者智（知）之，愚者曰：'才（在）命。'"也颇值得玩味。简文作者强调通过这些措施可以使国治民安，但作者认为，这是智者才可以认识和实现的；至于那些愚者，他们非但不知道国家兴衰治乱的根源，反而把这一切都归为是由"命"来决定的。由此可见，作者对于当时社会上流行的有"命"之论持否定的态度。

从这段简文中可以看出，简文作者在这里所表达的思想，与墨家的尚贤、节用、节葬、非命等主张是完全相通的。相关的内容在《墨子》一书中的《尚贤》《节用》《节葬》《非命》等各篇中有系统的阐述，读者可以参看。

简文作者在强调选拔贤能之士治国的论述中，一方面强调了贤能之士对于国家长治久安的重要作用，同时也强调在选拔人才时需要十分谨慎，需要通过长时期的考核，来确定他们的真实能力。在本篇简文第 16、17 简中有这样的话：

> 今夫逾人于其脕（胜），不可不甂（慎），非一人是为，万民是为。塱（举）【一六】而厎（度），以可士兴，塱（举）而不厎（度），以可士塴（崩）。……【一七】

"逾"，《说文》"越进也"。朱骏声《说文通训定声》解释为"超越而进"。"胜"，指胜任。所谓"逾人于其胜"，即不顾对方的实际能力而过度提拔。作者认为，需要根据一个人的专长来委以官职，不能是随意的任命，更不能超越其能力而提拔，因为这涉及万民的利益所在。"举而度"，意谓选任人才得当，则可以获得士大夫的支持；如果"举而不度"的话，则会出现"士崩"的后果。这里的"崩"疑读为"背"，《墨子·非命上》有"守城则不崩叛"，其中的"崩叛"即意为"背叛"。①

不过，要了解一个人的真实能力，并非一件易事，简文作者强调要对其进行长期的考察，然后试加任用，根据其能力情况，再进一步加以任命：

> 古（故）〈兴〉（举）善人，必簹（熟）聑（闻）其行，女（焉）蘁（观）其覑（貌），女（焉）聖（听）其訇（辞）。既聑（闻）其訇（辞），女（焉）少（小）綮（穀）其事，以程（程）其攻（功）。女（如）可，以差（佐）身相冢（家）。【一七】
>
> 古（故）求善人，必从【七】身甶（始），诘其行，支（辨）其正（政），则民改。皮（彼）善与不善，幾（岂）有忑（恒）種（种）才（哉），唯上之流是从。……【八】

"善人"，指品行高洁者。《论语·述而》："善人，吾不得而见之矣，得

---

① 孙诒让《墨子间诂》言："'崩'，当为'倍'之误字。《尚贤中》篇云'守城则倍畔'，犹此下文云'守城则崩叛'也。'倍'与'背'同。《逸周书·时训》篇云'远人背叛。''倍'与'崩'一声之转，古字通用。"见该书第 244 页，中华书局，1986 年。

见有恒者，斯可矣。"邢昺疏："善人，即君子也。""穀"，原指官俸，这里指给予官职。"小穀其事"，指试探性地给予一个官职，以考察其能力。"程"，训为考核。"以程其功"，意即察其所能。只有通过考核之后，才可以委以要职，"以佐身相家"。"诘"，训为正。

　　简文作者的这个意见，与《墨子》中的思想完全一致。《墨子·贵义》言："世之君子，使之为一彘之宰，不能则辞之。"《墨子·尚贤中》亦谓"故可使治国者，使治国；可使长官者，使长官，可使治邑者，使治邑"，又说"然后圣人听其言，迹其行，察其所能，而慎予官，此谓事能"，均强调在尚贤的同时注重对贤能之士的考核。

　　另外，文中所说的"彼善与不善，岂有恒种哉"之语，颇值得我们留意，该句与后来秦末时陈涉所说的"王侯将相，宁有种乎"颇为呼应。作者在此处否定了人的身份、地位与人的能力有直接的对应关系，主张人才的选拔完全要以其能力来作为衡量的标准。在另一处简文中，作者也表达了类似的意见：

　　　　贵佸（贱）之立（位），幾（岂）【二】或才（在）刁（它）？贵之则贵，佸（贱）之则佸（贱），可（何）憁（宠）于贵，可（何）愿（羞）于佸（贱）？唯（虽）贫以佸（贱），而許（信）有道，可以駿（驭）众、綢（治）正（政）、临事、伥（长）官。……【三】

这种不拘一格任用人才的思想，在《墨子》一书的《尚贤》各篇中也有众多的讨论，如《尚贤上》言"古者圣王之为政，别德而尚贤，虽在农与工肆之人，有能则举之，高予之爵，重予之禄，任之以事，断予之令"，这一意见与简文的论述显然也是相吻合的。

　　作者强调，无论是国君还是一般的民众，都要各司其职，各尽其能，才能使国家处于一种有序的状态，作者称之为"攸"。

　　　　君【一五】獣（守）器，卿夫＝（大夫）獣（守）正（政），士獣（守）敳（教），攻（工）獣（守）丂（巧），價（贾）獣（守）賈（價），儥（鬻）

聚瞗（货）^①，戎（农）戰（守）豪（稼）房（穑），此之曰攸。……【一六】

简文的作者期盼能有"明王圣君"来治理国家，以便对国家进行有效的治理。作者一再强调，国君需要对国家的治乱兴衰有清醒的认识：

> 皮（彼）上有所可慼，有所可憙（喜），可慼弗慼，可憙（喜）弗憙（喜），古（故）墜（坠）遶（失）社稷，子孙＝（子孙）不逗（属）。【二三】可慼乃慼，可憙（喜）乃憙（喜），古（故）棠（常）正亡（无）弋（忒）。……【二四】

这里的"慼"，意为担忧；"属"，意为连续。简文作者认为，国君在国家治理方面一定是有喜有忧。正确的态度，应当是该喜的情况要喜，该忧的情况要忧。如果该忧的不忧，该喜的不喜，就会导致社稷不保，子孙无法延续。国君该感到欣喜的情况自然是国治民安，那么国君应该担忧什么样的情形呢？简文作者说：

> 皮（彼）上之所慼，邦又（有）圍（疠）设（疫），水旱不昔（时），兵虗（甲）聚（骤）起，眺（盗）惥（贼）不爾（弭），悉（仁）圣不出，謹（谗）人在旲（侧）弗智（知）……【二四】上乃戛（忧）慼。……【二五】

我们知道，《墨子》一书中有《尚同》三篇，强调要"选择天下贤良、圣知、辩慧之人，立以为天子，使从事乎一同天下之义"（《尚同中》），主张"知者之事，必计国家百姓所以治者而为之，必计国家百姓之所以乱者而辟之"（《尚同下》）。简文所论，可以说是对《墨子·尚同》诸篇思想的具体发挥。

另外，简文中还提到，要"専（敷）均于百眚（姓）之溓（兼）厫（利）

---

① 價，即贾人，《周礼·天官·序官》"贾八人"，郑注："贾主市买，知物贾。"贾，《左传》昭公二十九年："平子每岁贾马，具从者之衣履，而归之于干侯。"杜注："贾，买也。"償（償），字形多见于包山简，即古文鬻字，《左传》昭公三年"有鬻踊者"，杜注："卖也。"瞗，古货字，聚货，见《易·系辞下》："聚天下之货，交易而退。"

而愍（爱）者"，这也与《墨子·天志上》"故天意曰：'此之我所爱，兼而爱之；我所利，兼而利之。'"以及《墨子·法仪》"奚以知天之欲人之相爱相利，而不欲人之相恶相贼也？以其兼而爱之，兼而利之也。奚以知天兼而爱之、兼而利之也？以其兼而有之、兼而食之也"的思想是相一致的。

　　从清华简《治邦之道》的这些内容来看，这篇文献应该是一篇与墨学有关的佚文。众所周知，墨子是战国初年的著名思想家，墨家学说在战国时期曾为显学，但是此前与墨学相关的出土材料是比较有限的，除了信阳长台关所出土的竹简书籍和上博简《鬼神之明》篇外，银雀山汉简的一些内容与《墨子》的城守各篇关系密切，学者们已经做了不少研究；在已经公布的清华简中，《汤处于汤丘》及《系年》中的一些故事与《墨子》一书也有密切的关系 ①，此外就少有墨家文献的发现。本篇简文的面世，对于我们理解墨家的学说及其在战国时期的传播均有较好的作用。

（原载《文物》2018 年第 9 期）

---

① 　沈建华：《清华简〈唐（汤）处于唐丘〉与〈墨子·贵义〉文本》，《中国史研究》2016 年第 1 期。

从清华简《系年》看齐长城的修建

　　提起长城，我们在脑海中往往会浮现那西起甘肃、东到大海、绵延达一万多里的万里长城，这种认识其实并不够全面。实际上，作为我国先民最重要的军事防御工程体系，除了唐代、元代及清代等少数几个朝代外，其他各个历史时期几乎都有大规模修建长城之举，因此中国的长城文化本身就是一幅内涵丰富、绚丽多姿的历史画卷。本文所要讨论的齐长城，则是先秦时期齐国先民所留下的杰作。

　　春秋战国时期，由于周王室衰微，大国竞相争霸，社会动荡，战争连绵。在这种兵革不息、战火连天的背景下，一些国家为了强化自身的安全保障体系，防范他国的入侵，往往会在国境线一带修筑长城，以便有效抵御外敌。根据史料记载，当时的齐、楚、燕、赵、魏、秦、中山等国都有修建长城的行举。这其中，保存至今的齐长城遗址，西起山东省济南市长清区孝里镇广里村北，沿泰沂山脉绵延而东，然后向东北斜跨胶南高地，终止于黄海之滨，总长度约为1200多里，蔚为壮观。鉴于齐长城的重大历史文化价值，在2001年6月国家文物局所公布的第5批全国重点文物保护单位中，齐长城遗址已被列入其中。

　　齐国是春秋战国时期的东方大国，定都于临淄。齐国修建长城，有它自身的必然性。淄潍平原是齐国的腹地，淄潍平原的西面和北面是滚滚流淌的济水和黄河，东面是烟波浩渺的渤海、黄海，而南面则有逶迤起伏的泰沂山脉横亘东西，战略地理条件可以说是得天独厚，被称为"四塞之国"。不过，齐国地理环境的不利因素也非常明显，"淄潍平原平衍狭窄，缺少战略纵深，回旋余地不大，一旦外敌突破环绕平原的山水屏障，就可以毫无遮拦地长驱直入淄潍平原，兵临齐都城下"（张华松：《齐长城》，第1页，山东文艺出版社，2004年），正是由于这样的地理环境，齐人通过修建长城来加强自身的防御能力，也就不难理解了。

不过，齐国什么时候开始修长城，却是一个长期以来让学者们十分困惑的问题。一般认为，齐长城是分期逐段完成的，西段长城的修建要早于东段，但是学术界对于齐国何时开始修建长城，意见并不一致。有的学者认为春秋早期的齐桓公时已经修建了长城，其主要依据是《管子·轻重丁》中有"长城之阳，鲁也；长城之阴，齐也"的记载，管仲是齐桓公时的著名大臣，这些学者据此认为齐桓公时期已经修建了长城；有的学者根据公元前555年晋、鲁等国侵齐，齐灵公"御诸平阴，堑防门而守之，广里"（《左传·襄公十八年》）的记载，指出这与齐长城的修建有关，因此齐长城在春秋后期已经出现；也有的学者根据《史记·楚世家》的《正义》所引《齐纪》所言"齐宣王乘山岭之上筑长城，东至海，西至济州，千余里，以备楚"等记述，认为齐长城可能是到了战国时期才得以修建。

《管子》一书是战国时的学者依托管子而作，其中的《轻重》诸篇显系晚出，并不能作为齐桓公时代的史料，更不能据此认为齐桓公时期齐长城已经修建，何况齐桓公在位时"九合诸侯，一匡天下"，是当时最强盛的国家，根本不需要修筑长城，因此第一种说法未能获得学术界的公认；第二种意见在学术界比较流行，不过从《左传》的记载来看，公元前555年齐灵公在平阴抵御晋、鲁等国军队，在防门一带深挖壕沟，似乎更可能是权宜之计，不一定能说明当时已经修建齐长城；至于文献中有关于齐威王（公元前356—前320年在位）、齐宣王（公元前319—前301年在位）修建长城之说，则又失之过晚。正因为齐长城的修建时间在传世文献中从来没有一个明确的论述，也就难怪千百年来人们一直对此聚讼纷纷了。

近年来一些学者结合春秋战国时期的政治和军事形势分析齐长城的修建时间，取得了不少新的进展。如张华松先生指出，"齐长城的始筑之年，只能在齐国霸业衰落的春秋后期。那时齐国的主要邻国鲁国、莒国虽然国小势弱，但是他们先后援引西方的晋国和东南方的吴越来对抗齐国，齐国在军事上明显处于劣势，因此才需要修筑长城。也就是说，齐长城是齐国在军事上采取守势的结果"（《从兵学的角度看齐长城》，《泰山学院学报》2005 年第 4 期）。张华松先生在《齐长城》一书中还指出，由于春秋战国时代齐国的主要敌人晋、鲁、莒、吴、越、楚分别位于齐国的南方、西南方和东南方，齐国为防备他们来犯，自然要特别重视南面的山地防御，以及西南方的河防和东南方的海防。张先生在研究齐长城时视野开阔，新见迭出，特别是在考察齐长城修筑的政治军事背景时把吴、越两国也纳入考察的视野，颇能给人以启发。

以往的学术研究中，学者们都强调了齐长城的军事用途，不过最近一些年情况有了一些变化，有一些学者认为齐长城之肇建并非出于军事目的，而是齐国为了垄断盐业，防止盐走私而修筑的。比如国光红先生在《齐长城肇建原因再探》（《历史研究》2000 年第 1 期）一文中即持这样的观点。他的结论是，齐长城之初建"并非出于战争防御之目的，尔后其战争防御作用也为时甚短暂，与秦始皇长城之出于战争目的、尔后又充分发挥其战争防御作用者完全不是一回事"。国先生的这一观点得到了一部分学者的支持，但是也有不少学者予以了反驳。因此，有关齐长城的性质和作用问题已成了学术界一个有待解决的课题了。

清华简《系年》的发现，使我们对于齐长城的修建时间、性质和作用有了新的认识。

清华简《系年》第 20 章、第 22 章都涉及齐长城，特别是第 20 章详细讨论了齐长城的修建经过，内容特别重要，其原文是：

> 越公句践克吴，越人因袭吴之与晋为好。晋敬公立十又一年，赵桓子会［诸］侯之大夫，以与越令尹宋盟于邢，遂以伐齐，齐人焉始为长城于济，自南山属之北海。

越公句践即赫赫有名的越王勾践；晋敬公十一年即公元前 441 年；令尹宋系越国的令尹，名宋；邢为地名，具体地点不详。这段不见于传世文献的史料十分珍贵，它给我们提供了许多重要的信息。

第一，越国曾与晋国结成同盟，即简中所说的"越人因袭吴之与晋为好"，这是我们过去所不知道的。原来，晋景公时，晋国曾派申公巫臣出使吴国，教吴人使用战车，学习战阵，唆使吴国叛楚，从此晋、吴之间结成了同盟。公元前473年，吴国为越王勾践所灭。但是根据《系年》简的内容学者们才得以获知，越灭吴之后，仍然沿袭吴国的政策，与晋国结盟。我们知道，越王勾践在灭吴后的一个重要举措，是把都城从会稽北迁到了琅琊。琅琊紧靠齐国的东南边境，晋、越的这种同盟关系以及越国军事政治中心的北移，自然给齐国造成了极大的威胁。

第二，晋敬公十一年即公元前441年，晋国的赵桓子曾与其他诸侯国的大夫们一起，与越国令尹举行会盟。赵桓子是晋国权臣赵襄子之弟，身份非同一般；而这时在位的越王则是朱句（州句），他派越国的令尹参加会盟，也显示出越国对此次活动的高度重视。这次参盟的诸侯国的具体情况，《系年》简中没有记载，但是《国语·吴语》言："越灭吴，上征上国，宋、郑、鲁、卫、陈、蔡执玉之君皆入朝。"可见宋、鲁等国都已经依附于越国。从《系年》所载后来几次的伐齐战争来看，宋、鲁等国都积极参与。因此，此次参与会盟活动的诸侯国中很有可能包括了鲁、宋等国。

第三，本次会盟的目标是攻伐齐国，由于晋、越、鲁等国组成联盟，齐国的西南、南部和东南部面临着全面的威胁。

第四，为了有效地抵挡晋、越等国的攻击，齐国开始在西南至东南一线全面修筑长城。这就是简文中所说的"齐人焉始为长城于济，自南山属之北海"。这应该是齐长城最早的修建时间。根据这一论述我们可以知道，齐长城的修建，本身与齐国南部防线面临着晋、鲁、越等国的巨大军事压力密切相关。

第五，齐长城的修建，对于齐军抵御晋、越等国的进攻曾起了积极的作用。据《系年》第20章载，晋幽公四年（公元前430年），晋、越、宋等国又一次联合攻打齐国，晋军与齐军在长城一带展开了激战。另外，据《系年》第22章，楚声王元年（公元前407年），韩、赵、魏等国又与越国一起伐齐，迫使齐国签订城下之盟，其中对齐国的一项重要要求就是"毋修长城"，足见齐长城在协助齐军防御晋、越等国入侵过程中曾发挥了积极作用。此后的齐威王、齐宣王又都重新修建齐长城，这也充分证明了齐长城在军事上的重要意义。

　　总之，从清华简《系年》来看，齐长城的修建时间可能是在战国初年，其具体时间应该是在公元前 441 年左右，当时齐国正面临着晋、越、鲁等国的军事威胁。齐长城的修建，本身是一项重要的军事防御措施，并在很大程度上有效帮助齐军抵挡了晋、越等国的进攻。清华简《系年》的发现，使我们对于齐长城的修建时间、性质与作用有了进一步明确的认识。

（原载《文史知识》2012 年第 7 期）

释罳罤
——兼说甲骨文中的 、

清华简第八辑整理报告中收入了一篇讨论治国之道的简文，因为篇中有"此治邦之道，智者智（知）之"之语，整理者将之命名为《治邦之道》。该篇简文共有简 27 支，内容系围绕着如何治国安邦而展开，简文中的许多论述与《墨子》一书关系密切，应该是一篇与墨学相关的失传文献，内容十分重要。在本篇简文第 12 支简上，有这样的一句话：

> 贵戋（贱）之立（位）者（诸）同雀（爵）者，母（毋）又（有）
> 〔四九〕、远逐（迩）、少（小）大，鼠（一）之则亡（无）式心〔五〇〕，
> 愚（伪）不复（作）。

文中的"罳罤"一词，在战国楚简中系第一次出现，罳，从网，疋声；罤，从网，棘声。由于该词与"远迩""小大"等词并列，容易推测出"罳罤"也应该是含义正好相反的两个字，但是该词应如何释读，就成了整理者需要解决的一个问题。

对于"罳"字，学者们并不陌生，该字除了见于湖北荆门左冢三号墓所出漆桷之外①，此前在已公布的战国楚简中还曾多次出现过，如：

> ……之罳，未可以遂，君子不慎其德。（《上博五·三德》第 22 简）
> 外道之明者，少罳于身，非天子……（《上博八·成王即邦》第 11 简）

---

① 从湖北省文物考古研究所等所编的《荆门左冢楚墓》一书中，可知漆桷方框第三栏 B 边有"智罳"二字，见该书第 182 页，文物出版社，2006 年。

剌外疋中，众木之纪可（兮）（《上博八·李颂》第 1 简）

对于该字的释读，应该说也已经解决，《上博八》的整理报告已将该字读为"疏"："'疋'，从网，疋声，字亦见《上海博物馆藏战国楚竹书（五）·三德》，字待考。据声可读为'疏'。《说文》段玉裁注：'疋、疏古今字。''疏'，粗疏。"[1] 其他各词例中的"疋"字读为"疏"后，文义亦十分通畅，足证这一释读信而有征。

至于"疋"字，此前则见于上博简《曹沫之阵》第 54 简"收而聚之，疋而厚之"，学者们多疑其释读为"束"。[2]

《治邦之道》中出现的"疋疋"，我们怀疑就是文献中常见的"疏数"一词。"疏数"之语，古书中习见，常可训为疏密。如《尉缭子·兵令上》有"出卒陈兵有常令，行伍疏数有常法"，银雀山简《守法守令》亦言"出卒陈兵，固有恒令，行伍之疏数，固有恒法"（简 965—966），因此《周礼·夏官·大司马》曾总结说"中春教振旅……以教坐作、进退、疾徐、疏数之节"，郑注"习战法也"。

另外，该词又可由疏密的含义，进而引申指关系的疏远或亲近（即亲疏），如《礼记·哀公问》："民之所由生，礼为大。非礼无以节事天地之神也，非礼无以辨君臣上下长幼之位也，非礼无以别男女父子兄弟之亲，昏姻疏数之交也。"而人们所熟知的孔子学生子游的名句"事君数，斯辱矣；朋友数，斯疏矣"（《论语·里仁》），其中的"疏"字和两个"数"字，也是从这个含义上说的，对此刘宝楠《论语正义》曾引吴嘉宾之说曰："'数'与'疏'对，《记》曰：'祭不欲数'是也。君子之交淡如水，小人之交甘如醴。君子淡以成，小人甘以坏。事君与交友，皆若是矣。数者，昵之至于密焉者也。惟恐其辱，乃所以召辱；不欲其疏，乃所以取疏。"此说可谓得之。

不过，学者们虽然清楚"疏数"一词的含义，但对该词的来历却一直

---

① 马承源主编：《上海博物馆藏战国楚竹书（八）》，第 183 页，上海古籍出版社，2011 年。

② 单育辰：《〈曹沫之陈〉文本集释及相关问题研究》，第 110 页，吉林大学硕士学位论文，2007 年；李守奎：《上海博物馆藏战国楚竹书（一——五）文字编》，第 328 页，作家出版社，2007 年。

不得其详。现在清华简"罭罱"一词的出现提醒我们，"罭罱"很可能就是"疏数"一词的本字，"罭"指孔眼稀疏的网[1]；至于"罱"字，则指孔眼细密的网，而古书中正好称这种网为"数罟"，如《孟子·梁惠王上》"数罟不入洿池，鱼鳖不可胜也"，赵岐注"数罟，密网也"，"罱"字应该就是"密网"的专用字。"疏数"一词所具有的疏密之义，很可能就是由此得来。至于上博简《曹沫之阵》"收而聚之，罱而厚之"的"罱"字，以往学者多释读为"束"，可能不够准确。该字应该如字读，释为亲近，"罱而厚之"就是指（将领）要亲近并且善待士卒。

网罟是古人捕鱼和打猎时重要的工具，20 世纪 80 年代，考古工作者在安徽省蚌埠市的双墩遗址发现了距今 7000 多年的古人类遗址，并在许多陶器上发现了刻划符号，其中就有以网捕获猎物的图形[2]（见图 1）。古人在渔猎时，特别强调维护自然界的和谐与平衡，反对向自然界过度索取，虽然有"罭""罱"这样不同的网罟，但是古人更强调使用的是前者。《诗·小雅·鱼丽》的毛传有一段非常深刻的话，典型地反映了古人的相关理念：

太平而后微物众多，取之有时，用之有道，则物莫不多矣。古者不风不暴不行火，草木不折不芟，斧斤不入山林，豺祭兽然后杀，獭祭鱼然后渔，鹰隼击然后罻罗设。是以天子不合围，诸侯不掩群，大夫不麛不卵，士不隐塞，庶人不数罟，罟必四寸，然后入泽梁，故山不童，泽不竭，鸟兽鱼鳖，皆得其所然。

图 1　网猪图

正是基于这样的认识，所以才有了商汤网开一面这样的历史传说，其故事见于《史记·殷本纪》："汤出，见野张网四面，

---

①　《老子》第 73 章中"天网恢恢，疏而不失"的名句，可能也与疏数有关。
②　徐大立：《蚌埠双墩遗址刻画符号简述》，《中原文物》2008 年第 3 期。

祝曰：'自天下四方，皆入吾网。'汤曰：'嘻，尽之矣！'乃去其三面。祝曰：'欲左，左；欲右，右。不用命，乃入吾网。'"① 如果此传说可信的话，我们一方面可以知道商代已经在渔猎活动中多使用网罟，另外一方面也说明当时的渔猎活动中已经很注意维持生态的平衡了。

H23：70

图 2　730

甲骨文资料可以在传世文献之外为我们提供商代生产活动的珍贵资料，在《屯南》730 中有这样一条卜辞（见图 2）：

其田 ，以 ，亡 。吉。

是地名。这条卜辞的内容，是询问在 地田猎，用 的方法，是不是没有灾。卜问的结果是"吉"。

H24：292

图 3　1021

卜辞中的 字，学者们对其释读不一，解释也各不相同，但多数学者将其释为"罳"，现在看来是非常妥当的，但是过去的学者并不太了解其确切含义。现在我们已经从楚简中了解到"罳"字的本义是孔眼稀疏的网，自然可以了解这条卜辞的含义。原来，这个字就是"罳"字，这条卜辞是在占问，如果用孔眼稀疏的网到 地田猎，是否无灾，最后卜问的结果是"吉"。应该说，这种田猎方式与商汤的做法显然是非常相似的。

卜辞中另外还有一个" "字，见于《屯南》1021（见图 3），其中的一条卜辞是：

……其田 ， ……

也是地名， 字，学者们多释为 ，从网，从束。

---

① 据媒体报道，现在竟然还有人用一种叫做"旱亮子"的塑料薄膜网来"灭绝式"捕捉林蛙，令人痛心。他们的这种行为与古人的认识水平相比，真是令人汗颜。

该字还见于《合集》31136（见图4）：

其释文为：

于寅罙认。

其罙认在宰。

图4　31136

对于该字的含义，于省吾先生曾有重要的讨论。[①]
现在看来，该字应该就是"罙"字，从网，束声，特指
孔眼细密的网。"罙"下面所从一个"束"和两个"束"
是可以相通的。

把■读为"罙"，在这两片甲骨卜辞中也是完全合适
的。《屯南》1021是讲在■地田猎时，设下了孔眼细密
的网；可见这种网在商代的田猎中也有使用。至于《合
集》31136两条的含义，于省吾先生已在《甲骨文字释
林·释罙认》一文中有很精彩的讨论，我们如果把■读
为"罙"，这两条卜辞可依于先生的意见，理解为野兽
已经陷入孔眼细密的网罟之中，网罟已经偃仆，而兽仍
向旁侧挣扎。这样阐释之后，这一卜辞更觉形象生动。

总之，清华简《治邦之道》中"罜罙"一词的出现，使我们意识到文
献中常见到的"疏数"一词，本来应写作"罜罙"，其本义分别指孔眼稀疏
的网和孔眼细密的网。用这一理解来解释目前楚简中分别出现的"罜"字
和"罙"字，可以看出其含义是非常吻合的。而甲骨文中已经出现的■、■
二字，很可能就是"罜"和"罙"，从而也证明了这两个字来源之久远。这
一解释是否合适，希望能得到方家的批评指正。

（本文系2018年10月"纪念中国古文字研究会成立四十周年国际学术
研讨会"论文）

---

① 于省吾先生对该字进行了细致的分析，认为该字从糸，网声，参见《甲骨文字释林·释罙
认》，第291-292页，中华书局，2009年。

清华简《天下之道》"涊"字新释

　　清华简第八辑中所收的《天下之道》是一篇重要的论兵之作，其中开篇有一句话说："今之守者，高其城，深其涊"，这里的"涊"字为以往古文字资料所未见，但其含义显然与护城河有关，当时的整理报告曾怀疑该字为"洼"字异体，并引《说文》"深池也"加以训释。[①] 整理报告出版后，学者们对此字也有不少讨论。

　　有的学者觉得该字应读为"壑"，如单育辰先生认为："'涊'以读为'壑'好，'亚'影纽鱼部，'壑'晓纽铎部，二字音近。《诗·大雅·韩奕》'实墉实壑'，毛传：'言高其城，深其壑也。'《释文》：'壑，城池也。'正可与本简'高其城，深其涊（壑）'对比。"[②] 也有学者将之读为"污"，如王宁先生提出："此字从水亚声，疑当读为'污池'之'污'（与'亚'同影纽鱼部），是不流动的水，这里是指护城河。"[③] 而魏栋先生和子居先生则将之读为"洿"，如魏栋认为："'涊'与'洿'音、义皆近，故将《天下之道》'深其涊'读为'深其洿'是较有可能的。"[④]

　　这些学者虽然也都同意该字训为护城河，但对"涊"字的释读意见却很不统一，而且证据仍嫌不够充分。因此，该字的释读并没有能够完全

---

① 《清华大学藏战国竹简（八）》，第 154 页，中西书局，2018 年。

② 单育辰：《清华大学藏战国竹简（八）释文订补》，《出土文献》第十四辑，第 172-173 页，中西书局，2019 年。

③ 见《清华八〈天下之道〉初读》，简帛网简帛论坛，第 6 楼，2018 年 11 月 19 日。

④ 魏栋：《清华简（八）〈天下之道〉篇献芹》，纪念清华简入藏暨清华大学出土文献研究与保护中心成立十周年国际学术研讨会论文集，第 403-404 页。子居的观点见《清华简八〈天下之道〉解析》，先秦史论坛，https://www.xianqin.tk/2019/06/21/749/，2019 年 6 月 21 日。

解决。

清华简第十二辑整理报告即将收录的《三不韦》篇，讲述三不韦以五刑则授夏代的国君启，其内容与《尚书·洪范》的"九畴"颇为相类，是一篇珍贵的失传文献。

《三不韦》篇第十支简论述司空之职，其中说：

> 司攻（工）政（正）蕫（万）民，乃攸（修）邦内之经纬、戜（城）郭（郭）、澈虗行【一〇】水，弢（及）四蒿（郊）之辻（赴）豪（家-稼）釐（稽）。

这里的"虗"字也与沟渠相关，而且显然是《天下之道》中"溎"字的异形①，这就给我们重新释读"溎"字提供了一个很好的例证和思路。

司工，即司空，是古代的重要职官，据《史记·夏本纪》所载，帝舜曾问四岳："有能成美尧之事者使居官？"四岳都推荐了禹："伯禹为司空，可成美尧之功。"②如果此说属实，则五帝时代已有司空一职。到了周代，司空属于三有司之一，位高权重。周代金文中常见有关于司空的记载，但皆写作司工。本篇简文写作"司攻（工）"，与周代金文的传统写法相一致。

司空主要掌管水利、营建之事，关于司空的职责，古书中多有讨论，《荀子·王制》言："修堤梁，通沟浍，行水潦，安水藏，以时决塞，岁虽凶败水旱，使民有所耘艾，司空之事也。"③《韩诗外传》则有"山陵崩竭，川谷不流，五谷不植，草木不茂，则责之司空"④，对于我们了解司空之职责都很有帮助，而且也都可以与《三不韦》所论加以对照。值得注意的是，《后汉书·百官志》中也有一段非常重要的论述：

> 司空，公一人。本注曰：掌水土事。凡营城起邑，浚沟洫，修坟

---

① 还有一些从水的字有时可以加虎字头，如"浮"又写作"滹"。
② 见《史记·夏本纪》，第 50 页，中华书局，1982 年。
③ 见王先谦：《荀子集解》卷五，第 198 页，中华书局，2013 年。
④ 见屈守元：《韩诗外传笺疏》卷八，第 717 页，巴蜀书社，1996 年。

防之事，则议其利，建其功。①

《三不韦》中的"瀿"字，见于清华简《系年》第 82 简"伍鸡将吴人以围州来，为长瀿（壑）而堙（洫）之"，又见于清华简《邦家处位》的第二支简。该字在《三不韦》篇中应读为"濬"，义为疏通。对比《后汉书·百官志》的相关论述，我们也由此可以确定，《三不韦》中的"瀿虗"就是浚洫。"浚洫"一词，在古籍中多见，如左思《魏都赋》"崇墉浚洫"，鲍照《芜城赋》"划崇墉，刳浚洫"等，皆是显例。

在古代，洫常常与沟合称为沟洫，泛指河渠，《论语·泰伯》记录有孔子赞美大禹"卑宫室，而尽力乎沟洫"的文句，是关于沟洫的经典论述。沟、洫虽然连称，但二者之间存在大小之别，《汉书·沟洫志》颜注云"沟，广四尺，深四尺；洫，广、深倍于沟"，也就是说洫的广、深各为八尺。至于《说文》言"十里为成，成间广八尺，深八尺，谓之洫"，还体现了周代有关井田制的规定，其说源自于《考工记·匠人》的有关论述。②

"洫"的另外一个重要含义，则是指护城河。③在先秦典籍中，"洫"训为护城河的地方也有很多，《诗·文王之什·文王有声》有"筑城伊淢"的诗句，其中的"淢"字，鲁诗和韩诗皆作"洫"，鲁诗训云"城池"，韩诗训云"深池"。④《左传》昭公三十二年记载了公元前 510 年晋国率领各诸侯国为周敬王营修成周城的经过："己丑，士弥牟营成周，计丈数，揣高卑，度厚薄，仞沟洫，物土方，议远迩，量事期，计徒庸，虑材用，书糇粮，以令役于诸侯"⑤，这里的"沟洫"显然也是指护城河。《吕氏春秋·似顺》则记载了楚庄王伐陈的故事：

---

① 见《后汉书》，第 3561-3562 页，中华书局，1965 年。东汉曾有一段时间改称"司空"为"大司空"。

② 相关的文句是："九夫为井，井间广四尺，深四尺，谓之沟；方十里为成，成间广八尺，深八尺，谓之洫。"

③ 前面所引的《魏都赋》和《芜城赋》中，"洫"字都应如此训释。如左思《魏都赋》"崇墉浚洫"一句，李善注："洫，城沟也。"

④ 见王先谦：《诗三家义集疏》卷二十一，第 895 页，岳麓书社，2011 年。

⑤ 见杨伯峻：《春秋左传注》，第 1518-1519 页，中华书局，2009 年。

> 荆庄王欲伐陈，使人视之。使者曰："陈不可伐也。"庄王曰："何故？"对曰："城郭高，沟洫深，蓄积多也。"宁国曰："陈可伐也。夫陈，小国也，而蓄积多，赋敛重也，则民怨上矣；城郭高，沟洫深，则民力罢矣。兴兵伐之，陈可取也。"庄王听之，遂取陈焉。①

《似顺》篇里所说的沟洫，显然也是指护城河。②

结合这些文献内容，我们可以确定，清华简《天下之道》"今之守者，高其城，深其淫"，其实就是"今之守者，高其城，深其洫"，"淫"就是文献中常见的"洫"字。

"洫"字的小篆字形见于《说文》，但是该字以往在六国文字中从未见过。《天下之道》中该字写作 ![字], 我们怀疑它其实与渊字密切相关。"渊"字的字形演变，《字源》中曾有归纳③：

![字形演变图]

对比之下可以发现，![字]字右边所从，与《说文》或体的"![字]"字形十分相近，渊的构字依据，《说文》言"回水也，从![字]，象形，左右岸也，中象水兒"，可见![字]是一个象形字。而![字]字右边所从字形其实是把渊字或体"![字]"横置，上面加了一小短横饰笔，中间表示水的部分加了个"十"字形，可以说是直接从"渊"字变形而来，而与"亚"字无关。至于中间的"十"字形，可能是要体现护城河（或河渠）纵横交错的面貌。"洫"写成![字]，实际上是一个会意字；至于小篆写成"从水，血声"的"洫"，则变成了一个形声字了。

---

① 见陈其猷：《吕氏春秋新校释》，第1644页，上海古籍出版社，2002年。
② 刘向的《说苑·权谋》篇也引用了这个故事，但是把"沟洫"改为了"沟壑"。
③ 李学勤主编：《字源》，第984页，天津古籍出版社，2013年。

侯马盟书数术内容探论

　　1965—1966 年在山西侯马春秋晚期晋国遗址中出土的侯马盟书，是研究先秦盟誓活动的一批珍贵材料，这批盟书自公布之后就引起了学者们的广泛注意，近四十年来研究成果不断涌现，盟书中的许多问题随着学者们的深入研究已经日益清晰，这些研究成果极大地丰富了我们对于先秦历史文化的认识。

　　有关这批数以千计的盟书的分类情况，考古工作者曾经指出，如果按其内容，大体上可分为六类，即宗盟类、委质类、纳室类、诅咒类、卜筮类及其他①。对于其中的第五类即卜筮类，以往学者的讨论情况尚不多见，本篇小文想就此谈一些粗浅的看法。

　　关于卜筮类盟书的情况，《侯马盟书》一书介绍说，"这是盟誓中有关卜筮的一些记录，不是正式的盟书；发现了三件，是写在圭形或璧形玉片上的"②。这三件盟书分别出自 17 号坑、303 号坑及 340 号坑，值得注意的是，这三个坑均非在通常出土盟书的"埋书区"，而是位于埋葬牺牲的"埋

---

① 见山西省文物工作委员会所编的《侯马盟书》一书中的《侯马盟书及其发掘与整理》部分，文物出版社，1976 年，第 11-12 页。

② 见《侯马盟书》一书中的《侯马盟书及其发掘与整理》部分，第 12 页。

牲区"①，显得十分特殊。这三件盟书的出土位置均为壁龛，坑中所埋牲均为牛。②

　　第 17 号坑书写盟书内容的玉为玉环，厚 0.8 毫米，边径 123 毫米，孔径 55 毫米，质地为透闪岩，值得注意的是在本件盟书上尚有丝织物的痕迹③，这也是侯马出土盟书中所见唯一一例有丝织物痕迹的玉石。《侯马盟书》的《侯马盟誓遗址出土的其它文物》部分对此有具体的介绍："坑 17 出土的玉环，上面还保留有一块丝织物的痕迹，纹缕纤密精致，估计就是盟誓祭祀中所使用的'帛'的遗迹"④。丝织物痕迹照片见该书《侯马盟誓遗址出土的其它文物》中的图 30。

　　在这件玉环上写有一些文字，有些已经磨泐不可识读，可以清楚看到的字主要是：

　　　　羊羲……籗……

《侯马盟书类例释注·卜筮类释注》对此注释说：

　　　　羊羲——羊，即骍字，俗作骍，音星（xīng）。羲，即牺字的省体。骍牺，即祭祀时所用的红色的牛。《礼记·郊特牲》："牲用骍，尚赤也。"《诗·閟宫》："享以骍牺。"注："骍赤牺，纯也。……其牲用赤牛纯色。"

---

① 《侯马盟书》言："盟誓遗址可划分为甲、乙两个区域，甲区集中在西北部。这里的坑一般都较小，而且密集，有相互打破的情况。盟书几乎全部是在这个区域里出土的。包括的范围，大致是东起坑 106 和坑 16，西至坑 67 和坑 71；北起坑 35，南至坑 201；东西长 12 米，南北宽 11 米，面积约 132 平方米左右。出土盟书的坑共有 40 个，与盟书相伴出土的牲牺，主要是羊（共有 30 个），偶尔也有牛、马。还有 6 个坑，只出盟书，没有牲牺。我们称这片出土盟书的区域为'埋书区'。乙区坑位较分散，面积大，重叠打破情况少，埋葬的牲牺有羊、牛、马；没有通常所见的盟书，只在坑 17、坑 303、坑 340 发现写有卜筮辞的玉币（注：现归入侯马盟书卜筮类），坑中牲牺均为牛。这个区域我们称之为'埋牲区'。"见该书第 18 页。
② 另外，据田建文先生《侯马盟誓遗址发现与研究》一文（"晋文化暨侯马盟书出土 40 周年研讨会"论文）介绍，近年在侯马虒祁遗址的祭祀坑中亦发现有卜筮类的墨书题记，不过有关资料尚未公布。
③ 见《侯马盟书》的《侯马盟誓遗址竖坑情况表》的有关介绍，见该书第 402 页。
④ 见该书第 381 页《丝织物的遗迹》的有关内容，丝织物痕迹照片见该书图 30。

筮——筮字的繁体，音试（shì）。古代用蓍草占卦叫做筮。①

这两条注释无疑是非常正确的，而其中的"筮"字告诉我们，这件盟书显然与数术活动有关。17 号坑中所掩埋的牺牲是一头牛，虽然我们现在已无法确知牛的颜色，但盟书中的"骍牺"应当就是指被埋在此坑中的牛。

第 303 号坑所出玉的器型为"不成形玉片"，长 152 毫米，宽 81 毫米，厚 0.4 毫米，质地为透闪岩，坑中所埋牲为牛，据《侯马盟誓遗址竖坑情况表》的《备注》所言，"牛牲似活埋"②。

这件盟书上亦写有几个字的铭文：

癸二个五　卜以吉筮□□③

《侯马盟书类例释注·卜筮类释注》对此注释说：

卜以吉筮□□——卜，古代用龟占卦，以，即已。卜已吉，是说用龟占的结果吉利。吉和凶，是我国古代迷信活动中常用的概念。下面筮字起头的三字，应该是说明用蓍占卦的结果。《左传·僖公四年》："卜之不吉，筮之吉。"盟书上的这条记载是我国古代卜法和筮法并用的一条较原始的记录。

按："卜以吉"的"以"字，实际上也可理解为"而"，用为连属之词。"以"读为"而"，其例甚多，可参王引之《经传释词》所论④，此不赘述。

"二"字后面一字，《侯马盟书》没有释读，现在看来，这个字应该是"百"字⑤，河北平山中山王墓出土的铁足大鼎有"方数百里"之句，同句

---

① 见《侯马盟书》第 45 页。

② 见《侯马盟书》的《侯马盟誓遗址竖坑情况表》的有关介绍，见该书第 416 页。

③ 见《侯马盟书》第 47 页。

④ 见王引之：《经传释词》卷一，第 7-8 页，岳麓书社，1985 年。

⑤ 朱德熙先生与李家浩先生则认为此字是"全"字，整句话读为"癸二全五"。朱先生还引用李家浩先生的意见来解释此句："李家浩同志认为'癸二全五'就是筮的记录，'癸'和'全'都是卦名，分别相当于《周易》'暌'卦和'屯'卦。'二'和'五'指的是爻的位次。"朱先生认为"这种解释看起来相当合理"。见朱先生《说"屯（纯）、镇、衡"》一文，收入《朱德熙文集》第 5 卷，第 178 页，商务印书馆，1999 年。

话亦见于中山王圆壶，其中圆壶上的"百"字写作"全"，与《侯马盟书》此字的写法非常相似。关于"全"字为"百"，朱德熙先生与裘锡圭先生曾有一个详细的考证：

> 根据字形，这个字似乎只能是"全"或"金"，但圆壶铭第 29 行"方数全里"一句，鼎铭 49 至 50 行作"方数百里"，可见全是"百"字。我们不知道"百"字为什么这样写，但全之为"百"是无可怀疑的。平山出土的许多记重量的铜器铭文里，"百"字都这样写。兆域图的"百"字写作全，亦与全形近。此外全字又见于战国吉语印中……①

朱、裘二位先生所论十分精当，中山王壶中此字的识读，亦使侯马盟书中的"个"字得到了认识。该字虽然因磨泐有所残缺，但仍可看出与中山王壶的"百"字基本一致，我们知道，中山国的文字与三晋地区文字有非常密切的关系。"中山铭刻文字，据目前尽可能掌握的七国文字比较，与之最为接近的就是三晋，而和秦、楚、齐、燕等国文字相差皆较大，中山文字虽然并不能说每一字完全等于三晋文字，它多少还有自己的特点，但作为文字的体系考察，它属于三晋、东周即中原文字系统，可以看作这个系统的一个分支。"② 因此，中山王圆壶中的"百"字与侯马盟书的"百"字写法接近，亦为情理之中的事情。

"癸二百五"应当是原有的器物上的编号，其编号方法是用天干加上数字。在器物上所记编号采用天干加数字的做法，亦见于其他考古出土的文物中，例如秦始皇兵马俑一号坑所出的兵器也多有编号，据报道，一号坑俑所出兵器"编号的方法有两种：一种是纯为数字，如三、五、六、八、十六、三十、六二、八十七等；二是在数字前冠以天干或地支，如戊六、

---

① 朱德熙、裘锡圭：《平山中山王墓铜器铭文的初步研究》，收入《朱德熙文集》第 5 卷，第 93-94 页，商务印书馆，1999 年。

② 黄盛璋：《中山国铭刻在古文字语言上若干研究》，《古文字研究》第 7 辑，第 71-72 页，中华书局，1982 年。

子五九、子壬五、子乙六等”[1]。“二百五”这一数字编号，可以证明所编号的玉石数目相当可观。

第 340 号坑所出玉的器型为戈形，长 246 毫米，宽 59 毫米，厚 0.4 毫米，质地为透闪岩，出土位置为壁龛，坑中所埋牲为牛，《侯马盟誓遗址竖坑情况表》的《备注》称“坑东西两壁有五对脚窝”。[2]

这件戈形盟书除李裕民先生做过一些讨论之外[3]，其他未见有更多的学者进行探讨。盟书内容残泐磨灭，仅可辨别数字：

以是…………用先疒……筮……

这里的字应该是人名，即侯马盟书中所记载的人物赵瓜。该字曾被学者们释为赵尼、赵北或赵弧等，此人习见于侯马盟书，盟书 3：2 中该字的写法即与此件盟书相似；先疒可能就是先瘪，该字下面的“克”残泐，这种情况在侯马盟书中也常见，如盟书的 3：5、16：6、316：10 等也是这种情形，侯马盟书中这二人常被并列，称“赵瓜及其子孙、先瘪之子孙”，本件盟书中的“先疒”的“先”写作先，还可以印证侯马盟书中写作“兟”的字确为“先”字，这一点亦有十分重要的意义。

如果这一推测正确的话，那么很显然这件盟书中的内容肯定和赵弧与先瘪有关。根据侯马盟书中这两人都是被诅咒的情况，这件盟书很可能也有这方面的含义。而盟书后面的“筮”字则表明在诅咒的同时，还进行过占筮活动。

上述这三件盟书，虽然其内容不能通读，但显然都与卜筮活动有关，它们的意义我想至少可以体现在三个方面：第一是说明了盟誓活动中卜筮仪式的存在；第二是体现了卜与筮共享的传统；第三则是可以与《左传》中赵鞅的卜筮活动相印证。

---

① 陕西省考古研究所始皇陵秦俑坑考古发掘队：《秦始皇兵马俑坑一号坑发掘报告（1974—1984）》（上），第 270 页，文物出版社，1988 年。

② 《侯马盟书》，第 418 页。

③ 李裕民：《我对侯马盟书的看法》，《考古》1973 年第 3 期，第 189 页。

关于先秦时期的盟誓活动，古籍中有不少记载，侯马盟书出土后，学者们曾做过很多的讨论，使相关的活动过程已经比较清楚[①]，但我们从现存的典籍中并没有看到在盟誓活动中进行有关卜筮仪式的记载，因此这几片卜筮类的盟书就显得异常珍贵，它们证明，在举行盟誓活动时，有时还会采取一些卜筮方面的行为，这当然与当时盛行"卜以决疑"的做法有关，因此，这些卜筮类盟书可以帮助我们更全面地认识先秦时期的盟誓活动。

卜与筮，为两种不同的数术活动，但在进行占测行动时，常常是二者互相配合使用，所以古籍中有"凡国之大事，先筮而后卜"[②]"故一人有事于四方，若卜筮，罔不是孚"[③]"卜筮偕止"[④]"筮短龟长"[⑤]等语，卜法我们现在已经不得其详，但根据学者们对商周时期的甲骨文以至战国时期占卜竹简的研究，从商代以至春秋战国时的卜法都有非常密切的关系。"商周甲骨卜辞以至战国时期的竹简卜辞实际是一脉相承的，在细节上虽有出入，却属于同一卜法系统"。[⑥]至于筮，在春秋时期主要是用《周易》来占筮，这从《左传》中的大量记载亦可得以反映。卜筮二法相配合使用的方法在当时十分普遍，侯马盟书中第303号坑所出盟书"卜以吉筮囗囗"的记载，反映了当时卜与筮两种方法的并用，是古代卜法和筮法并用的一条较早的实物证据。这一点在前面所引的《侯马盟书》一书的注释中已经作了说明。

侯马盟书中的卜筮活动，还可以与史籍所载的赵鞅的相关活动相对照。侯马盟书的时代与所反映的历史事件，现在绝大部分学者都已同意与春秋后期晋国重卿赵鞅（赵简子）的史实有关。而《左传》中本来就记载了赵鞅的数术活动，而且也是卜筮并用。据《左传》哀公九年载，赵鞅曾经占卜救郑之事，同时由史赵、史墨、史龟占卜，而且还用《周易》进行占筮，

① 如陈梦家《东周盟誓与出土载书》（《考古》1966 年第 5 期）、唐兰《侯马出土晋国赵嘉之盟载书新探》（《文物》1972 年第 8 期）等众多文章中都对盟誓活动有不少讨论。

② 《周礼·春官·筮人》之语，见《十三经注疏》本，第 805 页，中华书局，1980 年。

③ 《尚书·君奭》之语，见《十三经注疏》本，第 224 页。

④ 《诗经·小雅·杕杜》之语，见《十三经注疏》本，第 417 页。

⑤ 《左传·僖公四年》之语，见《十三经注疏》本，第 1793 页。

⑥ 李学勤：《周易经传溯源》，第 196 页，长春出版社，1992 年。

并根据这些卜筮结果最后决定了所要采取的应对措施①。从《左传》的这条记载来看，赵鞅本人是相当热衷于卜筮活动的，侯马盟书中有关卜筮活动的内容与盟书，正好能够跟《左传》中赵鞅本人的数术活动相对应，也是一件饶有趣味的事情。

由于这三篇卜筮类盟书的内容磨泐残缺，不能通读，本篇小文中的讨论都是探讨性的，不当之处，祈请方家学者予以批评指正。

后记：本篇小文的写作是在李学勤先生的指导下完成的，并承王泽文与陈颖飞提供相关材料，谨对先生及王、陈二位的帮助致以衷心的感谢。

（原载《清华大学学报》2006 年第 4 期）

---

① 　杨伯峻：《春秋左传注》，第 1652-1654 页，中华书局，1981 年。

《越绝书·记军气》篇试论

　　《越绝书》是记载我国东周时期吴越历史的重要典籍，内容十分重要，故一向受到学者们的重视。清代以来，学者们对《越绝书》做过不少整理和研究工作，如俞樾与钱培名两位先生均撰有《〈越绝书〉札记》，后来刘师培与徐益藩等先生也有进一步的讨论①；解放以后学者们也一直重视对《越绝书》的研究，1956年，商务印书馆出版了张宗祥先生的《越绝书校注》，这是第一次对《越绝书》做全面的校注工作，1985年上海古籍出版社又出版了乐祖谋先生的《越绝书》点校本，1996年贵州人民出版社出版了余纪东先生的《越绝书全译》，这是第一次把该书翻译成现代汉语；最近十几年间出版的整理与研究《越绝书》的著作，当以李步嘉先生的《越绝书校释》（武汉大学出版社，1992年）、《越绝书研究》（上海古籍出版社，2003年）最为突出，至于新中国成立以后散见于各种刊物上的有关《越绝书》的文章，数量则更为丰富②，这些研究成果对于我们了解《越绝书》的版本情况、流传过程、文献价值以及吴越历史做出了很好的贡献。

---

① 刘师培：《钱培名〈越绝书札记〉书后》，《左盦集》卷五；徐益藩：《越绝考》，《文澜学报》3卷2期。

② 新中国成立后关于《越绝书》的论文很多，如陈桥驿先生的《关于〈越绝书〉及其作者》（《杭州大学学报》1979年第4期）、黄苇先生的《关于〈越绝书〉》（收入《方志论集》，浙江人民出版社，1983年）、徐奇堂先生的《关于〈越绝书〉的作者、成书年代及其篇卷问题》（《广州师院学报》1990年第2期）及《〈越绝书〉与古代吴越社会》（《广州师院学报》1991年第2期）等、仓修良先生的《〈越绝书〉是一部地方史》（《历史研究》1990年第4期）及《〈越绝书〉散论》（《史学史研究》1998年第1期）等、刘雪河先生的《〈越绝书〉作者及版本研究》（《高校图书馆工作》1995年第1期）及《〈越绝书〉书名释疑》（《中国地方志》2001年第6期）等、周生春先生的《〈越绝书〉成书年代及作者新探》（《中华文史论丛》第49辑）、晁岳佩《〈越绝书〉内外经传考释》（《文献》1993年第1期）等。

本文所拟讨论的《记军气》，见于《越绝书》的卷十二《越绝外传记军气第十五》，这是一篇讨论占测军气的重要文献，因为以往学者对其讨论尚不多见，因此想在这里对它做一些初步的探讨，不当之处，祈请方家指正。

一

关于《记军气》的文本结构，李步嘉先生曾有一个很好的分析，他说："此篇题曰《记军气》，约分为二部分。前半为军气占，后半记地理并附二十八宿，其体例与《史记·天官书》同。《隋书》卷三四《经籍志·子部》'兵书类'题有《兵法风气等占》《兵法日月风云背向杂占》等多种，本篇云'记军气'者，疑属古之云气占也。考诸典籍，唐以前专记军气之书似皆亡佚。《史记·天官书》《隋书·天文志》夹记军气之占数节，与本篇所叙不甚合，盖正史，皇家之书也，本篇，私人之撰述，大小有异，然也可互为参观"。[①] 李先生在此已明确指出，《记军气》篇内容可分为两部分，第一部分实际上是军气占，属于古代的云气占内容；第二部分则是记地理并附二十八宿（实际上是二十八宿及其分野），本文所想重点讨论的是第一部分有关占测军气的内容。

应该指出的是，《记军气》中这一部分的文字，除了见于现存各种版本的《越绝书》之中外，明代董斯张所撰《广博物志》卷三十一亦曾全文加以抄录，并能校正现存各种《越绝书》版本的若干文字脱漏问题，比如《越绝书》中的"黑气在军上，将谋未定，其气本广末锐而来者，为逆兵，去乃可攻"一句，钱培名先生已经指出，"依上下文例，'兵'下当脱'气''衰'二字"，李步嘉先生亦同意钱氏的观点[②]，而我们核之《广博物志》的这段引文，正好在"兵"字后面有"气""衰"二字，全文应读作"其气本广末锐而来者，为逆兵气，衰去乃可攻"，可以印证钱、李两位先生的见解是正确的。

---

① 《越绝书校释》，第291-292页，武汉大学出版社，1992年。
② 见《越绝书校释》，第294页，武汉大学出版社，1992年。

　　占测军气，属于云气占的一项内容①，是古代战争预测的一个重要方面，而且有着久远的历史，《周礼·春官》称"视祲掌十辉之法，以观妖祥，辨吉凶"，而在视祲氏掌握的十辉之法中，第一种是所谓的"祲"，郑注"祲，阴阳气相侵也"②，前人多将之与阴阳五色之气相联系③；《汉书·艺文志》著录有《别成子望军气》六篇，图三卷，当是观测军气方面的一部重要典籍，可惜已经佚失；《艺文类聚》卷63及《太平御览》卷271及卷878还引用了几条托名为黄帝所作的《黄帝占军气诀》，但该书的时代不详；这类云气占文献在历史上一直流传不绝，《隋志》中著录的占云气之书，除了李步嘉先生所提到的《兵法风气等占》《兵法日月风云背向杂占》之外，像《风气占军决胜战》二卷（太史令吴范撰）、《用兵秘法云气占》一卷之类也可能是这方面的专书；一直到《宋史·艺文志》还著录有《行军气候秘法》三卷，足见这类书籍的源远流长。至于正史的《天文志》以及那些数术类或兵书类古籍中对军气的探讨也不在少数，如《晋书·天文志》《隋书·天文志》《灵台秘苑》《乙巳占》《开元占经》《太白阴经》《武经总要》及《通典》论兵的部分都有相关的内容；另外敦煌卷子中也有一些论述云气的残卷④，1973年在湖南长沙马王堆三号汉墓中出土的《天文气象杂占》中也有一些相关的内容。⑤由于古代论述军气的各种专书均已佚失，我们只能结合正史的《天文志》以及那些数术类文献或兵家文献的相关论述以及近年的考古新发现来分析《记军气》的相关问题。

　　关于占测军气在军事上的重要性，《通典》卷一六二《风云气候杂占》曾引太公之语说"凡兴军动众陈兵，天必见其云气，示之以安危，故胜败可逆知也"，并认为"察气者，军之大要"；军队的行动，"进退当以气为候"。

---

① 关于云与气的关系，《太白阴经》卷八称："天地相感，阴阳相薄，谓之气，久积而成云。"

② 《十三经注疏》，第808页中，中华书局影印本。

③ 如《晋书·天文志》（第330页，中华书局标点本）《隋书·天文志》（第579页，中华书局标点本）均有这样的见解。

④ 其相关内容可参见黄正建：《敦煌占卜文书与唐五代占卜研究》，第41-56页，学苑出版社，2001年。

⑤ 见《中国文物》第1期，文物出版社，1979年。

类似的见解在《太白阴经》中也有所论述，在《太白阴经》卷八《云气篇第八十八》中，李筌辨析了云与气的关系及其作用："天地相感，阴阳相薄，谓之气，久积而成云，皆物形于下而气应于上"，可以"占气而知事，望云而知其人也"，反映在军事上，则是"气是兵主"，因此"为将者不可不知也"。这些观点可以说典型地反映了古代望气之术在兵学上的盛行。至于候气的具体情况，《通典》卷一六二曾有具体说明："凡占军气，与敌相对，将当访军中善相气者，厚宠之，当令清朝若日中时，察彼军及我军上气，皆纸笔录记，上将军，将军察之。"

《记军气》中有关望军气的内容甚多，如果以图表形式表现，可以大致列表如下（见表 1）：

表 1　《记军气》中有关望军气内容

	在军上	在右	在后	在左	在前
青气	其谋未定。其[气]本广末锐而来者，此逆兵气也，为未可攻，衰去乃可攻。	将弱兵多	将勇谷少，先大后小。	将少卒多，兵少军罢。	将暴，其军必来
赤气	将谋未定。其气本广末锐而来者，为逆兵气，衰去乃可攻。	将军勇而兵少，卒强，必以杀降。	将弱，卒强，敌少，攻之杀将，其军可降。	将勇，敌多，兵卒强。	将勇兵少，谷多卒少，谋不来
黄气	将谋未定。其本广末锐而来者，为逆兵气，衰去乃可攻。	将智而明，兵多卒强，谷足而不可降。	将智而勇，卒强兵少，谷少。	将弱卒少，兵少谷亡，攻之必伤。	将勇智，卒多强，谷足而有多为，不可攻也。
白气	将贤智而明，卒威勇而强。其气本广末锐而来者，为逆兵气，衰去乃可攻。	将勇而卒强，兵多谷亡	将仁而明，卒少兵多，谷少军伤	将勇而强，卒多谷少，可降。	将弱卒亡，谷少，攻之可降。

续表

	在军上	在右	在后	在左	在前
黑气	将谋未定。其气本广末锐而来者，为逆兵［气］，［衰］去乃可攻。	将弱卒少，兵亡，谷尽军伤，可不攻自降。	将勇卒强，兵少谷亡，攻之杀将，军亡。	将智而勇，卒少兵少，攻之杀将，其军自降。	将智而明，卒少谷尽，可不攻自降。

《记军气》的占军气论述中，给人印象最深刻的是它刻意与五行理论的对应，《记军气》称："气有五色：青、黄、赤、白、黑。色因有五变。"这里的五色气显然是五行思想的反映。而文中称气在军上、军左、军右、军前、军后的吉凶情况，也与五方思想有一定关系。另外，文中又说："军无气，算于庙堂，以知强弱。一、五、九，西向吉，东向败亡，无东；二、六、十，南向吉，北向败亡，无北；三、七、十一，东向吉，西向败亡，无西；四、八、十二，北向吉，南向败亡，无南。此其用兵日月数，吉凶所避也"①，这里的一、五、九等十二个数字疑分别指十二个月，在云梦睡虎地秦简《日书》甲种的《迁徙》篇、《日书》乙种的《嫁子刑篇》及马王堆帛书《式法》的《徙》篇等中都有一些相类似的记载，虽然这些出土简帛主要是关于迁徙及其他的民间活动，与《记军气》的军事占测有一定差别②，但其结构却是完全一致的。如果这十二个数字真的是指十二个月的话，那么在《记军气》篇中，五行思想已经与颜色、方位、时间很好地结合在一起，显示了这一学说与五行思想的密切关系。

《记军气》篇的占气内容与后代相关材料的关系，也是我们非常感兴趣的一个问题。由于占气类的兵阴阳书籍已经全部佚失，我们只能将之与数术类典籍和兵书中的零星记载加以比较。如果把《记军气》与这些相关典

---

① 俞樾言："《孙子·始计篇》：'夫未战而庙算胜者，得算多也；未战而庙算不胜者，得算少也。'是古兵家有庙算之说。此书所云，必是古法，惜不得其详。"见《越绝书校释》，第294页。

② 田旭东先生认为："兵家的发展、兵阴阳家的兴起，属于用兵内容的择日之术，已从百姓日常所用的日书中脱离出来，归于兵阴阳家的典籍之中，而今天所能见到一般日书就只是关系到民间的日常生活种种了。"见《张家山汉简〈盖庐〉中的兵阴阳家》，《历史研究》2002年第6期。

籍相对比，可以发现它们的内容仍然有一些相通之处，如《记军气》篇称
"军上有气，五色相连，与天相抵，此天应，不可攻，攻之无后"，而《开
元占经》卷九十七《军营气》及《通典》卷一六二《风云气候杂占》均言
"凡军营上有五色气，上与天连，此应天之军，不可击"。将这一论述与《记
军气》相对比，可知"此天应"即是指"应天之军"，指该军队能与上天
应和，自然不能对之攻击。可见《记军气》与《开元占经》及《通典》的
这一阐述是比较一致的。再比如《记军气》言"军上有赤色气者，径抵天，
军有应于天，攻者其诛乃身"①，《开元占经》卷九十四《兵气》则谓"军营
上有赤黄气，上达于天者，不可击"，而《通典》卷一六二则作"有赤黄
色气干天，亦不可攻"，《记军气》所言的"赤气"很可能即《开元占经》
及《通典》所说的"赤黄气"，如果是这样的话，那么它们的内容也是相
通的。

不过总的来说，《记军气》的绝大部分内容很难在现存的古籍中找到相
对应的论述。这种状况有两种可能：一种可能是《记军气》的占气知识反
映的是一种比较原始的占气方法，而秦汉以后的占气知识已经有了较大的
变化，因而二者不太一致；另一种可能是《记军气》的占气知识主要盛行
于南方的吴越地区，与其他地区的占气知识有较大的差距，在历史发展过
程中被逐渐淘汰。不论如何，《记军气》的占气论述，使我们认识到古代
占气理论的多样性和复杂性，希望将来能够有更多的考古发现帮助我们认
识古代占气学说的丰富内容。

二

还有一个问题值得我们关注，就是谁是《越绝书》中这篇占测军气文
献的作者，《记军气》中明确说是"子胥相气取敌大数，其法如是"，根据

---

① "攻者其诛乃身"一句不好理解，钱培名疑"乃"字为"及"字之误，李步嘉先生则认为
"其""乃"二字错简，原本或作"攻者乃诛其身"（见《越绝书校释》，第292页），当以钱
说为长。

这一说法，这篇相军气的方法是从伍子胥那里传下来的，因此伍子胥与《记军气》的关系就成为学者们很感兴趣的话题。

伍子胥是春秋时期吴国杰出的政治家与军事家，《国语·吴语》称他"简服吴国之士于甲兵，而未尝有所挫也"①，《史记·伍子胥列传》亦谓"吴以伍子胥、孙武之谋，西破强楚，北威齐、晋，南服越人"，可见他在吴国富国强兵过程中的重要地位。

有关伍子胥的著作，《汉书·艺文志》的杂家类中著录了《五（伍）子胥》八篇，兵技巧类著录了《五（伍）子胥》十篇，图一卷，可惜都已佚失。因此他的思想学说的具体情况不太为学者所熟悉，但从《越绝书·记军气》来看，他对于兵阴阳的军事思想显然是非常熟悉的，而且对于占测军气非常重视，这从《越绝书》卷六《越绝外传纪策考第七》伍子胥的"安危之兆，各有明纪。虹霓牵牛，其异女，黄气在上，青黑于下"②的论述亦可以得到证明。不过由于《越绝书》的时代与作者一直聚讼不清，学者们对于这些记载是否能反映伍子胥的思想一直持怀疑态度。

关于《越绝书》与伍子胥的关系，学者们长期以来曾做过很多的探讨③，这里不拟详述，不过《越绝书》的内容与伍子胥关系十分密切则是人所共知的，可惜其详细情况现在已经不能确知。④不过，湖北江陵张家山汉简《盖庐》的重新出土，给学者们的相关研究提供了崭新的资料。

《盖庐》出土于张家山 247 号汉墓，墓葬年代是西汉早期，墓中一共出土了 1200 多枚竹简，包括《历谱》《二年律令》《奏谳书》《脉书》《算数书》《盖庐》《引书》及《遣策》等多种。其中的《盖庐》共有 55 枚竹简，分为 9 章，内容是盖庐（即吴王阖闾）与申胥（即伍子胥）的对话，各章均

---

① 《国语》，第 591 页，上海古籍出版社，1978 年。韦昭注：简，习也；挫，毁折也。

② 《越绝书校释》，第 134 页，武汉大学出版社，1992 年。

③ 参见李步嘉《〈越绝书〉研究》第五章《〈越绝书〉的成书年代与作者》的相关讨论，上海古籍出版社，2003 年。

④ 学者们曾从《文选》注及《太平御览》所引的《伍子胥水战兵法》讨论《越绝书》与《汉志》所收二种伍子胥著作的关系，参见李步嘉《〈越绝书〉研究》第一章《〈越绝书〉的书名》的相关讨论。

以盖庐的提问为开头，申胥（伍子胥）的回答为主体，实际上文中所体现的是伍子胥的军事思想及治国理论。该篇自从正式发表以来①，已经引起了学者们的广泛注意，已有多篇文章对《盖庐》篇做了很好的讨论。②

如果具体结合到《越绝书·记军气》篇的内容，张家山汉简《盖庐》篇也很能给人以启发。

《盖庐》篇所阐释的军事思想，有非常浓厚的兵阴阳色彩③，该文对于阴阳五行学说在军事上的运用有很多的阐释，比如文中认为"彼兴之以金，吾击之以火；彼兴以火，吾击之以水；彼兴以水，吾击之以土；彼兴之以土，吾击之以木；彼兴以木，吾击之以金。此用五行胜也"，又说"凡攻之道，德义是守，星辰日月，更胜为右。四时五行，周而更始。太白金也，秋金强，可以攻木；岁星木也，春木强，可以攻土；填星土也，六月土强，可以攻水；相星水也，冬水强，可以攻火；荧惑火也，四月火强，可以攻金"，这是将五行相胜的理论运用于军事上的生动阐述，其中第二条论述还将五行的盛衰与时间相结合在一起；至于文中称"东方为左，西方为右，南方为表，北方为里"，并有"丙午、丁未可以西向战；壬子、癸亥可以南向战；庚申、辛酉可以东向战；戊辰、己巳可以北向战，是谓日有八胜"的主张，则是对方位情况的重视；这种把五行与时间、方位等内容相结合的方法也与《记军气》一致；书中还有"天为父，地为母，三辰为纲，列星为纪，维斗为击，转动更始"以及"天地为方圆，水火为阴阳，日月为刑德，立为四时，分

① 张家山247号汉墓竹简整理小组：《张家山汉墓竹简（247号墓）》，文物出版社，2001年。
② 如邵鸿：《张家山汉墓古竹简〈盖庐〉与〈伍子胥兵法〉》，《南昌大学学报（人文社会科学版）》2002年第2期；田旭东：《张家山汉简〈盖庐〉中的兵阴阳家》，《历史研究》2002年第6期；许学仁：《张家山M247汉简〈盖庐〉篇释文订补》，"新出土文献与古代文明"国际学术研讨会论文，2002年7月，上海；曹锦炎：《论张家山汉简〈盖庐〉》，《东南文化》2002年第9期；田旭东：《新公布的竹简兵书——〈盖庐〉》，《中国文化论坛》2003年第3期；孙尊章：《试论张家山汉简〈盖庐〉在历史词汇学上的价值》，《龙岩师专学报》2004年第4期；田旭东：《试析张家山简〈盖庐〉中的兵阴阳之术》（《秦汉史论丛》第九辑，三秦出版社，2004年7月）；李锐：《张家山汉简〈盖庐〉散札》，见"简帛研究网"。
③ 参见《张家山汉墓竹简（247号墓）》一书中对《盖庐》篇的说明和曹锦炎《论张家山汉简〈盖庐〉》、田旭东《张家山汉简〈盖庐〉中的兵阴阳家》及《新公布的竹简兵书——〈盖庐〉》等文。

为五行，顺者昌，逆者亡"等论述，简直与《汉书·艺文志》对兵阴阳类古籍的说明"阴阳者，顺时而发，推刑德，随斗击，因五胜，假鬼神而为助者也"如出一辙。从《盖庐》篇中大量的相关论述不难推断，这是一篇珍贵的兵阴阳文献，它的重新发现，对于我们了解先秦秦汉时期的兵阴阳学说具有重要的意义。

更为重要的是，《盖庐》篇对于军气的情况也非常重视。在该文的第四章中，伍子胥在分析是否可以进行战争时曾特意指出："毋击堂堂之阵，毋攻逢逢之气"。对于后面一句，竹简的注释者已经指出："气，指军气。《汉书·艺文志》兵阴阳家有《别成子望军气》。逢逢读为蓬蓬，《诗·采菽》传：盛貌"，其释甚确。这说明伍子胥确实对军气十分重视，并根据军气情况来指导具体战争，这使得《越绝书·记军气》与伍子胥的关系得到了进一步的论证。

很有意思的是，在《灵枢经》卷八《逆顺第五十五》中亦有与《盖庐》篇类似的引文："兵法：无迎逢逢之气，无击堂堂之陈"，《灵枢经》已经明确说明这句话引自兵法之书，可是我们在现存的各种兵书中均找不到"无迎逢逢之气"的论述，只有在这篇出土的《盖庐》篇中有"毋击堂堂之阵，毋攻逢逢之气"之语。这种情况说明，《盖庐》篇很有可能就是《灵枢经》所据以引用的兵法著作，如果是这样的话，也可以从另外一个方面证明《盖庐》篇很可能是属于兵技巧类的《五（伍）子胥》中的一篇。

正因为伍子胥十分重视军气，所以在《盖庐》篇中还有"旦望其气，夕望其埃"之论，重视观测敌我的军气情况，因此《越绝书·记军气》篇对占测军气的重视也就完全可以理解，其内容与伍子胥有一定关系也是很有可能的事情。

三

《越绝书·记军气》以及张家山汉简《盖庐》篇的兵阴阳色彩，还使我们进一步认识到兵阴阳理论在先秦吴越军事史上的地位。

吴越是春秋后期长期争霸的国家，兵革屡兴，战争频繁。强兵争霸的时代背景，促使这两国都非常重视军事理论的探索，因而这一地区的兵家之学非常盛行。在吴国，兵家人物以伍子胥（《汉书·艺文志》杂家有《五子胥》八篇，兵家有《五子胥》十篇）与孙武（《汉书·艺文志》兵家有《吴孙子兵法》八十二篇）最为著名；在越国，则有计然、范蠡（《汉志》兵家有《范蠡》两篇）、文种（《汉志》兵家有《大夫种》两篇）等人，可惜这些军事著作中除了《孙子兵法》十三篇之外，其他均未能够保存下来，影响了人们对于吴越军事思想的认识。1973年在湖南长沙马王堆三号汉墓发现了帛书《黄帝书》，其内容属于黄老学说，但却与《国语·越语下》中所记载的范蠡思想以及楚人著作《鹖冠子》密切相关，这使学者们认识到，汉初风行一时的黄老道家，实际上与楚文化和吴越文化息息相关。① 联系到张家山竹简《盖庐》及《越绝书·记军气》等材料，吴越等地的军事思想面貌正逐渐变得清晰起来。

在这些吴越的军事著作中，《孙子兵法》那种高屋建瓴的战略文化与超凡脱俗的圣者意境显得独树一帜，这一思想可能与齐地的兵学理论关系更为密切；至于《盖庐》与《记军气》，则多是根据阴阳五行理论而对一些作战原则的总结，不具备《孙子兵法》的那种高远意境，但是伍子胥的军事思想也仍然与《孙子兵法》有很密切的关系，如《盖庐》中所说的"四时五行，周而更始""星辰日月，更胜为右，四时五行，以更相攻"就与《孙子兵法》中的"五行无常胜，四时无常位，日有短长，月有死生"（《虚实》篇）的论述大体一致；《盖庐》中所说的"毋要堤堤之期，毋击堂堂之阵，毋攻逢逢之气"显然也是脱胎于《孙子兵法》的"无邀正正之旗，无击堂堂之阵"（《军争》篇）并且有所发展；至于《盖庐》所论的行军用兵之法、判断敌情之法以及御敌之术等方面也多与《孙子兵法》有相通之处，对此

---

① 见李学勤先生《新发现简帛与秦汉文化史》《马王堆帛书与〈鹖冠子〉》《再论楚文化的传流》（均见《李学勤集》，黑龙江教育出版社，1989年），《范蠡思想与帛书〈黄帝书〉》（见《简帛佚籍与学术史》，江西教育出版社，2001年）。

田旭东先生的《新公布的竹简兵书——〈盖庐〉》①一文中已经有很好的阐述，兹不赘言。伍子胥与孙武同事吴王阖闾，相传孙武本人尚为伍子胥所荐（见《吴越春秋》卷二《阖闾内传》第四），两人的军事思想因相互影响而有共通之处是很自然的事。

　　值得重视的是伍子胥的军事思想也与范蠡有许多共通之处。范蠡的军事著作虽然没有保存下来，但是从《国语·越语下》所载的范蠡言论来看，范蠡的思想也与伍子胥有许多相同之处，范蠡的议论给人印象最深的是他对"时"或"天时"的强调。范蠡认为：天时未至，不能轻举妄动；而天时已到，则一定要努力把握。获得了天时，就意味着可以成功；而一旦失去了天时，则要遭受灾祸。范蠡这方面的论述很多，如"夫圣人随时以行，是谓守时。天时不作，弗为人客""天时不作而先为人客，人事不起而创为之始，此逆于天而不和于人""得时无怠，时不再来，天予不取，反为之灾""圣人之功，时为之庸。得时不成，天有还形""得时不成，反受其殃""上帝不考，时反是守"等，可见天时在范蠡思想中的重要地位。而伍子胥也十分重视天时的作用，在《盖庐》中，伍子胥亦认为："循天之时，逆之有祸，顺之有福""凡用兵之谋，必得天时，王名可成，妖孽不来"，对于何谓天时，伍子胥还解释说："九野为兵，九州为粮，四时五行，以更相攻。天地为方圆，水火为阴阳，日月为刑德，立为四时，分为五行，顺者昌，逆者亡，此天之时也"。这种重视天时的态度与范蠡如出一辙。

　　另外，范蠡与伍子胥的军事思想都有很浓厚的兵阴阳倾向。范蠡认为"夫人事必将与天地相参，然后乃可以成功"，并具体阐述说："古之善用兵者，赢缩以为常，四时以为纪，无过天极，究数而止。天道皇皇，日月以为常，明者以为法，微者则是行。阳至而阴，阴至而阳；日困而还，月盈而匡。古之善用兵者，因天地之常，与之俱行"，这与伍子胥的"天为父，地为母，三辰为纲，列星为纪，维斗为击，转动更始""凡攻之道，德义是守，星辰日月，更胜为右。四时五行，周而更始"的论述显然也是相一

① 见《中华文化论坛》2003 年第 3 期。

致的,《盖庐》及《越绝书·记军气》中对阴阳数术、占云望气的重视,实际上正是与楚及吴越等地军事思想中的兵阴阳倾向密切相关的。

总之,《越绝书·望军气》让我们看到了占测军气之术在吴越地区的盛行;《望军气》与张家山汉简《盖庐》的相关理论也有很密切的关系,我们推测这一兵阴阳思想可能与伍子胥的军事思想相关;而且这种重视兵阴阳学说的军事思想在东周时期的楚及吴越地区非常盛行,有着很强的地域特色,研究先秦时期的军事思想,应该重视吴越地区的独特作用与贡献。

（本文系与李学勤先生合撰,收入费君清、王建华主编:《海峡两岸越文化研究》,人民出版社,2005 年）

帛书《式法》"徙"篇试论

　　1973 年，在湖南长沙马王堆三号墓中出土了大批的帛书，其材料经过马王堆帛书整理小组的精心整理，大部分已经出版发表。近三十年来，学者们对这些珍本秘籍进行了细致的研究，已有大量的成果面世。

　　在马王堆出土的众多帛书中，有一种曾被帛书整理小组命名为《阴阳五行》的材料，共有两种写本，过去人们习称之为"篆书阴阳五行"和"隶书阴阳五行"。韩仲民先生在《长沙马王堆汉墓帛书概述》一文中已有涉及 ①，后来周世荣先生在《略谈马王堆出土的帛书竹简》一文中则对这两种写本作了一简要的介绍 ②，李学勤先生也曾对"篆书阴阳五行"的文字书写情况作过饶有趣味的说明 ③。1992 年出版的《马王堆汉墓文物》一书分别收有一幅"篆书阴阳五行"和"隶书阴阳五行"写本的局部照片 ④；后来陈松长先生又发表了《帛书〈阴阳五行〉与秦简〈日书〉》一文，首次用帛书《阴阳五行》的材料与秦简《日书》作了对比研究 ⑤，不久前刚出版的陈松长先生所著《帛书史话》⑥ 一书对于这两件帛书还作了详细的介绍。这些论著都有助于我们对这两件帛书认识的深入。

　　2000 年第 7 期的《文物》杂志以《马王堆汉墓帛书〈式法〉摘要》为题，公布了过去被称为"篆书阴阳五行"的部分材料。本文拟对这件帛书的第

① 晓函（韩仲民）：《长沙马王堆汉墓帛书概述》，《文物》1974 年第 9 期。
② 见《马王堆医书研究专刊》第 2 辑，1981 年。
③ 李学勤：《古文字学初阶》，第 60 页，中华书局，1985 年。
④ 傅举有、陈松长编著：《马王堆汉墓》，湖南出版社，1992 年。
⑤ 李学勤主编：《简帛研究》第 2 辑，法律出版社，1992 年。
⑥ 陈松长：《帛书史话》，中国大百科全书出版社，2000 年。

二部分"徙"篇与睡虎地秦简《日书》作一些比较。

为了便于叙述，我们先把"徙"篇的部分内容转录于下：

> ……〔岁在〕东，东徙死，西徙反，南徙寡央，北徙吉，东南谁，西南斗，西北辟（道），东北小吉。其吉日卯未〔亥子〕辰申。

> ……月，岁才〔在〕南，南徙死，北徙反，西徙寡央，东徙吉，西南谁，西北斗，东北辟（道），东南小吉。其吉日子辰〔申〕丑巳酉。

> ……月，岁才〔在〕西，西徙死，东徙反，北徙寡央，南徙吉，西北谁，〔东〕北斗，东南辟（道），西南小吉。其吉日寅午戌卯未亥。

> ……〔十〕二月，岁才〔在〕北，北徙死，南徙反，〔东徙〕寡央，西徙吉，东北谁，〔东〕南斗，西〔南辟道〕，西北小吉。其吉日寅午戌卯未亥。

> ……

与上述文字类似的记载可见云梦睡虎地秦简《日书》[①]甲种的"迁徙篇"和《日书》乙种的"嫁子刑篇"，其中《日书》甲种的相关文字是[②]：

[①] 本文所引《日书》，皆据刘乐贤《睡虎地秦简日书研究》第二章《睡虎地秦简〈日书〉的注释与疏证》，文津出版社，1994年。

[②] 《日书》乙种"嫁子刑篇"则言："正月、五月（按："五月"后脱"九月"二字），正东尽，东南央丽，西南执辱，正西郗逐，西北续光，正北吉富，东北""二月、六月、十月，正南尽，西南斗，正西央丽，西北执辱，正北郗，北续光，正东吉富，东南反乡""三月、七月、十一月，正西尽，北斗，正北央丽，东北执辱，正东郗逐，东南续光，正南吉富，西南反乡""四月、八月、十二月，正北尽，囗囗斗，正东央丽，南执辱，正南续光，正西吉富，西北反乡"。这段简文中讹误脱漏之处甚多，刘乐贤先生曾将之复原为："正月、五月、九月，正东尽，东南斗，正南央丽，西南执辱，正西郗逐，西北续光，正北吉富，东北反向""二月、六月、十月，正南尽，西南斗，正西央丽，西北执辱，正北郗逐，东北续光，正东吉富，东南反向""三月、七月、十一月，正西尽，西北斗，正北央丽，东北执辱，正东郗逐，东南续光，正南吉富，西南反向""四月、八月、十二月，正北尽，东北斗，正东央丽，东南执辱，正南郗逐，西南续光，正西吉富，西北反乡"。见刘乐贤：《睡虎地秦简日书研究》，第386页，文津出版社，1994年。

正月、五月、九月，北徙大吉，东北少（小）吉，若以是月殹（也）东徙，毄，东南刺离，南精，西南室毁，西困，西北辱。

二月、六月、十月，东徙大吉，东南少（小）吉，若以〔是〕月殹（也）南徙，毄，西南刺离，西精，西北，北困辱。

三月、七月、十一月，南徙大吉，西南少（小）吉，若以是月殹（也）西徙，毄，西北刺离，北精，东毁，东北困，东南辱。

九月（按：应为四月）、八月、十二月，西徙大吉，西北少（小）吉，若以是月殹（也）北徙，毄，东北刺离，南精，东南毁，南困辱。

□□□毄者，死殹（也），刺者，室人妻子父母分离。精者，□□□□□□□□□□□□□。困者□□□□□，辱者，不执而为□人夭□。

《日书》的这段文字有一些抄写问题，刘乐贤先生已经指出，第二段的"西北"之下不是"毄"，而是"室毁"（或"毁"），最后一项"北困辱"当是"北困、东北辱"之脱文；第三段将"东"置于"北"与"东北"之间是不对的，应调整为"北""东北""东"的顺序；第四段的"九月"应为"四月"之误，且缺少东、西南两个方位及其占文[①]，因此这四段话可复原为：

正月、五月、九月、北徙大吉，东北小吉，若以是月也东徙，毄，东南刺离，南精，西南室毁，西困，西北辱。

二月、六月、十月，东徙大吉，东南小吉，若以是月也南徙，毄，西南刺离，西精，西北室毁，北困，东北辱。

三月、七月、十一月，南徙大吉，西南小吉，若以是月也西徙，毄，西北刺离，北精，东北毁，东困，东南辱。

四月、八月、十二月，西徙大吉，西北小吉，若以是月也北徙，毄，东北刺离，东精，东南毁，南困，西南辱。

如果用图表，可表示为（见表1）：

---

① 刘乐贤：《睡虎地秦简日书研究》，第88页，文津出版社，1994年。

表1　《日书》甲种内容

	东	东南	南	西南	西	西北	北	东北
一、五、九		刺离	精	室毁	困	辱	大吉	小吉
二、六、十	大吉	小吉		刺离	精	室毁	困	辱
三、七、十一	困	辱	大吉	小吉		刺离	精	毁
四、八、十二	精	毁	困	辱	大吉	小吉		刺离

　　把《式法》的"徙"篇与睡虎地《日书》甲种的"迁徙篇"和乙种的"嫁子刑篇"的内容相比照，可知这二者的内容是基本一致的，这样我们就可以知道：

　　1. 上引《式法》"徙"篇所残缺的部分可以据《日书》材料而有所补充。如第一段所缺是"正月（按：更准确地说是端月，参"天地"篇可知）、五月、九月"，第二段是"二月、六月、十月"，第三段是"三月、七月、十一月"，第四段是"四月、八月"。

　　2. 秦简的叙述是以顺时针的方位排列的，如"迁徙篇"第一简是由北而东北而东而东南而南而西南而西北，方位一共八个，即古代所说的四方和四维；其中《日书》乙种的叙述还照顾到吉凶词语的顺序，即按照"尽""斗""夬丽""执辱""郄逐""续光""吉富""反向"的顺序排列。帛书所讲的虽也是四方四维的吉凶情况，但却按"死""反""寡殃""吉""谁""斗""辟道""小吉"的顺序来排列，即先讲四方的吉凶情况，再讲四维的吉凶，故未照顾到各方位的顺序。

　　3. 这些吉凶情况影响的不仅仅是"徙"或"迁徙"，还会对其他一些活动产生影响，如"嫁子刑篇"言"不可取（娶）妻，取妻毋口"，可见对婚姻活动会有影响。可见它们是当时相当重要的一些日子。

　　4. 根据《日书》材料，可知帛书"徙"篇的"谁"实际应当作"离"，"谁"与"离"字形相近，当为"离"字之讹，意为与家人分离。

　　5. 从帛书与《日书》甲种"迁徙篇"占文对验的情况来看[①]，帛书的"死"

[①]　帛书与《日书》乙种的"嫁子刑篇"占文对应有一些不一致之处，这里暂不涉及。

对应的是《日书》的"殻"(《日书》中已言"殻者,死也");帛书的"反"对应《日书》的"困";帛书的"寡殃"对应《日书》的"精";帛书的"吉"对应《日书》的"大吉";帛书的"谁(离)"对应的是《日书》的"刺离";帛书的"斗"对应的是《日书》的"室毁";帛书的"辟道"对应的是《日书》的"辱";帛书的"小吉"对应的是《日书》的"小吉"。可见二者所论的吉凶大体上还是一致的。

另外,《式法》中所提到的"岁",也见于《日书》。郑刚先生已经指出,"岁篇"与"迁徙篇""嫁子刑篇"体现的是同一个原理。[1]刘乐贤先生进一步指出,"迁徙篇"和"嫁子刑篇"是"岁篇"原理的进一步运用。[2]在帛书《式法》的"徙"篇中,"岁"与"徙"二者是合在一起的,可看作《日书》"岁篇"与"迁徙篇"相结合的体现,足见两位先生所论至为正确。

各月的吉日也是一个值得注意的现象。正月、五月、九月的吉日为卯未亥子辰申;二月、六月、八月的吉日为子辰申丑巳酉;三月、七月、十一月的吉日为寅午戌卯未亥;四月、八月、十二月的吉日为寅午戌卯未亥。前二者的吉日都有同有异,而后二者吉日完全一致,十分可疑,我们怀疑其中有误字,那么会是什么地方有差错呢?

我们知道,十二月还分别对应着不同的建除,这在放马滩日书、睡虎地《日书》甲乙种都有很详细的论述。为了便于说明情况,我们在此暂借用各月的建除情况来看看这些吉日与建除之间的对应关系。

正月、五月、九月吉日分别对应的建除是(见表2):

表2　正月、五月、九月吉日对应建除

	建	除	满	平	定	执	破	危	成	收	开	闭
一月		卯	辰				未	申			亥	子
五月		未	申				亥	子			卯	辰
九月		亥	子				卯	辰			未	申

①　参见刘乐贤《睡虎地秦简日书研究》第89页文。

②　参见刘乐贤《睡虎地秦简日书研究》第89页文。

二月、六月、十月及四月、八月、十二月的吉日与建除之间的对应关系亦同（见表3）：

表3　二月、六月、十月及四月、八月、十二月吉日对应建除

	建	除	满	平	定	执	破	危	成	收	开	闭
二月		辰	巳			申	酉			子	丑	
六月		申	酉			子	丑			辰	巳	
十月		子	丑			辰	巳			申	酉	
四月		午	未			戌	亥			寅	卯	
八月		戌	亥			寅	卯			午	未	
十二月		寅	卯			午	未			戌	亥	

可见，每月的吉日正好对应的是建除中的除、满、执、破、收、开六者。然而，文中所言的三月、七月、十一月之吉日却不完全符合这一规律（见表4）：

表4　三月、七月、十一月吉日对应建除

	建	除	满	平	定	执	破	危	成	收	开	闭
三月		巳	午	未		酉	戌	亥		丑	寅	卯
七月		酉	戌	亥		丑	寅	卯		巳	午	未
十一月		丑	寅	卯		巳	午	未		酉	戌	亥

从上表可见，三月、七月、十一月中，与除、执、收对应的应是丑巳酉，但帛书中却抄成了卯未亥，分别与平、危、闭对应，显然是抄手笔误所致，此三月中正确的吉日应是巳酉丑寅午戌。

（原载艾兰、邢文编《新出简帛研究》，文物出版社，2004年）

马王堆帛书《刑德》乙篇再探

　　1973 年，在湖南长沙马王堆三号墓出土了大批的帛书，其总数达 27 种，共 10 万多字，其中不少是久已失传的珍本秘籍。国家文物局曾组织了一批专家学者对这些材料进行了精心整理，先后出版了《马王堆帛书》一、三、四辑，这批珍贵资料的出土和公布，引起了国内外学者的高度重视，掀起了一股帛书研究的热潮。

　　这里想讨论的，是马王堆帛书的《刑德》篇。帛书《刑德》共分甲、乙、丙三篇，其中的甲、乙两篇较为完整，丙篇则因残泐太甚，已经无法复原。湖南省博物馆的陈松长先生曾对乙篇作了释文，并利用甲篇资料对残缺的文字作了一些补充，将之刊布于《马王堆汉墓文物》一书中[①]，该书出版后，学者们随即对《刑德》作了热烈的讨论[②]，可以说，篇中的不少问题业已得到解决，但也还有一些令人困惑的问题。学者们同时也指出《马王堆汉墓文物》对于该篇的拼接、剪裁、释文及断句还有不少问题，但由于目前还没有更多的公布材料，我们仍只能依据《马王堆汉墓文物》一书中所刊布的照片和释文，对于篇中所涉及的几个问题再作一些探讨，不妥之处，希

---

① 傅举有、陈松长：《马王堆汉墓文物》，第 132-145 页，湖南出版社，1992 年。

② 如饶宗颐：《马王堆〈刑德〉乙本九宫图诸神释——兼论出土文献中的颛顼与摄提》，见李学勤主编：《简帛研究》（第一辑），第 89-95 页，法律出版社，1993 年；陈松长：《帛书〈刑德〉略说》，同上书，第 96-107 页；马克·卡林诺夫斯基：《马王堆帛书〈刑德〉试探》，见饶宗颐编：《华学》（第一辑），第 82-110 页，中山大学出版社，1995 年；刘乐贤：《马王堆汉墓星占书初探》，同上书，第 111-121 页；李学勤：《马王堆帛书〈刑德〉中的军吏》，见李学勤：《简帛研究》（第二辑），第 156-159 页，法律出版社，1996 年；李零：《读几种出土发现的选择类古书》，见李学勤编：《简帛研究》（第三辑），第 96-104 页，广西教育出版社，1998 年。

望得到方家的指正。

一

　　帛书《刑德》乙篇的情况，根据照片及陈松长先生的介绍，可知整篇帛长 84 厘米，宽 44 厘米，陈先生认为，本篇帛书主要由三部分组成：第一部分是位于帛书右上部的"刑德九宫图"；第二部分是与"九宫图"并列，位于其左的"刑德运行干支表"；第三部分则是文字，其内容是关于刑德运行规律和一些星占内容的文献。

　　在陈先生所说的《刑德》乙篇这三部分内容中，第三部分的文字是理解《刑德》乙篇内容及结构的关键。这些文字按照其排列结构又可分为两部分：第一部分文字位于"刑德九宫图"和"刑德干支表"正下方，即编号为第 1—61 行的部分；第二部分位于"刑德九宫图"及"刑德干支表"的左边，即编号为第 62—96 行的部分。对于这两部分内容是否有直接的联系以及这些内容是否都与"刑德九宫图"和"刑德干支表"有关等问题，学者们的意见不太一致，陈松长先生认为这三部分"互相联系，构成一个有机的整体"①，也就是说，他认为这两部分文字本身是相互联系的，并且同"刑德九宫图"和"刑德干支表"这两部分构成一个整体。对此刘乐贤先生提出不同意见，他认为第 62—96 行的内容"所述似与刑德无关，而与星占文献相近"，并将之称为"星占书"。对于这两种截然相反的意见，我们需要作一个判断。

　　首先，从帛书《刑德》的整体布局来看，第 1—61 行文字正好处在"刑德九宫图"和"刑德干支表"的正下方，可以看出，它实际上是图下方的文字来对上面的图表加以说明，核对帛书照片，不难发现，帛书《刑德》乙篇在 61 行之后，还有两行的空格，这种情况在整篇帛书中是绝无仅有的，其他的地方帛书在另起一段时都是紧挨着一栏，而且以墨丁表示。而

---

① 见《帛书〈刑德〉略说》所述。

在61行与62行之间，情况则完全不同，第62行之上未见有墨丁的记号——这种情况与开始的第1行完全一致，也没有直接接在第62行后面仍旧位于图表之下的空栏中，而是从"刑德九宫图"和"刑德干支表"的左侧另起一栏书写，这种情况很令人深思。我们觉得，这种情况表明，刑德部分的文字，至第61行已经结束，从第62行起，则是与刑德毫无关系的内容，因此专门从"刑德九宫图"和"刑德干支表"的左侧另起一行开始书写，二者之间也因此没有用墨丁分开。如果这两部分文字真的有密切关系的话，第62行就应当是紧接着61行，接在图表下方书写，而不是现在这种二者互不连属的状况。

其次，从这两部分的文字内容来看，第1—61行主要论述的是刑德的运行情况，而第62—96行则重点放在日占、月占及分野等问题上，二者在内容上并无任何衔接之处，因此把二者称为一个"有机的整体"显然也是不合适的。

最后，如果我们将第1—61行与"刑德九宫图"及"刑德干支表"相对照，不难发现，这部分内容正是对上述两个图表的解释，它们与"刑德九宫图"及"刑德干支表"之间的密切关系是显而易见的。与此相反，从内容上看，第62—96行则与这两个图表没有丝毫关系，因此这部分文字显然也与两个图表之间没有必然的关系。

如果我们这些分析不误的话，那么《刑德》乙篇就不应是陈先生所说的那样，是由三个部分组成的一篇文献，而应该更准确地说它实际上包含了二篇不同的文献，即（1）由"刑德九宫图""刑德干支表"及位于这二表下方的文字（编号为1—61行）共同组成的一篇文献，其内容主要围绕刑德的运行规律，如果根据其内容命名全篇，似可称作"刑德之法"；（2）位于"刑德九宫图"及"刑德干支表"左侧部分的一篇文献，即从第62行起，至96行为止的这部分文字，其内容主要与星占有关，刘乐贤先生根据这一部分内容，将之称为"星占书"，更接近于实际情况。这一部分内容与前一部分的文字、图表之间并没有直接的联系，二者之间并不是一种同源的关系。

那么这两篇不同的文献为什么会抄在一起呢？我们觉得这其中的原因主要是出于性质相同方面的考虑，这两篇文献虽然在内容上绝不相涉，但都是利用天象的情况预测军事上的成败祸福，二者在军事上都同被看重。另外，如果从图书分类上来看，星占和刑德同属于《汉书·艺文志》所言的"兵阴阳家"类，因此这两部分内容被抄在一起，也就不足为奇了。

二

如前所述，"刑德九宫图""刑德干支表"和编号为 1—61 的内容主要涉及刑德运行规律。

对于刑德一词，我们并不陌生，在古书中它们常常对举，代表赏罚之意；在有的时候它们还用来指阴阳或生杀二气，如《淮南子·天文》篇言"日冬至则斗北中绳，阴气极，阳气萌，故曰冬至为德。日夏至则斗南中绳，阳气极，阴气萌，故曰夏至为刑"，注云"德，始生也，刑，始杀也"，《天文》篇还将生杀二气的变化称为"刑德七舍"。类似的论述在隋代萧吉所著的《五行大义》论刑、论德两部分也有很多涉及。

与此同时，在古籍尤其是兵家文献中，还有另外一种刑德。如《淮南子·兵略》言"明于星辰日月之运，刑德奇胲之数，背乡左右之便，此战之助也"，又说"故上将之用兵也，上得天道，下得地利，中得人心，乃行之以机，发之以势，是以无破军败兵"。这两句话中，前句所说的"星辰日月之运，刑德奇胲之数，背乡左右之便"，实际上就是后句所说的"上得天道"的体现，而"行之以机"则正是为了对天道的把握，可见这里所说的刑德是天道的一种，因而书中还明确地说"明于奇正胲、阴阳、刑德、五行、望气、候星、龟策、禨祥，此善为天道也"。不过，《兵略》篇的作者似乎认为这里的"天道"并非决定战争胜负的最终因素，而认为起决定作用的还是人，因此，该篇后面又言："加巨斧于桐薪之上，而无人力之奉，虽顺招摇，挟刑德，而弗能破者，以其无势也。"帛书《刑德》篇中所说的刑德，正是《兵略》篇中所提到的这一意义上的刑德。

那么这种刑德是怎么形成的呢？从《淮南子·天文》一篇我们可以明确看出，刑德实际上是由于天上贵神太阴所在的日、辰所决定的，太阴，或称天一，或称青龙，据说是天上最尊贵的神灵。《天文》言："天神之贵者，莫贵于青龙，或曰天一，或曰太阴。"而太阴所在的日、辰则决定了刑德的位置，"太阴所在，日为德，辰为刑"，其具体位置则根据阴阳五行的理论而在不断变化，按《天文》篇所说，德在刚日自处不变，而在柔日则徙所不胜，刑则是水辰之木，木辰之水，金、火立其处，兵家根据刑德所在的位置而推测吉凶祸福，这种刑德理论在当时的兵家中曾得以广泛使用，属于当时所称的兵阴阳类。

刑德一类的书籍，《汉书·艺文志》中也有所记载，《汉志·数术略》"五行"类即载有《刑德》七卷，可见其内容颇丰，同书又载有《五音奇胲^①刑德》二十一卷，虽然这些书籍后来都已亡佚，但应该都与帛书所载内容相近，当然，由于刑德是由太阴所决定，因而有关太阴（或称天一）的书籍中也应该包含刑德的内容。《汉志·兵书略》"兵阴阳"类还有《天一兵法》三十五篇，当属此类书籍，书中还说"阴阳者，顺时而发，推刑德，随斗击，因五胜，假鬼神而为助者也"，这句话与《淮南子·天文》所说的"太阴所居，不可背而可向，北斗所系，不可与敌"是大体一致的，讲的都是太阴、刑德及北斗在兵法上的运用。但是这种刑德理论在军事上是怎样具体运用的，由于书缺有间，过去我们知之甚少，帛书《刑德》乙篇的发现则为我们揭开了这一秘密。

帛书《刑德》一开始就说：

德始生甲，太阴始生子，刑始生水，水子，故曰：刑德始于甲子。

---

① 奇胲二字，据颜师古注引许慎语：胲，军中约也，王念孙《读书杂志》卷四（江苏古籍出版社，2000 年，第 278 页）："《说文》：奇侅，非常也。《淮南·兵略》篇：明于刑德奇赅之数。又曰：明于奇正赅、阴阳、刑德、五行、望气、候星、龟策、禨祥。高注云：奇赅阴阳奇秘之要，非常之术。《史记·仓公传》：受其脉书上下经，五色诊，奇咳术。然则奇侅者非常也。侅，正字也，胲、咳、赅皆借字耳。脉法之有五色诊奇侅术，犹兵法之有五音奇胲，皆言其术之非常也。"王说是。颜师古之说误。

刑德之岁徙也，必以日至后七日之子午卯酉。德之徙也，子若午，刑之徙也，卯若酉，刑德之行也，岁徙所不胜而刑不入宫中，居四隅。甲子之舍，始东南口口，行廿岁而一周，一周而刑德四通，六十岁而周，周于癸亥，而复从甲子始。刑德初行，六岁而并于木，四岁而离，离十六岁而复并木。太阴十六岁而与德并于木。刑德六日而并游也，亦各徙所不胜。刑以子游于奇，以午与德合于正，故午而合，子而离。戊子刑德不入中宫，径徙东宫。戊午德入刑不入，径徙东南宫，其初发也，刑起甲子，德起甲午，皆徙庚午，居庚午各六日，刑徙丙子，德徙丙午，居各六日，皆并壬午，各六日，刑德不入，径徙甲午，各十二日，刑徙庚子，各十二日，刑徙庚子，德徙庚午，各六日，皆徙丙午，各六日，刑徙壬子，德徙壬午，各六日。德徙戊午，刑不入中宫，径徙甲子，德居中六日，徙甲午，刑徙甲子（十）二日，德居甲午六日，刑德皆并，复徙庚午。

这段话是理解刑德运行规律的关键所在，该段话可以"刑德初行，六岁而并于木，四岁而离，离十六岁而复并木。太阴十六岁而与德并于木"一句界分为前后两个部分，前一部分讲述的是刑德以年为单位的移动情况，后一部分讲述的则是刑德以日为单位的移动情况。据法国学者马克·卡林诺夫斯基所述，《刑德》甲篇称后一种以日为单位的运动为"小游"，因此他称前一种刑德以年为单位的移动为"大游"[1]。

在现存汉代的文献中，《淮南子·天文》篇也有类似的论述刑德运行的语句：

> 太阴在甲子，刑德合东方宫，常徙所不胜，合四岁而离，离十六岁而复合。所以离者，刑不得入中宫，而徙于木，太阴所居，日德，

---

[1] 见马克·卡林诺夫斯基：《马王堆帛书〈刑德〉试探》，载于饶宗颐主编：《华学》第一辑，中山大学出版社，1995年。不过，《刑德》乙篇原文有"刑德之岁徙也……"，又称"刑德六日之并游也……"，因此，如果据此将这两种移动情况分别称为"岁徙"和"日游"，可能更为贴切一些。

辰为刑。德，刚日自倍因 ①，柔日徙所不胜。刑，水辰之木，木辰之水，
金、火立其处……（P120）

把这二者加以比较，可以看出《淮南子·天文》篇所述的刑德移动规律与帛书《刑德》中关于刑德大游的论述基本一致。但二者之间也有几个不同之处：

第一，关于刑德的起始点及大游开始变位的时间，《天文》篇没有涉及，而《刑德》则明确指出是"刑德始于甲子"，它们开始移动，必须在"日至后七日之子午卯酉"，这一点弥补了《天文》篇的不足。

第二，关于刑德在移动过程中的分合情况，《天文》篇称刑德"合四岁而离，离十六岁而复合"，这与帛书《刑德》所述"甲子之舍，始东南□□，行廿岁而一周，一周而刑德四通，六十岁而周，周于癸亥，而复从甲子始"的含义是完全一致的，但是《刑德》篇后面又说"刑德初行，六岁而并于木，四岁而离，离十六岁而复并木"，这段话中的"六岁而并于木"一句与刑德的运行规律并不吻合，对此，马克·卡林诺夫斯基曾作了分析，他认为，"六岁而并于木"这句话本身应有误字，"六"字可能是"廿"字之讹，原文本应作"廿岁而并于木"。笔者认为，马克·卡林诺夫斯基指出此句有误字，这对于我们确实是一个启发，但是说"六"字为"廿"字之讹，似可商榷。如果把"六"字改成"廿"字，当然可以解决刑德以二十年为单位的分合过程，但是与前面一句"刑德初行"本身是互相矛盾的，刑德初行，第一年就相遇于木，在此后的乙丑、丙寅、丁卯三年中，它们分别

---

① 刘文典《淮南鸿烈集解》（中华书局，1989 年）所附钱塘《淮南天文训补注》言："甲在东，丙在南，戊在中，庚在西，壬在北，为自倍因"。按："自倍因"一词未见于他书，笔者怀疑此处原文有误字，但其意则如钱塘所言，指甲、丙、戊、庚、壬各自立其处，亦即《五行大义·论德》所言四德中的干德："干德者，甲德自在，乙德在庚，丙德自在，丁德在壬，戊德自在，己德在甲，庚德自在，辛德在丙，壬德自在，癸德在戊"。《乙巳占·推岁月日时干德刑杀法》言："岁日月时干德法：甲德自处，乙德在庚，丙德自处，丁德在壬，戊德自处，己德在甲，庚德自在，辛德在丙，壬德自在，癸德在戊。假令太岁在甲，即岁德在甲；太岁在乙，岁德在庚。他皆仿此"，将《淮南子·天文》篇与《乙巳占》相对比，我们可判断出《淮南子·天文》篇所论的太阴应是太岁。

相遇于金、火、水，直到第五年，由于德入中宫土而刑移居木，二者才分离，因此此处如改为"刑德初行，廿岁而并于木"显然也与刑德运行规律不一致，因此并没有真正解决问题。那么应该怎样看待此句中的矛盾之处呢？笔者认为，此处的"六"字确实如马克·卡林诺夫斯基所言，是一个错字，但并不是马克所说的"廿"字之误，而应是"其"字之讹，刑德初行，其年即相遇于木，四年后分离，分离十六年后又重新相遇于木，这样才文从字顺，而且符合刑德的运行情况。另外，从文字的书写上看，"其"字在帛书中的书写方法与"六"字极为相近，二者系因形近而讹。

第三，《天文》篇已经明确了太阴与刑德之间的关系（"太阴所在，日为德，辰为刑"），但是对于太阴在移动中与德的分合情况，《天文》篇也没有涉及，而《刑德》则明确指出"太阴十六岁而与德并于木"，即指出了从甲子年开始，太阴与德的第一次相遇是在第十六年，地点是在东方之宫。

第四，在对刑德大游的论述上，《天文》篇所述较为简略，而帛书《刑德》则显得详细一些，加上帛书有"刑德九宫图"和"刑德干支表"可供对照，因此对于我们理解刑德的大游规律有很大的帮助。

第五，对于刑德小游的情况，《天文》篇未见有相关记载，因此帛书《刑德》这方面的材料显得弥足珍贵。

马克·卡林诺夫斯基还对刑德大游和刑德小游的运行规律做了仔细的分析[1]，大致来说，刑德大游的规律比较简单，刑德大游时，其位置由太阴所在的日和辰所决定（如太阴在甲子，甲德仍为甲，为木，子刑在木，因而刑德相遇于木；乙丑年，乙德在庚，为金，丑刑在金，二者相遇于金），德的运行按木、金、火、水、土的顺序进行，而刑则是按木、金、火、水的顺序进行，因此在前四年，刑和德二者是并行的，但到了第五年，德移到中宫土，而刑不入中宫，直接移到木，二者从此分离，直到十六年之后二者才能重新相遇，这就是帛书中所说的"刑德之行也，岁徙所不胜而刑

---

[1] 《马王堆帛书〈刑德〉试探》，第82-110页。

不入宫中，居四隅。甲子之舍，始东南口口，行廿岁而一周，一周而刑德四通"的含义。至于刑德小游，情况则显得复杂一些，刑德小游是刑德以六日为单位分别在九宫中移动，刑的移动规律性较强，在从甲子到癸亥的六十天之内，刑以六天为单位，按日期的变化在各宫中移动，由于刑不入中宫，因此在戊子到癸巳的六天内和戊午到癸亥的六天内分别寄居在甲午所在之宫和甲子所在之宫，德的运行稍为复杂一些，它在奇方（指东南、西南、西北、东北四方之宫）不作停留，戊子不入中宫，戊午入中宫停留六天（即篇中所说的"戊子刑德不入中宫，径徙东宫。戊午德入，刑不入，径徙东南宫"），因此它的运行是以甲午—庚午—丙午—壬午—甲午（居12日）—庚午—丙午—壬午—戊午所在诸宫的顺序进行。马克·卡林诺夫斯基曾据帛书所论绘制了刑德大游和刑德小游的运行图表，极便参照。

刑德这样分成以年为单位的移动和以日为单位的移动，立即使我们联想起太一行九宫的情形，太一行九宫，也是分为以年为单位的移动和以日为单位的移动，据《灵枢·九宫八风》言：

> 太一常以冬至之日居叶蛰之宫四十六日，明日居天留宫四十六日，明日居仓门四十六日，明日居阴洛四十五日，明日居天官四十六日，明日居玄委四十六日，明日居仓果四十六日，明日居新洛四十五日，明日复居叶蛰之宫，曰冬至矣。太一日游，以冬至之日始居叶蛰之宫，数所在，日徙一处，至九日复反于一。常如是无已，终而复始。

对于这段话，李学勤先生正确指出，太一的运动有大周期和小周期之分①，这段话中已经包含了这两者。其中，从"太一常以冬至之日居叶蛰之宫四十六日"至"曰冬至矣"讲述的是太一运动的大周期，即在一年之内，太一在八宫之间周游一通，在每宫中停留四十六日（其中在阴洛、新洛停留的时间为四十五日），合起来正好是三百六十六天之数。而从"太一日

---

① 见李学勤：《〈九宫八风〉及九宫式盘》，原载于《王玉哲先生八十寿辰纪念文集》（南开大学出版社，1994年），后收入《古文献丛论》，第235-243页，上海远东出版社，1996年。该文本来附有图表，极便参阅，但在收入《古文献丛论》一书时，图表内容被删去。

游"至"终而复始"，所讲述的则是太一移动的小周期。太一从冬至之日起居于叶蛰宫，但每日又有所游，按照九宫一至九的顺序，第二日游于玄委，第三日游于仓门，第四日游于阴洛，第五日到中宫，第六日游于新洛，第七日游于仓果，第八日游于天留，至第九日又回到叶蛰，居其他宫时，也是依此类推。太一移动的大周期和小周期都有数术的意义，如在大周期的太一移宫之日，"天必应之以风雨，以其日风雨则吉，岁美民安少病矣。先之则多雨，后之则多汗（旱）"；而太一移动的小周期也与此类似，"太一在冬至之日有变，占在君。太一在春分之日有变，占在相。太一在中宫之日有变，占在吏。太一在秋分之日有变，占在将，太一在夏至之日有变，占在百姓"，对于这些内容的含义，李学勤先生的文中都已有很详细的分析，这里不再详述。

李学勤先生还运用太一运动的大周期和小周期这两种方式，很好地解释了 1977 年出土于安徽阜阳双古堆一号墓的九宫式盘[①]及其使用方法，九宫式盘中"九宫"的名称与《九宫八风》中"九宫"的名称基本相同，只是"叶蛰"作"汁蛰"，"天留"作"天溜"，"仓门"作"苍门"，式盘周围的文字也能与《九宫八风》的语句相互对应，相互发明，因此可以依照《九宫八风》的论述来解释九宫式盘的使用方法，根据李先生的阐释，九宫式盘的使用方法是："自冬至日将上盘的'一'对准汁蛰宫，然后按太一日游的次序，每日旋转，九日复返于'一'，五周而至第四十六日'废'，停止不转，次日将'一'移至天溜宫。"在其他诸宫时情况也依此类推。当时的人们即利用九宫式盘的这种转动，从而分析八方之风的虚实邪正、太一移宫的吉凶情形等问题。

太一行九宫的两种周期及其在式盘中的具体运用，这些情况对于我们理解刑德的运行规律有很大的启发，刑德的运行也有大周期和小周期之分，

---

① 安徽阜阳双古堆一号墓中共出土三件式盘，其中第二号盘即为九宫式盘，对于这些式盘殷涤非、严敦杰二位先生曾作了介绍和研究。参见《考古》1978 年第 5 期这二位先生的论文，李零先生的《中国方术考》则对式盘问题加以综述，见《中国方术考》，第 82-166 页，人民中国出版社，1993 年。

大周期也是以年为单位，小周期也是以日为单位，这些情况与太一行九宫的情况非常类似。太一运行的大周期需要在式盘中才可以具体得到运用，因此我们也怀疑这种刑德理论同样是在式盘上使用，也就是说，式盘中的天盘可以用来确定刑德的大游，地盘则用来确定刑德的小游，我们看到的"刑德九宫图"非常类似于式盘中的地盘，其原因很可能是由于这一刑德之法本来就是运用于式盘中的缘故。占星家们转动式盘，确定刑和德所在的位置，并以此来判断军事上的成败祸福。

关于刑德在军事上的运用，帛书中有具体的描述：

> 背刑德，战，胜，拔国。背德右刑，战，胜，取地。左德右刑，战，胜，取地。左德背刑，战，胜，取地。背德左刑，战，胜，不取地。背刑右德，战，胜，不取地。右德左刑，战，败，不失大吏。右刑德，战，胜，三岁将死。左刑德，战，半败，背刑迎德，将不入国，如人有功，必有后殃，不出六年，还将君主。背德迎刑，深入，众败，吏死。迎德右刑，将不入国。迎刑德，战，军大败，将死亡。左刑迎德，战，败，亡地。左德迎刑，大败。

这些论述实际上讲的是刑德在不同的方位对于战争结局的影响，如果用表来说明这段话的内容，可表示如下（见表1）：

表 1　帛书中刑德在军事上的运用

左	右	前（迎）	后（背）	结果
			刑、德	战，胜，拔国
	刑		德	战，胜，取地
德	刑			战，胜，取地
德			刑	战，胜，取地
刑			德	战，胜，不取地
	德		刑	战，胜，不取地
刑	德			战，败，不失大吏

左	右	前（迎）	后（背）	结果
	刑、德			战，胜，三岁将死
刑、德				战，半败
		德	刑	将不入国，如人有功，必有后殃，不出六年，还将君主
		刑	德	深入，众败，吏死
	刑	德		将不入国
		刑、德		战，军大败，将死亡
刑		德		战，败，亡地
德		刑		大败

  帛书中所说的迎和背指的是方位，迎指前方，背则指后方，上述这些刑德位置对战争的影响往往是双向的，比如我方是背刑德，那么对于敌方而言则是迎刑德，我方在"背刑德"的状况下，作战结果将是"战，胜，拨国"，敌方由于"迎刑德"，因此只能是"战，军大败，将死亡"。如果我方处在"背德右刑"的位置下，敌方将处在"迎德左刑"的处境中，其结果是我方"战，胜，拨国"，而对于敌方则是"战，败，亡地"。当我方是"右刑德"时，敌方则是"左刑德"，其结果是我方"战，胜，三岁将亡"，而敌方则是"战，半败"，我方虽胜，但不久后即损失了将领，因此敌方只能算是"半败"。由此可见在当时人们心目中，辨清刑德所在方位，及时占据有利位置，在与敌人进行交战时，将会对战争的结局产生深远的影响。刑德的位置是需要用式盘来加以确定的重要目标之一，式盘已经成为当时作战双方高度重视的一种工具。

  然而奇怪的是，帛书《刑德》乙篇只讲到了十五种刑德的不同组合对战争结局的影响，还有一种刑德组合的情形即"右德迎刑"的情况，帛书中似乎没有涉及，这种情况需要进一步分析。与"右德迎刑"情况相对应的是"左德背刑"情况，帛书中论及"左德背刑"的结果是"战，胜，取地"，那么与之相对应的情况应该是"战，败，亡地"或者是"战，败，不失大吏"之类的占辞。帛书中没有"右德迎刑"的论述，很有可能是抄写中有所脱漏所致。因为篇中对于其他位置的组合都有论述，而且基本上都是互相对应，按照行文的原则来看，这里没有"右德迎刑"的情况显然不合情理，应该是在抄写时遗漏而导致的结果。

还需要指出，刑德的这种组合所产生的结果只是大致的，在具体运用中还需要结合其他的因素。比如，按照上面所述，处在"左刑德"的位置时战争的结局将是"战半败"，但如果在"三奇"（《刑德》篇解释三奇为"辰戌曰奇，人月五日奇，十七日奇，廿九日奇，不受朔者岁奇"）的情况下即使是左迎刑德，战争也能取得胜利（见帛书第18—19行所论）。因此，刑德的位置对战争结果的影响还需要结合其他多方面的因素综合加以考察。

关于刑德在军事上的运用，《淮南子·天文》篇中也有所论述：

> 凡用太阴，左前刑，右背德，击钩陈之冲辰，以战必胜，以攻必克。

这句话中的"左前刑，右背德"，过去学者觉得不好理解，因而王念孙、王引之父子曾根据刑德的特征，指出应是"右背刑，左前德"。由于帛书的出土，我们怀疑它很有可能指的是刑德在不同的位置对于军事的利弊，不过这句话本身似乎文字有所脱漏，不好作进一步解释，立此以存疑。

帛书《刑德》篇还讲述了丰隆、大音、雷公等诸神的情况，很多学者都有讨论[①]，这里不再赘述。

三

帛书《刑德》从第62行起，主要是一些关于日、月、星、云、风等的占验材料，应是另外一篇文献。刘乐贤先生称之为"星占书"，并对它们

[①] 如饶宗颐：《马王堆〈刑德〉乙本九宫图诸神释》，载《简帛研究》第一辑，法律出版社，1993年；李学勤：《马王堆帛书〈刑德〉中的军吏》，载《简帛研究》第二辑，法律出版社，1996年；等等。

作了认真的校勘和解释，所论十分精当，这里拟在刘乐贤先生所论的基础上再作一些补充：

> 月八日南陛，阴国亡地，月不尽八日北陛，阳国亡地。（第 63 行上）

关于阴国和阳国的材料，刘乐贤先生已经引用《洛书》《河图帝览嬉》《京房易飞候》及帛书《五星占》中的资料作了很多讨论，这里可以补充的是，在《汉书·天文志》中也有关于阴国和阳国的论述①："昂、毕间为天街，其阴，阴国，阳，阳国"。颜师古注引孟康曰"阴，西南，象坤维，河山已北国也，阳，河山已南国也"，王先谦补注："先谦曰：《正义》：天街二星在昂、毕间，主国界也。街南为华夏之国，街北为夷狄之国。《索隐》：孙炎云：毕昂之间，日月五星出入要道，若津梁。《观象玩占》云：毕主河山以南，中国也。中国于四海内，在东南，为阳。昂、毕之间，阴阳两界之所分。毕为阳国，昂为阴国。似较孟说为允。《步天歌》毕宿下云：附耳毕股一星光（今共增四），天街二星毕背旁（增四），天节耳下八乌幢，毕上横列六诸王，王下四早天高星，节下团圆九州城。案：天节八星、诸王六星（增四）、天高四星（增四）、九州殊口九星（旧六星，共增十一），《志》不载，晋、隋、宋志有。"笔者觉得孟康所说的"河"应是黄河，"山"疑当指泰山，它正好距离黄河不远。颜师古注和王先谦补注所论虽然不尽相同，但都认为阴国和阳国是以昂、毕之间为分界，这无疑是一个重要的启发。帛书《刑德》乙篇所说的阴国和阳国，意思可能也与此相同，即指北方之国和南方之国。

> 日左耳，左国又（有）喜，日右耳，右（65 行下）国有喜；左右皆耳，三军喜和。

这里的日左耳和日右耳即是指日珥，《开元占经》卷七引石氏之语："日有一珥为喜，在日西，西军战胜，东军战败。在日东，东军胜，西军败。

---

① 《史记·天官书》所论相同。

南北亦然。无军而珥，为拜将"，此处所言日珥所在的方位也是有喜，与帛书正好可以参见。

月军而耳，主人前而丧（70行上）

军即晕，这里讲的是月晕而珥的情况，《乙巳占》卷二："月晕而珥，攻击者胜利"，攻击者即是客，故此处之占与帛书所言正好相互发明。

营或（惑）入月中，所宿其国内乱。（70行下）

营或即荧惑，古指火星，对于荧惑入月情景，《开元占经》卷十二引《河图帝览嬉》言："荧惑入月中，忧在宫中，非贼乃盗也。有乱臣死相，若有戮者。"又引《海中占》"荧惑入月中，臣以战不胜，内臣死"，《荆州占》则曰"火星入月中，臣贼其主"；《黄帝占》曰"荧惑蚀月，谗臣贵，后宫有害女主者"；《海中占》曰"荧惑入月中，及近月七寸之内，主人恶之；一曰谗臣在傍，主用邪"。所引诸书虽然占例不一，但都符合帛书所说的"其国内乱"的结论。

从以上的论述中我们可以发现，虽然帛书《刑德》是一篇失传已久的古籍，但是与其他相关的典籍都有千丝万缕的联系，可以帮助我们更好地认识各种古籍的疑难问题。

更为重要的是，星占书的发现使我们看到需要重新认识秦汉时期的学术思想史。

李学勤先生曾指出："过去人们每每以为阴阳灾异、卜筮象数一类学说，是汉代特有的风气。……马王堆帛书和其他佚籍的发现，使我们看到许多阴阳数术一类学说实在先秦已经具备，汉代的学风在一定意义上是先秦的继续。同时，这类学说的性质，也不能以愚昧迷信完全概括。"具体到星占书的材料，笔者觉得对我们启发最大的是对于纬书的认识。

对于纬书我们并不陌生，过去学者们往往认为它兴起于哀、平之际，对此李学勤先生近年来多次撰文指出，纬学的兴起时间实际上要早于此^①，其观点很有说服力。实际上，纬学应是经学的一支。^②自从汉武帝罢黜百家、独尊儒术以来，经学大兴，人们在读经、解经的同时，还常喜欢根据自己的理解编造一些相关的材料，纬书的形成应当与此有很大的关系，它的形成也应早于哀、平之际。

从上述的星占书以及帛书五星占等出土材料中，我们可以发现帛书中的星占内容在纬书中也多有讨论，有的段落与纬书的相关论述甚至基本一致。如，帛书第 63 行言"倍潏在外，私成外。倍潏在中，私成中"，《河图·帝览嬉》作"月晕再重，倍在外，私成于外。倍在内，私成于内"，所述与帛书基本一致。帛书第 65 行言"月交晕，一黄一赤，其国白衣受地"，《河图·帝览嬉》则有"月色黄白交晕，一黄一赤，所守之国受兵"之语。二者亦可互相印证。

星占书的抄写年代，据陈松长先生研究，大约抄于汉惠帝元年至文帝十二年之间。至于星占书的形成年代，刘乐贤先生曾根据星占书中有关分野的地名进行推算，认为其内容形成于公元前 304 年至公元前 284 年之间^③，因此，星占书本身是一个战国时期的星占材料。过去由于传世文献有限，我们对于战国时期的星占内容知之甚少，汉代纬书中的星占材料已经是我们所知较早且内容最丰富的部分。以往人们由于不清楚纬书中星占材料的渊源，每每以为这些论述都是汉代人向隅而造。随着马王堆帛书等材料的出土，我们可以知道，这些星占内容实际上是直接继承了战国时期的

---

① 见李学勤《〈纬书集成〉序》（河北人民出版社，1994 年）、《〈汉书·李寻传〉与纬学的兴起》（原载于《杭州师范学院学报》1996 年第 2 期，后收入《古文献丛论》，第 262-266 页，上海远东出版社，1996 年）、《〈易纬·乾凿度〉的几点研究》（原载于《清华汉学研究》第 1 辑，清华大学出版社，1994 年，后收入《古文献丛论》，第 244-261 页，上海远东出版社，1996 年）诸文。

② 李学勤："纬的命名，本以配经而言。汉代的纬学实际是经学的一部分，在考察汉代经学的时候，如果屏弃纬学，便无法窥见经学的全貌。近人讲汉代经学史，每每于董仲舒以下没有多少实质性的话可说，就是这个缘故"，"汉代经学许多重要内涵是保存在纬书里面的，经学、纬学密不可分，因而儒者说经援引纬书是很自然的。"所论至确，见《〈纬书集成〉序》。

③ 见前引陈松长先生及刘乐贤先生文。

相关论述。我们今天视为荒诞不经的星占内容在战国至秦汉时期人们的眼中却被视作他们所认识的宇宙规律，属于当时的一项"高科技"成果。汉人在制作纬书时，实际上是把这些当时最为流行的星占内容与经学相结合，并杂糅了许多在他们当中盛传的神话和传说，从而编造了纬书。从本质上来说，纬书和纬学应该视作汉代人对经学的"现代化"阐释和认识，是经学在汉代的一种发展，具有它积极的意义，值得我们认真研究。

四

根据以上的讨论，本文的结论是：

1. 帛书《刑德》乙篇本身实际上由两篇不同的文献组成，一篇主要论述刑德理论及其具体运用，另一篇则是星占文献，二者之间并无直接关系，但都为兵阴阳家所重。

2. 刑德理论非常复杂，正如很多学者所指出的，它与中国古代的律历及风角等都有密切的联系。[①] 由于关于刑德的材料在传世古籍中所论甚少，过去我们对它的情况往往不易说清楚，帛书《刑德》的出土，使我们对于刑德理论及其在军事上的具体运用认识更为深刻。

3. 刑德理论与中国古代的式占传统还有密切的关系，刑德之术的运用本身应该与式盘相结合。我们知道，在唐以前，式占主要有三种，一是太乙式，二是六壬式，三是遁甲式。太乙式以太一行九宫为中心，安徽阜阳双古堆所出土的九宫式盘应即属于太乙式的实物，刑德的理论和运行规律显然与之相距甚远。可以肯定刑德之说与太乙式无关。但是它是运用于遁甲式抑或六壬式，目前还不易下结论。马克·卡林诺夫斯基指出刑德法和遁甲式表现了一些相同的技术特点，但并不能说明刑德法与遁甲式有直接的关系。因此，刑德法与式盘的具体结合问题只好存疑。

4. 帛书《刑德》乙篇对于我们重新认识汉代的文献和学术思想有很大

---

① 　见钱塘：《淮南天文训补注》，第 873 页。

的帮助，刑德的许多内容在《淮南子》等书中也有记载，帛书《刑德》乙篇的发现使我们能更好地理解这些文献的内容，并能相互订正各自的一些文字错误。更为重要的是，帛书《刑德》乙篇中的星占资料使我们进一步认识到纬书中的星占资料有着悠久的传统和渊源，是战国秦汉以来星占资料的总结和发展。正因为它们保存了当时重多的星占内容，弥足珍贵。

综上所论，帛书《刑德》乙篇对于我们认识中国古代的刑德理论式占传统以及战国秦汉的学术思想史都有重大的作用，值得我们进一步加以研究。

（原载朱晓海主编《新古典新义》，台湾学生书局，2001 年）

读长沙五一广场所出东汉简札记（二则）

2010 年 6 月，长沙五一广场出土了大批东汉简牍，总数约有一万枚左右，受到了学术界的普遍关注。目前，这批简牍的清洗整理工作仍在持续进行之中，但是《文物》2013 年第 6 期刊登了长沙市文物考古研究所编写的《湖南长沙五一广场东汉简牍发掘简报》，介绍了相关的情况，并公布了其中的 20 枚简牍，已有多位学者做了很好的讨论。[①]笔者不揣谫陋，撰写了《长沙东汉简所见王皮案件发微》一文[②]，最近在绎读过程中，又略有一些体会，因此续撰此文，不当之处，敬请专家学者予以批评指正。

一

在本次公布的简牍中，第 9 例木牍（编号为 J1 ③：129）的释文是：

> 昭陵待事掾逢延叩头死罪白。即日得府决曹侯掾、西部案狱涂掾、田卒史书，当考问缣会、刘季兴、周豪、许伯山等。谨白：见府掾卒史书期日已尽，愿得吏与并力考问伯山等。唯明廷财。延愚戆惶恐叩头死罪死罪。
>
> 七月八日壬申白

发掘简报已对本枚木牍的内容作了很好的说明，但对于本木牍的写作年份没有加以考释。由于本枚木牍写于"七月八日壬申"，则当月的七月

---

① 参见《齐鲁学刊》2013 年第 4 期所刊登的一组有关东汉简的论文。
② 亦见《齐鲁学刊》2013 年第 4 期。

初一（朔日）应当为乙丑，我们可以据此来推定该木牍的写作年份。查饶尚宽先生编著的《春秋战国秦汉朔闰表》①，东汉时期凡七月初一为乙丑的年份分别有：光武帝建武二十二年（46 年）、汉明帝永平十五年（72 年）、汉安帝永初二年（108 年）、汉顺帝永和四年（139 年）。这四年都是七月乙丑朔，八日为壬申，与此牍的时间正好一致。

由于上述这四个年份都符合七月八日为壬申的这一条件，问题还是没有最后解决。那么该木牍究竟应该是写于这四个年份中的哪一年呢？这就需要结合这批简牍的具体情况来加以考虑了。根据发掘简报的介绍，"该批简牍书于东汉中期偏早，已发现简牍上文字纪年有'章和''永元''永兴''延平''永初'等。其中最早者为汉章帝章和四年（实际为汉和帝永元二年，90 年）；最晚者为汉安帝永初五年（112 年）"②，根据这批简牍的这一特点，该件木牍的最大可能性是也写于这一时间段之内。而前列的四个年份中，只有汉安帝永初四年（108 年）符合这一条件，因此我们认为本枚木牍的写作时间为汉安帝永初四年（108 年）七月八日壬申。

二

编号为"J1 ③：28-5A"的木牍是一件对于渎职官员的处罚文件，发掘简报的释读是：

　　案（？）都乡利里大男张雄，南乡匠里舒俊、逢门里朱循、东门里乐竟，中乡泉阳里熊赵皆坐。雄贼曹掾，俊循吏，竟验驾，赵驿曹史。驿卒李崇当为屈甫证。二年十二月卅一日，被府都部书：逐召崇不得。雄、俊、循、竟典主者掾史，知崇当为甫要证，被书召崇，皆不以征逮为意，不承用诏书。

① 饶尚宽：《春秋战国秦汉朔闰表》，商务印书馆，2010 年。
② 长沙市文物考古研究所：《湖南长沙五一广场东汉简牍发掘简报》，《文物》2013 年第 6 期，第 16 页。

发觉得。

永初三年正月壬辰朔十二日壬寅，直符户曹史盛劾，敢言之。谨移狱，谒以律令从事，敢言之。

发掘简报已经正确指出，本枚木牍与编号为"J1 ③: 201-3"的木牍为同一事件，后者实际上是对本枚木牍有关责任人的处罚结果，发掘简报推测它可能是本枚木牍的附件，已经说明了这两枚木牍之间存在密切关系。

我们觉得，本件木牍的释读中有几个问题值得讨论，这里略作分析。

首先，本枚木牍的释读中有个别文字脱漏。

细核发掘简报中所附照片，可以清楚地看到，本枚木牍的第二行"雄、俊、循、竟典主者掾史"一句中，在"竟"字的后面还可以很清楚地看到有一个"赵"字，故原句应改为"雄、俊、循、竟、赵典主者掾史"，赵指熊赵，是本枚文书中的五个责任人之一。

其次，本枚木牍的个别标点可以商榷。

木牍中提到了这几位责任人的身份，发掘报告的标点是"雄贼曹掾，俊循吏，竟骖驾，赵驿曹史"，在后面的说明中，发掘简报进一步说"作为主管官员的贼曹掾张雄、循吏舒俊等五人不作为"，这里引起我们注意的是"循吏"一词，我们知道，古代正史中多有关于"循吏"的列传，所谓的"循吏"，是指奉职守法的官吏，但却不是某一种具体的官职和身份，此处称舒俊为循吏，颇为可疑。细读简文，才发现其中的问题所在。原来，本件文书中提到了五位责任人，分别是张雄、舒俊、朱循、乐竟和熊赵，因此，"雄贼曹掾，俊循吏，竟骖驾，赵驿曹史"实际上应该标点为"雄贼曹掾，俊、循吏，竟骖驾，赵驿曹史"，意思是说张雄是贼曹掾，舒俊和朱循是吏，乐竟是骖驾，熊赵是驿曹史，这样标点可能更符合文书的本意。

最后，本枚木牍个别文句的理解可能不尽妥当。

木牍中有一句话是"知崇当为甫要证"，发掘简报指出："此例所见为值班官员的举劾报告，发件人为户曹史名盛者。甫，大、始也。甫要证，重要证人。"对于该枚木牍性质的认识，我们十分赞同，但是其中关于"甫要证"的分析，我们有保留意见。"甫"虽然可以释为"大"或者"要"，但是"甫要证"的表达方法十分别扭，而且不见于传世典籍，不免让人心生疑窦。

在我们看来，该句应当与前面的"驿卒李崇当为屈甫证"联系起来加以理解。句中的"李崇"和"屈甫"皆为人名，屈是楚地的大姓，"屈甫"应当是一位姓屈名甫的人。该句的意思是，一位名叫李崇的驿卒是屈甫所涉案件的证人。如果这种理解可信，那么"知崇当为甫要证"的意思也就非常明显，"甫"和"要证"当分开理解，"甫"指屈甫，要证，指重要的证人或证据。"要证"一词，见于传世文献，如《尚书·立政》篇孔颖达疏："古书亡灭，既无要证，未知谁得旨矣"。在本句话中，直符户曹史盛指责张雄等五人明知李崇是屈甫案件的重要证人，却不去用心捉拿，故上报有关部门，追究处理张雄等人的责任。

这批木牍还有许多重要的内容，有待学者们进一步予以揭示。

（收入《出土文献与中国古代文明》一书，中西书局，2016 年）

长沙东汉简所见王皮案件发微

2010 年 6 月，长沙五一广场出土了大批东汉简牍，总数约有一万枚左右，目前这批简牍的清洗整理工作还在持续进行之中，但是相关的发掘简报已经发表。[①] 在这篇发掘简报中公布了一批简牍，内容十分丰富，已有多位学者做了很好的讨论[②]，其中有一件涉及王皮运送军粮案件的木牍吸引了我们的注意，本文拟对这枚木牍做一些初步的讨论，不当之处，敬请专家学者予以批评指正。

这件木牍在发掘简报中的编号为"J1 ③：325-1-140"，系简报中所公布的第五枚木牍，该枚木牍两头高，文字书于凹面中，其上显然原本有一块用来封缄文书的盖板，惜已缺失。发掘简报中已经指出，本件文书的内容是长沙太守府下达给临湘县的指令，其中包含两份文档：一份是武陵太守属下伏波营军守司马朱郢写给长沙太守府的文书抄件；另一份是长沙太守府指令临湘县经办上述抄件事宜的正件。

朱郢的信写于"永元十五年闰月丙寅朔八日癸酉"，永元为汉和帝年号，查饶尚宽先生所编的《春秋战国秦汉朔闰表》[③]，汉和帝永元十五年为公元103 年。本年闰月的朔日为丙寅，八日正好为癸酉，与该木牍的历朔完全吻合。

朱郢的身份是伏波营军的守司马。所谓的"守"，应当是代理、试职的意思，《资治通鉴》卷 32《汉纪 24》载，绥和元年（前 8 年），"使执金吾

---

① 长沙市文物考古研究所：《湖南长沙五一广场东汉简牍发掘简报》，《文物》2013 年第 6 期。
② 参见《齐鲁学刊》2013 年第 4 期所收的各篇论文。
③ 饶尚宽：《春秋战国秦汉朔闰表》，商务印书馆，2006 年，第 217 页。

任宏守大鸿胪"，胡三省注："守者，权守也。"① 司马一职，东汉习见，身份不尽相同，《续汉书·百官志》言："大将军营五部……其余将军，置以征伐，无员职，亦有部曲、司马、军候以领兵"②。本枚木牍中的朱郢，应当是伏波营中的一位领兵的长官。

伏波营应当是武陵郡的驻守部队或者是军营之名③，这一名称显然与伏波将军马援有关。据《后汉书·南蛮西南夷列传》载，光武中兴时，武陵的蛮夷势力非常强大，建武二十三年（47 年），相单程等人"据其险隘，大寇郡县"。④ 光武帝派武威将军刘尚带领一万余人前往征讨，反为所败，全军覆没。建武二十四年（48 年），相单程等攻下临沅，光武帝又遣谒者李嵩和中山太守马成前往镇压，也未能奏效。⑤ 在此情况下，建武二十五年（49 年）春，"遣伏波将军马援、中郎将刘匡、马武、孙永等，将兵至临沅，击破之。单程等饥困乞降，会援病卒，谒者宗均⑥ 听悉受降，为置吏司，群蛮遂平"。⑦ 但此后武陵蛮仍然多次反叛，比如在汉章帝建初元年（76 年），武陵澧中蛮陈从等反叛，后被击败，陈从投降；建初三年（78 年）冬，溇中蛮覃儿健又造反，直至建初五年（80 年）才得以平定。"于是罢武陵屯兵，赏赐各有差。"⑧

然而到了汉和帝时，武陵蛮又重新反叛。据《后汉书·和帝纪》，永元四年（92 年）十二月，武陵零陵澧中蛮反叛。一直到永元五年（93 年），"武陵郡兵破叛蛮，降之"⑨。然而，到了永元六年（94 年），"武陵溇中蛮叛，

---

① 见标点本《资治通鉴》卷 32，第 1041 页，中华书局，1956 年。

② 见标点本《后汉书》，第 12 册，第 3564 页，中华书局，1965 年。

③ 1987 年张家界古人堤遗址出土的东汉残简 10 号封检有永元元年武陵郡充县的兵力构成，其中有"伏波卅四人"，应与此简有关。参见《中国历史文物》2003 年第 2 期，第 72-84 页。武汉大学历史学院魏斌先生已注意到此封检与武陵蛮的关系。

④ 《后汉书·南蛮西南夷列传》，第 2831 页。

⑤ 《后汉书·南蛮西南夷列传》，第 2832 页。

⑥ 应作宋均，具体情形可见《后汉书·宋均传》。

⑦ 《后汉书·南蛮西南夷列传》，第 2832 页。

⑧ 《后汉书·南蛮西南夷列传》，第 2832 页。

⑨ 《后汉书·孝和孝殇帝纪》，第 174、177 页。

郡兵讨平之"①。这几次的叛乱最后都是被武陵郡的郡兵所平定，结合本枚木牍所述，我们推测伏波营应该就是武陵郡郡兵的兵营名称，武陵郡之所以用"伏波营"来命名兵营，应该是为了纪念马援率军征讨武陵蛮的功绩，而武陵的伏波营之名从未见于史籍所载，本枚木牍的出土，补充了传世文献的缺失。

还需要说明的是，在此后东汉的历史进程中，武陵郡的郡兵一直在维护当地的安宁中发挥重要作用，如汉安帝元初二年（115年），"十二月，武陵澧中蛮叛，州郡击破之"②；元初三年（116年），"五月，武陵蛮复叛，州郡讨破之"③；"秋七月，武陵蛮复叛，州郡讨平之"④。到了汉顺帝永和二年（137年），"正月，武陵蛮叛，围充县，又寇夷道。二月，……武陵太守李进击叛蛮，破之"。⑤ 在平定这些叛乱的过程中，武陵郡的郡兵都发挥了重要的作用，而伏波营显然与这些军事活动是密切相关的。因此，伏波营可以说是武陵郡安民一方的一支重要力量。

朱郚在给长沙太守府的文书中所涉及的是一桩与军粮运输相关的案件。关于这一案件的情况，发掘简报已作了简明的阐述："案件是由于官员不善于处理复杂案情，判断失误引起的：涉案主要人物王皮既欠孝钱，同时又承担用船运送四千五百斛粮食至军营的重任。而官员或因债务问题拘押了王皮，致使送军粮的任务被耽搁，这无疑是因小失大，招致军方担心乃至不满，从而催促长沙府命令临湘县赶紧找人替代王皮完成输送军粮至军营的任务。"⑥ 我们拟在这一总结的基础上做一些补充讨论。

朱郚在文书中说，一名叫王皮的船师负责运送四千五百斛军粮到武陵

---

① 《后汉书·孝和孝殇帝纪》，第180页。
② 《后汉书·安帝纪》，第224页。
③ 《后汉书·安帝纪》，第225页。
④ 《后汉书·安帝纪》，第226页。
⑤ 《后汉书·安帝纪》，第225页。
⑥ 见长沙市文物考古研究所：《湖南长沙五一广场东汉简牍发掘简报》，《文物》2013年第6期。

伏波营 ①，但是王皮本人却"当偿彭孝夫文钱"，根据文书内容我们可以知道，彭孝是人名，"夫"应当是指丈夫，"文"应该是人名，其身份是彭孝的丈夫，可见彭孝本人应当是一位女子，"当偿彭孝夫文钱"是指王皮欠了彭孝的丈夫"文"的钱财。从这句话的记述中我们可以推测，"文"此人可能当时已经不在人世，因此由其妻出面向王皮索要所欠的钱款。后文中所提到的"孝"和"谊"两个人，其中"谊"的身份没有交代，我们推测这位"谊"很可能就是"文"和"孝"两人之子。

朱郢在木牍中写有"皮船载官米财遣孝家从皮受钱"的文句，对此发掘简报将之标点为："皮船载官米财。遣孝家从皮受钱。"这当然是一种理解思路，但是通读全篇文书，王皮当时仅运载了军粮，并没有其他财物，因此"官米财"一词不好理解，而该句后面一句"遣孝家从皮受钱"，"遣"字的主语不明，理解起来也比较突兀。笔者认为，此句更可能的断句方式是："皮船载官米，财遣，孝家从皮受钱。"句中的"财"字读为"才"，义为仅、刚刚。全句是说，王皮的船运载了官米，但他刚刚出发时，彭孝家人就追随着要王皮还钱，于是随后就发生了王皮被当地拘押的事件。如果我们分析不误的话，王皮的船应该就是从临湘出发，往武陵运送军粮的。

牍文中说"皮船载米四千五百斛，已重"，这里的"重"字有这批粮食已装载上船的含义，同时也强调这批粮食的重量，另外可能也是突出这批军粮的重要。后文中反复说的"军粮重事""重船"，也是从这一批军粮的重要性角度来说的。由于作为船师的王皮本人因欠钱而被临湘县的一位亭长收押，导致运送军粮的船只停靠在岸边，无人看管，军粮面临着很大的隐患。朱郢心急如焚，生恐出现意外，无人可以承担责任（"无谁诡责"），故请求长沙太守府协助处理这一事件，"唯长沙府财吏马"，"财"通"裁"，指裁决，朱郢请求长沙府能决策派出人马。"严临湘晨夜遣当代皮摄船者诣郢，须进道"，"严"有紧急、督促等义，"晨夜"指昼夜，这里是指尽

---

① 关于船师，长沙所出的三国吴简中多见，戴卫红《长沙走马楼吴简中军粮调配问题初探》（《简帛研究 2007》）一文曾有讨论。孙吴初年亦频繁从长沙调运军粮至武陵。

快的意思，"须"指须臾、即刻，"须进道"，意即迅速开赴。朱郢请求长
沙府能尽早派出人员赴临湘，督促当地迅速选派人员，替王皮把船只开赴
伏波营，将军粮交付朱郢。同时，朱郢还请求等王皮的官司裁决后，将王
皮本人押送到武陵，交官府处理。

长沙太守府接到朱郢的文书后，立即于十日乙亥发文，指令临湘县迅
速处理有关事宜。本件木牍最后的"今白""谁收皮者召之，闰月十一日开"，
发掘简报已指出，这些文字"当为临湘县收到文件后的批阅文字，其中'今
白'字体较大，笔划亦粗，而'谁收皮者召之，闰月十一日开'字体较小，
显然是两次书写形式。前者表示当日应当回报，后者则为启封及行动措施
的记录"。这些论述无疑非常正确，整件木牍的内容至此结束，我们可以
推测，这一案件最后得到了圆满的解决。

本枚木牍给我们提供了东汉时期军队与地方行政部门之间发生行政纠
纷时的沟通和处理过程，内容生动翔实，确实是一件难得的第一手资料。
另外，在这件木牍中，还有两个很值得注意的细节：

第一，王皮作为一个船师，他负责运送四千五百斛的军粮，"受僦米
六百卅斛"，即王皮所获得的雇运费是六百卅斛米，这提供了一个很具体
的运输成本费，对于东汉经济史的研究有很好的价值。

第二，当时官府的运作，效率应当说是很高的。王皮在六日被临湘县
一位姓薛的亭长收系，消息传到武陵郡后，朱郢于八日立即写了一封递送
给长沙太守府的文书，请求协助处理相关事宜，十日长沙太守府收到文书
后，立即给临湘县写了一份指令，要求迅速经办相关事宜，而临湘县在
十一日接到文书后，也马上采取行动。考虑到当时各地的路途，可以说相
关部门的行动都非常迅速，几乎是在接到有关文书后立即处理。可见，当
时的地方行政管理工作，应该说是相当快速有效的。

后记：本文在写作过程中，李均明先生和侯旭东先生都提出了很好的
修改意见，谨致谢忱。

（原载《齐鲁学刊》2013 年第 4 期）

五一广场东汉简王皮运送军粮案续论

2010 年 6 月，在长沙五一广场地铁站地下水管改迁施工过程中，施工人员发现了 50 多枚简牍，随后长沙市文物考古研究所会同有关部门，对该地区进行了考古发掘，在编号为 1 号窖的地点出土了大批东汉简牍，总数约有一万枚左右，相关的发掘简报《湖南长沙五一广场东汉简牍发掘简报》已于 2013 年发表。[①] 这篇发掘简报曾公布了一批简牍，内容十分丰富，已有多位学者做了很好的讨论。[②] 最近，由长沙市文物考古研究所、清华大学出土文献研究与保护中心、中国文化遗产研究院、湖南大学岳麓书院等单位联合完成的《长沙五一广场东汉简牍选释》一书又得以正式出版[③]，书中集中发表了一百多枚五一广场出土的简牍照片，从而为深入讨论这批珍贵材料提供了更好的契机。

在《湖南长沙五一广场东汉简牍发掘简报》一文中曾公布了一件编号为"J1 ③: 325-1-140"的木牍，内容涉及一桩与军粮运输相关的案件，对此发掘简报已作了简明的阐述："案件是由于官员不善于处理复杂案情，判断失误引起的：涉案主要人物王皮既欠孝钱，同时又承担用船运送四千五百斛粮食至军营的重任。而官员或因债务问题拘押了王皮，致使送军粮的任务被耽搁，这无疑是因小失大，招致军方担心乃至不满，从而催促长沙府命令临湘县赶紧找人替代王皮完成输送军粮至军营的任务。"我们曾根

① 长沙市文物考古研究所：《湖南长沙五一广场东汉简牍发掘简报》，《文物》2013 年第 6 期。

② 参见《齐鲁学刊》2013 年第 4 期所收的多篇论文，其中包括《"本事"签牌考索》《长沙东汉简所见王皮案件发微》《长沙五一广场出土 J1 ③: 285 号木牍解读》《东汉简"合檄"封缄方式试探》《直符解》等 5 篇文章。

③ 《长沙五一广场东汉简牍选释》，中西书局，2015 年。

据文中所公布的照片，结合自己的理解，对于这件木牍的内容及背景做了一些初步的探讨。① 这次出版的《长沙五一广场东汉简牍选释》一书，又公布了几枚与这一案件相关的木牍，可以对我们以往的讨论有一些新的补充。故笔者草成此文，续作一些讨论，不当之处，敬请专家学者予以批评指正。

本次公布的简牍中，与王皮案件相关的内容一共有三枚，分别是第56枚木简、第65枚木简以及第104枚木简。

第56枚木简系两行书写，该简长23.0厘米，宽2.7厘米，存两道编痕，编号为CWJ1③: 325-2-8，其内容是：

> 文书来问王皮。郢住憙、元下津碛上，炊一石米，乃命王屯长来问憙、元，府廷书何在？憙辄以书付王屯长持视。郢饭顷，王屯长还，言皮不可得。时郢与

第65枚木简编号为CWJ1③: 325-4-46，也是两行书写。该简长23.1厘米，宽2.8厘米，存两道编痕，其内容是：

> 未敢擅付。又次妻孝自言，皮买船，直未毕。今郢言，恐皮为奸诈，不载。辞讼，当以时决皮。见左书到，丞实核奸诈，明正处言，会月十七日。憙、福、元叩头死罪死罪。

第104枚简编号为J1③: 325-1-33，这枚木简由于纵向开裂，仅剩右半，上端亦有部分残缺，只存一行文字，残长18.5厘米，宽1.1厘米，有两道编痕，其内容是：

> ☒□子升俱到郢船，憙、元令屯长姓王不处名，白郢欲见，请皮实问

以下我们对这三枚木简略作分析。

---

① 刘国忠:《长沙东汉简所见王皮案件发微》,《齐鲁学刊》2013年第4期。

首先，这三枚木简在文字上互相不能直接衔接。从内容上看，它们可能分别属于两件文书。编号为 CWJ1 ③：325-4-46 的第 65 枚木简可能与发掘简报所公布的编号为 J1 ③：325-1-140 的木牍有关。那件木牍是长沙太守府下达给临湘县廷的文书，文书下达的时间是永元十一年闰月十日，临湘县廷于次日即十一日收到了这一文书，并采取了行动措施。编号为 CWJ1 ③：325-4-46 的这枚木简即是临湘县廷针对长沙太守府下达的文书而写的报告。其写作时间是"会月十七日"，"会月"意思是本月，因此这枚木简的写作时间亦即永元十一年闰月十七日。至于编号为 CWJ1 ③：325-2-8 的第 56 枚木简以及编号为 J1 ③：325-1-33 的第 104 枚简，则属于同一件文书中的两枚，是王皮案件的另外一件后续事情，其时间应当晚于编号为 CWJ1 ③：325-4-46 的第 65 枚木简。

其次，在三件文书所涉及的人物中，"郢"见于发掘简报中所公布的木牍，其身份是武陵大守伏波营军守司马，名叫朱郢；"皮"即王皮，据发掘简报可知，他的身份是一个船师，负责给伏波营运送军粮；"熹""福"和"元"的名字则是首次出现，从这三枚文书中可以知道，他们应该是临湘县廷的官员；"王屯长"很可能即发掘简报中所提到的"屯长王于"，他曾经"将皮诣县"，把王皮带到临湘县廷；编号为 J1 ③：325-1-33 的木简中所提到的"升"，因为简文残损，目前还暂时不知道其确切身份；至于编号为 CWJ1 ③：325-4-46 的木简中所提到的"孝"，则是发掘简报中所说的彭孝，此人是王皮案件的原告。发掘简报所公布的编号为 J1 ③：325-1-140 的木牍说王皮"当偿彭孝夫文钱"，我们曾分析说："彭孝是人名，'夫'应当是指丈夫，'文'应该是人名，其身份是彭孝的丈夫，可见彭孝本人应当是一位女子，'当偿彭孝夫文钱'是指王皮欠了彭孝的丈夫'文'的钱财。"① 现在在编号为 CWJ1 ③：325-4-46 的木简中有"次妻孝"之语，证明彭孝确实是一位女性。值得注意的是这里的"次妻"一词，《长沙五一广场东汉简牍选释》一书的注解说："次妻，次之妻。一说，次为序

---

① 刘国忠：《长沙东汉简所见王皮案件发微》，《齐鲁学刊》2013 年第 4 期。

词，次妻即第二位妻子的意思。"按照第一种理解，次是一个人名，彭孝应当是"次"之妻；按照第二种理解，彭孝应当是某人的第二位妻子。笔者认为后一种理解应当是正确的。"次妻"一词，见于文献记载，据《魏书》卷四十七载，北魏官员卢元明"凡三娶，次妻郑氏"。此处的"次妻"即为第二任妻子。简文中的"次妻孝"，也应该是这样来理解。从发掘简报的记载来看，我们还是主张彭孝是"文"的妻子，不过从此次公布的简牍来看，彭孝实际上是"文"的第二任妻子，这是我们过去所不知道的。

第三，发掘简报所公布的 J1 ③：325-1-140 号木牍说王皮"当偿彭孝夫文钱"，但对于王皮是如何欠下的债务，简文中没有说明。而从此次公布的 CWJ1 ③：325-2-8 号木简中，我们终于可以了解其欠债的缘由，原来王皮是因为买船欠下的债务："皮买船，直未毕"。《长沙五一广场东汉简牍选释》一书的注解已正确指出："直，价值，指买船的钱"。王皮因为购船费用尚未结清，欠下债务，导致运送军粮的船只被扣，这是此次案件的导火索。

最后，我们还应指出，在发掘简报所公布的 J1 ③：325-1-140 号木牍中，并没有提到此次朱郚与临湘县交涉王皮案件的最终结果，而从此次公布的这三枚木简来看，朱郚与长沙太守府及临湘县廷的文书沟通可能并没有达到目的。从 CWJ1 ③：325-2-8 和 J1 ③：325-1-33 的内容来看，朱郚在此后还继续为王皮案件与临湘县官员接洽沟通。据 CWJ1 ③：325-2-8 记载，"郚住憙、元下津碛上"，《长沙五一广场东汉简牍选释》一书的注解说："下津，指位于憙、元居处下游的渡口。碛，沙石浅滩。《说文》：'碛，水渚有石者。'"笔者认为，注解中对于"碛"的理解无疑是正确的，但是笔者认为简文所说的"下津"很可能就是临湘县当地的一个渡口。从简文来看，朱郚很可能是因为与临湘县廷的文书往来没有达到目的，于是亲自赶赴临湘，与临湘的"憙""元"等当地官员沟通协调，希望他们尽早协助处理好王皮案件。不过，由于这三枚木简并不完整，这一案件的最终结局，目前我们尚不得而知。

　　总起来看，从这次新公布的三枚简文中可以看出，王皮案件的复杂程度超过了我们原先的估计。不过，由于王皮案件的相关简牍尚未全部公布，本文所作的探讨仍只是初步的、尝试性的推测。我们希望能尽早看到全部简文的整理公布，届时这一案件的详细情况或许就能够得到全面的揭示。

　　　　　　　　　　　　　（原载《出土文献》第 7 辑，中西书局，2015 年）

从长沙五一广场所出木牍看东汉的度田

2010年6月22日，在长沙五一广场地铁站地下水管改迁施工过程中，施工人员发现了50多枚简牍，随后长沙市文物考古研究所会同有关部门，对该地区进行了考古发掘，在编号为1号窖[①]的地点出土了大批东汉简牍，总数约有一万枚左右，目前这批简牍的清洗整理工作还在持续进行之中，但是相关的发掘简报已经发表。[②]在这篇发掘简报中公布了一批简牍，内容十分丰富，已有多位学者作了很好的讨论[③]，其中有一枚木牍与东汉经济史关系非常密切，不过尚未见有太多的讨论。本文拟对这枚木牍作一些初步的探讨，不当之处，敬请专家学者予以批评指正。

这枚木牍在发掘简报中的编号为“J1③: 264-294”，是一件有关东汉时期度田纠纷的重要史料，对于该枚木牍，发掘简报的释读如下：

> 元兴元年六月癸未朔六日戊子，沮乡别治掾伦叩头死罪，敢言之。伦以令举度民田。今月四日，伦将力田陈祖、长爵番仲、小史陈冯、黄虑及蔡力度男子郑尤、越蘡、张昆等□田；力别度周本、伍设昭田。其日昏时，力与男子伍纯争言斗，力为纯所伤，凡创四所。辄将祖、

---

① 1号窖虽然比较规整，接近圆井状，但并未穿透渗水的砂卵石层，出土器物也未见汲水器残片等遗物，不同于取水用的竖井。长沙市考古所的有关专家根据该窖中出土遗物的特点，推测该窖属于当时官府建筑内的储物窖，废弃后变成了堆积生活垃圾的灰坑。这一看法是很有道理的。

② 长沙市文物考古研究所:《湖南长沙五一广场东汉简牍发掘简报》,《文物》2013年第6期。

③ 参见《齐鲁学刊》2013年第4期所收的多篇论文，其中包括《“本事”签牌考索》《长沙东汉简所见王皮案件发微》《长沙五一广场出土J1③: 285号木牍解读》《东汉简“合檄”封缄方式试探》《直符解》等5篇文章。

仲诣发所，逐捕纯，不得。盖力与亭长李道并力逐捕纯，必得为故。

　　伦职事无状，惶恐叩头死罪死罪，敢言之。①

　　对于该枚木牍的内容，发掘简报解释说：

　　　　此例所见为行政执法报告。元兴，汉和帝年号。元兴元年，时当公元 105 年。乡别治掾，或指县廷派驻诸乡的掾职。度田，丈量田亩，此例"以令举度民田"乃公务行为。力田，乡教化官，《后汉书·明帝纪》李贤注："三老、孝悌、力田，三者皆乡官之名。"长爵，高级爵位，《汉书·贾谊传》师古注引张晏曰："长爵，高爵也。"小史，小属吏，《汉书·谷永传》："永小为长安小史。"流□田、昭田，皆指田亩类别，待考。故，事也。"必得为故"指以捕得罪犯为职事。无状，无能、无善状。贼廷，或指贼曹治所。文述沮乡别治掾伦率领力田陈祖等五人丈量民田，分两路进行。由小史蔡力率领的另一路在丈量过程中与男子伍纯发生争斗，被伍纯所伤。伦知情即率陈祖等赴事发地点，未捕得伍纯，遂发此文向县廷汇报。②

　　我们可以在发掘简报有关释读意见的基础上对这枚木牍的几个地方略作讨论。

　　第一，沮乡别治掾伦是"以令举度民田"，在《后汉书·刘般传》中则言"吏举度田"，与本句的意思相近，都是指的官吏去度田。《后汉书·酷吏列传》又有李章"度人田"的记载，对比此枚木牍，可以知道其原文应当作"度民田"，由于唐代避李世民之讳，把"民"改成了"人"，并一直沿用至今。该枚木牍的面世，可以使这一点得到澄清。

　　第二，释文中作"□田"的地方，实际上是三个字，释文中误脱漏了一个字。不过，发掘简报后面的解释中写作"流□田"，把第一个字释为"流"，细看照片，这个释读应该是正确的。"流"后面的一个字非常模糊，

① 《湖南长沙五一广场东汉简牍发掘简报》，第 23 页。

② 《湖南长沙五一广场东汉简牍发掘简报》，第 23-24 页。

暂时不易认出。所谓的"流□田",应该是指某一种等级的田地。东汉时曾根据土地的肥瘠情况将土地分成若干等级,据《后汉书·循吏列传》载,汉章帝时,山阳太守秦彭"每于农月,亲度顷亩,分别肥瘠,差为三品,各立文簿,藏之乡县。……彭乃上言,宜令天下齐同其制。诏书以其所立条式,班令三府,并下州郡"。^①可见东汉时期曾根据土地的肥瘠情况来划分各种等级,只是其具体名称在传世文献中并没有得到记载。

第三,"昭田"中的"昭"字,释读可能有误。细审照片,该字作 ■,左边确实从日,但右边并非从"召","召"字在本次公布的简牍中屡见,如在编号为J1③:325-1-140的木牍中,"召"字写作 ■,与 ■字的右边字形显然有别;我们觉得,该字的右边应是从"名","名"字亦见于此次公布的简牍中,作 ■(J1③:285)、■(J1③:169)等,与 ■字的右边一致。因此,■应释为"眳"。"眳"字见于《集韵》《正字通》等书,《集韵·迥韵》言:"眳,日暗也。"^②《正字通·日部》则进一步说"眳"是"冥"的俗字。^③至于"冥"字的含义,扬雄的《太玄·成》中有"成若否,其用不已,冥",司马光集注"冥者,隐而不见也"^④。所谓的"冥田",应该是指被刻意隐瞒、不为官府掌握的田地。而官府所采取的度田措施,其最重要的目的就是要清查这部分田地,将之纳入国家的垦田数量之中,作为国家征收田租的依据。也正是因为此,在本次度田过程中,双方爆发了激烈的冲突。

第四,蔡力去丈量伍设等人的"眳田",是引发本次冲突的关键因素。而直接与蔡力产生言语冲突并将蔡力刺伤的"男子伍纯",应该就是伍设的亲属。

第五,"盖力与亭长李道并力逐捕纯"一句中的"盖"字,细审照片,实为"尽"字,尽力,指竭尽全力。如果读为"盖力",则全句不知所云。

本枚木牍内容非常重要,它对于我们重新审视东汉时期的"度田"政

---

① 《后汉书》,第 2467 页。

② 丁度:《集韵》,第 886 页,中国书店,1983 年。

③ 张自烈、廖文英编:《正字通·日部》,第 466 页,中国工人出版社,1996 年。

④ 见《太玄集注》,第 156 页,中华书局,1998 年。

策有很好的帮助。

"度田"是东汉光武帝采取的一项重大措施，一直受到学者们的普遍关注和热烈讨论。① 关于度田的基本内容及学者们的传统意见，《中国历史大辞典》的"度田"条曾归纳总结为：

> 度田，东汉政府丈量耕地的措施。《后汉书·光武帝纪》建武 15 年（39）"诏州郡检核垦田顷亩及户口年纪，又考实二千石长吏阿枉不平者。"此诏后简称度田令。其目的在于控制、清理全国土地、户口，削弱豪强势力，增加赋税收入。令下以后，州郡长吏包庇宗室豪右，侵刻细民，引起社会骚动。建武 16 年（40）刘秀以度田不实，处死河南尹及郡守十多人，郡国大姓及兵长即起兵反抗，后被勉强平息，但度田也不了了之。②

上述这种论述归纳起来有几个重要的意见：（1）度田包括清理统计全国土地和户口两方面的内容；（2）度田的目的是削弱豪强势力，增加赋税收入；（3）光武帝的度田政策受到了一些地方官吏和宗室豪右的强烈抵制；（4）度田的措施只有在光武帝刘秀在位时期曾经实施过；（5）度田政策最后是以失败而告终。由于保存至今的有关东汉的史料十分有限，而与度田相关的记载"略不见起灭之由"③，因此上述这些看法曾经普遍流行。

20 世纪 80 年代以来，情况发生了一些变化，部分学者撰文，对东汉的度田问题提出了新的看法。④ 特别是在度田实施的时间、度田的后果等

---

① 如范文澜、郭沫若、林剑鸣等先生都有关于度田的重要讨论。

② 中国历史大辞典编纂委员会：《中国历史大辞典》"度田"条，第 2249 页，上海辞书出版社，2000 年。

③ 赵翼《廿二史札记》卷四"《后汉书》间有疏漏处"条。

④ 如孟素卿《谈谈东汉初年的度田骚动》（收入《秦汉史论丛》第 3 辑，陕西人民出版社，1986 年）、曹金华《试论刘秀"度田"》（《扬州师院学报》1986 年第 4 期）、曹金华《有关刘秀"度田"中民变事件的镇压方式问题》（《扬州师院学报》1989 年第 2 期）、高敏《"度田"斗争与光武中兴》（《南都学坛》1996 年第 1 期）、曹金华《刘秀"度田"史实考论》（《史学月刊》2001 年第 3 期）、臧知非《刘秀"度田"新探》（《苏州大学学报》1997 年第 2 期）、周兴春《论光武帝刘秀度田并没有失败——兼论东汉前期土地政策》（《德州师专学报》1998 年第 3 期）、袁延胜《东汉光武帝"度田"再论》（《史学月刊》2010 年第 8 期）等。

方面得出了一些新的结论，比如关于度田政策实施的时间，臧知非先生否定了度田政策只是在光武帝刘秀时实施的看法，认为"东汉自光武之后，度田成为常制，每年都要进行"①，袁延胜先生亦认为"光武帝'度田'所包含的检核垦田和清查户口两项内容，在'度田'事件后，继续得到贯彻执行"②。因此，这些学者指出，刘秀的"度田令"实际上是取得了成功，它"不仅有效地整顿了经济秩序，而且消除了社会不安定因素，肃清了军阀割据的残余势力，稳定了东汉初年的政局，同时部分地解决了西汉因田税征收方式的不合理所造成的农民田税负担过重的问题，其意义是重大的"③，高敏先生也充分肯定度田政策的积极影响，认为"旧史家所称道的所谓'光武中兴'，可以说是'度田'、检籍斗争所带来的直接结果"④，他还具体列举了度田和检籍斗争所取得的三方面成果，最后总结说："由于'度田''检籍'与打击不法地方官之后，出现了户口增加、生产发展、豪强收敛和清廉勤政成风的政治局面与社会经济状况，于是就汇集成了光武中兴之世，也为明、章、和诸帝统治时期的社会安定与经济发展奠定了基础"⑤。这些意见对我们很有启发，在此我们拟结合本枚木牍等相关资料对度田的有关情况做一些探讨。

首先，从以往的讨论情况来看，学者们往往认为度田包括了丈量土地和清查户口两方面的内容，如高敏先生也认为刘秀的度田"实包括两个方面的主要内容：一是丈量土地，二是清查户口"。⑥这里引起我们注意的是，"度田"本来是指丈量田地，它能否还包含"清查户口"的含义呢？

对于这一问题，我们需要结合东汉史中有关度田的相关记述来考察，

---

① 臧知非：《刘秀"度田"新探》，《苏州大学学报（哲社版）》1997年第2期，第97页。
② 袁延胜：《东汉光武帝"度田"再论》，《史学月刊》2010年第8期，第26页。
③ 臧知非：《刘秀"度田"新探》，第96页。
④ 高敏：《"度田"斗争与光武中兴》，《南都学坛》1996年第1期，第6页。
⑤ 高敏：《"度田"斗争与光武中兴》，第8页。
⑥ 高敏：《"度田"斗争与光武中兴》，第3页。

在《后汉书》中，除了一些笼统地批评光武帝时地方官吏"度田不实"①的记载外，实际上还有一些讲度田行为的具体内容，如：

> 《后汉书·刘般传》："吏举度田，欲令多前，至于不种之处，亦通为租。"
>
> 《后汉书·秦彭传》：山阳太守秦彭"兴起稻田数千顷，每于农月，亲度顷亩……"

上述这两条材料很明确地告诉我们，度田只是丈量、核实民众的田地面积，以便于国家征收田租，它并不涉及清查户口的内容。

五一广场编号为 J1 ③：264-294 的这枚木牍的面世，则是给我们提供了一个生动形象的实例，展示了度田的整个过程。它明确地说明，度田确实只包括了丈量清查田亩的内容，而不涉及清查户口，因此，我们不能把度田的具体内容扩大化。虽然光武帝在建武十五年下令"检核垦田顷亩及户口年纪"，但是这两者并非一回事，更不能以"度田"来简单涵盖这二者。

在中国古代，清查核实民众的户口和年龄的检籍措施受到历代统治者的普遍重视，东汉时期称之为"案比"。《后汉书·礼仪志中》："仲秋之月，县、道皆案户比民。"②《后汉书·安帝纪》载元初四年七月养老诏，李贤注："《东观纪》曰：'方今八月案比之时'，谓案验户口，次比之也。"③实际上在秦汉三国时期，官府核实人口一般多在每年的八月④。度田与检籍虽然有很密切的关系，但毕竟不是同一个事情，度田是丈量土地，核实田亩，其直接目的是增加国家的田租收入，而检籍是核实人口数量和年龄，打击隐瞒人口、虚报年龄的行举。因此，我们不应把核实人口与核查田亩笼统归在一起，更不能以度田来涵括案比的行举。

---

① 如《后汉书·鲍永传》载，建武十五年，"出为东海相，坐度田事不实，被征，诸郡守多下狱"（《后汉书》，第 1020 页）；《后汉书·酷吏列传》载，李章"坐度人田不实征，以章有功，但司寇论。月余免刑归"（《后汉书》，第 2493 页）。

② 《后汉书》，第 3124 页。

③ 《后汉书》，第 227 页。

④ 李均明：《关于八月案比》，载《出土文献研究》第 6 辑，第 132 页，上海古籍出版社，2004 年。

　　第二，度田是整个东汉时期都一直采取的一项重要措施，而且形成了一套行之有效的方法。有关这方面的情况，近年来已经有很多学者加以论证，这里不需展开讨论。尤其值得注意的是，为了增加丈量田地面积的科学性，官府还把田地划分成三个等级，从而避免了单独以田地面积大小为衡量标准的弊病。根据《后汉书》的记载，这一措施最早由山阳太守秦彭提出，后来在全国范围内得以执行。据《后汉书·循吏列传》，汉章帝时，山阳太守秦彭"兴起稻田数千顷，每于农月，亲度顷亩，分别肥瘠，差为三品，各立文簿，藏之乡县。于是奸吏跼蹐，无所容诈。彭乃上言，宜令天下齐同其制。诏书以其所立条式，班令三府，并下州郡"。① 这是在度田政策执行过程中一个重大的补充修正措施，值得我们重视。前文我们已经涉及，本枚木牍中所说的"流□田"，可能就是与此相关的一种等级的土地。

　　度田政策之所以每年都需要加以执行，是因为由于气候的变化以及农田的开垦，每年的田亩数量都会有所增减，如《后汉书·刘般传》载："郡国以牛疫、水旱，垦田多减，故诏敕区种，增进顷亩，以为民也。"因此，以田亩数量为基础的田租征收工作，也需要根据田亩数量的增减而有所调整。

　　第三，每年的具体度田时间也很值得我们琢磨。根据《后汉书·光武纪》，刘秀"诏下州郡检核垦田顷亩及户口年纪，又考实二千石长吏阿枉不平者"② 的具体时间是在建武十五年（39 年）六月，对于这个时间，有些学者认为光武帝的检核令"当是六月下达州郡，要求在'八月算人'时一并进行"③，这种看法可能是不正确的。本枚木牍言："元兴元年六月癸未朔六日戊子，沮乡别治掾伦叩头死罪，敢言之。伦以令举度民田。今月四日，伦将力田陈祖……"，所进行的度田时间是在六月初四日，与光武帝诏书中的时间"六月"相吻合。

---

① 《后汉书》，第 2467 页。
② 《后汉书》卷一《光武帝纪下》，第 66 页。
③ 曹金华：《刘秀"度田"史实考论》，《史学月刊》2001 年第 3 期，第 42 页。

1989 年，甘肃省武威地区文物普查队在武威柏树乡下五畦大队的旱滩坡墓群普查时，发现了一座汉墓。经过抢救性清理，考古人员在该墓中发现了 16 枚木简及鸠杖、铜镜、五铢钱等各种文物。经考古人员研究，该墓的年代为东汉中晚期。[1] 在该墓所出的木简中，第 14 简的内容是：

乡吏常以五月度田，七月举畜害[2]，匿田三亩以上，坐□□

本枚木简最后两个字残损，无法辨识，非常可惜。不过该枚木简所说的度田时间是"乡吏常以五月度田"，说明当地常在五月进行度田。这些记载值得我们思索，无论是光武帝在六月的度田诏令或是五一广场东汉木牍的六月度田实例，还是旱滩坡木简的"常以五月度田"的论述，其背后有什么值得我们探讨的地方呢？

我们觉得，这种情况需要结合中国不同地区的粮食作物种植情况来加以考虑。中国的南方地区多种水稻，北方则多种小麦，按《四民月令》的说法，正月"可种春麦、䅟豆，尽二月止"[3]；二月"可种植禾、大豆、苴麻、胡麻"[4]；三月"时雨降，可种秔稻，及植禾，苴麻、胡豆、胡麻"[5]。这样，到了农历五、六月份的时候，正是小麦、水稻等粮食作物长成之时，官吏选择这个时间去乡间田里核查田亩，显然是有其考虑的，因为这个时候田地里的庄稼正是丰收在望之际，田地的主人显然无法隐瞒这些田地的情况，另外，选择这时候去度田，还能了解庄稼的长势，这对于国家合理征收田租显然是很有利的。

笔者的这种看法可以在史书中找到相关的例证，在我们前面所引用过

---

① 详见武威地区博物馆：《甘肃武威旱滩坡东汉墓》，《文物》1993 年第 10 期，第 28-33 页。

② "举畜害"一词，学者们通常把它理解为"牲畜对农作物等造成的伤害"（见李均明、刘军：《武威旱滩坡出土汉简考述》，《文物》1993 年第 10 期，第 38 页）。不过，联系到《后汉书·刘般传》所说的"郡国以牛疫、水旱，垦田多减"的记载，我们倾向于认为所谓的畜害，可能是指发生牛疫的情况。东汉时，牛耕已经普及，如果发生牛疫，会对农业生产造成很大影响。

③ 见《四民月令辑释》，第 2 页，农业出版社，1981 年。

④ 见《四民月令辑释》，第 25 页。

⑤ 见《四民月令辑释》，第 37 页。

的秦彭的传记中，山阳太守秦彭是"每于农月，亲度顷亩"，这里的"每于农月"的记载非常值得注意，它说明官府派人去民间度田，确实是有时间上的考虑的，也就是说，官府会选择在粮食作物基本长成的农忙季节到民间度田，以掌握垦田的基本情况。因此，东汉的度田选择在五、六月份进行，应该说有其历史的必然性。①

第四，由于度田牵涉到豪强大族和普通农民的切身利益，因此往往引发一些矛盾和冲突。光武帝刘秀在实施度田过程中遭到豪强大族的激烈反对，为治史者所熟知。隐瞒土地固然可以逃避上交田租，但如果这一行为被官府查出，则不仅意味着要补交田租，还将会面临官府的严厉惩罚。旱滩坡木简"匿田三亩以上，坐……"的记载说明，豪强大族或普通农民只要隐瞒了三亩以上的土地，就会受到国家的惩罚。因此在度田过程中，官府和民众之间的矛盾和冲突时有发生，本枚木牍中所记的蔡力被伍纯刺伤，也应该放到这一背景下来加以理解。

最后，我们还要指出，度田政策对于东汉政权的巩固和发展起过重要的作用。这一方面的情况，20 世纪 80 年代以来，学者们已经作过众多的讨论，但主要是放在光武帝刘秀时期的度田措施上。现在我们已经知道，度田政策本身在东汉时期一直得到贯彻执行，因此，度田的作用还应该更进一步予以充分肯定，班固在《汉书·刑法志》中曾言："自建武、永平，民亦新免兵革之祸，人有乐生之虑，与高、惠之间同，而政在抑强扶弱，朝无威福之臣，邑无豪杰之侠，以口率计，断狱少于成、哀之间什八，可谓清矣。"②而在这种政治清明、人民安乐的背后，度田等政策的实施和贯彻显然起了不可或缺的重要作用。

（原载李宗焜主编《古文字与古代史》第 4 辑，2015 年）

---

① 小麦的长成收割会早一些，根据《四民月令》的记述，五月即可以进行；水稻则要晚一些。这也可以理解为什么旱滩坡木简称"乡吏常以五月度田"，因为小麦的收获较早，故在五月就要进行度田事宜。

② 《汉书》中华书局标点本，第 1110 页，2007 年。

五一广场东汉永初四年诏书简试论

　　2010 年在长沙五一广场发掘出土的一批东汉中期简牍，对于东汉历史与社会文化的研究具有重要的意义，在长沙市文物考古研究所、清华大学出土文献研究与保护中心、中国文化遗产研究院、湖南大学岳麓书院四家单位的齐心协作下，《长沙五一广场东汉简牍》[一][二]两册即将出版①，这两辑整理报告的内容十分丰富，极大补充了东汉史的相关史料，在本文中，我们拟对其中的一件诏书简牍谈一下我们的粗浅看法。

　　这枚简牍在整理报告中编号为 412（原始编号为 2010CWJ1 ③：201-21），这是一枚木两行简，两面均有字，其中的 A 面是：

　　　　永初四年正月丙戌朔十八日癸卯，东部劝农贼捕掾鄿、游徼覃叩
　　　　头死罪敢言之：廷下诏书曰：比年阴阳鬲并，水旱饥馑，民或流冗，蛮
　　　　夷猾夏，仍以发兴，奸吏

　　B 面的文字是：

　　　　东部劝农贼捕掾王鄿名印
　　　　史白开
　　　　正月日邮人以来

　　这枚简牍与编号为 399（原始编号为 2010CWJ1 ③：201-8）、410（原

---

①　长沙市文物考古研究所、清华大学出土文献研究与保护中心、湖南大学岳麓书院、中国文化遗产研究院编：《长沙五一广场东汉简牍》[一][二]，中西书局，2017 年。

始编号为 2010CWJ1 ③: 201-19）、411（原始编号为 2010CWJ1 ③: 201-2）
的 3 枚木两行简属于同一篇内容，其中编号为 399 的木简内容是：

> 数下，废不奉行。苛虐之吏，犯令干时，未有所征。勉崇宽和，
> 敬若浩天，他如诏书。书到，言。酆、覃叩头死罪死罪，即日奉得诏书，
> 尽力奉行

编号为 410 的木两行简内容为：

> 酆、覃惶恐叩头死罪死罪敢言之

编号为 411 的木简内容是：

> 东部劝农贼捕掾酆
> 言诏书谨到书
> 正月廿二日开 ①

这件文书的内容，是汉安帝永初四年（110 年）正月癸卯日东部劝农
贼捕掾王酆、游徼覃 ② 在收到了朝廷的诏书后，向其上级主管部门汇报收
到诏书的信件。查饶尚宽先生所编的《春秋战国秦汉朔闰表》③，永初四年
正月丙戌朔，癸卯日为十八日，合于简文。本篇诏书的内容不见于现存的
东汉文献，是一篇十分珍贵的新史料，有必要在此做进一步的探讨。

从目前所见的这 4 枚简来看，编号为 412 的木简和 399 简之间内容不
能连贯，中间应该还缺失一枚简，殊为可惜，其他简之间的内容则是完全
衔接的。

王酆等人在汉安帝永初四年正月十八日收到了朝廷的诏书，他们收到
诏书后，立即给上级部门回信，该信于正月二十二日顺利送达。那么这篇
诏书是朝廷何时颁布的呢？据《后汉书·孝安帝纪》，永初四年正月元日

---

① 按："正月廿二日开"数字以淡墨书写，与其他文字不同，系后来所书。
② "覃"为该游徼之名，其姓在本篇简文中未见。
③ 饶尚宽:《春秋战国秦汉朔闰表》，第 219 页，商务印书馆，2010 年。

朝会时，由于当时国内饥荒，朝廷"彻乐，不陈充庭车"[1]，以示忧戚，但没有提到有颁布诏书的行为；到辛卯日也就是初六这一天，"诏以三辅比遭寇乱，人庶流冗，除三年逋租、过更、口算、刍稿；禀上郡贫民各有差"[2]，其诏书内容也与本篇简文无关，可见并非同一件诏书。因此，这篇诏书的颁布时间目前还只能存疑，不过从永初四年正月的这两个举措可以看出，朝廷对于当时的局面显然是忧心忡忡，因此本篇诏书也应该是在正月颁布，考虑到诏书的邮递时间，本篇诏书很可能是在永初四年正月的上旬由朝廷正式颁布。

诏书中有几个词语很重要，在此略作解释。诏书中说"比年阴阳鬲并"，"比年"意为近年，《三国志·魏志·钟会传》"比年以来，曾无宁岁"；"鬲并"即"隔并"，葛洪的《抱朴子·交际》篇言"天地不交则不泰，上下不交即乖志。夫不泰则二气隔并矣，志乖则天下无国矣"。《后汉书·陈忠传》有"故天心未得，隔并屡臻"，李贤注"隔并，谓水旱不节也"，《晋书·阮种传》亦有"自顷阴阳隔并，水旱为灾"之语，讲的都是阴阳失调、水旱为灾的情况；"蛮夷猾夏"一词，最早见于《尚书·舜典》"蛮夷猾夏，寇贼奸宄"，指蛮夷之邦侵扰中原；"未有所征"，疑当读为"未有所惩"，意思是说一些苛虐的官吏作奸犯科，却没有受到应有的惩罚。"他如诏书"的"他"，《史记·秦始皇本纪》有"他如议"；西北汉简则多写作"它"。"它"的含义，《汉书·儒林传》师古注"它如律令"曰："此外并如旧律令。"[3]邢义田先生考证汉代公文书"它如某某"的"它"都应解释成其他，"它如某某"指文书未提及的其他事项如同某某，与"如某某"一语的含义不同。[4]因此，"他如诏书"是说本诏书没有提到的事，按照过去已经下达的诏书办理。"他如诏书"的"诏书"具体所指为何，目前暂时不明。

---

[1]　范晔:《后汉书》卷五，第214页，中华书局，1982年。

[2]　范晔:《后汉书》卷五，第214页，中华书局，1982年。

[3]　班固:《汉书》卷八十八，第3594-3596页，中华书局，1962年。

[4]　邢义田:《汉代书佐、文书用语"它如某某"及"建武三年十二月候粟君所责寇恩事"简册档案的构成》，《治国安邦：法制、行政与军事》，第511-519页，中华书局，2011年。

　　诏书中对于当时国家面临的种种问题予以了简要的说明，其中主要谈到了国家遇到了阴阳不调的自然灾害、蛮夷侵扰边疆，以及部分官吏作奸犯科的情况。诏书的这些论述并非空穴来风，而是当时东汉政府所面临种种困难的真实写照。

　　东汉在光武帝、明帝、章帝、和帝统治期间，朝廷致力于发展经济，与民休养生息，当时虽然也面临着不少社会问题，但是总的趋势是经济得到不断发展，人民生活稳定，户口增加，对此范晔在《后汉书·和帝纪》中曾评论说："自中兴以后，逮于永元，虽颇有弛张，而俱存不扰，是以齐民岁增，辟土世广，偏师出塞，则漠北地空，都护西指，则通译四万"①。但是汉和帝去世后，朝廷政局动荡，继位的汉殇帝是出生刚满百天的婴儿，由邓太后临朝听政。没过不久，汉殇帝夭折，邓太后与兄车骑将军邓骘定策禁中，立汉安帝刘祜继位，邓骘兄弟邓悝、邓弘皆升迁要职，朝政仍由邓太后及邓骘把持。② 当时不仅政归外戚，而且内忧外患不断，百事多艰。

　　本篇诏书所说的"比年阴阳鬲并"，确实是当时天灾频仍的真实写照。汉殇帝延平元年（106年）六月，有37个郡国大雨成灾③，当年九月，"六州大水"；十月，又发生"四州大水，雨雹"④，导致一些地方冬小麦无法播种；汉安帝永初元年（107年），自然灾害更为严重，"郡国十八地震；四十一雨水，或山水暴至；二十八大风，雨雹"⑤，关于当时雨水成灾的情况，《续汉书·天文志中》有更详细的描述："郡国四十一县三百一十五雨水。四渎溢，伤秋稼，坏城郭，杀人民"⑥；永初二年正月，河南、下邳、东莱、河内发生饥荒，李贤的注引崔豹《古今注》曰："时州郡大饥，米石二千，人相食，老弱相弃道路。"⑦ 随后"夏四月甲寅，汉阳城中火，烧杀

① 范晔：《后汉书》卷四，第195页，中华书局，1982年。
② 范晔：《后汉书》卷十六，第612页，中华书局，1982年。
③ 范晔：《后汉书》卷四，第197页，中华书局，1982年。
④ 范晔：《后汉书》卷五，第205页，中华书局，1982年。
⑤ 范晔：《后汉书》卷五，第209页，中华书局，1982年。
⑥ 司马彪《续汉书·天文志中》，见《后汉书》，第3238页，中华书局，1982年。
⑦ 范晔：《后汉书》卷五，第209页，中华书局，1982年。

三千五百七十人^①；五月，旱"^②，"夏六月，雨雹，大如芋魁、鸡子"^③；永初三年三月，"京师大饥，民相食"^④，于是"三公以国用不足，奏令吏人入钱谷，得为关内侯，虎贲羽林郎、五大夫、官府吏、缇骑、营士各有差"^⑤。本篇简文所载诏书"水旱饥馑，民或流冗"，正是当时灾害频发、民众流离失所的真实写照。当时朝廷颁布的其他诏书也都提到了这一点，如永初二年七月戊辰的诏书言："朕以不德，遵奉大业，而阴阳差越，变异并见，万民饥流，羌貊叛戾"^⑥；永初三年三月壬辰的诏书谓："朕以幼冲，奉承鸿业，不能宣流风化，而感逆阴阳，至令百姓饥荒，更相噉食，永怀悼叹，若坠渊水"^⑦，将这些材料放在一起，不难看出当时自然灾害频发所导致的悲惨情景。

至于诏书中所说的"蛮夷猾夏，仍以发兴"，则是指当时边疆地区的动荡情景。西域都护班超离任以后，继任的西域都护任尚实行苛政，导致西域各国不满。延平元年，"西域诸国叛，攻都护任尚"^⑧。永初元年，东汉政府被迫撤消西域都护。与此同时，由于官府强征羌人出征西域，引起羌人的激烈反抗，"先零种羌叛，断陇道，大为寇掠"^⑨。范晔在《后汉书·西羌传》中曾描述了羌人反叛的情景：

---

① 范晔：《后汉书》卷五，第 209 页，中华书局，1982 年。此事亦见于《续汉书·五行志一》："永初二年四月甲寅，汉阳河阳城中失火，烧杀三千五百七十人"。袁宏《后汉纪·孝安皇帝纪》则载为："夏四月甲寅，濮阳阿城中失火，烧杀三千余人"。

② 《东观汉纪》卷六载："永初二年三月，京师旱。"

③ 见《东观汉纪》卷三《恭宗孝安皇帝》所载。

④ 范晔：《后汉书》卷五，第 212 页，中华书局，1982 年。

⑤ 范晔：《后汉书》卷五，第 213 页，中华书局，1982 年。《通典·食货·鬻爵》载："后汉孝安永初三年，天下水旱，用度不足，三公奏请令吏人入谷得关内侯"。另外，当时还有许多天象的异常现象，如"荧惑逆守心前星""客星在东井、弧星西南""太白昼见""月犯心后星""太白入斗中"（《续汉书·天文志中》）等，古人也认为与当时的政治、军事情况有关。

⑥ 范晔：《后汉书》卷五，第 210 页，中华书局，1982 年。

⑦ 范晔：《后汉书》卷五，第 212 页，中华书局，1982 年。

⑧ 范晔：《后汉书》卷五，第 205 页，中华书局，1982 年。

⑨ 范晔：《后汉书》卷五，第 207 页，中华书局，1982 年。《后汉书·西羌传》有关于羌人叛乱始末的详细记述。

> 永初之间，群种蜂起，遂解仇嫌，结盟诅，招引山豪，转相啸聚，揭木为兵，负柴为械，谷马扬埃，陆梁于三辅；建号称制，恣睢于北地。东犯赵魏之郊，南入汉蜀之鄙，塞湟中，断陇道，烧陵园，剽城市，伤败踵系，羽书日闻。并、凉之士，特冲残毙，壮悍则委身于兵场，女妇则徽缧而为虏，发冢露胔，死生涂炭，自西戎作逆，未有陵斥上国若斯其炽也。①

羌人对汉朝关陇边境产生威胁始自西汉中后期。汉宣帝本始年间，羌人"抵冒渡湟水，郡县不能禁"。② 随后，羌人反复寇边，至东汉时，羌人依旧是边关大患。为了镇压永初年间的这次羌人反叛，东汉政府派遣车骑将军邓骘为主将、征西校尉任尚为副，"将五营及三河、三辅、汝南、南阳、颖川、太原、上党兵合五万人，屯汉阳"。③ 然而，此次出征以邓骘大败而归告终。此后，东汉政府多次征调大军，与羌人作战，最后用了十余年的时间才平定此次羌人的反叛，东汉政府也因这次羌人反叛而元气大伤，段颍曾总结说"伏计永初中，诸羌反叛，十有四年，用二百四十亿"④，庞参曾派其子庞俊上书，描述了当时的境况："方今西州流民扰动，而征发不绝，水潦不休，地力不复。重之以大军，疲之以远戍，农功消于转运，资财竭于征发。田畴不得垦辟，禾稼不得收入。搏手困穷，无望来秋。百姓力屈，不复堪命"⑤。长期的战乱使得经济凋敝，生灵涂炭。而在此内外交困之时，又发生了南匈奴的反叛："永初三年夏，汉人韩琮随南单于入朝。既还，说南单于云：'关东水潦，人民饥饿死尽，可击也。'单于信其言，遂起兵反畔，攻中郎将耿种于美稷"⑥；而乌桓也乘机侵扰边境，《后汉书·乌桓传》言："安帝永初三年夏，渔阳乌桓与右北平胡千余寇代郡、上谷。秋，雁门乌桓率

---

① 范晔：《后汉书·西羌传》，第 2899-2900 页，中华书局，1982 年。
② 班固：《汉书·赵充国传》，第 2972 页，中华书局，1962 年。
③ 范晔：《后汉书·西羌传》，第 2886 页，中华书局，1982 年。
④ 范晔：《后汉书·段颍传》，第 2148 页，中华书局，1982 年。
⑤ 范晔：《后汉书·庞参传》，第 1687 页，中华书局，1982 年。
⑥ 范晔：《后汉书·南匈奴传》，第 2957 页，中华书局，1982 年。

众王无何与鲜卑大人丘伦等，及南匈奴骨都侯，合七千骑寇五原，与太守战于九原高渠谷，汉兵大败，杀郡长吏"。① 这一雪上加霜的局面，使东汉政府更加疲于应付。

本篇诏书简文中所提到的"苛虐之吏，犯令干时"，则反映了当时吏治中的腐败现象。汉代的察举制度本来就有其制度性的弊端，王符在《潜夫论·考绩》中曾痛切地指出：

> 令长守相不思立功，贪残专恣，不奉法令，侵冤小民。……群僚举士者，或以顽鲁应茂才，以桀逆应至孝，以贪饕应廉吏，以狡猾应方正，以谀谄应直言，以轻薄应敦厚，以空虚应有道，以囂闇应明经，以残酷应宽博，以怯弱应武猛，以顽愚应治剧，名实不相副，求贡不相称。富者乘其材力，贵者阻其势要，以钱多为贤，以刚强为上，凡在位所以多非其人，而官听所以数乱荒也。②

对于这种种乱象，他不禁感慨万分："以汉之广博，士民之众多，朝廷之清明，上下之修治，而官无直吏，位无良臣。此非今世之无贤也，乃贤者废锢而不得达于圣主之朝尔。"③

汉安帝时期官吏的腐败无能，在羌人之乱时得到了充分的展现："前羌始叛，草创新起，器械未备，虏或持铜镜以象兵，或负板案以类楯，惶惧扰攘，未能相持。一城易制尔，郡县皆大炽。及百姓暴被殃祸，亡失财货，人哀奋怒，各欲报仇，而将帅皆怯劣软弱，不敢讨击，但坐调文书，以欺朝廷。实杀民百则言一，杀虏一则言百，或虏实多而谓之少，或实少而谓之多。倾侧巧文，要取便身利己，而非独忧国之大计，哀民之死亡也。又放散钱谷，殚尽府库，乃复从民假贷，强夺财货。千万之家，削身无余，万民匮竭，因随以死亡者，皆吏所饿杀也。其为酷痛，甚于逢虏。寇钞贼虏，忽然而过，未必死伤。至吏所搜索剽夺，游踵涂地，或覆宗灭族，绝无种

---

① 范晔：《后汉书·南匈奴传》，第 2983 页，中华书局，1982 年。

② 彭铎：《潜夫论笺校正》，第 89 页，中华书局，2014 年。

③ 见《潜夫论·实贡》篇，《潜夫论笺校正》，第 198 页。

类;或孤妇女,为人奴婢,远见贩卖,至今不能自活者,不可胜数也。"[1] 东汉朝廷任用这样的官吏来治政理民,自然不可能获得成效。而朝廷由于国库不足,竟然靠卖官鬻爵来增加收入,则更使朝政日加紊乱。

　　总起来看,如果与传世文献相对照,五一广场出土的永初四年诏书比较客观地记载了当时国家所面临的各种危机。本篇诏书简的最大意义,是帮助我们进一步了解东汉中期政治、经济和军事方面所面临的困局。从本篇诏书可以看出,东汉朝廷实际上也意识到了这些问题,不过却缺乏行之有效的处置方法,从而使社会危机越来越严重。加上君主幼弱,外戚和宦官交替把持朝政,朝政日昏,东汉政权最终开始走上了衰亡的道路。

　　后记:小文承李均明先生审阅指正,马力博士也提出了一些很好的修订意见,谨致谢忱。

(原载《湖南大学学报》2017 年第 5 期)

---

[1]　见《潜夫论·实边》篇,《潜夫论笺校正》,第 365-366 页。

评《简帛数术文献探论》

　　中国古代数术文化是在阴阳五行理论的框架下建立起来的一个庞大体系，其涵盖的范围十分广泛。举凡天文、历谱、五行、蓍龟、五行等，无不可以纳入其中。特别是在先秦两汉时期，数术文化在政治、军事、社会生活等各方面都具有举足轻重的地位。众所周知，在我国现存最早的图书目录《汉书·艺文志》中，班固著录的西汉皇家图书共有 596 种 13269 卷，而其中数术类中所收的书籍竟占了 190 种 2528 卷，其图书种类几乎占了全部书籍的 1/3，如果再加上与数术有关的兵阴阳和象数《易》等方面的书籍，其总量当更为可观。可见，要深入了解先秦两汉的学术与思想，数术文化势必是其中的重要一环。可惜的是由于《汉书·艺文志》所载的数术类书籍已几乎全部佚失，因此长期以来有关先秦两汉数术文化的研究一直处于停滞的状态。

　　这种局面到了 20 世纪有了很大的改变。20 世纪上半叶，随着居延汉简与楚帛书等简帛材料的发现，学者们有机会看到了一些先秦两汉的数术文献，随即展开了不少讨论。特别是 20 世纪 70 年代以后，随着大量竹简帛书的发现，许多珍贵的先秦至魏晋时期的数术文献大量出土，使我们看到了先秦秦汉时期数术书籍的原貌以及数术在当时的盛行情景。可以说，目前研究中国早期数术文化已经具有了前所未有的条件与机遇，并将对中国古代学术与思想的研究产生深远的影响。正如葛兆光先生在为李零先生《中国方术考》一书所作的书评中所指出的那样，数术文化的研究可以为我们揭开"思想的另一种形式的历史"的神秘面纱（《读书》1992 年第6期），不过，由于数术文献过于专门艰深，许多当时为人们所习用的数术方法早已在历史的长河中被遗忘和淘汰，因此数术文化的研究困难重重。

刘乐贤先生多年来一直致力于先秦两汉时期数术文化的研究，他早先撰写的《睡虎地秦简日书研究》（文津出版社，1994年）一书以考索精审、论证细密而深获学术界的广泛好评，这几年来他在这一领域的研究工作从未中断，现在摆在读者面前的这部《简帛数术文献探论》（湖北教育出版社，2003年）可以说是他这几年相关成果的总结。

简帛文献的研读首先面临的一个难题就是文字的识读和简帛的拼接，这是所有研究工作的基础，如果识读有误或简帛拼接不当，势必直接影响到内容的考察。乐贤先生精于古文字学和文献学，又有出色的数术学知识，因而在简帛文献的识读和简帛的拼接等方面都做出了很好的成绩，比如他对马王堆帛书《式法》的"天一"部分的重新拼接与阐释，对云梦秦简《日书》乙种第142简的重新缀合，对尹湾汉墓《行道吉凶》简的重新复原，对银雀山汉简中有关《亡国志》内容的竹简的编联与讨论，对高邮邵家沟木牍的重新识读等。这些研究材料翔实，论证精密，许多结论都可视为定论。

作者在简帛数术文献与传世文献的对比研究方面也有许多建树，如将马王堆帛书中的星占文献与纬书《河图帝览嬉》对比研究，利用出土数术文献重新讨论《史记·日者列传》的相关问题等，均令人耳目一新。

此外，本书给笔者印象很深的另一特点是作者把简帛数术文献放在中国数术史的视野中来加以考察，在材料的利用及研究的结论方面均有众多的建树。作者注意利用历代的数术材料、敦煌卷子、其他民族其他国家的数术材料，将之与简帛数术材料相结合，从而揭示中国古代数术文化的源流、发展、演变以及与周边其他国家的关系。早在撰写《睡虎地秦简日书研究》时，作者就曾将《日书·人字篇》同彝族的《玄通大书》及目前在我国香港等地流行的择日之书中的《轩辕黄帝四时诗》相对比，揭示了中国古代以婴儿出生的时间来判断他（或她）一生命运吉凶的方法两千多年来在民间社会中长期延续不息的事实。在本书中，乐贤先生对简帛数术文献的讨论也仍然以数术史为背景，并娴熟地运用后代各个地区、各种文化的数术材料，对简帛数术文化中的有关问题又作了许多深入的论述。比如他运用敦煌文献及彝族《玄通大书》的材料，探讨尹湾汉简《神龟占》中以神龟法占测盗者特征之法在后代的流传；用日本古籍《医心方》所载推算小儿吉凶的方法与睡虎地《日书》、孔家坡汉简《日书》等的"生子篇"相对比研究；用日本阴阳道文献《簠簋内传》《吉日考秘》与秦汉简帛文献加以对比研究；利用佛教文献、道教文献中的数术材料与简帛数术材料进行对比研究；等等，都对相关的许多数术问题有十分精彩的阐述。这一研究角度对于中国古代的数术研究有着很重要的方法论意义，值得在此就相关问题作一些补充说明。

学者们多年研究证实，中国古代的数术文化有很强的延续性和继承性，许多后代的数术书籍，其内容却往往有着深远的历史背景，"新瓶装旧酒"的现象是很常见的事情。因此，要了解简帛数术文化的内容，需要结合后代众多数术类书籍的研究。由于长期以来这类书籍被斥以迷信、荒诞而被排除于研究者的视野之外，目前我们对这一类的书籍缺乏足够的了解，乐贤先生在本书的"前言"中曾感慨说"后世数术资料搜求不易"，这确实是中国古代数术研究中的一个难点。中国现存有多少数术类古籍，恐怕是很难回答的问题。许多数术书籍未能得以很好的整理，甚至像《开元占经》《协纪辨方书》这样重要的数术书籍也缺少足够的研究，看来今后在数术类古籍的整理与研究方面还有许多的工作需要展开。

前面所说的数术类古籍主要是指用汉文写成的古书，实际上，中国古代的数术传统不仅在汉族中盛行，在许多少数民族中也十分普遍，例如藏族在古代就有丰富的数术材料，王尧先生曾有多篇论文讨论敦煌文献中的藏文数术材料，而藏文文献中许多关于数术的典籍都有待于翻译成汉文，以便学者加以利用。另外，像蒙古族、彝族等各族都有许多丰富的数术材料，值得认真加以搜集和研究。

中国是古代东亚文化圈的中心地区，其文化对于周边国家和地区都有重要的影响，实际上中国古代的数术文化也同样在这一文化交流和传播中有着重要的地位。以朝鲜半岛为例，朝鲜半岛也有丰富的数术传统，并与中国古代的数术文化有着千丝万缕的联系，如 1925 年在朝鲜平壤南部的乐浪遗址曾出土过在中国极为常见的数术用的西汉式盘的残片；另外，据《宋书·百济传》记载，宋文帝元嘉二十七年（450 年），朝鲜半岛上的百济国向刘宋王朝"表求《易林》、《式占》、腰弩"，当时宋文帝都一一准许；而《周书·异域传》亦称百济"解阴阳五行，……亦解医药、卜筮、占相之术"，可见朝鲜半岛亦很早就有数术的传统。更值得注意的是日本许多阴阳五行的相关知识也正是通过朝鲜半岛上的百济从而传入日本（见中村璋八《阴阳五行学说向日本的传入》，收入《日本阴阳道书的研究》，汲古书院，1985 年）。可见朝鲜半岛在中国数术文化的外传过程中有着很重要的地位。然而长期以来国内学者对于朝鲜半岛的阴阳数术情况基本上一无所知，对于朝鲜半岛的相关文献也缺乏足够的了解。另外，中国古代的数术在东南亚地区的传播也很少为国内的学者所了解，这些都是今后在数术研究的过程中应当加以注意的。

20 世纪以来简帛数术文献的发现与研究为我们重新认识和研究中国古代的数术文化提供了一个重要的契机，简帛数术文化乃至整个中国古代数术文化的研究是一个有着广泛前景、有待深入发掘的领域。随着竹简帛书的大量发现和许多学者的精心研究，中国数术文化发展与演变的脉络正在逐渐变得清晰起来，但这其中还有许多的困惑等待着人们去破译。对于中国古代数术的研究当然可以有许多不同的方法，如社会史的研究、科技史的研究等，不过我想最能够揭示中国古代数术文化真实面目的方法还是以文献学为基础，对于其中的数术学内涵加以研究和分析。

（原载《中国学术》2003 年第 3 辑）

杜勇教授《清华简与古史探赜》读后

清华简自从 2008 年入藏清华大学并陆续整理公布以来，由于内容是以经、史类典籍为主，与两周历史文化的研究关系尤其密切，已经成为国内外学术界关注和探讨的热点，研究成果非常丰富，十年之间有关专著和论文数量蔚为大观。最近面世的《清华简与古史探赜》(科学出版社，2018 年)一书系杜勇教授主持的国家社科基金项目"清华简与古史寻证"的结项成果，即为其中的佼佼者。

全书除绪论和结语外，主体内容分上、中、下三篇，分别是"辨伪篇""征史篇""稽古篇"，一共有十二章，每章侧重讨论一个或两三个问题。通过阅读全书可以发现，清华简第一辑和第三辑整理报告所公布的各篇竹简文献，本书大都进行了认真的讨论；至于书中的第五章《清华简〈厚父〉与早期民本思想》，则是对清华简第五辑整理报告所收《厚父》篇简文的研究成果。下面着重谈谈该书两个突出的亮点。

绪论部分可以说是全书的大纲或者导论，实际上贯穿了一条主线，即从竹简内容的辨伪出发，在解决了可信度的基础上再一一展开对具体所记历史内容的考证寻绎。作者的研究重点并不是清华简的文字释读，而是从古史研究的角度深入发掘清华简的文献价值和历史价值，这个特点在现有的清华简研究成果中是非常鲜明的。在学界对清华简大多都是从文献学进行考辨的目下，作者探讨古史的问题意识也因此而突显，尤其是当前先秦史领域基础研究课题日益为学者忽视的情况下，该书能够将新出材料研究的重点定位成以古史探讨为旨归，确实是难能可贵的。这是亮点之一。

本书的各章内容都颇有新意，以该书的上篇"辨伪篇"为例，该篇各章在充分肯定清华简为真实可靠的战国竹简的基础上，指出"要使出土文献真正成为研究上古文明的珍贵史料，由表及里、去伪存真、考而后信的探索过程是必不可少的"（第 3 页），这一态度当然是正确的。清华简虽然是抄写于公元前 305 年前后的竹简书籍，已经是距今 2300 多年的战国时代写本，但是也仍然涉及一个史实的发生年代、文献的撰作时代、文献的抄写时代的关系问题，需要进一步加以研究和判断。尤其值得称道的是，作者利用清华简中所发现的《古书尚书》诸篇，对传世《古文尚书》的相关诸篇做了重新研究。在本书第一章《清华简〈尹诰〉与晚书〈咸有一德〉辨伪》及第二章《从清华简〈说命〉看古书的反思》二章中，作者仔细梳理了学术史的发展历程，总结了历代学者对传世《古文尚书》辨伪工作的得失，充分肯定了阎若璩等学者的辨伪成果，认为阎氏等人的辨伪工作"尽管在有的地方还不够严密，甚至不免有错误发生，但其学术理路是清晰的，方法是得当的，结论也是正确的"，应该说，这一结论是很令人信服的。作者在此基础上还指出："清华简的发现，带来了反思古书的历史性转折"（第 44 页），主张利用清华简重启对古书的反思，无疑是很有见地的见解。这是亮点之二。

杜勇教授出自史学名家赵光贤先生门下，长期从事《尚书》诸篇和西周金文的研究，成绩斐然。作者秉承师传，坚持古书辨析与古史考证并重的学术理念，在这本专著中体现得尤其明显。正如作者所说的那样，书中针对清华简不同的学术问题加以探讨，既注意吸取已有成果的学术营养，又大胆冲破传统或旧说的藩篱，力争提出自己的创新见解，因此全书胜义迭出。当然，由于学者们的立场和视角不同，不同的学者见仁见智，在所难免，但是作者的研究成果都建立在仔细爬梳大量原始材料的基础上，所得的有关结论自然很值得学者们重视和吸收。

当前，清华简的整理工作还在持续进行中，今年 11 月即将公布的清华简第八辑整理报告中又有《摄命》等多篇重要的周代文献，它们对西周史和《尚书》的研究都将产生显而易见的推动作用，非常期待杜勇教授能有更多清华简的研究新作面世。

（原载《中国史研究动态》2018 年第 4 期）

读《简帛学理论与实践》第 1 辑

简帛是造纸术发明之前中国最主要的书写材料，20 世纪初以来，随着西北地区相关材料的陆续发现，简帛的研究逐渐发展成为一门学科；自 20 世纪 70 年代起，全国各地简帛材料呈井喷状面世，其势头迄今未减。众多简帛资料的出土，促使简帛研究空前繁荣，并蔚然成为当今国际性的显学，有的学者甚至称当今为简帛时代，也并不为过。

回顾中国百余年简帛学的发展历程，学者们有一个同感，即简帛学的具体实证性研究已经取得了极其丰硕的成果，对于古代文史哲研究产生了十分积极和深远的影响；不过，简帛学自身的理论研究却一直相对滞后，以至于有关简帛学的学科名称、研究对象和范围、学科体系、属性与分支等一系列基本理论问题都没有形成共识。

理论研究源自于具体的实践工作，但又可以反过来对实践工作发挥重要的指导作用。对于任何一门学科而言，理论与方法的建设都是至关重要的。简帛学百年来的发展历程，已经积累了大量的成果和经验，如何把这些经验和成果进一步加以升华，成为具有指导性的成熟理论，是摆在广大简帛学研究者面前的重要课题。当前，简帛学的发展正好赶上了百年未遇的大好时机，因此，我们更应该在加强简帛学实证性研究的同时，强化简帛学的理论建设和理论创新工作。

有鉴于此，首都师范大学历史学院与中国社会科学院简帛研究中心近年来一直致力于简帛学的理论建设工作，两家单位的简帛学专家曾于2015、2016、2018 年牵头举办了 3 届"简帛学的理论与实践学术研讨会"，并先后组织了 4 组以研讨简帛学理论为主题的笔谈，在《中国史研究动态》《河南师范大学学报》《郑州大学学报》等刊物上发表。如今，这两家单位又进一步合作，创办了《简帛学理论与实践》这一学术辑刊，采取不定期的方式出版。其中的第 1 辑已由广西师范大学出版社于 2021 年 11 月正式推出。该书收录了上述 4 组笔谈的全部论文，这 3 届"简帛学的理论与实践学术研讨会"的部分论文，以及 3 篇中外简帛学国际学术会议的综述文章。本辑刊的出版，确实是简帛学学科建设过程中一个很有标志意义的事件，值得充分重视。

《简帛学理论与实践》具有以下特色。一是致力于简帛学的理论研究，这在当今的各类学术辑刊中可谓独树一帜。以当前出版的第 1 辑为例，该辑中所收录的《中国简帛学理论的构建》《简帛学的知识系统与交叉学科属性》《简牍学的学科归属与理论建构——简牍学的理论与实践断想之一》《出土简帛整理的若干理论问题》等多篇论文，对简帛学的理论建构畅所欲言，颇多建树。该辑刊的出版，可以使读者快速了解近年来简帛学理论探索方面所取得的各种成果，必将受到学术界的普遍欢迎。

二是重视对简帛学史和重要简帛学专家治学理论与方法的总结与研究。百年的简帛学史取得了众多标志性的成果，有许多足资借鉴的经验需要总结和升华，书中所收的《简帛学史研究的理论价值及其意义》一文在这方面有精彩的论述；另外，前辈简帛学家的治学方法与治学成就也有待于总结和继承，书中收录了三篇研究李学勤、高敏和谢桂华 3 位先生简帛学成就的论文，对他们的治学经验与治学成就进行了认真的总结，这三篇文章皆出自三位先生的及门弟子之手，总结全面而深刻，自然不容错过。

三是有宽广的学术视野，不仅关注国内的简帛学理论建设，也关注日本、韩国的木简学研究（日本和韩国只发现了木简而没有帛书）。如已经出版的第 1 辑中不仅有专文介绍日本的木简出土和研究情况，还关注韩国和日本召开的相关学术会议，有相关的学术综述。此外，第 1 辑所收录的韩国学者尹在硕教授的《东亚简牍文化圈的形成与发展》一文，提出了由中国、朝鲜半岛、日本等国家和地区组成的"东亚简牍文化圈"的概念，倡导对"东亚简牍文化圈"进行共同的研究，扩大东亚文化圈的视野，进而达到对彼此文化的深入了解，实现三国间和平、发展的共同目标。这是一个很好的思路，也在一定程度上指引简帛学国际化的方向。当然，从目前来看，"东亚简牍文化圈"还只能说是处于构想的阶段，距离真正实现还有很长的路要走。由于学术背景的差异，中国国内从事日本、韩国木简研究的学者还寥如晨星，至于进一步的合作研究和理论方法的相互借鉴，也都尚未提上日程。因此，《简帛学理论与实践》辑刊所提供的这一交流平台就显得弥足珍贵。

以上是我阅读《简帛学理论与实践》第 1 辑的一些心得体会。当然，作为一个从事简帛学研究的读者，我对《简帛学理论与实践》辑刊今后的发展还有更多的期盼。简帛学是一个跨领域的新兴学科，涉及简帛的保护、简帛信息的提取、简帛资料整理的标准化、简帛研究方法的推进等众多问题，需要多学科、多技术的介入与使用；此外，除了简帛学自身理论方法的总结提高之外，西方的铭刻学、古文书学等学科领域以及当今的一些新技术、新方法都可以在其中发挥重要的作用。非常希望《简帛学理论与实践》这一辑刊能够在学科交叉、文理融合、技术应用等各方面都开展讨论，进一步推动简帛学的理论建设和科学研究工作走向深入。

（原载《中国史研究动态》2022 年第 6 期）

后 记

承清华大学出版社雅意，我从历年所撰的简帛学论文中选取了四十多篇小文，编成了目前这个文集。由于我主要是从文献学的角度对出土简帛加以讨论，所以就给这部文集取了目前这个名字。

我涉足简帛学的学习和研究，始自 1999 年。当时两岸的清华大学联袂在台湾新竹清华大学召开了"纪念闻一多先生百年诞辰学术研讨会"，海内外诸多名家都参加了这个盛会，在北京清华大学中文系主任徐葆耕教授的建议下，学校选派李学勤先生、葛兆光先生和我去参会，我向大会提交了一篇研究马王堆帛书《刑德》篇的习作，并顺利参加了本次会议。这是我第一次撰写有关简帛的论文，也是第一次参加学术会议，同时还是第一次有机会去海外交流访问，自然是我个人成长道路上的一个重要节点。其间，李先生和葛先生一路对我多加关照，倍加呵护，至今思之，依然温暖于心。

在此后的时光中，我陆陆续续写了数篇研究出土简帛的文章，不过当时关注的焦点，还是中国古代的数术，特别是唐宋以来的命理文献。直到 2008 年清华简入藏，才使我的工作重心又回到了出土简帛上面。

清华简是我们这个时代出土简帛中的一道亮丽的风景线，生逢这个时代，又有机会参与相关的整理研究工作，愚钝如我，也知道这是千百年难逢的机遇，何幸如之！在李学勤先生、李均明先生和中心同人的帮助下，我也得以在这个领域蹒跚前行，十几年间，不知不觉撰写了数十篇习作。后来中心又与长沙市文物考古研究所等单位合作整理五一广场出土的东汉简，我也有机会参加。这些年的工作，主要就是围绕这两批简而进行的。现在选取这些不成熟的小文汇集在一起，请广大读者予以批评指教。

这些小文的成稿，与清华大学出土文献研究与保护中心、清华大学历史系各位同人的帮助是分不开的，尤其是出土文献研究与保护中心自 2008 年成立后，在李学勤先生、黄德宽先生的先后带领下，中心同人齐心协力、团结奋进，在短短的十几年间即取得了令人瞩目的各项成就，成为海内外出土文献研究的重镇。在这样一个平台里学习和工作，一直是如沐春风。在此非常感谢多年来各位同人所给予的关心和帮助。

李均明先生是海内外知名的简牍学专家，也是我从事简帛研究的领路人之一，我之所以能在简帛研究的道路上有尺寸之进，与他的精心指导是分不开的。如今小文汇编成书，又蒙他慨然赐序，尤为心感。

今年是李学勤先生 90 岁的诞辰，先生离开我们已经快 5 年了，但是平时阅读先生的文集，听着、看着他讲课的录音、录像资料，仿佛他始终都在我们身边。谨以这本不成熟的小书呈现给先生，寄托我的思念之情。

贵州师范大学刘子珍博士对本书做了细心的校对；清华大学出版社的梁斐、张维嘉老师为本书的出版做了大量的工作，在此深表谢意。

刘国忠

2023 年 12 月 31 日